역주 간오정선 하

역주 간오정선 하

이정직 저

구사회 · 송기섭 · 이수진 · 장안영 공역

보고사
BOGOSA

차례

영규율수 간오정선 곤 瀛奎律髓刊誤精選 坤

연석산방잡저고 율수간오정선 권2
燕石山房雜著藁 律髓刊誤精選 卷之二

월 月 … 29

강 씨네 다섯째 아들의 〈망월유회〉 시에 화답하여 [두심언]
杜員外 和康五望月有懷 … 29

가을밤에 달을 바라보며 [요숭] 姚元之(姚崇) 秋夜望月 … 31

월야 [두보] 老杜(杜工部) 月夜 … 33

월 1 [두보] 月 其一 … 35

월 2 [두보] 月 其二 … 37

강월 [두보] 江月 … 39

16일 밤에 달을 감상하다 [두보] 十六夜翫月 … 41

서쪽 누각에서 달을 바라보며 [장적] 張司業 西樓望月 … 43

보름날 밤 달 [진사도] 陳后山 十五夜月 … 45

중추절 밤중에 궁중에서 숙직하며 원사진에게 부쳐 [백거이]
白香山 八月十五夜禁中寓直寄元四稹 … 47

중추절 송강의 신교에서 달과 유령을 마주하고 [소순흠]
蘇長史(蘇子美) 中秋松江新橋對月和柳令 … 49

계미년 8월 보름밤 전후로 달빛이 모두 아름답기에 [증기]
曾茶山 癸未八月十四日至十六夜月色皆佳 … 51

차례 5

한적 閒適 … 53

종남산 별장에서 [왕유] 王右丞 終南別業 … 53

숭산에 돌아와 짓다 [왕유] 歸嵩山作 … 57

종남산으로 돌아와서 [맹호] 孟襄陽 歸終南山 … 59

친구의 별장에 이르러서 [맹호] 過故人莊 … 61

강가 정자에서 [두보] 老杜 江亭 … 64

이응의 은거에 제하여 [가도] 賈司戶 題李凝幽居 … 67

부수장으로 돌아가는 당환을 전송하며 [가도] 送唐環歸敷水莊 … 69

언덕 위 가을살이 [가도] 原上秋居 … 71

우연히 짓다 [가도] 偶作 … 73

화산에서 살면서 부치다 [마대] 馬虞臣(馬戴) 居華山因寄 … 75

맹융일이란 사람에 제하여 [가도] 賈司戶 題孟融逸人 … 77

가도의 시골집을 지나며 [장적] 張司業 過賈島野居 … 79

한가롭게 살며 [요합] 姚武功 閒居 … 81

산중에서 벗에게 부쳐 [요합] 山中寄友生 … 83

언덕 위에 새집 짓고 [왕건] 王仲初 原上新居 … 85

농부가 밤에 돌아와서 [매요신] 梅宛陵 田人夜歸 … 86

호수 누대에서 풍경을 그리며 [임포] 林和靖 湖樓寫望 … 87

산중에 은거하며 스스로 짓다 [임포] 小隱自題 … 89

회포를 풀다 [진사도] 陳後山 放懷 … 91

일을 내려놓고 [진여의] 陳簡齋 放慵 … 93

옹권의 산거에서 제하다 [서조] 徐道暉(徐照) 題翁卷山居 … 95

유거 [옹권] 翁續古 幽居 … 98

꿈에서 깨어 [옹권] 夢回 … 100

북산에서 [유극장] 劉後村 北山作 … 102

남린을 찾아가다 [두보] 老杜 南鄰 … 104

회포를 써 왕비서에게 부치다 [장적] 張司業 書懷寄王秘書 … 106

교외에 나가 즉흥시를 짓다 [정호] 程夫子(明道) 郊行卽事 … 108

산중에서 [진여의] 陳簡齋 山中 … 110

비온 후에 성 밖에 이르다 [여본중] 呂居仁 雨後至城外 … 113

밭 갈기를 마치고 우연히 쓰다 [육유] 陸放翁 耕罷偶書 … 115

송별 送別 … 117

위대의 종군을 전송하다 [진자앙] 陳拾遺 送魏大從軍 … 117

삭방으로 어떤 시랑을 보내면서 [송지문] 宋員外 送朔方何侍郞 … 120

영가포에서 장자용을 만나다 [맹호연] 孟浩然 永嘉浦逢張子容 … 122

촉으로 가는 친구를 전송하며 [이백] 李翰林 送友人入蜀 … 124

촉주로 부임하는 장참군을 전송하고 이로 인하여 양시어에게 드리다 [두보] 老杜 送張參軍赴蜀州因呈楊五侍御 … 126

봉제역에서 또다시 엄공을 전송하다 [두보] 奉濟驛 重送嚴公 … 128

남해로 가는 장자위를 전송하다 [잠삼] 岑嘉州 送張子尉南海 … 130

성도의 현승 외삼촌을 따라 촉 땅으로 돌아가는 광남을 전송하다 [노윤] 盧允言 送從舅成都丞廣南歸蜀 … 132

신안으로 가는 강판관을 전송하는데, 강가의 길이 서남쪽으로 요원함을 깨닫다 [황보염] 皇甫茂政(冉) 送康判官往新安得江路西南尹 … 134

서하로 부임하는 선우도호부의 배도호를 전송하다 [최호] 崔司勳 送單于裴都護赴西河 … 136

차례 7

번주로 가서 위경을 뵙고 손명 수재를 전송하다 [이빈]
李德新 送孫明秀才往潘州謁韋卿 … 138

운양관에서 한신과 함께 하룻밤 묵고 이별하며 [사공서]
司空文明(曙) 雲陽舘與韓紳宿別 … 140

멀리 전송하며 읊는다 [맹교] 孟東野 送遠吟 … 142

가을 밤 친구와 함께 이야기하다 이별하며 [최도]
崔禮山 秋夕與友話別 … 144

추명부와 영무에서 놀다가 전송하다 [가도] 賈司戶 送鄒明府遊靈武 … 146

이시어를 전송하고 하주를 지나며 [요합] 姚武功 送李侍御過夏州 … 148

비승 서군장이 양산군에 있음을 알고 보내다 [매요신]
梅宛陵 送徐君章秘丞知梁山軍 … 150

오선생을 보내 혜주의 소부사를 뵙게 하다 [진사도]
陳后山 送吳先生謁惠州蘇副使 … 152

백공과 이별하며 [진여의] 陳簡齋 別伯恭 … 154

부모를 뵈러 강동으로 가는 한씨 집의 열넷째를 전송하며 [두보]
老杜 送韓十四江東省覲 … 156

임금의 명을 받들고 고을에 부임코자 점주로 가는 이씨 집 열아홉 번째를
전송하다 [백거이] 白香山 送蘄州李十九使君赴郡 … 158

미지와 머무르다 이별하다 [백거이] 留別微之 … 160

섬서에서 공부와 조세를 도움으로 운송하는 일을 하는
심대제를 보내며 [구수] 歐陽六一 送沈待制陝西都運 … 162

〈공상보가 하동의 재형으로 가는 장천각을 전송하며〉의 시를
차운하여 [소식] 蘇東坡 次韻孔常父送張天覺河東提刑 … 164

하동으로 부임하는 고자돈을 보내며 [황정견] 黃山谷 送顧子敦赴河東 … 166

북교에서 객을 보내다 [장뢰] 張宛邱 北橋送客 … 172

악주지사로 부임하는 양보지를 보내며 [장뢰] 送楊補之赴鄂州支使 … 174

객을 성의 서쪽으로 나와서 보내다 [진여의] 陳簡齋 送客出城西 … 176

서안령으로 부임하는 웅박사를 보내며 [진여의] 送熊博士赴瑞安令 … 178

구종경 장수를 촉 땅으로 보내며 [양만리] 楊誠齋 送邱宗卿帥蜀 … 180

요자 拗字 … 183

사상인의 띠 집에서 [두보] 老杜 巳上人茅齋 … 183

저무는 봄에 양서에서 새로 임대한 초옥에 제하다 [두보]
暮雨題瀼西新賃草屋 … 185

도솔사에 오르다 [두보] 上兜率寺 … 188

이른 봄 호수 가에 친구가 새집을 짓고 거주함에 제하다 [가도]
賈司戶 早春題湖上友人新居 … 191

양명숙을 차운하다 [황정견] 黃山谷 次韻楊明叔 … 193

부산거사와 이별하다 [진사도] 陳后山 別負山居士 … 195

문하성의 벽에 제하다 [두보] 老杜 題省中院壁 … 197

고향을 그리워하며 [두보] 愁 … 200

저물녘에 돌아와서 [두보] 暮歸 … 203

이른 가을날 찌는 더위에 문서가 끊이지 않고 쌓이다 [두보]
早秋苦熱推案相仍 … 205

낙성사에서 제하다 1 [황정견] 黃山谷 題落星寺 其一 … 208

낙성사에서 제하다 2 [황정견] 題落星寺 其二 … 210

변안에 술자리를 마련하고 황십칠에게 주다 [황정견]
汴岸置酒贈黃十七 … 212

호일노의 치허암에서 제하다 [황정견] 題胡逸老致虛菴 … 215

그대를 향하니 가을의 느낌을 받는다는 시를 차운하여 [왕조]
汪彦章(汪藻) 次韻向君受感秋 … 218

변체 變體 … 221

자취를 감추고 [두보] 老杜 屛跡 … 221

강변에서 오처사를 추억하며 [가도] 賈司戶 憶江上吳處士 … 222

북원에서 우거하며 짓다 [가도] 寓北原作 … 224

송주의 전중승에게 부쳐 [가도] 寄宋州田中丞 … 225

늙은 잣나무 [진사도] 陳后山 老柏 … 227

강가에서 바다의 기세와 같은 물을 만나고서 하릴없이 짧게 짓는다 [두보]
老杜 江上値水如海勢聊短述 … 229

제산 [두목] 杜牧之 齊山 … 232

봄을 보내며 [소식] 蘇東坡 送春 … 234

초여름에 관사에서 즉흥시를 짓다 [소식] 首夏官舍卽事 … 237

개 낭중이 곽 낭중과 함께 벼슬을 쉬며 지은 시에 차운하다 [황정견]
黃山谷 次韻蓋郞中率郭郞中休官 … 239

장인의 〈교외의 시리에 사는 제군들에게〉 시에 화답하다 [황정견]
和師厚郊居示里中諸君 … 241

일찍 잠에서 깨다 [진사도] 陣后山 早起 … 243

봄날 [장뢰] 張宛邱 春日 … 245

천경과 지로가 그리워 찾아가다 [진여의] 陳簡齋 懷天經智老因以訪之 … 247

유창해에서 우거하던 중, 저녁에 거닐다가 정창대 위를 지나다 [진여의]
寓居劉倉廨中晚步過鄭倉臺上 … 249

배수옹이 군자정에서 술을 마시는데, 정자 아래에 해당화가
만개하다 [진여의] 陪粹翁擧酒於君子亭 亭下海棠方開 … 251

자다가 일어나 [범성대] 范至能(成大) 睡起 … 253

착제 着題 … 255

방병조의 오랑캐 말 [두보] 老杜 房兵曹胡馬 … 255

매의 그림보고 [두보] 畫鷹 … 257

외로운 기러기 [두보] 孤雁 … 259

엄정공이 대나무를 함께 읊다가 향자를 얻다 [두보]
嚴鄭公同詠竹得香字 … 261

옛 언덕의 풀에 대한 시를 짓고 송별하다 [백거이]
白香山(白樂天) 賦得古原草送別 … 262

외로운 기러기 [최도] 崔進士(禮山, 崔㙉) 孤雁 … 264

제비 [매요신] 梅宛陵(梅聖兪) 鷰 … 266

전목보의 〈성성모필을 읊다〉에 화답하다 [황정견]
黃山谷 和答錢穆父咏猩猩毛筆 … 268

대나무를 심다 [증범] 曾茶山 種竹 … 272

반딧불이 [증범] 螢火 … 274

농부가 앵도를 보내오다 [두보] 老杜 野人送櫻桃 … 276

유주성 북쪽에 홍귤나무를 심다 [유종원]
柳柳州(柳子厚) 柳州城北種柑 … 278

금슬 [이상은] 李玉溪(李義山) 錦瑟 … 280

최소부 연못의 노사를 읊으며 [옹도] 雍簡州 崔少府池塘鷺鷥 … 283

자고새 [성숙] 鄭都官 鷓鴣 … 285

학을 잃다 [이원] 李求古(李遠) 失鶴 … 287

꽃이 지다 [송기] 宋子京(宋景文) 落花 … 289

귤을 먹으며 [소식] 蘇東坡 食柑 … 291

우묘에서 [두보] 老杜 禹廟 … 293

촉선주묘에서 [유우석] 劉賓客(劉夢得) 蜀先主廟 … 296

표모의 묘를 지나며 [유장경] 劉隨州(劉長卿) 漂母墓 … 299

소무의 사당에서 [온정균] 溫八義(溫飛卿) 蘇武廟 … 301

진림의 묘 [온정균] 陳琳墓 … 303

동산에서 외대부 묘를 찾아 뵙다 [진사도] 陳后山 東山謁外大父墓 … 305

여황 旅況 … 307

저물녘 낙향현에서 묵으며 [진자앙] 陳拾遺(陳子昻) 晚次樂鄉縣 … 307

처음 떠나고 나서 도중에 먼 곳에서 부치다 [장구령]
張曲江 初發道中寄遠 … 311

강한 [두보] 杜甫 江漢 … 313

세모 [두보] 歲暮 … 315

산관 [두보] 山館 … 317

관서의 객사에서 머물면서 동산의 엄자릉과 허유 두 산인에게 편지를 부칠 때 천보연간에 고도가 징병되다 [잠삼] 岑嘉州(岑參) 宿關西客舍寄山東嚴許二山人時天寶高道擧徵 … 319

정근이 보내온 〈추야즉사〉를 받고 화답하다 [낭사원]
郎君冑(郎士元) 酬程近秋夜卽事見贈 … 321

장안의 언덕을 일찍이 바라보며 [이빈] 李建州(李德新) 秦原早望 … 323

돌아가며 낙수를 건너다 [황보염] 皇甫補闕(皇茂政) 歸渡洛水 … 325

12

계의 북쪽, 여숙에서 생각하다 [장적] 張司業 薊北旅思 … 327

니양관에서 [가도] 賈司戶 泥陽館 … 329

지는 해를 원망하며 바라본다 [마대] 馬龍陽(馬虞臣) 落日悵望 … 331

남해의 여숙에서 묵다 [조송] 曹夢徵(曹松) 南海旅次 … 333

갈계역에서 [왕안석] 王半山 葛溪驛 … 335

변새 邊塞 … 337

철문관 서관에서 묵으며 [잠삼] 岑嘉州 宿鐵關西館 … 337

객을 보내고 변방에서 놀다 [어곡] 于隱居(於鵠) 送客遊邊 … 339

도위를 전송하고 변방으로 돌아가며 [노륜] 盧戶部(允言) 送都尉歸邊 … 341

양주 장도독에게 주다 [최호] 崔司勳 贈梁州張都督 … 343

궁곤 宮閫 … 345

춘궁 안의 원망 [두순학] 杜彦之(荀鶴) 春宮怨 … 345

충분 忠憤 … 347

봄을 기다리며 [두보] 老杜 春望 … 347

중원갑자의 신축년에 임금이 촉 땅으로 행차하다 [나은]
羅昭諫(羅隱) 中元甲子以辛丑駕幸蜀 … 349

소대부터 망정역까지 인가가 텅 비다 [이가우]
李從一(李嘉祐) 自蘇臺至望亭驛人家盡空 … 351

난리 후 봄날 야당을 경유하다 [한유]
韓鄧州 亂後春日途經野塘 … 353

봄날 마음이 들떠서 [진여의] 陳簡齋 傷春 … 355

차례 13

글로 분한 마음을 적다 [육유] 陸放翁 書憤 … 357

산암 山巖 … 360

석문암에서 [옹권] 翁靈舒 石門庵 … 360

산천 山泉 … 362

악양관 안에서 동정호를 바라보며 [유장경] 劉隨州 岳陽館中望洞庭湖 … 362

공현의 낙수로부터 배를 타고 황하에 들어가며 즉흥시를 부현의
동료들에게 부치며 [위응물] 韋蘇州 自鞏洛舟行入黃河卽事寄府縣僚友 … 364

정우 庭宇 … 366

설씨의 초막 [조사수] 趙靈秀(紫芝) 薛氏瓜廬 … 366

서루에 오르다 [왕안석] 王半山 登西樓 … 368

기유년 중추에 임재중, 진거비와 악양루 위에서 만나 술에 반쯤 취해 고담이
오가고, 대소하며 정성을 내어 일시에 어질고 준수한 동반자들과 행초간을
하니, 그것이 부(賦)가 되다 [강중겸] 姜仲謙(光彦) 己酉中秋 任才仲陳去非
會飲岳陽樓上 酒半酣高談大笑 行草間出誠一時俊遊也 爲賦之 … 370

두정을 생각하다 [강중겸] 思杜亭 … 372

원외 遠外 … 374

일동으로 돌아가는 저산 사람을 보내고 [가도]
賈司戶 送褚山人歸日東 … 374

소견 消遣 … 376

안정성루에서 [이상은] 李玉溪 安定城樓 … 376

우연히 탄식하다 [육유] 陸放翁 寓歎 … 379

자식 子息 … 381

희롱삼아 지어서 두 어린애에게 주다 [유장경] 劉隨州 戲題贈二小男 … 381

기증 寄贈 … 383

등처사에게 주다 [옹권] 翁靈舒 贈滕處士 … 383

장인 곽대부 개(槩)에게 부치다 [진사도] 陳后山 寄外舅郭大夫 槩 … 385

유경문의 시를 차운하고 화답하여 시를 부치다 [소식]
蘇東坡 次韻劉景文見寄 … 387

소내한에게 부치다 [유계손] 劉景文 寄蘇內翰 … 389

시독 소상서에게 부치다 [진사도] 陳后山 寄侍讀蘇尙書 … 391

덕승대광에게 부치다 [진여의] 陳簡齋 寄德升大光 … 393

천적 遷謫 … 395

처음으로 황매의 임강역에 이르러 [송지문] 宋員外 初到黃梅臨江驛 … 395

천객에게 부치다 [장우] 張丹陽(張承吉) 寄遷客 … 397

친구를 떠나 보내며 [사공서] 司空曙(司文明) 送流人 … 399

달 아래에서 장수재께 드린다 [유장경] 劉隨州 月下呈章秀才 … 401

심명각에서 묵다 2수 [진사도] 陳后山 宿深明閣 二首 … 402

태주의 사호참군으로 폄직되는 정씨의 열여덟 번째 아들인 건을 전송하며
- 그가 늘그막에 적게 잡힌 까닭에 가슴이 아팠었는데, 만나지도 못한
상태에서 작별해야 하기에 이별의 정을 시로 드러내다 [두보] 老杜 送鄭十八
虔貶台州司戶參軍 傷其臨老陷賊之故 闕爲而別情見於詩 … 405

좌천되어 가다가 남관에 이르러 종손 유상에게 보여주다 [한유]
韓昌黎 左遷至藍關 示姪孫湘 … 407

아우 종일과 이별하며 [유종원] 柳柳州 別舍弟宗一 … 409

다시 연주자사에 제수되어 형양에 이르러 (유종원의) 시를 받고 이별할
때 시를 주다 [유우석] 劉賓客 再授連州至衡陽酬贈別 … 411

한조주에게 부치다 [가도] 賈司戶 寄韓潮州 … 413

6월 20일 밤에 바다를 건너다 [소식] 蘇東坡 六月二十日夜渡海 … 415

고개를 지나가다 [소식] 過嶺 … 417

호전의 신주 유배지에 2수를 보내다 [왕정규]
王民瞻 送胡邦衡之新州貶所二首 … 419

질병 疾病 … 422

몸져누운 지 얼마인가 [백거이] 白香山 臥病來早晚 … 422

병 중에 한, 두 선객이 병문안 온 것을 보고 이로 인해 사례하다 [유우석]
劉賓客 病中一二禪客見問因以謝之 … 424

협소 俠少 … 426

장달에게 주다 [한굉] 韓君平(韓翃) 贈張達 … 426

석범 釋梵 … 428

휘상인이 〈홀로 산정에 앉다〉라는 시를 줌에 보답하다 [진자앙]
陳拾遺 酬暉上人獨坐山亭有贈 … 428

총지사에 올라 깨달음을 얻다 [송지문] 宋員外 登總持寺浮圖 … 430

소림사에서 노닐다 [심전기] 沈雲卿(沈佺期) 遊少林寺 … 432

절집 삼각사에서 노닐다 [왕발] 王子安(勃) 遊梵宇三覺寺 … 434

변각사에 올라 [왕유] 王右丞 登辨覺寺 … 436

융공의 난야에서 제하다 [맹호] 孟襄陽 題融公蘭若 … 438

배적이 신진사에 올라 왕시랑에게 부친 시에 화답하다 [두보]
老杜 和裴迪登新津寺寄王侍郎 … 440

초은사에서 제하다 [유우석] 劉賓客 題招隱寺 … 442

봄날 유평사와 옛 증상인의 절을 지나가다 [양거원]
楊景山(楊巨源) 春日與劉評事過故證 上人院 … 444

무가스님을 보내다 [가도] 賈司戶 送無可上人 … 445

백암선사 묘에서 곡하다 [가도] 哭柏巖禪師 … 447

호구동사에서 제하다 [장우] 張丹陽 題虎邱東寺 … 449

파산사에서 제하다 [상건] 常盱眙(常建) 題破山寺 … 451

무너진 보경사를 지나다 [사공서] 司空虞部(司空曙) 經廢寶慶寺 … 453

공적사 탁원대사 [전기] 錢考功(錢仲文) 空寂寺悼元上人 … 455

장산 개선사에 오르다 [최동] 崔拾遺(崔峒) 登蔣山開善寺 … 457

봉선사에 거주하다 [나은] 羅司勳(昭諫) 封禪寺居 … 459

구산을 회고하며 [교연스님] 僧皎然 懷舊 … 462

혜숭대사의 방에서 쓰다 [희주스님] 僧希畫 書惠崇師房 … 464

이른 봄, 궐 아래에서 관공에게 부치다 [희주스님] 早春闕下寄觀公 … 466

우소대사 방에서 묵다 [보섬스님] 僧保暹 宿宇昭師房 … 468

이른 가을날 한가로워 우소에게 부치다 [보섬스님] 早秋閒寄宇昭 … 470

서산정사에서 묵다 [문조스님] 僧文兆 宿西山精舍 … 471

몽진상인의 시를 받고 답하다 [행조스님] 僧行肇 酬贈夢眞上人 … 473

남쪽으로 돌아가는 스님을 전송하다 [간장스님] 僧簡長 送僧南歸 … 475

행조대사와 노산 서현사에서 묵다 [유봉스님]
僧惟鳳 與行肇師宿廬山栖賢寺 … 477

회수 가에 양운경의 농막을 방문하다 [혜숭스님]
僧惠崇 訪楊雲卿淮上別墅 … 479

보섬대사에게 부치다 [우소스님] 僧宇昭 寄保暹師 … 481

깊은 곳에 살면서 즉흥적으로 읊다 [우소스님] 幽居即事 … 483

절에 기거하는 간장에게 부치다 [회고스님] 僧懷古 寺居寄簡長 … 484

허팔을 통해 강녕의 민상인에게 올린다 [두보]
老杜 因許八奉寄江寧旻上人 … 486

광선스님이 지나다가 자주 나를 찾다 [한유]
韓昌黎 廣宣上人頻(見)過 … 489

봄날 선지사를 유람하다 [나은] 羅司勳 春日遊禪智寺 … 492

동기지와 금산을 지나다가 누군가에게 시를 주고 겸해서
중정원팔처사(中呈元八處士) 도잠에게 부치다 [왕안국]
王校理 同器之過金山奉寄兼呈潛道 … 494

승 개연에게 주다 [장뢰] 張宛丘 贈僧介然 … 497

서계 무상사에서 [장선] 張子野 西溪無相院 … 499

여름날 용정의 일을 쓰다 [도잠스님] 僧道潛 夏日龍井書事 … 501

선일 仙逸 … 503

남산 [허선평] 許宣平 南山 … 503

도자를 방문했으나 만나지 못하고 [두순학] 杜翰林(彦之) 訪道者不遇 … 505

진치처사를 보내며 [유봉스님] 僧惟鳳 送陳彖處士 … 506

악록궁 도방에서 쓰다 [옹권] 翁靈舒 書嶽麓宮道房 … 508
모산 이존사의 산거에서 제하다 [진계] 秦系(公緒) 題茅山李尊師山居 … 510
입도하는 궁인을 보내다 [장소원] 張蕭遠 送宮人入道 … 512
어떤 도사를 보내다 [가도] 賈司戶 送胡道士 … 514
은사에게 주다 [한유] 韓鄧州 贈隱逸 … 516
도류에게 주다 [육유] 陸放翁 贈道流 … 518

월 月 … 520

초생달 [두보] 老杜 初月 … 520
배적의 서재에서 달을 바라보며 [전기] 錢考功 裴迪書齋望月 … 522

한적 閒適 … 524

이감의 원거를 방문하다 [가도] 賈司戶 訪李甘原居 … 524
즉흥시를 짓다 [진부량] 陳止齋(傅良) 卽事 … 528

송별 送別 … 530

사명으로 돌아가는 하지장을 보내다 [당 명종 이단]
唐明皇 送賀知章歸四明 … 530
'쇠 저울'을 차용해 시를 지어 맹유경을 전송하다 [포하]
包幼嗣(何) 賦得金秤送孟孺卿 … 532
허당을 전송하다 [장교] 張喬(進士) 送許棠 … 534
과거에 낙제한 왕평보에게 보내다 [구수] 歐陽六一 送王平甫下第 … 535

차례 19

요자 拗字 … 537

새벽의 정취 [장뢰] 張宛丘 曉意 … 537

한식 [장뢰] 寒食 … 539

서사천이 경사로부터 예장으로 돌아갔다는 소식을 듣고 [사일]
謝無逸 聞徐師川自京師歸豫章 … 541

변체 變體 … 543

착제 着題 … 544

표범나비 [증궤] 曾茶山 蛺蝶 … 544

능묘 陵廟 … 546

장릉 [당언겸] 唐茂葉(彦謙) 長陵 … 546

여황 旅況 … 548

이른 봄 낙양에서 [고황] 顧逋翁(況) 洛陽早春 … 548

벗이 남쪽으로 유람가서 돌아오지 않는다 [우업]
于武陵 友人南遊不回 … 550

객을 전송하다 [강위] 江蔿 送客 … 551

입추 날 밤, 임리항에 가서 머무르다 [장뢰]
張宛丘 立秋夜行泊林里港 … 552

진회에서 밤에 머물다 [하주] 賀方回 秦淮夜泊 … 553

민월에서 가을을 생각하다 [옹권] 翁靈舒 閩中秋思 … 554

변새 邊塞 … 555
변방 밖의 일을 쓰다 [허당] 許宇文(棠) 塞外書事 … 555
무성에서 봄이 저물 때 우문판관 서사가 돌아가 이미 진창에 이르렀다는 소리를 듣고 [잠삼] 岑嘉州 武城春暮聞宇文判官西使還已到晉昌 … 556
정주로 부임하는 이장군을 전송하다 [낭사원]
郞郢州(郞士元) 送李將軍赴定州 … 557

천천 川泉 … 559
회수를 건너다가 [백거이] 白香山 渡淮 … 559

충분 忠憤 … 561
병란을 겪은 후에 [여본중] 呂居仁 兵亂後雜詩 … 561
왕도제가 적에게 궁지에 빠져있다는 소식을 듣다 [진여의]
陳簡齋 聞王道濟陷虜 … 563
윤잠의 감회를 차운하여 [진여의] 次韻尹潛感懷 … 564

천천 川泉 … 566
늦겨울 벗과 함께 소상에 배를 띄우다 [두순학]
杜翰林 冬末同友人泛瀟湘 … 566

원외 遠外 … 568
신라국 책립사로 충원된 원중승을 전송하다 [유우석]
劉賓客 送源中丞充新羅國冊立使 … 568

소견 消遣 … 570
밤에 술을 마시다 [이상은] 李玉溪 夜飮 … 570

기증 寄贈 … 572
장남사를 전송하다 [낭사원] 郎邲州 送張南史 … 572
유부에게 주다 [방간] 方雄飛 贈喩鳬 … 573

천적 遷謫 … 578
무산현에서 두보의 운자를 차용하여 재미로 짓다 [황정견]
黃山谷 戱題巫山縣用杜子美韻 … 578
담주로 좌천된 왕소부와 협중으로 좌천된 이소부를 전송하다 [고적]
高達夫 送王李二少府貶潭峽 … 580

질병 疾病 … 582
병이 나서 돌아갈 것을 생각하다 [왕우칭] 王元之 病起思歸 … 582

감구 感舊 … 583
눈 내리는 밤에 옛일을 생각하다 [육유] 陸放翁 雪夜感舊 … 583

질병 疾病 … 585
안질 [진여의] 陳簡齋 眼疾 … 585

석범 釋梵 … 588

우두사에 오르다 [두보] 老杜 上牛頭寺 … 588

봄이 쌀쌀하다 [선진스님] 僧善珍 春寒 … 589

얼마 전 용정에 갔다가 한 구절을 얻었는데, 왕백제와 아이들과 함께 어울리다가 구절을 완성하다 [누약] 樓攻媿 頃遊龍井得一聯王伯齊同兒輩遊因足成之 … 590

상도 傷悼 … 591

온공을 애도하다 [진사도] 陳后山 挽溫公 … 591

석범 釋梵 … 592

여름날 서선사에서 묵다 [반랑] 潘逍遙 夏日宿西禪 … 592

이은정에서 무당군수에게 제하여 부치다 [희주스님]
僧希晝 寄題武當郡守吏隱亭 … 593

춘일 春日 … 594

저물녘 봄산에서 시골집을 가다가 말과 잠시 쉬다 [이정]
李楚望 暮春山行田家歇馬 … 594

기예 技藝 … 596

대략 나와 같은 갑자인 동도인에게 주다 [육유]
陸放翁 贈童道人蓋與予同甲子 … 596

영규율수 간오정선 곤

瀛奎律髓刊誤精選 坤

刊誤精選

연석산방잡저고 율수간오정선 권2

燕石山房雜著藁 律髓刊誤精選 卷之二

월 月

강 씨네 다섯째 아들의 〈망월유회〉 시에 화답하여 [두심언]
杜員外[1] 和康五[2]望月有懷

밝은 달이 한가을에 높이 떠 있어
시름에 젖어 홀로 밤하늘을 바라본다.
잠깐 사이에 달은 활처럼 굽었다가
다시 부채를 펼치듯 둥글어지누나.
안개 씻긴 맑은 빛도 마음 아프고
바람에 나부끼는 달빛마저 싸늘하다.
얇은 비단옷을 일시에 비추어주니
문득 그대와의 이별이 더욱 서러워라.

明月高秋逈, 愁人獨夜看. 暫將弓並曲, 翻與扇俱團.
霧濯清輝苦, 風飄素影[3]寒. 羅衣一此鑒, 頓使[4]別離難.

---

1 두원외(杜員外) : 중국 초당 시기의 시인인 두심언(杜審言, 645~708)을 말함. 두보의 부친임.
2 강오(康五) : 강씨 집안의 다섯 번째인 강정지(康庭芝)를 가리킴.
3 소영(素影) : 달빛.
4 사(使) : 파견(派遣)되다. 즉 소명을 받고 임지로 떠나간다는 뜻이다. 이 시는 지아

방회

글을 마치며 맛을 내는 것이 곧 소릉 두심언의 가법(家法)이다. '일차(一此)' 두 글자가 두집(杜集)에는 새벽을 분별하지 못함으로 지금은 문원영화본(文苑英華本)을 따른다. (方批云, 以終篇[5]味之, 乃少陵翁家法也. 一此二字, 杜集不分曉, 今從文苑英華本[6].)

기윤

기구에서 가장 높은 것을 조화롭게 했으니 마땅히 초체(初體)이다. 3구와 4구는 너무 졸렬한데 진(陳)과 수(隋)의 두 왕조 때 옛 율조이다. 5구와 6구도 좋다. 결구는 평범하다. (紀批云, 起調最高, 猶是初體. 三四太拙, 是陳隋舊調. 五六亦好, 結平平.)

의(衣)자는 필시 '유(帷)'자의 오용(誤用)이다. "얇은 휘장에 밝은 달빛이 비추다〔薄帷鑒明月〕"라고 써야 한다. (又云, 衣字必帷字之誤用薄帷鑒明月也.)

비를 멀리 떠나보내고 홀로 사는 아낙네의 시점이기 때문에 '사(使)'는 이별의 원인이 되어야 한다.
5 종편(終篇) : 시나 글의 한 편 전체를 모두 짓거나 외우거나 읽기를 마친다는 의미이다.
6 문원영화본(文苑英華本) : 송(宋)나라 이방(李昉), 호몽(扈蒙), 송백(宋白), 서현(徐鉉) 등 20여 인이 공동으로 편찬한 문학총집(文學總集).

가을밤에 달을 바라보며 [요숭]
姚元之(姚崇)[7] 秋夜望月

밝은 달은 거울에 남아 있지만
정처 없는 나그네, 마음이 편치 못하더라.
계수나무는 늦가을이라 단풍이 들고
내 그림자는 한밤 차가운 연못에 들어간다.
구름 서린 맑은 가지 반짝이고
풀 끝의 이슬방울엔 광채가 나더라.
생각해 봐도 소재가 혼미해져서
한참을 바라보다 길게 탄식만 한다.

明月有餘鑒, 羈人[8]殊未安. 桂含秋樹晚, 影入夜池寒.
灼灼[9]雲枝淨, 光光[10]草露團. 所思迷所在, 長望獨長歎.

7 요원지(姚元之, 650~721) : 당대의 시인으로 원래 이름은 요원숭(姚元崇)이며, 훗날 요원지(姚元之), 요숭(姚崇)으로 바꾸었다. 섬주(陝州) 협석현(硤石縣) 사람이다.
8 기인(羈人) : 나그네.
9 작작(灼灼) : 반짝거리거나 밝게 빛나는 모양.
10 광광(光光) : 번쩍번쩍하다.

방회

기구는 선명하고 꿋꿋해서 가장 좋다. (方批云, 起句峭健最佳.)

기윤

초체가 맑으면서도 초탈하고 골자(骨者)가 있다. (紀批云, 初體之淸脫[11]有 骨者.)

---

11 청탈(淸脫) : 참신하고 우아해서 속박에서 벗어나다.

월야 [두보]

老杜(杜工部) 月夜

오늘 밤 부주 땅에도 떠 있을 저 달을
아내는 홀로 바라보고 있을 거야.
멀리서 가엾은 어린 자식들은
어미가 장안의 나를 그리워하는 줄 모르겠지.
향기로운 밤안개는 아내 머리에 젖어 들고
맑은 달빛은 아내의 흰 팔을 차갑게 하리.
어느 때나 얇은 휘장의 창가에 기대어
우리 부부의 눈물을 달빛에 비추어 말릴까.

今夜鄜州[12]月, 閨中只獨看. 遙憐小兒女, 未解憶長安.
香霧雲鬟[13]濕, 淸輝玉臂[14]寒. 何時倚虛幌[15], 雙淚照痕乾.

---

12 부주(鄜州) : 지금의 섬서성(陝西省) 부현(富縣)이다. 두보의 가족은 부주의 강촌에 살고 있었다.
13 운빈(雲鬟) : 상투 묶듯 높이 묶은 머리.
14 옥비(玉臂) : 희고 부드러운 팔뚝을 가리킨다. 이 시 〈월야(月夜)〉의 '옥비(玉臂)'로 인해 여자의 팔뚝이라는 미칭으로 쓰인다.
15 허황(虛幌) : 얇은 휘장.

기윤

곧 당시의 경계를 털어버린 것을 시작으로, 순전히 대면한 듯 붓을 들어 시 짓는 방법이 매우 특별하다. 후반부의 네 구 또한 순전히 예측한 말로, 시 전체가 한 구절도 직접 대하고 쓴 것은 없지만 그 구성이 기이하고 절묘하다. (紀批云, 入手便擺落[16]現境, 純從對面, 着筆蹊徑甚別. 後四句又純爲預擬之詞. 通首無一筆着正面, 機軸奇絶.)

또 이르길, 자식들이 그리워함을 이해하지 못한다는 말이지만, 바로 아내와만 서로 그리워했을 뿐을 말한 것이다. 아래의 글에서 직접적으로 "향기로운 밤안개는 아내의 머리에 젖어 들고, 맑은 달빛은 아내의 흰 팔을 차갑게 하리."라고 한 한 연이다. (又云, 言兒女不解憶, 正言閨人相憶耳, 下文直接香霧雲鬢濕一聯.)

---

16 파락(擺落) : 털어버리다.

월 1 [두보]
月 其一

계절이 가을에 가까워지니

인간 세상도 달빛이 맑구나.

은하에 들어간 두꺼비는 빠지지 않고

달 속 약 빻는 토끼는 오래 산다는데.

일편단심은 괴로움만 더할 뿐이고

백발은 밝은 달빛에 늘어만 간다.

전쟁 소식이 온 세상에 알려지더라도

장안의 서쪽 병영만은 비추지 말아다오.

天上[17]秋期近, 人間月影淸. 入河[18]蟾不沒, 搗藥兎長生.
只益丹心[19]苦, 能添白髮明. 干戈[20]知滿地, 休[21]照國西營.

---

17 천상(天上) : 날씨.
18 하(河) : 은하수.
19 단심(丹心) : 일편단심(一片丹心).
20 간과(干戈) : 전쟁.
21 휴(休) : 금지어로 쓰였다. ~하지 말라.

기윤

'섬(蟾)'자와 '토(兎)'자는 본래 속자이다. '불몰(不沒)'자와 '장생(長生)'으로써 아래의 '지익(只益)', '능첨(能添)', '휴조(休照)'자와 함께 호응해서 정이 있으나, 썼으면서도 깨닫지 못했다. (紀批云, 蟾兎本是俗字, 以不沒字長生與下只益能添休照字, 呼應有情, 用來[22]不覺.)

또 이르길, 결구에서 활원(闊遠)함을 얻었다. (又云, 結得闊遠.[23])

---

22 용래(用來) : 써 보다.
23 활원(闊遠) : 아득히 멀다. 산수화에서, 가까운 언덕에서 넓게 트인 산수를 표현하는 방법을 말하기도 한다.

월 2 [두보]
月 其二

깊은 밤에 산이 달을 토하고
얼마 남지 않은 밤, 물빛이 누각을 밝혀주네.
먼지 상자에서 비로소 거울 꺼내어 비춰보니
바람에 흔들리는 주렴, 저절로 올가미에 걸린 듯.
달 속 토끼도 나의 백발을 괴이 여기고
달 두꺼비도 나의 담비 갖옷을 잊지 못하리.
헤아려 보니 항아(姮娥)는 홀로 산다는데
날 차가운 늦가을에 어찌 지내고 있을는지.

四更[24]山吐月, 殘夜水明樓. 塵匣[25]元開鏡, 風簾[26]自上鉤.
兎[27]應疑鶴髮, 蟾[28]亦戀貂裘. 斟酌嫦娥[29]寡, 天寒奈九秋[30].

---

24 사경(四更) : 오전 1시부터 3시까지.
25 갑(匣) : 거울이 들어있는 화장갑을 가리킨다.
26 렴(簾) : 누각에 걸린 발.
27 토(兎) : 달토끼를 가리킨다. 토끼가 달 속에서 방아를 찧는다는 전설이 있다.
28 섬(蟾) : 달두꺼비를 말한다. 중국의 신화에 보름달이 뜨는 밤이면 인간세계에 내려와 지상의 양서류들과 어울려 놀다가 새벽이 되면 다시 달나라로 올라간다고 한다.
29 항아(嫦娥) : 중국의 신화 속에 달 속에 산다는 선녀를 가리킨다.
30 구추(九秋) : 늦가을.

방회

소동파는 '사경산토월(四更山吐月)' 때문에 비할 데 없이 뛰어난 시문(詩文)이 된다면서, '서호의 용금문에서 달을 보며'라는 시에 (이 시의) 운을 써서 즐겼는데, 다섯 수나 된다. (方批云, 東坡以「四更山吐月」爲絶唱, 西湖湧金門[31]觀月用韻衍爲五首.)

기윤

붓을 들고 쓰기 시작하여 스스로를 높이 여겼다. 중간의 두 연은 자구(字句)가 본래 속되어 전체가 저열한 취향에 빠졌지만, 그의 필력에 힘입어 좋게 느껴질 뿐이다. '월(月)' 시에서 이와 같은 글자를 피한 것은 쓰지 않음으로써 구실을 붙여 핑계 대는 것을 막은 것이다. (紀批云, 起筆自高. 中二聯字句本俗, 全入惡趣, 賴筆力好耳. 月詩須避此等字, 勿以杜藉口[32]也.)

---

31 용금문(湧金門) : 항주 서호 동쪽에 있는 문으로 서호에서 물을 끌어 만든 936년 용금지에 세웠다. 항주 10대 고성(古城)의 문 중 하나이다.
32 자구(藉口) : 구실을 붙여 핑계 대는 행위를 말한다.

강월 [두보]
江月

강에 뜬 달빛, 물 위에서 빛나는데
높은 누각에서 생각할수록 시름겹다.
머나먼 곳에서 오래도록 나그네로 떠돌다가
늙어가며 한줄기 눈물이 수건을 적신다.
옥 같은 이슬이 맑은 달빛에 방울지고
은하수에는 반달이 잠겨 있다.
뉘 집 아낙네가 비단에 글자 수를 놓았나?
촛불은 꺼졌어도 아낙네 눈가엔 수심만 가득하다.

江月光於水, 高樓思殺人[33]. 天邊長作客, 老去一沾巾.
玉露團[34]淸影, 銀河沒半輪. 誰家挑錦字[35], 燭滅翠眉[36]嚬.

33 살인(殺人) : 시름이 매우 많은 자신을 가리킨다.
34 단(團) : 이슬방울.
35 도금자(挑錦字) : 비단 옷감 위에 글자를 수놓는다는 뜻으로 아내의 편지를 뜻한다. 《진서(晉書)》〈두도처소씨전(竇滔妻蘇氏傳)〉에 보면 전진(前秦) 때 진주자사(秦州刺史)인 두도(竇滔)가 사주(沙州)로 귀양가자 그의 아내 소씨(蘇氏)는 남편이 그리워서 비단에 직금회문시(織錦回文詩)를 지어 수놓아 남편에게 보냈다는 일화를 기록하고 있다. 이 고사를 인용했다.
36 취미(翠眉) : 미인의 눈썹. 화장한 눈썹.

기윤

경계가 광활하다. 끝의 두 구는 자기 외의 심정을 말했으니 곧 집을 생각한다는 뜻이며, 그 말을 은근히 느끼게 하려고 '누구 집'이라고 시인이 기술한 것이다. (紀批云, 意境空闊. 結二句言外深情, 乃思家之意, 婉其辭曰'誰家', 詩人之筆.)

16일 밤에 달을 감상하다 [두보]
十六夜翫[37]月

어젯밤 물 위에 뜬 달빛으로 상쾌하더니
이 모두가 옥 이슬 내리는 가을을 전하는 것이라.
관산은 대지를 따라 광활하게 펼쳐지고
은하수는 사람 가까이 흐르는 듯하다.
골짝 어귀에는 나무꾼이 돌아가며 노래하고
외로운 성에선 피리 소리가 시름을 부른다.
파(巴) 땅 젊은이들 온통 잠 이루지 못하는 것은
한밤중에 지나가는 배 젓는 소리 때문이라.

舊挹金波[38]爽, 皆傳玉露秋. 關山隨地闊, 河漢[39]近人流.
谷口樵歸唱, 孤城笛起愁. 巴[40]童渾不寐, 半夜有行舟.

37 완(翫) : 희롱하다. 완상(翫賞)하다.
38 금파(金波) : 햇빛을 받아 반짝거리는 물결.
39 하한(河漢) : 천구상에 남북으로 길게 보이는 수억 개의 항성 무리. 즉 은하수를 말한다.
40 파(巴) : 지명이다. 지금의 중경(重慶)이다.

기윤

자신이 잠을 이루지 못한다고 말하지 않고 파(巴) 땅의 젊은이들이 잠을 이루지 못한다고 말한다. 붓으로 이런저런 복잡한 사정을 쓴 것으로 장계의 '종소리가 객의 배에 이르네〔鐘聲到客船〕.'의 구절과 기축(機軸)이 같다. (紀批云, 不言己不寐, 而言「巴童」不寐. 用筆曲折, 張繼「鐘聲到客船」, 同此機軸[41].)

---

41 기축(機軸) : 활동의 중심이 되는 중요한 부분을 말한다.

서쪽 누각에서 달을 바라보며 [장적]
張司業[42] 西樓望月

성의 서쪽 누각 위에 뜬 달

다시 눈 온 뒤 맑게 갠 때라.

쓸쓸한 밤중에 모두 와서 바라보다가

고향을 그리며 홀로 천천히 배회한다.

그윽한 빛은 물구덩이에 빠져들 듯하고

맑고 청정함은 서리 한알한알 맺힌 듯하다.

다음 날 천 리 밖으로 떠나야 하니

이러한 중에도 도리어 이별하는구나.

城西樓上月, 復見[43]雪晴時. 寒夜共來望, 思鄕獨下遲[44].
幽光落水塹, 淨色[45]在霜枚. 明日千里去, 此中還別離.

42 장사업(張司業, 766~830) : 당대의 시인으로 이름은 적(籍), 자(字)는 문창(文昌)이다. 수부원외랑(水部員外郎)과 국자사업(國子司業) 등의 직을 역임해서 세칭 장수부 혹은 장사업, 또 장적의 원적이 소주(蘇州)였기 때문에 소주사업(蘇州司業)이라고 했다. 그는 당시 사회현실을 반영한 작품을 많이 썼다. 악부(樂府)로도 명성이 있어 왕건제의 이름과 함께 장왕악부(張王樂府)라고도 불렸다.

43 부현(復見) : 다시 나타나다.

44 하지(下遲) : 내려와 천천히 배회하는 모양.

45 정색(淨色) : 맑고 투명한 물질의 상태를 말한다.

기윤

작품에서 표현된 경지가 매우 특별하다. 그러나 노련함과 심후함에는 능숙하지 못하다. (紀批云, 意境甚別, 而未能渾老深厚.)

보름날 밤 달 [진사도]
陳后山 十五夜月

저번에 만난 노인장, 쓸쓸하고 애절하게
귀향하고 싶은 마음을 밝은 달에 부탁한다.
날아가는 반디는 애초부터 빛을 잃었고
무거운 이슬은 이미 옷을 적시고 있다.
외로운 달빛은 조금씩 기울어 가고
온갖 소리 잠길 듯 희미해져 간다.
늙어 백발이 된 것에 응하지 않으면서
흡사 남에게 귀향할 것을 권하는 듯하다.

向[46]老逢淸節[47], 歸懷託素輝[48]. 飛螢元失照, 重露[49]已沾衣.
稍稍孤光動, 沉沉衆籟[50]微. 不應明白髮, 似欲勸人歸.

기윤

후반부 네 구는 심미함이 지극하며 고요히 나아간다고 이를 만하다. 6구는

---

46 향(向) : 접때, 지난번.
47 청절(淸節) : 쓸쓸하고 애절하다.
48 소휘(素輝) : 흰색의 밝은 빛, 즉 밝은 달빛을 이른다.
49 중로(重露) : 흠뻑 내린 이슬.
50 중뢰(衆籟) : 자연 속에서 나는 온갖 소리를 말한다.

입신의 경지로 이른바 형태를 떠나 유사함을 얻었다. (紀批云, 後四句深微
之至, 可云靜詣. 六句入神, 所謂離形得似[51].)

---

51 이형득사(離形得似) : 형태를 떠나 유사함을 얻다.

중추절 밤중에 궁중에서 숙직하며 원사진에게 부쳐 [백거이]
白香山 八月十五夜禁中[52]寓直寄元四稹[53]

한림원의 황궁도 밤이 깊어 조용해서
홀로 한림원서 숙직하며 그대를 생각한다.
보름날 막 떠오른 밝은 달빛 아래에
이천 리 밖에서 친구 심정은 어떠한가.
저궁 동쪽은 안개도 파도도 차가울 터인데
욕당전 서쪽 어구 종소리에 밤은 깊어 간다.
아마 그대는 맑은 달빛을 보고 있지 않을 수도
강릉은 지대가 낮고 습해서 가을 구름도 많으리라.

銀臺金闕[54]靜沉沉, 此夕相思在禁林.
三五夜[55]中新月色, 二千里外故人心.
渚宮[56]東面烟波冷, 浴殿[57]西頭鐘漏深.
猶恐淸光不同見, 江陵[58]地濕足秋陰.

---

52 금중(禁中) : 대궐 안. 여기서는 한림원(翰林院)을 가리킨다.
53 원사진(元四稹, 779~831) : 원진(元稹)을 가리킨다. 자(字)는 미지(微之), 위명(威明)으로 낙양사람이다. 선비족이며 문학가 소설가이다.
54 은대금궐(銀臺金闕) : 은대는 당나라 궁성의 문이름. 그 문 곁에 한림원이 있다. 금궐은 천자(天子)가 있는 궁궐이다.
55 삼오야(三五夜) : 15일 밤.
56 저궁(渚宮) : 춘추시대 초나라의 궁전.
57 욕전(浴殿) : 장안의 대명궁 안에 있는 욕당전(浴堂殿)을 말한다.
58 강릉(江陵) : 호북성(湖北省) 중남부에 위치하고 있다. 강한평원(江漢平原)의 중

기윤

백향산 시에서 가장 침착한 필법이다. 결구가 되는 부분에 두루 진지함이 보인다. (紀批云, 香山最沉着之筆. 結處彌見沉摯.)

간이고 형강(荊江)의 북쪽 언덕에 해당하는 지역이다.

계미년 8월 보름밤 전후로 달빛이 모두 아름답기에 [증기]
曾茶山 癸未八月十四日至十六夜月色皆佳

해마다 추석을 기다리면서
해마다 안개비 내릴까 봐 걱정하였다.
7월 풍광은 한밤중이 좋고
노인의 회포는 남은 인생을 쉬는 것.
다음 날 변화는 은하수가 맑을 때 살펴야 하고
결함 있다면 달을 고치는 것이 마땅하리라.
낙양에 북방의 황사가 사람 눈을 가려서
자세하지 않아도 절강과 같지는 않으리라.

年年歲歲望中秋, 歲歲年年霧雨愁.
涼月[66]風光三夜好, 老夫懷抱一生休.
明時[67]諒費銀河洗, 缺處應須玉斧[68]修.
京洛胡塵[69]滿人眼, 不知能似浙江[70]不.

---

66 양월(涼月) : 7월의 다른 이름이다.
67 명시(明時) : 다음날. 때의 변화를 밝히는 것을 말한다.
68 옥부(玉斧) : 옥부수월(玉斧修月)의 전설에 '칠보(七寶)로 합성된 달을 보수하기 위해 8만 2천호가 동원되었다.'라는 말이 전해진다.
69 경락(京洛) : 경락은 '경성낙양(京城洛陽)'이라는 뜻으로, 낙양이 夏代(하대)부터 도읍지(京城)로 자주 사용되었기 때문이다. 후대에도 여러 왕조가 연용(沿用)함으로써 '도성(都城)'의 대명사로 쓰여 낙양의 한 성만을 의미하지 않게 되었다. 호진(胡塵)은 북방의 오랑캐 땅에서 불어온 황사먼지를 뜻한다.
70 절강(浙江) : 중국의 동남쪽 연해(沿海)와 장강 삼각주의 남쪽 날개부분, 동쪽은

방회

융흥 원년 계미년에 증다산은 나이가 80이었다. (方批云, 隆興元年癸未, 茶山年八十.)

기윤

순수함이 기운을 이기고 뜻의 경계도 광활하다. (紀批云, 純以氣勝, 意境 亦闊.)

동해에 임하고 나쪽으로는 복건성과 접해 있다. 서쪽으로는 강서, 안휘가 서로 연결되었고, 북쪽으로는 상해, 강소와 힘께 땅이 접해 있다. 증기(曾幾)는 한 때 절강성(浙江省)에서 절서제형(浙西提刑)이라는 관직에 있었다.

한적 閒適

종남산 별장에서 [왕유]
王右丞 終南別業[1]

중년에 자못 도를 좋아하다가
늘그막 종남산 기슭에 집을 지었다.
흥취가 나면 매번 혼자만 가고
멋진 일도 오직 혼자만 알뿐이다.
거닐다 물이 다하는 곳까지 이르러
앉아서 구름이 이는 때를 바라본다.
우연히 숲속 노인이라도 만나면
담소하다 돌아가는 때마저 잊어버린다.

中歲頗好道[2], 晩家南山陲. 興來每獨往, 勝事空[3]自知.
行到水窮處, 坐看雲起時. 偶然値林叟, 談笑滯還期.

---

1 종남별업(終南別業) : 종남(終南)은 섬서성(陝西省) 염전현(藍田縣)에 있는 산 이름으로, 왕유가 은거하던 별장이 있는 곳이다. 별업(別業)은 별장을 가리킨다.
2 도(道) : 불도(佛道)를 가리킨다.
3 공(空) : 오직. '지(只)'와 같다.

방회

이 시에는 한 번 읊음에 세 번 탄식하게 되는 다할 수 없는 오묘함이 있다.
(方批云, 此詩有一唱三歎[4]不可窮之妙.)

기윤

이 시의 오묘함은 현란함의 극치를 거쳐 평담함의 경지로 돌아왔으나 순서를 지키지 않아 구할 수가 없다. 성당시를 배우는 자들은 마땅히 이것을 귀허(歸墟)로 삼아야지 이것을 첫걸음으로 삼을 수 없다. (紀批云, 此詩之妙, 由絢爛之極, 歸於平淡, 然不可以躐[5]求也. 學盛唐者, 當以此爲歸墟, 不得以此爲初步.)

또 이르길, 미구에서 '체(滯)'자는 다른 판본에 '무(無)'자로 되어 있는데, '무(無)'자가 성률에 어울린다. 아래의 말은 너무 무겁고 '체(滯)'자는 글의 뜻이 활탈하다. 그러나 당나라 시인들의 요체(拗體)에서는 역시 말련(末聯)에 입률하는 자가 있어서, 오히려 무방할 것 같다. (又云, 尾句滯字一作無, 無字聲律爲諧, 而下語太重滯字文意活脫, 然唐人拗體, 亦有末聯入律[6]者, 似尙無妨.)

---

4 일창삼탄(一唱三歎): 한 번 읽고 여러 번 탄성한다는 뜻으로 훌륭한 시문을 이르는 말이다.
5 엽등(躐等): 등급을 뛰어넘다. 순서를 따르지 아니하다.
6 입률(入律): 고체시에 근체시처럼 평측의 성률을 배치하는 것이다. 고체시는 구식(句式)이 대체로 가지런하고 압운도 했으나, 형식적으로는 비교적 자유로워서 구수, 글자수, 대(對) 및 평측성조에도 엄격한 제한이 없다. 시가 발전함에 따라 일부 시인들이 근체시의 평측성을 배치하는 형식을 고체시에 적용함으로써 '입율고풍(入律古風)'이라는 새로운 시가 형식을 형성하였다.

또 이르길, 이러한 종류는 모두 녹이고 단련함이 지극해서 찌꺼기가 두루 융합하고, 함양함이 익숙하여 오만과 성급함이 다 순화된 이후 천기(天機)의 이르는 바가 절로 흘러나와 있으니, 모방하여 할 만한 것이 아니다. 그리고 얻으려는 자가 녹이고 단련하며 함양하는 공도 없이 모양으로만 그것을 본뜬다면, 곧 상투적 진부한 말이 되고 부연하는 헛된 음조가 된다. 거짓의 성당(盛唐) 시인들이 이 병폐를 많이 범했다. 이는 또한 선가자(禪家者)의 무리가 진공(眞空)과 완공(頑空)의 구별을 하고 있는 것과 같으니, 시를 논하는 자들은 구별하지 않을 수 없다. (又云, 此種皆鎔鍊之至, 渣滓[7]俱融, 涵養之熟, 矜躁盡化, 而後天機所到, 自在流出, 非可以摹擬, 而得者, 無其鎔鍊涵養之功, 而以貌襲之, 卽爲窠臼[8]之陳言, 敷衍之空調. 橋語盛唐者, 多犯是病. 此亦如禪家者流, 有眞空頑空[9]之別, 論詩者不可不辨.)

이정직

살펴보건대 효람의 이 논의는 왕우승의 뜻을 심득하고 있다. 이 때문에 그의 시를 평하면서 공활하고, 초탈하며, 신비한 기운이 있어 완전히 만족한다고 했으니, 진정한 시가의 정통에 준거한 것이다. (按, 曉嵐此論, 深得右丞意. 故其評詩, 以空闊超脫神氣完足者, 爲準此眞詩家正宗.)

또 살피건대 이 시 수련의 외구에서 '남산수(南山陲)'는 삼평성이 되어서 미련의 외구에 '무환기(無還期)'를 삼평성으로 함으로써 상하(上下)가 서

---

7 사재(渣滓) : 액체가 다 빠진 뒤 바닥에 가라앉은 찌꺼기.
8 과구(窠臼) : 상투적인 형식.
9 진공완공(眞空頑空) : 고집에 집착하는 각성 없는 고요를 완공(頑公)이라 하고, 일반을 초월한 모든 의식의 한계를 이르는 진공(眞空)과 상반 개념이 된다.

로 성률에 호응하니 화해롭다. 만약 '체환기(滯還期)'로 하였다면 시의 성률에 장애가 있다. 효람이 잠시 머뭇거리다가 '성률이 깊은 경지에 이르지 못했다.'라고 말한 것이 이것이다. 그가 말련(末聯)에 입률했다고 이른 것은 '우연치림수(偶然值林叟)'구에서 '림(林)'자의 소리가 평성이니 '치(值)'자를 측성으로 하여 이를 구제했다고 한 것이다. 스스로 구의 요법을 성취하여 외구(外句)의 평측을 스스로 조절한 것이 입률이다. 그러나 전편에서 요체의 법칙이 조화롭지 못했다. 대개 정체가 요체의 성률과 함께 더해져 조화하는 바가 같지 못함에 있다. 아래에 상세하게 보인다. (又按此詩, 首聯外句南山陲爲三平聲, 尾聯外句亦以無還期三平聲, 上下相應於律爲諧. 若作滯還期, 則有碍物體之律. 曉嵐所吃[10]云, 聲律未諧者此也. 其云, 末聯入律者, 偶然值林叟句, 林字聲平, 而以值字仄聲救之, 自成就句拗法, 而外句平仄自調, 是爲入律. 然於全篇, 拗體之法, 爲未諧也. 盖正體與加拗體聲律, 所諧有不同, 詳見于下.)

---

10 소흘(所吃) : 얼마 쯤 머뭇거리다.

숭산에 돌아와 짓다 [왕유]
歸嵩山[11]作

긴 숲에 바짝 붙어 흐르는 맑은 냇가를
수레를 타고 한가로이 건너간다.
흐르는 물은 어떤 생각이 있는 듯하고
저물녘 날짐승들은 짝지어 돌아온다.
낡은 성은 옛 나루터를 내려다보고
지는 해는 가을 산을 온통 물들인다.
멀고 먼 숭산 아래로
돌아왔으니, 문을 닫아걸어도 되리라.

淸川帶長薄[12], 車馬去閒閒[13]. 流水如有意, 暮禽相與還.
荒城臨古渡, 落日滿[14]秋山. 迢遞嵩高[15]下, 歸來且閉關[16].

11 숭산(嵩山) : 하남(河南) 개봉시(開封市)에 있다. 중국의 오악(五岳) 중에 중악(中岳)이다.
12 박(薄) : 숲.
13 한한(閒閒) : 여유 있고 자유로운 모습.
14 만(滿) : 온 산이 볕에 울긋불긋 물들어 있음을 나타낸 것이다.
15 숭고(嵩高) : 숭산(嵩山)을 이른다.
16 폐관(閉關) : 문을 걸어 손님의 방문을 사양하겠다는 뜻이다.

방회

한적한 정취, 담박한 맛으로 공교로움을 구하지 않았으나 공교롭지 않다고 부정할 수가 없는 시가 있다. 이 시가 그러하다. (方批云, 閒適之趣, 澹泊之味, 不求工而未嘗不工者, 此詩是也.)

기윤

공교로움을 구하지 않은 것이 아니다. 이미 다듬고 쫀 후에 순박함으로 돌아와서 도끼나 끌의 흔적으로 두루 변화시켰을 뿐이다. 시를 배우는 자는 마땅히 이로써 나아가는 경지가 되어야지, 이로써 시작의 경지가 되어서는 안 된다. 모름지기 절실한 곳부터 손을 대되, 바야흐로 본래의 규범에서 벗어나지 않아야 한다. (紀批云, 非不求工, 乃已珊璃已琢後還於朴, 斧鑿之痕俱化耳. 學詩者 當以此爲進境, 不當以此爲始境. 須從切實處入手, 方不走作[17].)

---

17 주작(走作) : 본래의 규범에서 벗어나다.

종남산으로 돌아와서 [맹호]
孟襄陽[18] 歸終南山[19]

조정에 올릴 상소를 그만두고
종남산의 초라한 오두막으로 돌아왔다.
재주 없는 놈이라 영명하신 천자에게 버림받고
잦은 병으로 옛친구들의 발길마저 뜸하다.
백발은 늙어가는 것을 재촉하고
봄날이 가까우니 또 한 해가 지나간다.
온갖 수심에 잠겨 잠 못 이루니
솔 위에 뜬 달 아래 밤 창문이 쓸쓸하다.

北闕[20]休上書, 南山歸弊廬. 不才明主棄, 多病故人疏.
白髮催年老, 靑陽[21]逼歲除. 永懷愁不寐, 松月夜窓虛.

---

18 맹양양(孟襄陽, 689~740) : 이름은 호(浩), 자(字)가 호연(浩然)이다. 당대의 시인으로 산수전원파(山水田園派)에 속했다. 양주(襄州) 양양(襄陽) 사람이어서 맹양양으로, 녹문산(鹿門山)에 은거하여 후인들이 맹녹문, 또는 녹문처사로 불렸으며, 왕유(王維)와 더불어 병칭으로 왕맹(王孟)이라고 했다.
19 종남산(終南山) : 도교의 발상지 중의 하나로, 중남산(中南山), 남산(南山), 태을산(太乙山)으로도 부르는데, 일반적으로 진령산맥(秦嶺山脈)의 중간 단계인 섬서성 경내를 가리킨다. 서쪽 무공현(武功縣)에서 시작하여 동쪽의 남전현(藍田縣)의 부분에 이른다.
20 북궐(北闕) : 황제가 있는 궁전.
21 청양(靑陽) : 날씨가 화창하고 따뜻한 때라는 뜻으로, '봄'을 이르는 말.

기윤

3구와 4구 역시 조금은 화평하고 불행하게도 (재능없이) 현명한 황제를 만났을 뿐이다. 혹시 (황제의) 원망과 분노가 너무 심하다고 여겨서 노두(老杜)의 '관직마저 응당 늙고 병들어서 그만두었다[官應老病休].'라는 구절의 온후함에 미치지 못한다고 한다면, 이는 성패(成敗)로써 사람을 논했기 때문일 것이다. (紀批云, 三四亦儘和平, 不幸而遇明皇耳, 或以爲怨怒太甚, 不及老杜官應老病休句之溫厚, 則是以成敗論人也.)

또 이르길, 결구 또한 앞 사람이 지칭한 바, 의경(意境)이 유달리 깊고 묘하다. 그러나 '영회수불매(永懷愁不寐)'의 구는 더욱이 단단히 얽혀져 풀리지 않는 수심을 친밀하고 진지하게 표현하고 있으니, 시인이 풍지를 얻은 것이다. (又云, 結句亦前人所稱, 意境殊爲深妙. 然永懷愁不寐句, 尤見纏綿篤摯, 得詩人風旨[23].

---

22 전면독지(纏綿篤摯) : 전면(纏綿)은 어떤 것이 깊이 얽혀 풀리지 않음을, 독지(篤摯)는 친밀하고 진지함을 뜻한다.
23 풍지(風旨) : 군주의 뜻이나 의도를 가리킨다.

친구의 별장에 이르러서 [맹호]
過故人莊²⁴

친구가 닭 잡고 기장밥을 마련해
나를 불러 시골 별장에 이르렀지.
초록 나무 마을 주변에 접해 있고
푸른 산은 성곽 밖에 비껴 있네.
채소밭을 마주하며 잔치를 열어
누에삼베 이야기로 술잔이 오가네.
중양일이 이를 때를 기다려서
다시 와 활짝 핀 국화를 감상하리.

故人具雞黍²⁵, 邀我至田家. 綠樹村邊合, 靑山郭外斜.
開筵面場圃²⁶, 把酒話桑麻²⁷. 待到重陽日²⁸, 還來²⁹就菊花.

---

24 장(莊) : 시골 별장.
25 계서(鷄黍) : 《논어(論語)》〈미자(微子)〉편에 보면 "자로를 머물러 묵게 하고는, 닭을 잡고 기장밥을 지어 먹였다〔止子路宿 殺鷄爲黍而食之〕."라는 내용이 있다. 이 일화에서 다른 사람을 잘 대접함을 비유하는 말로 쓰인다.
26 장포(場圃) : 집 가까이에 있는 채소밭.
27 상마(桑麻) : 누에치기와 삼베 농사를 이른다.
28 중양일(重陽日) : 중양이란 음양사상에 따라 양수[홀수]가 겹쳤다는 뜻으로 설날·삼짇날·단오(端午)·칠석(七夕)·중구(重九)를 가리킨다. 여기서는 중구일(重九日)이다.
29 환래(還來) : 재차 오다.

방회

이 시는 구절마다 자연스러워서 새기거나 그린 흔적이 없다. (方批云, 此詩句句自然, 無刻畫之迹.)

기윤

왕유와 맹호연의 시는 대체로 서로 가까워서 시의 골격도 절로 미묘하고 특별하다. 왕유는 맑으면서 원대하고, 맹호연은 맑으면서 절실하다. 왕유에게 배워서 이루지 못하면 절제함을 잃어 비게 되고, 맹호연에게 배워 이루지 못하면 절제함을 잃어 천박한 말이 된다. 이처럼 시가 자연스럽고 충담한 것은 처음 배우면서 순서 등을 지키지 않고 본받아서 매끄럽게 조절하지도 못한 것을 그치지 않기 때문이다. (紀批云, 王孟詩大段相近, 而體格又自微別. 王淸而遠, 孟淸而切. 學王不成, 流爲空腔. 學孟不成, 流爲淺語. 如此詩之自然冲淡, 初學遽躐等而效之, 不爲滑調不止也.)

방회

맹호연의 시에 '주방 사람은 닭 잡으며 기장밥을 마련하고〔廚人具雞黍〕, 어린아이는 버드나무와 매화 사이에서 악기를 탄다〔稚子摘楊梅〕.'라는 구(句)가 있는데, 진실로써 가짜를 대하면 세상에 칭송을 받게 되었다. 또한 '산수는 회계군이요〔山水會稽郡〕, 시서(詩書)는 공씨의 가문이라〔詩書 孔氏門〕.'라고 한 것도 좋은 시구이다. (方批又云, 浩然有廚人具雞黍, 稚子摘楊梅, 以眞對假, 見稱於世. 又如山水會稽郡, 詩書孔氏門, 亦佳句.)

기윤

진실과 가짜가 대면하면 마침내 섬세하고 공교로운 것을 언짢게 여긴다.

(紀批云, 眞假之對, 終嫌纖巧.)

이정직

살펴보건대, 계서(鷄黍)는 전적에 있는 것이라서 진실하나, 양매(楊梅)는 현재의 경계에 속한 것이라서 거짓이다. 진실과 가짜가 서로 대하고 있는 것이 고인 중에도 왕왕 있었다. 그러나 반드시 현재의 경계가 진실에 가깝거나, 혹은 2구 중 1구의 뜻이 원만한데 가히 그렇지 않다면, 이는 곧 솔직함을 잊은 것 뿐이다. (按, 鷄黍有典是爲眞, 楊梅只屬現境是爲假. 眞假相對, 古人往往有之. 然必現境逼眞, 或二句一意圓滿, 乃可不然卽忘率耳.)

강가 정자에서 [두보]
老杜 江亭

강가 정자가 따뜻하여 배를 드러내고 누워서
길게 읊조리며 들에서 달을 바라보는 때라.
강물이 유유히 흘러 마음은 급하지 않고
구름이 떠 있어 생각마저 여유롭다.
고요한 봄날은 저물어 가고
무성한 만물은 자연의 이치를 사사로이 따른다.
고향에 가고 싶어도 못 가는 이내 신세
시름을 떨치려 애써 시를 지어본다.

坦腹[30]江亭暖, 長吟野望時. 水流心不競, 雲在意俱遲.
寂寂春將晚, 欣欣[31]物自私. 故林歸未得, 排悶强裁詩.

방회

두보의 시는 색상(色相)이나 성음(聲音)을 가지고 구할 수 없다. '수류심불경(水流心不競), 운재의구지(雲在意俱遲)'와 '조각구름 하늘 저 멀리에 함께 떠 있고〔片雲天共遠〕, 길고 긴 밤에 달과 외로움을 함께 하네〔永夜月同

---

30 탄복(坦腹) : 배를 드러내고 눕다.
31 흔흔(欣欣) : 초목이 무성한 모양.

孤]'의 시구는 경치에 정서가 담겨 있고 정서에 경치가 들어있으니, 바꾸지 못하는 도(道)이다. (方批云, 老杜詩不可以色相聲音求. 水流心不競 雲在意俱遲, 片雲天共遠 永夜月同孤, 景在情, 情在景中, 未易道也.)

또 '적적춘장만(寂寂春將晚), 흔흔물자사(欣欣物自私)'와 '강과 산은 나를 기다려준 듯하고〔江山如有待〕, 꽃과 버들은 도리어 사심이 없었네〔花柳更無私〕'와 같은 시구는 하나로 꿰어서 지은 말이지만 도끼나 끌의 흔적이 없고 꾸미고 보탠 흔적도 없는데, 또 어찌 이 경치를 말한 것이 공평하다고 할 수 있겠는가.

  이 시의 말구에서 '배민(排悶)'은 '심불경(心不競)', '의구지(意俱遲)'와 더불어 같아지고 달라지는 것이 흡사하다. 유달리 두보의 시는 혼란한 세상을 포용하고 있기에 감개함이 많은 것을 알지 못하는 것이다. 그 처음의 '장음야망시(長吟野望時)'에서 한가로이 자적함이 이와 같다. 그것이 오래도록 지속되면 또 감촉하여 움직이는 것이 정에 굴레가 되어서 저것과 같아져 율(律)로써 속박하고 생각을 붙잡아 둘 수 없게 된다. (又如寂寂春將晚, 欣欣物自私, 江山如有待, 花柳更無私, 作一串說, 無斧鑿痕, 無粧點迹. 又豈是說景者之所能乎. 此篇末句排悶, 似與心不競意俱遲同異. 殊不知老杜詩, 以世亂爲容, 故多感慨. 其初長吟野望時, 閒適如此, 久之卽, 又觸動羈情如彼, 不可以律束縛拘腦也.)

기윤

허곡의 이 비평이 가장 정교하다. 이 시는 전관이 5구와 6구에 있다. 봄이 이미 적적했다면 해를 보내는 저물녘의 감개가 있을 것이고, 만물이 각기 무성했다면 나 홀로 잃어버린 슬픔이 있을 것이다. 사물에 대하여 느껴지고 생각하는 것이 깊어지는 것은 시를 재단하여 고민을 잊게 하려고 했기 때문일 뿐이다. 만약 5구와 6구를 설명하고 또한 풍경을 묘사했다면 작자의 뜻을 잃고 말았을 것이다. (紀批云, 虛谷此評最精. 蓋此詩轉關在五六句. 春已寂寂, 則有歲時遲暮之慨, 物各欣欣, 卽有我獨失所之悲. 所以感念滋深[32], 裁詩排悶耳. 若說五六亦是寫景, 則失作者之意.)

32 감념자심(感念滋深) : 감념(感念)은 사물에 대하여 느끼고 생각함을, 자심(滋深)은 깊어짐을 말한다.

이응의 은거에 제하여 [가도]
賈司戶[33] 題李凝[34]幽居

한적하게 살면서 가까운 이웃도 적어
풀 길이 거친 정원으로 들어간다.
새는 연못가 나무에 깃들고
스님은 달 아래 대문을 두드린다.
다리를 지나니 들 빛이 나뉘고
바위가 옮겨지듯 구름이 움직인다.
잠시 갔다가 다시 여기에 온 것은
남몰래 약속한 말을 저버릴 수 없기 때문이다.

閒居少隣並, 草徑入荒園. 鳥宿池邊[35]樹, 僧敲[36]月下門.
過橋分野色, 移石動雲根[37]. 暫去還來此, 幽期[38]不負言.

33 가사호(賈司戶) : 당나라 시인인 가도(賈島, 779~843)를 말함.
34 이응(李凝) : 시인의 벗이자 은자이다. 그의 생애와 행적은 불명(不明)하다.
35 지변(池邊) : 다른 한 판본에는 '지중(池中)'으로 되어 있다.
36 고(敲) : 이 시의 결구 두 번째 글자인 고(敲)자 대신에 퇴(推)자를 쓰려다가, 한유의 자문을 받고서 고(敲)로 고쳤다는 일화가 있다. 이 사건에서 시와 문장을 고쳐 다듬는 일을 '퇴고(推敲)'라고 하는 어원(語源)이 생겨났다.
37 운근(雲根) : 옛날 사람들은 '구름이 돌에 닿으면 산다.'라고 하여 돌을 운근(雲根)이라 불렀다. 여기서는 석근(石根)과 운기(雲氣)를 가리킨다.
38 유기(幽期) : 밀회의 약속.

방회

이 시는 설명을 기다리지 않는다. '고(敲)'자와 '퇴(推)'자 두 자는 한창려를 기다린 이후에 정해져서 만고에 시인의 미로를 개척한 것이 되었다. (方批云, 此詩不待說. 敲推二字待昌黎而后定, 開萬古[39]詩人之迷.)

기윤

풍씨는 '지변(池邊)'을 '지중(池中)'이라며 나무 그림자가 지중(池中)에 있는 것이라고 말했다. 만약 '변(邊)'자를 고쳐 지었다면 시구에 두루 미치는 힘이 적어진다. 이 10자가 바로 자연을 가지고 미묘함에 들어간 까닭을 알지 못한 것이다. 아래 시구에서 이처럼 자연에 호응하지 못한 것은 위의 시구에서 이처럼 이리저리 굽어서이다. 그리하여 '분(分)'자와 '동(動)'자로 애써 단련해서 나타냈다. (紀批云, 馮氏以池邊作池中, 言樹影在池中, 若改作邊字, 通句少力. 不知此十字正以自然故入妙. 不應下句如此自然, 上句如此迂曲[40]. 分字動字, 着力煉出.)

---

39 만고(萬古) : 오랜 세월을 통해 변함이나 유례가 없었음을 이른다.
40 우곡(迂曲) : 구불구불하다.

부수장으로 돌아가는 당환을 전송하며 [가도]
送唐環歸敷水莊[41]

모녀봉을 마주한 집에서
해 높이 떴건만 머리 빗지도 않았다.
땅은 산 그림자가 들어와 쓸어버렸고
잎사귀에는 이슬 흔적이 글씨를 쓴 듯하다.
솔숲 길에서 스님이 약초를 찾고 있고
모래 샘에 학이 고기를 노려보고 있다.
개울 풍경이 너무 좋아
한스러움이란 내 오두막엔 없다.

毛女峯當戶, 日高頭未梳. 地侵山影掃, 葉帶露痕書.
松徑[42]僧尋藥, 沙泉鶴見魚. 一川風景好, 恨不有吾廬.

방회
여덟 구가 모두 좋은데, 3구와 4구는 더욱 정교하고 촘촘하다. 이 가운데 쓸고 있는 자가 없지만, 비로 쓴 이를 '산그림자'라고 이른다. 이 가운데 와서 글씨 쓴 이가 없지만, 글씨 쓴 이를 '이슬의 흔적'이라고 이르고 있다.

---

41 부수장(敷水莊) : 시골 별장의 이름이다. 어느 곳에 소재하는지에 대해서 불명하다.
42 송경(松徑) : 소나무 숲 사이로 난 길.

사람이 이 일련(一聯)을 지을 수 있다면 또한 세상에 이름있는 시인이라고 할 만하다. (方批云, 八句皆好, 三四尤精緻. 無中造有者, 掃山影之謂也. 微中致著者, 書露痕之謂也. 人能作此一聯, 亦可以名世矣.)

기윤

3구와 4구는 정취가 깊고 그윽함이 지극하다. 그러나 유곡함을 나타낸 것이 자연스럽기 때문에 무공의 자질구레한 것과는 다르다. 또 이르길, 이 연(聯)은 자연스러워서 좋다. 그러나 이 시 때문에 세상에 이름을 떨쳤는데도 곧 이는 작은 집의 규모이다. (紀批云, 三四幽曲之至. 然幽曲而出以自然, 故異乎武功之瑣屑[43]. 又云, 此聯自佳. 然以此名世, 便是小家局面.)

이정직

살펴보건대, 시가 공교로운지 졸렬한지는 오로지 기축에 달려있으며, 정변(正變)과 개합(開合)에 구애받지 않고 호응하여 스스로 마땅히 성율(聲律)이 있어야 한다. 만약 한편에 전력을 사용한다면 전편(全篇)이 기운 없다. 이는 곧 끈 떨어진 구슬 알로 지식이 있는 자는 이를 부끄럽게 여겨야 한다. 효람이 시를 논하면서 그 대의를 얻었으니, 시학(詩學)에 공로가 있다. (按, 詩之工拙專在機軸, 不拘正變開合, 呼應自有當律. 若用力於一版, 而全篇無氣. 此卽絶纓之珠, 有識者恥之. 曉嵐論詩, 得其大者, 有功於詩學矣.)

---

43 쇄설(瑣屑) : 자질구레하고 번거롭다.

언덕 위 가을살이 [가도]
原上秋居

관서에 또 낙엽은 지는데
걱정거리 다시 어떻게 풀어야 할지.
가는 세월을 산에 하소연하며 머문 지 오래고
가을장마는 밤 들어 많이 내리누나.
새는 우물의 어귀에서 날아 나오고
사람은 악양(岳陽) 쪽으로부터 지나온다.
간신히 지팡이에 의지하고 한가로이 바라보니
농가에서는 아직 벼를 거두지 않았구나.

關西[44]又落木, 心事[45]復如何. 歲月辭[46]山久, 秋霖入夜多.
鳥從井口出, 人自岳陽[47]過. 倚杖聊閒望, 田家未剪禾.

44 관서(關西) : 함곡관(函谷關)을 기준으로 서쪽지역을 가리킨다.
45 심사(心事) : 걱정거리. 시름.
46 사(辭) : 하소연하다.
47 악양(岳陽) : 지명으로 호남성(湖南省) 북동부, 동정호(洞庭湖)가 장강(長江)으로 흐르는 수로의 기점에 위치하고 있다. 다른 판본 중에는 '낙양(洛陽)'으로 되어 있는 곳도 있다.

방회

5구와 6구는 해가 지나가고 있음을 이른다. 곧 아래에서 득구(得句)하였으니 배우는 자들은 마땅히 이를 주의 깊게 음미해야 한다. (方批云, 五六謂經年[48] 乃下得句, 學者當細味[49]之.)

기윤

4구에서 한 기운으로 혼연히 이루어진 것을 시작으로 5구와 6구, 또한 자연스러운데, 오직 끝맺음이 무미하다. (紀批云, 起四句一氣渾成[50], 五六亦自然, 惟結處無味.)

---

48   경년(經年) : 해를 지내다.
49   세미(細味) : 세세히 맛을 헤아려 보다. 주의 깊게 음미하다.
50   일기혼성(一氣渾成) : 한 기운으로 혼연하게 이루어지다.

우연히 짓다 [가도]
偶作

들녘을 거닐면서 내 생각을 따르려니
어떤 것이 옳은지, 그른지 알랴.
풍년이 든 때 비가 풍족하게 내리고
윤월이 저물면 매미 소리도 드문 법이라.
홀로 선 나무에 산등성이의 노인이 의지하고
먼 산봉우리에 풀이 어슴푸레 보이는 듯하다.
정원 숲엔 자연스레 주인이 있어
새 또한 함께 돌아와 깃들고 있다.

野步[51]隨吾意, 那知是與非. 稔年[52]時雨足, 閏月暮蟬稀.
獨樹依岡[53]老, 遙峯出草微. 園林自有主, 宿鳥且同歸.

방회
5구와 6구는 더욱이 담백하고 세밀하다. 다만 '나지시여비(那知是與非)'
1구는 자못 비속되다. (方批云, 五六尤淡而細, 只那知是與非一句頗俗.)

51　야보(野步) : 들녘을 거닐다.
52　임년(稔年) : 풍년.
53　강(岡) : 산등성이.

기윤

풍씨는 "이 시는 세밀함이 심해서 지극히 세밀히 보지 아니하면 사람들이 쉽게 알지 못한다."라고 일렀다. 수련에서 내 생각에 따라 들녘을 거닐었다고 일렀는데, 무엇을 만나 옳은지, 그른지를 생각할 수 있었겠는가. 중간의 네 구에서 들녘을 거닐면서 본 경치를 말하다가 홀연히 생략하고 떠난 집의 정원을 얻었으니, 여전히 시비가 목전에 있는 것이다. 또 숙조(宿鳥)와 함께 함께 돌아왔을 뿐이다. 풍씨는 이 구절을 좋아한다고 말했다. 여기의 평도 또한 이러하다. (紀批云, 馮云, 此詩細甚, 非極細人不易知也. 首云隨意野步, 何曾有恁是非. 中四句說野步之景, 忽然省得此離家園林也, 依然是非在目矣, 且與宿鳥同歸耳. 馮氏說此句好. 此評亦是.)

화산에서 살면서 부치다 [마대]
馬虞臣(馬戴)[54] 居華山因寄

옥녀가 머리 감던 석분
고고하기가 말할 수 없다.
연악의 꼭대기에서 폭포가 흘러
화산의 밑에서 하수로 대어준다.
참새가 사라진 숲, 송골매가 숨어 살고
사람이 없는 곳, 원숭이만 있다.
가을 달이 겨우 비를 지나자
바위 위 오래된 솔 대문이 열렸다.

玉女洗頭盆, 孤高[55]不可言. 瀑流蓮嶽[56]頂, 河注華山[57]根.
絕雀林藏鶻, 無人境有猿. 秋蟾[58]纔過雨, 石上古松門.

---

54 마우신(馬虞臣, 799~869) : 이름은 대(戴), 우신(虞臣)이 그의 자(字)이다. 만당 시인으로 정주(定州) 곡양현(曲陽縣) 사람이다.
55 고고(孤高) : 속된 현실 사회에서 벗어나 홀로 깨끗하고 우뚝하다.
56 연악(蓮嶽) : 화산(華山)의 또 다른 명칭이다.
57 화산(華山) : 중국 진령(秦嶺) 산맥의 동쪽으로 우뚝 솟는 명산으로 서안시(西安市)의 동쪽, 섬서성(陝西省) 화음시(華陰市) 사이에 있다.
58 추섬(秋蟾) : 가을의 달을 가리킨다. 달에 두꺼비가 산다는 전설과 달빛이 희다는 뜻에서 '옥섬(玉蟾)'이라고도 한다.

방회

5구와 6구는 참새가 사라진 숲에 송골매가 숨어 살고, 사람이 없는 곳엔 비로소 원숭이만 있다는 것을 이른다. 한 구의 위는 본래 아래이고, 한 구의 아래는 본래 위인데 시인은 이 호체(互體)를 없앨 수 없었다. 두보의 시 '숲이 성기니 낙엽이 지고, 들이 고요하니 백구가 날아오네.'와 또한 같다. (方批云, 五六謂絶雀之林爲藏鶻, 無人之境始有猿. 一句上本下, 一句下本上. 詩家不可無此互體. 工部詩「林疏黃葉墜, 野靜白鷗來」亦似.)

기윤

깨닫고 보니 좋다. 또 이르길, 깊은 뜻은 없으나 자연스럽게 높고 그윽하다. 이런 까닭으로 기품(氣品)이나 격조(格調)가 같지 않다. (紀批云, 解得好. 又云, 無深意而自然高冥[59], 此由氣格[60]不同.)

---

59 고명(高冥) : 높은 하늘, 또는 높고 그윽하다.
60 기격(氣格) : 기품(氣品)이나 격조(格調)를 말한다.

맹융일이란 사람에 제하여 [가도]
賈司戶 題孟融逸人

맹군은 물에 접해 살면서도
물속 고기를 먹지 않는다네.
의복은 오직 거친 옷만 입고
상자엔 소서(素書)만 들었을 뿐이다.
나무숲은 산새들이 그리워하고
세상사와는 마음이 멀어져 있다.
노 저어 외로운 배가 떠나는데
어느 봉우리에다 다시 초막을 지을꼬.

孟君臨水居, 不食水中魚. 衣衲[61]惟麤帛, 筐箱祇素書[62].
樹林幽鳥戀, 世界此心疏. 擬棹孤舟去, 何峯又結廬.

방회
5구와 6구는 변체이다. 만일 오로지 3구, 4구와 같게 한다면 너무 비루해질 것이다. (方批云, 五六變體[63]. 若專如三四, 則太鄙矣.)

61 납(衲) : 다른 한 판본에는 '갈(褐)'자로 되어 있다.
62 소서(素書) : 진(秦)나라 때 황석공(黃石公)이 장량(張良)에게 전했다는 책으로 추정한다. 도가사상을 종지(宗旨)로 우주만물의 자연운화를 헤아려 사물을 인식하고 대응하는 내용을 담고 있다.

가윤

3구와 4구는 소박한 것이지 비루한 것이 아니고 생동하는 운치가 있다. 만약 속된 솜씨인데도 본받는다면 반드시 비루해진다. 방허곡도 그러한 점진(漸進)을 막았을 뿐이다. (紀批云, 三四是朴非鄙, 尙有氣韻[64]. 若俗手效之, 則必鄙. 虛谷亦防其漸耳.)

외관(外觀)에 개의치 않아서 풍격이 비할 데가 없을 만큼 고상하다. (又云, 不衫不履[65], 風格絶高.)

5구와 6구에서 한 번 견주고 한번 지어 서로 연결해서 내려놓으니 매우 기특하고 뛰어나다. (又云, 五六一比一賦, 相連而下, 奇杰之甚.)

63 변체(變體) : 본래의 모습이나 체재가 바뀌었음을 이른다.
64 기운(氣韻) : 글이나 글씨, 그림 따위에서 느껴지는 생동감과 아담한 멋을 이른다.
65 불삼불이(不衫不履) : 장삼도 입지 않고 신발도 신지 않는다는 뜻으로 외관(外觀)에 개의치 않는 것이다.

가도의 시골집을 지나며 [장적]
張司業[66] 過賈島野居[67]

청성문 바깥에 사노라니
걸어도 앉아도 종남산이 보인다.
이곳은 사람이 떠난 지 오랜지라
그대는 알까. 하루 내내 한가한 것을.
개구리 울음소리 울타리에서 들리고
풀빛은 집안의 뜰 사이를 물들이네.
지나가는 곳이라 다행이지만
저물녘 홀로 돌아갈 것을 걱정할 뿐이다.

靑門[68]坊外住, 行坐見南山[69]. 此地去人遠, 知君終日閒.
蛙聲籬落下, 草色戶庭間. 好是[70]經過處, 惟愁暮獨還.

---

66 장사업(張司業) : 중국 중당 시인인 장적(張籍, 766?~830?)을 말함.
67 야거(野居) : 시골살이 공간을 말한다.
68 청문(靑門) : 한(漢)나라 때 장안성의 동남쪽 문이다. 본래는 패성문(霸城門)인데, 그 문색이 푸른 것으로 인해 속칭 '청문(靑門)' 또는 '청성문(靑城門)'으로 불렸다.
69 남산(南山) : 종남산(終南山)을 가리킨다. 섬서성(陝西省) 장안(長安)의 남쪽에 있다.
70 호시(好是) : 다행스럽다.

방회

가도의 시는 그윽하고 속이 깊으며 청신하다. 장문창의 시는 평이하며 청신하다. (方批云, 賈浪仙詩幽奧而淸新, 張文昌[71]詩平易而淸新.)

기윤

비록 평이하나 자연의 흥취가 있고, 무공보다 나은 것은 섬세함이 많다. (紀批云, 雖平易而有自然之趣, 勝武功[72]之纖瑣多矣.)

---

71 장문창(張文昌) : 당시인(唐詩人) 장적(張籍)을 가리킨다.
72 무공(武功) : 당시인(唐詩人) 요합(姚合)을 가리킨다.

한가롭게 살며 [요합]
姚武功[73] 閒居

스스로 누추한 줄도 모르고
해가 다하도록 도성에서 살았다.
지나간 문 앞엔 말 자국도 없고
집안은 매미 소리만 가득하다.
병을 달고 시를 짓기 괴롭지만
관직을 그만두려는 꿈을 이미 이루었다.
무엇 때문에 선관(禪觀)을 배워서
부처에게 의지하려 할까.

不自識疏鄙, 終年住在城. 過門無馬跡, 滿宅是蟬聲.
帶病吟雖苦, 休官夢已淸. 何當學禪觀[74], 依止古先生[75].

---

73 요무공(姚武功, 779~855) : 당대의 시인으로 이름은 합(合)이다. 그는 무공주부(武功主簿)라는 관직을 거친 관계로 세칭 '요무공(姚武功)'이라 하고, 그의 시파(詩派)를 '무공체(武功體)'라고 했다.
74 선관(禪觀) : 불교의 용어로 선(禪)을 통해 도의 경지에 들어가는 수행방법을 말한다.
75 고선생(古先生) : 노자(老子)가 이적(夷狄)의 땅으로 들어가 부도(浮屠)가 되었다는 전설에서 나온 말이다. 《노자화호경(老子化胡經)》에는 "노자와 그의 제자 윤희가 서역과 인도에 가서 호인(胡人)을 교화시켰다"고 기록하고 있다. 이 때문에 부처 및 불상을 차칭하는 말이 되었다.

기윤

무공의 시는 점잖고 기품이 있다. (紀批云, 武功詩之雅馴者.)

산중에서 벗에게 부쳐 [요합]
山中寄友生

홀로 산속에서 지내면서
날마다 성정에 순응한다.
새벽 샘물은 떨어지는 빗방울에 화답하고
가을 풀은 생기롭게 담장으로 오른다.
손님이 와야 비로소 술을 사 오고
책을 빌리려 바야흐로 성에 이른다.
시를 짓고서야 겨우 스스로 위안 삼지만
좋은 평판을 듣고 싶지는 않더라.

獨在山阿裏, 朝朝遂性情[76]. 曉泉和雨落, 秋草上牆生.
因客始沽酒, 借書方到城. 詩成聊自遣[77], 不是趁聲[78]名.

방회

5구와 6구는 좋다. 가도와 비교하면 무게가 가볍다. 첫째로 미치지 못하는 것은 대우절(對偶切)이요, 둘째는 뜻이 깊지 못하고, 셋째는 도리어 하나

---

76 성정(性情) : 사람의 성질과 마음씨.
77 자견(自遣) : 스스로 마음을 달래다.
78 성(聲) : 다른 판본에 '허(虛)'자로 된 곳도 있다.

취할 만한 것이 있으니 가로되, 청신(淸新)함이다. (方批云, 五六好. 比賈島斤兩輕, 一不逮[79] 對偶切, 二不逮 意思淺, 三不逮. 却有一可取, 曰淸新.)

기윤

성당 시인의 시어는 화평하고 아주 빼어나다. 신분이 저절로 말 밖으로 드러나거나 고결한 습관 때문에 사리에 맞지 않거나 지나치게 격렬한 것은 없다. 무공 이후에 비로소 눈썹을 곤두세우고 눈을 부라리는 모습이 많았다. 이른바 바깥은 여유가 있지만, 안으로 내면은 흡족하지 못하다. 이 시 네 구는 절로 좋으나 끝의 두 구는 다소의 불기운이 있다. (紀批云, 盛唐人詩語 和平而高逸.[80] 身分自於言外見之, 無詭激[81]淸高之習. 武功以後, 始多撑眉努目[82]之狀, 所謂外有餘者中不足也. 此詩四句自佳, 末二句有多少火氣在.)

---

79 불체(不逮) : 어떤 수준에 미치지 못하다.
80 고일(高逸) : 아주 뛰어나다.
81 궤격(詭激) : 사리에 맞지 않고 지나치게 격렬하거나 거세다.
82 탱미노목(撑眉努目) : 눈썹을 곤두세우고 눈을 부라림을 말한다.

언덕 위에 새집 짓고 [왕건]
王仲初[83] 原上新居

요즘 나이가 들자
세상사는 별다른 관심이 없다.
오래된 비석을 사람 시켜 탁본하고
한가하면 시는 객에게 맡겨 읊게 한다.
경서를 전해 주고 야외 정원으로 돌아와
돌을 옮겨 그윽한 숲으로 들어간다.
골짜기 어귀엔 봄바람이 거세어서
배꽃이 떨어져 땅을 뒤덮고 있다.

近來年紀到, 世事摠無心. 古碣憑人[84]搨, 閒詩任客吟.
送經[85]還野院, 移石入幽林. 谷口春風惡[86], 梨花蓋地深.

기윤
시의 정서가 전부 무공과 한 파이다. (紀批云, 詩情全是武功一派.)

---

83 왕중초(王仲初) : 당나라 시인 왕건(王建, 767?~831). 그의 자가 중초(仲初)임. 영천(潁川) 사람. 한미한 출신으로 일찌감치 진사에 급제하였으나 겨우 말직을 역임하였다.
84 빙인(憑人) : 남에게 기대다.
85 송경(送經) : 경서(經書)을 남에게 전해 주다.
86 풍악(風惡) : 바람이 거세다.

농부가 밤에 돌아와서 [매요신]
梅宛陵 田人夜歸

곡식을 거둔 후 들판은 다시 멀어지고
촌마을 자욱이 서린 연기에 가려져 있네.
거친 길엔 이미 바람이 급하고
홀로 가는 길엔 개만 따를 뿐.
사립문이 닫히지 않았는지 살피는데
어린아이가 먼저 알고 기다리고 있네.
나 자신에게 있어 일생의 즐거움을
어찌 촌구석에서 찾으려고만 하는지.

田收[87]野更逈, 墟里[88]隔烟波. 荒徑已風急, 獨行唯犬隨.
荊扉[89]候不掩, 稚子望先知. 自是一生樂, 何須閭井[90]爲.

기윤

전반부의 여섯 구는 너그러워서 왕유와 맹호연의 기운이 있다. 끝 구는 이해하지 못하겠다. (紀批云, 前六句綽有王孟氣韻. 末句不解.)

87 전주(田收) : 밭에서 작물을 수확한 후를 말한다.
88 허리(墟里) : 촌락.
89 형비(荊扉) : 사립문.
90 여정(閭井) : 시골 마을.

호수 누대에서 풍경을 그리며 [임포]
林和靖[91] 湖樓寫望

호수가 하늘의 푸르름과 뒤엉킴에
난간에 기대어 애써 응시해 보네.
저물녘 쓸쓸한데 산은 짙푸르고
가을은 고요한데 새는 높이 난다.
원대한 생각은 천리에 달하지만
뜬 인생은 한 터럭보다 가볍다지.
좌선 도량에 자주 이르지 못하는데
아득히 서린 안개 사이로 고깃배만 멀어지네.

湖水混空碧, 憑欄凝睇[92]勞. 夕寒山翠重, 秋靜鳥行高.
遠意極千里, 浮生輕一毫. 叢林[93]數未徧, 杳靄[94]隔漁舠[95].

---

91 임화정(林和靖, 967~1028) : 북송시대 시인으로 이름은 임포(林逋), 자(字)는 군복(君復), 시호(諡號)가 화정(和靖)인 까닭에 화정선생(和靖先生), 또는 임화정(林和靖)으로 불렸다. 절강성 항주에서 출생하여 서호(西湖) 고산(孤山)에 평생 은둔했으며 매화와 학을 사랑했다. 그래서 서호의 풍경과 매화를 읊은 시가 많이 남아 있다.
92 응제(凝睇) : 응시하다.
93 총림(叢林) : 승려가 좌선 수행하는 도량.
94 묘애(杳靄) : 아득히 구름이 서리다.
95 어도(漁舠) : 고깃배.

기윤

전반부 네 구는 지극한 뜻의 경지가 있다. '정(靜)'자는 마땅히 '정(淨)'자가 되어야 하는데, '정(靜)'으로 지어서 곧 시 맛이 적다. 6구는 운각에서 끌어와서 좋지 못하다. '어도(漁舠)'는 멀어서 이르지는 못하고 눈으로만 바라다보는 것이다. 끝 구는 또한 진운이다. (紀批云, 前四句極有意境. 靜當作淨, 作靜便少味. 六句牽於韻脚[96], 未佳. 漁舠不至隔望眼. 末句亦趁韻.[97])

이정직

살펴보건대, 이는 아득하게 멀리 있는 어선이라는 것이지, 어선과 사이를 두고 바라다본 것이 아니다. (按, 是杳靄隔漁舠, 非漁舠隔望眼.)

---

96 운각(韻脚) : 시부의 글귀 끝에 운으로 다는 글자.
97 진운(趁韻) : 시를 지을 때, 압운에만 신경을 쓰고, 글의 뜻이 적당한가는 별로 문제 삼지 않는 운을 말한다.

산중에 은거하며 스스로 짓다 [임포]
小隱[98]自題

대와 나무들이 내 집을 빙 둘러치니
맑고 깊은 정취가 있어서 여유롭다.
학은 한가롭게 물에 다다라 오래 머물고
벌은 게으르게 꽃을 드문드문 찾아 든다.
술병이 나서 책을 펴는데 꺼려지고
봄날 응달진 곳으로 호미 메고 들어간다.
일찍부터 옛 화보를 좋아했는데
다수가 나무꾼이나 어부의 모습을 그렸기 때문이라.

竹樹遶吾廬, 淸深趣[99]有餘. 鶴閒臨水久, 蜂懶得花疏[100].
酒病妨開卷, 春陰入荷鋤. 嘗憐古圖畫, 多半寫樵漁[101].

---

98 소은(小隱) : 당대의 시인 백거이(白居易)는 그의 시 중은(中隱)에서 "제대로 된 은자〔대은(大隱)〕는 조정과 저자에서 살고, 은자인척하는 사람〔소은(小隱)〕은 산중에 살지만, 산중은 고요하나 너무 외롭고, 조시(朝市)는 너무 소란스럽다네. 중은(中隱)에 있는 것만 못하니, 중은은 일 없는 직에 머무르는 것이다〔大隱住朝市 小隱入丘樊. 丘樊太冷落 朝市太囂喧. 不如作中隱 隱在留司官.〕."라 하여 소은을 '산중에 은거하는 자'로 규정하였다.
99 심취(深趣) : 깊은 멋과 정취가 있는 것이다.
100 득화소(得花疏) : 꽃을 찾으나 드문드문 찾아드는 것을 말한다.
101 초어(樵漁) : 나무꾼과 어부.

기윤

고요하고 멀다고 이를 만하다. 또 이르길, 3구와 4구는 풍경 중에 사람이 있는 것이다. 떼어서 읽으니 구(句)마다 정교하고 교묘하며, 이어서 읽으니 기운이 쏟아지듯 한다. 홍상심미(興象深微)해서 터럭이 한데로 모여든 흔적도 없다. 이러한 천기가 이른 것은 우연히 얻은 것이지, 괴롭게 읊어서 성취할 수 있는 것이 아니다. (紀批云, 可云靜遠. 又云, 三四句景中有人. 拆讀之句句精妙, 連讀之一氣涌出. 興象深微[102], 毫無湊泊之迹. 此天機所到, 偶然得之, 非苦吟所可就也.)

---

102 홍상심미(興象深微) : 이미지가 깊고 미묘함을 이른다.

회포를 풀다 [진사도]
陳後山 放懷

먹을 것을 베풀면 까마귀와 솔개가 좋아하고
경서를 송독하면 새와 참새도 듣는다더라.
명아주 지팡이를 짚고서 원기가 왕성함을 자랑하고
그림자를 돌아보며 홀로 방임하는 삶도 기이하지.
문 앞이 고요해서 달을 따라갔다가
창 빈 곳으로 비치는 별을 보고 누웠는데.
이불을 둘둘 감고 잠을 청하지만 평온하지 못해
몹시 어려우나 경서를 펼치니 배가 부르더라.

施食烏鳶喜, 持經[103]鳥雀聽. 杖藜矜矍鑠[104], 顧影怪伶俜[105].
門靜行隨月, 窓虛臥見星. 擁衾[106]眠未穩, 艱阻[107]飽會經.

기윤
시어마다 산뜻하고 건강하다. 또 이르길, 후산 시는 풍격이 본래 높으나

---

103 지경(持經) : 경을 늘 몸에 지니고 다니면서 송독함을 이른다.
104 확삭(矍鑠) : 눈이 빛나고 쇠를 녹일 만큼 힘이 왕성함을 이른다.
105 영빙(伶俜) : 홀로 방임하며 살아간다는 뜻이다.
106 옹금(擁衾) : 이불을 둘둘 말다.
107 간조(艱阻) : 어렵고 위험하다.

오직 강서시파의 습성에 물들어서 거칠고 딱딱함이 너무 심할 뿐이다.
(紀批云, 語語峭健. 又云, 后山風格本高, 惟沾染江西習氣[108], 有粗硬太甚處耳.)

---

108 습기(習氣) : 번뇌로 인하여 형성된 (나쁜) 습성이나 버릇을 말한다.

일을 내려놓고 [진여의]
陳簡齋 放慵[109]

따스한 날, 버드나무가 훈풍에 싹 틔우고
짙은 봄기운에 핀 해당화가 얼굴마저 붉게 물들이네.
관의 일 게을리하며 내려놓으니 참으로 흥미롭고
속된 일에 응대하니 괴롭도록 서로가 방해를 놓네.
관의 일에 우둔하여 남 따라 억지로 웃지만
남과의 교제가 어설퍼 자신을 감추는 데만 급급하지.
구름이 걷혀 평온하고 서야 지팡이를 짚고 걷다가
한가로이 앉아 홀로 향을 불사르네.

暖日薰楊柳, 濃春醉海棠. 放慵眞有味, 應俗苦相妨.
官拙從人笑, 交疎得[110]自藏. 雲移穩扶杖, 燕坐[111]獨焚香.

▨
방회
이 공의 기백은 더욱 크다. 기구의 10자는 주문공의 격절이다. '훈(薰)'
자와 '취(醉)' 자의 아래에서 미묘함을 얻었다고 이른 것이다. (方批云, 此

---

109 방용(放慵) : [관무(官務)를] 내려놓고 게을리하다.
110 득(得) : 만족하다.
111 연좌(燕坐) : 한가롭게 앉아 쉬다.

公氣魄[112]尤大. 起句十字, 朱文公擊節[113], 謂薰字醉字下得妙.)

112 기백(氣魄) : 진취적이며 씩씩하고 굳센 기상을 지닌 정신을 말한다.
113 격절(擊節) : 무엇을 두드리며 박자를 맞춘다는 뜻이다.

옹권의 산거에서 제하다 [서조]
徐道暉(徐照)[114] 題翁卷山居

빈산에 한 사람도 없는데
그대에게 이 한가한 몸을 의탁하고 있네.
물가에 핀 꽃마저 멀리서 찾아오고
바람 앞에 선 나무가 번번이 흔들리는 곳.
벌레가 지나가니 벽에 글자가 새겨지고
차를 끓이려니 둥지에서 잔가지가 떨어지네.
만약 고매한 사람이 있어 이른다면
복두를 쓰지 않고 맞이해도 무방하겠지.

空山無一人, 君此寄閒身. 水上花來遠, 風前樹動頻.
蟲行黏[115]壁字, 茶煮落巢薪[116]. 若有高人至, 何妨不裹巾[117].

---

114 서도휘(徐道暉, ?~1211) : 남송의 시인으로 이름은 조(照), 자는 도휘(道暉), 또는 영휘(靈暉), 자호는 산민(山民)이며 영가(永嘉) 사람이다. 서기(徐玑), 옹권(翁卷), 조사수(趙師秀)와 함께 '영가사령(永嘉四靈)'이라 불린다.
115 점(黏) : 들러붙다.
116 소신(巢薪) : 둥지를 짓는 데 쓰인 잔가지.
117 하방불과건(何妨不裹巾) : 하방(何妨)은 무방하다. 과건(裹巾)은 일종의 복두(幞頭)이다.

방회

이 시는 진실로 만당시보다 못하지 않다. 또 이르길, 이 시는 이른바, 영가사령(永嘉四靈) 중의 하나이다. 옹권의 자(字)는 속고이고, 또 다른 자(字)인 영서(靈舒)의 시는《서암집》에서 말하고, 서기의 자 대연이고, 또 다른 자 치중이며, 호인 영연(靈淵)의 시는《천산집》에서 말하고, 서조의 자는 도휘이고, 호인 영휘(靈暉)의 시는《산민집》에서 말하고, 조사수의 자는 자지이고, 호인 영수(靈秀)의 시는《천락당집》에서 말한다. 건순지치(乾淳之治) 이래로는 우양범육(尤楊范陸)이 4대 시가가 되어서 이로부터 처음으로 강서시파가 되었다. 수심 엽적은 문(文)을 하나로 삼고, 그때 영가사령을 으뜸으로 여겨서 그 말에 따라 만당시를 고쳐 배우는데, 가도와 요합을 종주로 삼았다. (方批云, 此詩眞不減晚唐. 又云, 此所謂永嘉四靈[118]之一也. 翁卷字續古, 一字靈舒, 詩曰西巖集, 徐機〔璣〕字大淵, 一字致中, 號靈淵詩曰泉山集, 徐照字道暉, 號靈暉, 詩曰山民集, 趙師秀字紫芝, 號靈秀, 詩曰天樂堂集. 乾淳[119]以來, 尤楊范陸[120], 爲四大詩家, 自是始降, 而爲江湖之詩. 葉水心適,[121] 以文爲一時, 宗永嘉四靈, 從其說而改學晚唐詩, 宗

---

118 영가사령(永嘉四靈) : 남송 말기 시인으로 영가 사람인 서조(徐照), 서기(徐機〔璣〕), 옹권(翁卷), 조사수 (趙師秀)를 가리키는 말이다.

119 건순(乾淳) : 남송의 제2대 황제 효종(孝宗)이 통치한 시기, 즉 1162년~1189년까지를 가리킨다.

120 우양범육(尤楊范陸) : 남송시인 우무(尤袤), 양만리(楊万里), 버성대(范成大), 육우(陸游)의 병칭이다.

121 섭수심적(葉水心適) : 수심 섭적을 가리킨다. 섭적(葉適, 1150~1223)은 사상가, 문학가, 정치평론가로 자가 정칙(正則), 호(號)가 수심거사(水心居士)이다. 온주(溫州) 영가(永嘉) 사람으로, 서안(瑞安)에서 태어났으나 후에 영가의 수심촌(水心村)에 살아 수심선생으로 불렸다.

賈島姚合.)

기윤
단지 이는 '무공(武功)'의 일파일 뿐이고, 이로써 대개가 만당의 뜻을 얻지 못했다. (紀批云, 只是「武功」一派, 不得以此概晚唐.)

유거 [옹권]

翁續古[122] 幽居

닫힌 초가의 문을 돌아와 열고
은둔하는 삶을 꼽아보니 재주가 적다는 것.
소나무를 옮기니 산 고개가 이어지고
돌을 얻으니 시냇물 이끼가 띠를 두르누나.
약은 선인의 처방을 믿고 복용하고
옷은 옛 모양대로 재단하는 것이라.
본래 그만둘 만한 벼슬이 없으니
어찌 부역 때문에 돌아올 필요가 있을까.

蓬戶[123]掩還開, 幽居稱不才. 移松連橋土[124], 買石帶溪苔.
藥信仙方服, 衣從古樣裁. 本無官可棄, 安用賦[125]歸來.

기윤

3구와 4구는 무공의 '꽃을 옮기니 나비가 이어 이르고〔移花連蝶至〕, 바위를 얻으니 구름까지 차지하게 되었노라〔買石得雲饒〕'로부터 겹쳐 나타나

---

122 옹속고(翁續古, ?~?) : 남송시인 옹권(翁卷)을 가리킨다.
123 봉호(蓬戶) : 초가지붕의 문을 가리킨다.
124 교토(橋土) : 산봉우리에 닿은 땅.
125 부(賦) : 부역을 의미한다.

매우 우둔한 가락이 되었다. 결구의 뜻은 도리어 참신하다. (紀批云, 三四 從武功 '移花連蝶至, 買石得雲饒'套出, 殊爲鈍手. 結意却新.)

꿈에서 깨어 [옹권]
夢回

베개 베고 장자의 꿈을 꾸다가
깨어보니 해가 넘어가기 전이라.
스스로 단사정의 물을 끓이고
다시 산승의 차를 덖는데.
지난밤 비에 꽃기운이 사라지고
성난 천둥소리에 물억새 싹만 자랐구나.
너른 바닷가 모퉁이에 고향을 그리며
멀리서 봄의 화사한 경치를 생각하노라.

一枕莊生夢[126], 回來日未斜. 自煎砂井[127]水, 更煮嶽[128]僧茶.
宿雨消花氣, 驚雷長荻芽. 故山滄海角[129], 遙念在春華[130].

---

126 장생몽(莊生夢) : 장자가 꾼 꿈에 나비가 되어 즐겁게 놀았는데, 깨어보니 나비가 나인지, 내가 나비인지 몰랐다는 이야기이다. 즉 호접몽(胡蝶夢)을 이른 것으로 자아(自我)와 외물(外物)은 본디 하나라는 이치을 말한 것이다.
127 사정(砂井) : 단사정(丹砂井)의 준말이다. 《포박자(抱朴子)》의 〈선약(仙藥)〉편에 '고대에 전설의 샘으로 샘 밑에는 단사가 묻혀 있어 이 물을 마시면 장수한다.'라고 했다.
128 악승(嶽僧) : 산승(山僧)과 같다.
129 고산창해각(故山滄海角) : 고산(故山)은 고향을 가리키고, 창해(滄海)는 넓고 큰 바다이다. 각(角)은 구석, 모퉁이의 뜻이다.
130 춘화(春華) : 봄의 화사한 경치.

기윤

전체가 한가롭고 우아하지만, 5구와 6구의 기운(氣韻)은 더욱이 높다. (紀批云, 通體閒雅, 五六氣韻尤高.)

북산에서 [유극장]
劉後村[131] 北山作

뼈 드러날 만큼 너무 마르고 삶에 의욕조차 없으니
오로지 은자가 되는 것만이 감당할 수 있으리라.
산길을 가다가 길맥을 잃고
들판에 앉아 천체가 움직이는 현상을 살폈노라.
글자를 작고 가늘게 바위의 한편에 적어 새기니
시가 보잘 것은 없어도 반쯤은 구름 이야기로다.
근래 들어서 귀먹어 거듭 기쁜 것은
쓸데없는 일을 아예 듣지 않아도 되기 때문이라.

骨法[132]枯閒甚, 惟堪作隱君. 山行忘路脈[133], 野坐認天文[134].
字瘦偏題石, 詩寒半說雲. 近來仍喜瞶[135], 閒事[136]不曾聞.

---

131 유후촌(劉後村, 1187~1269) : 남송의 시인이자 시론가로 이름은 극장(克莊), 자는 잠부(潛夫), 후촌은 그의 호(號)이다. 복건성(福建省) 보전(莆田) 사람이며 신파(辛派) 사인(詞人)의 대표적 인물로, 시문이 호탕하고 기개가 있다고 평가받는다. 강호시파(江湖詩派)의 시인이다.
132 골법(骨法) : 뼈의 생김새.
133 노맥(路脈) : 여기서 노선(路線) 뿐만 아니라 생(生)의 의미도 포함하고 있다.
134 천문(天文) : 천체에서 일어나는 온갖 현상을 말한다. 나라의 운명을 살피는 점술적 의미도 있다.
135 귀(瞶) : 귀먹다.
136 한사(閒事) : 쓸데없는 일. 즉 나라의 어지러운 일을 말한다.

방회

제6구는 너무나 아름답다. (方批云, 第六句佳甚.)

기윤

또한 이는 '무공파'인데, 그러나 이는 '무공파'가 싫어하지 않는다. (紀批云, 亦是武功派, 然是武功派之不惡者.)

남린을 찾아가다 [두보]
老杜 南鄰

금리 선생 검은 각건을 쓰고
뜰에서 토란 캐고 밤만 주어도 궁하지는 않지.
빈객을 보고 익숙해지며 아이들도 즐거워하고
섬돌에서 모이를 쪼면서 새들도 길드노라.
가을 강물은 겨우 깊이가 네다섯 자 정도지만
시골 나룻배에도 두세 명을 더 태울 수 있겠지.
흰 모래밭 푸른 대숲 낀 강촌에 날이 저물자
보내고 떠나오는데, 삽짝 위 뜬 달이 새롭구나.

錦里先生[137]烏角巾, 園收芋栗未全貧.
慣看[138]賓客兒童喜, 得食階除鳥雀馴.
秋水纔深[139]四五尺, 野航恰受兩三人.
白沙翠竹江村暮, 相送柴門[140]月色新.

137 금리선생(錦里先生) : 금강(錦江) 가 금리에 사는 은사를 가리킨다. 금리는 사천성(泗川省) 성도(成都)의 별칭으로 금관성(錦官城)이라고도 하는데, 두보가 살던 곳이기도 하다.
138 관간(慣看) : 낯익다. 자주 보아 익숙하다.
139 재심(纔深) : 다른 판본에 '재첨(纔添)'으로 된 곳도 있다.
140 시문(柴門) : 삽짝, 사립문. 즉 나뭇가지를 엮어서 만든 문을 말한다.

기윤

'득식(得食)'이란 사람에 그물과 주살이 없다는 뜻이다. 또 이르길, 5구와 6구는 천연덕스러워 절로 좋다. 그러나 밑바탕이 없는데도 받아들이면 속되거나 경솔해지기가 쉽다. 강서시파의 변화하는 증세는 이러한 종류의 시에 많이 나타나는데, 몰래 받아들이려는 데에서 병폐의 원인이 된다. (紀批云,「得食」者, 人無網弋之意. 又云, 五六天然自好. 然無其根柢而效之, 則易俚易率.「江西」變症, 多於此種 暗受病根.)

회포를 써 왕비서에게 부치다 [장적]
張司業 書懷寄王秘書

백발이 지금처럼 머리에 가득 차려 할 때
그 이래로부터 모든 일을 전부 그만두었지.
다만 병을 예방하는 데에 주의를 기울였고
마음을 다스려 시름을 키우려 하지 않았을 뿐이라.
약을 달이며 새로 빚은 술을 멀리서도 구하면서
산을 보며 가장 높은 누각을 많이 올랐었는데.
그대와 함께 경성에서 살고 있기에
매번 꽃 앞에서 홀로 하는 유람을 면할 수 있구려.

白髮如今欲滿頭, 從來百事盡應休.
祗於觸目[141]須防病, 不擬將心更養愁.
下藥[142]遠求新熟酒[143], 看山多上最高樓.
賴[144]君同在京城住, 每到花前免獨遊.

---

141 촉목(觸目) : 눈에 띄다. 주목을 끌다.
142 하약(下藥) : 약을 달이다.
143 숙주(熟酒) : 술을 빚어 숙성시킴을 말한다.
144 뢰(賴) : 힘입다.

기윤

세월 따라 변해가는데 여유가 있으나 노련하고 굳건함에는 만족스럽지 못하다. (紀批云, 流易[145]有餘, 蒼堅[146]未足.)

---

145 유역(流易) : 세월이 흐름에 따라 변해 감을 이른다.
146 창견(蒼堅) : 노련하고 굳세다.

교외에 나가 즉흥시를 짓다 [정호]
程夫子(明道)[147] 郊行卽事

꽃다운 언덕, 푸릇한 들판을 멋대로 다니던 시절
봄기운 먼 산까지 들어가니 푸른 빛이 사방을 둘렀었지.
흥겨워 어지러이 날리는 구름을 쫓으며 버들 거리를 지나다가
피곤해 흐르는 물에 발 담그고 이끼 낀 서덜에 앉기도 했다.
잔술로 십분 취하면서도 사양하는 법이 없으나
다만 바람에 꽃 떨어져 한 닢이라도 날아갈까 두려운데.
하물며 청명절, 화창한 날에 있어서랴
노는데 방해되지 않는다고 돌아가야 함을 잊는 일은 없어야겠지.

芳原綠野恣行[148]時, 春入遙山碧四圍.
興逐亂雲穿柳巷, 困臨流水坐苔磯[149].
莫辭盞酒十分[150]醉, 只恐風花一片飛.
況是淸明[151]好天氣[152], 不妨游衍莫忘歸.

---

147 정부자(程夫子, 1032~1085) : 북송의 학자, 정치가로 이름은 호(顥), 자는 백순(白淳)이고, 세칭 명도선생(明道先生)으로 불렸다. 이학(理學)의 대표적 학자로서 주희(朱熹)에게 큰 영향을 주었다.
148 자행(恣行) : 제멋대로 행동하거나 일을 저지를 때를 표현하는 말이다.
149 기(磯) : 물가의 돌무더기, 서덜을 가리킨다.
150 십분(十分) : 넉넉히, 충분히.
151 청명(淸明) : 춘분과 곡우 사이에 있는 24절기의 하나. 양력 4월 5일이나 6일 무렵으로, 일 년 중 삼라만상이 맑고 밝아 가장 화창한 시기이다.
152 천기(天氣) : 일정한 때, 일정한 곳의 습도, 비, 구름, 바람, 기온, 기압 등 대기의

방회

신성한 지역에서 배우고 본 것이다. 시는 그 나머지 일이다. (方批云, 學見聖域, 詩其餘事也.)

기윤

끝 구의 '막(莫)'자는 곧 '모(暮)'자이다. 《설문해자》에서는 "해가 풀 속에 있음에 따라 아래에 '일(日)'자를 더해 통속적으로 쓴 것이다."라고 했다. (紀批云, 末句莫字, 卽暮字, 說文莫從日在草中俗書加日字於下.)

이정직

살펴보건대, 이것이 만약 '모(暮)'자로 짓고 읽었다면 곧 시의 뜻을 잃어버리게 된다. 이런 까닭에 묵묵히 생각해 볼 만하다. (按, 此若作暮字讀, 便失詩意. 此故可默思.)

상태를 일컫는다.

산중에서 [진여의]
陳簡齋 山中

다시 고을로 들어와서 넉넉하게 기일을 잡고 보니
세상을 살며 발 딛는 땅에 편안함과 위태함이 있다지.
언덕과 골짜기에서 멋지게 노는 일이 진실로 내 일이고
조정에서 이해타산을 따지는 일은 내 알 바가 아니라.
맑은 물 봄 물결이 하늘 멀리서 넘실거리고
푸른 봉우리에 갠 눈이 비단 솜처럼 주렁주렁 열렸구나.
거사를 우연히 만난 후 몸이 날로 가벼워졌는데
산중에서 경사로운 때가 많은 것이 바로 이 때문이로구나.

當復入州寬作期, 人間踏地有安危.
風流丘壑眞吾事, 籌策廟堂[153]非所知.
白水春波天澹澹[154], 蒼峯晴雪錦離離[155].
恰逢[156]居士身輕日, 正是山中多景時.

---

153 주책묘당(籌策廟堂) : 주책(籌策)은 이익과 손해를 헤아려 생각한 꾀. 묘당(廟堂)은 여기서 궁궐 안, 또는 조정을 뜻한다.
154 담담(澹澹) : 물결이 넘실거리다.
155 이리(離離) : 이삭이나 열매가 맺어 늘어져 있는 모양이나 차례로 나란히 줄지어 있는 모양을 말한다.
156 흡봉(恰逢) : 우연히 만나다.

방회

스스로 황정견(黃庭堅)과 진사도(陳師道)가 노두를 이은 후 오직 진거비와 여거인이 또한 노두의 문단에 올랐을 뿐이다. 거인은 활법을 주로하고 거비는 격조를 높여서 한 세상을 승거(勝擧)하였는데, 이에 능히 미칠 자가 없었다. 처음으로 묵매시를 보고 휘종에게 알려주며 "나그네의 세월은 시권(詩卷) 속에 묻혔는데〔客子光陰詩卷裏〕, 살구꽃 핀 소식 빗소리가 전해주네〔杏花消息雨聲中〕."라고 읊은 것에서 크게 고종(高宗)에게 상을 받았으니, 노두를 배우고 싶어 하면서 참고하지 않았다면 간재는 불가했을 것이다. (方批云, 自黃陳紹老杜之後, 惟去非[157]與呂居仁, 亦登老杜之壇. 居仁主活法, 而去非格調高 勝擧一世, 莫之能及. 初以墨梅詩見知於徽廟[158], 客子光陰詩卷裏, 杏花消息雨聲中. 大爲高廟[159]所賞. 欲學老杜, 非參簡齋不可.)

기윤

처음 두 구는 좋지 못하다. 후반부 여섯 구는 풍격이 스스로 건장하다. 다만 무의미할 뿐이다. 또 이르길, 간재는 명확하다. 오직 여거인과 병칭하는 까닭은 곧 서로 통하고 닮아서이지 우연한 것이 아니라고 평했다. 또 이르길, '강서시파'는 또한 일종의 일정하게 굳어진 본새가 있는데, 그

---

157 거비(去非) : 진간재(陳簡齋)이다. 이름은 여의(與義), 자는 거비이고 간재가 호(號)이다.
158 휘묘(徽廟) : 북송의 9대 황제 휘종의 묘호(廟號)이다.
159 고묘(高廟) : 북송 10대, 남송 1대 황제이다. 아버지 휘종의 태정(怠政)과 형 흠종의 미숙한 정치로 금(金)나라의 침입으로 나라가 기울어지자, 남송을 세워 초대 황제가 되었다.

속된 것이 정묘(丁卯)와 비교해 보면 다시 심해진 것, 또한 모를 수가 없다. (紀批云, 起二句未佳. 後六句風格自健, 但無意味耳. 又云, 評簡齋確, 惟以呂居仁並稱, 則究嫌非偶. 又云, 「江西」亦有一種套子, 其俗較丁卯更甚, 亦不可不知.)

이정직

살펴보건대, 제4구는 어의가 거칠게 드러난다. (按, 第四句語意麤露.)

비온 후에 성 밖에 이르다 [여본중]
呂居仁[160] 雨後至城外

날마다 귀향할 것을 생각하나 돌아가지 못하다가
지금에야 가는데 이슬로 옷이 흠뻑 젖었다네.
강촌을 지나간 비는 봉마가 길게 자라게 했고
들 물에 이어진 하늘은 관학이 가로질러 날고 있네.
속세의 일에 도리어 조심성이 적어질까 걱정하면서도
옛친구에게 새로 받을 서신이 줄어들까 더 걱정이라.
녹문산에서의 은둔 생활은 여전히 일이 많았지만
사람을 앞에 두고 옳고 그름을 말하는 것이 고통스러웠네.

日日思歸未就歸, 只今行露已沾衣.
江村過雨蓬麻[161]長, 野水[162]連天鸛鶴[163]飛.
塵務却嫌經意[164]少, 故人新更[165]得書稀.
鹿門[166]縱隱猶多事, 苦向人前說是非.

---

160 여거인(呂居仁, 1084~1145) : 도학자(道學者)이며 송대(宋代) 시인으로 이름은 본중(本中), 초명(初名)은 대중(大中)이며 거인(居仁)이 그의 자(字)이다. 호는 자미(紫微)이며 동래(東萊) 수주(壽州) 사람이어서 세칭 동래선생으로도 불리었다.
161 봉마(蓬麻) : 쑥대와 삼대. 봉생마중(蓬生麻中)의 의미가 담겨 있다.
162 야수(野水) : 들판을 가로질러 흐르는 냇물이나 강물을 말한다.
163 관학(鸛鶴) : 황새와 백학.
164 경의(經意) : 경심(經心)과 같다. 조심하다, 주의하다의 뜻이다.
165 경(更) : 여기서는 의미상 '더욱 걱정한다'라는 뜻이다.

기윤

3구와 4구는 맑으며 아득하고, 7구와 8구는 침착하다. 이 시는 거인의 가장 우아하고 깨끗한 작품이다. (紀批云, 三四淸遠, 七八沉着. 此居仁最雅潔之作.)

---

166 녹문(鹿門) : 산 이름이다. 녹문산은 호북성(湖北省) 양양현(襄陽縣)에 있는 산으로 문인들이 많이 은거함으로써 은거지의 대명사로 쓰인다.

밭 갈기를 마치고 우연히 쓰다 [육유]
陸放翁 耕罷偶書

새로 개간한 동쪽 들녘, 이랑마다 한 종(鍾)을 거두니
물소가 그런대로 넉넉해서 봄 농사의 일을 돕기 때문이라.
파교에 눈보라를 보며 시를 읊으면서 괴롭기도 했지만
두곡에 뽕나무와 마가 자라면 뿌리부터 무성해질 테지.
늙어 갈수록 금곡주수로 벗이 됨을 바라진 아니하더라도
살아 있다면 주천(酒泉)에 봉해지기를 바랄 따름이라.
들녘이 너무 고요하고 쓸쓸하다고만 불평하지 말라
죽순과 순채 줄기가 다시 또 이바지할 테니까.

新漑[167]東皐畝一鍾[168], 烏犍[169]粗足事春農.
灞橋[170]風雪吟雖苦, 杜曲[171]桑麻興本濃.
老大斷非金谷[172]友, 生存惟冀酒泉[173]封.

---

167 개(漑) : 논밭에 물을 끌어대는 일을 말한다.
168 종(鍾) : 부피의 단위로 되와 같다.
169 오건(烏犍) : 물소의 별명.
170 파교(灞橋) : 섬서성(陝西省) 장안(長安) 동쪽을 흐르는 강에 놓인 다리. "눈보라가 휘날리는 날, 파교를 지나는 나귀 등에서 좋은 시가 떠오를 수 있다"는 말 때문에 그림의 소재로 인기가 좋았다고 한다.
171 두곡(杜曲) : 섬서성(陝西省), 장안(長安) 지역으로 두씨들이 사는 두곡(杜曲)과 위씨들이 사는 위곡(韋曲)이 있다. 두곡에서는 두예(杜預) 두보(杜甫), 두목(杜牧)이 배출되었고, 위곡에서는 위응물(韋應物) 위장(韋壯)등이 배출된 명문거족의 고향이다.
172 금곡(金谷) : 하남성(河南省) 금곡(金谷)에 있는 금곡원(金谷園)을 말한다. 진

莫嘲野餉^{174}蕭條甚, 箭茁蒪絲^{175}亦且供.

기윤

시격의 힘이 매우 강하다. 방옹은 원래 전부를 평조로 쓰지는 아니하나 가리는 것이 많아서 평조로써 이를 취하니, 마침내 방옹의 좋은 평판을 감소시키고 있다. 5구와 6구는 한탁주가 지은 《남원기》라 할 만큼 흡사하게 시작되어서 시어가 절로 침착하다. (紀批云, 格力甚遒. 放翁原非盡用平調, 而選者多以平調取之, 遂減放翁之聲價. 五六似爲韓侂胄^{176}作南園記而發, 語自沉著.)

    (晉)나라 때 석숭(石崇)이 만든 정원 이름으로 그가 사교 장소로 이용했던 곳이다. 이곳에서 지인들과 시짓기 놀이를 하는데 시를 짓지 못하면 벌주로 석 잔을 내림으로써 금곡주수(金谷酒數)라는 성어가 생겼다. 이백(李白)은 춘야연도리원서(春夜宴桃李園序)에서 "무릇 천지는 만물이 잠시 쉬어가는 여관이요(夫天地者萬物之逆旅[부천지자 만물지역려]) 세월은 영원히 지나가는 나그네라.(光陰者百代之過客[광음자 백대지과객])⋯ 만약 시를 짓지 못하면 벌주는 금곡의 술잔수를 따르리라.(如詩不成 罰依金谷酒數[여시불성 벌의금곡주수])"라고 했다.

173 주천(酒泉) : 이 시의 작가 육유(陸游)는 술의 광인으로 불릴 만큼 술을 즐겼던 사람이다. 따라서 술이 샘솟듯 술이 풍부한 마을을 의미한다.
174 야향(野餉) : 자기가 소유하고 있는 들녘을 가리킨다.
175 전줄순사(箭茁蒪絲) : 죽순과 순채의 줄기.
176 한탁주(韓侂冑, 1152~1207) : 남송의 관리이며, 하남 안양의 사람이다. 자는 절부(節夫). 할아버지는 한기(韓琦), 어머니는 고종의 황후인 오황후의 여동생이다.

송별 送別

위대의 종군을 전송하다 [진자앙]
陳拾遺 送魏大[1]從軍

흉노는 여전히 그 세력이 남아있고
위강도 또다시 오랑캐를 강화케 했지.
삼하(三河)의 길에서 서글프게 이별하며
육군의 호걸을 따르겠다고 말했었네.
안문산에서 대주의 북면까지 늘어서고
비호새에서 운중군으로 이어져 있네.
연연산에 오르거든 바위에 새기지 마시길
어찌 한나라 신하 두헌의 공만 있으랴.

匈奴猶未滅, 魏絳[2]復從戎. 悵別三河[3]道, 言追六郡[4]雄.

---

1 위대(魏大) : 진습유의 친구.
2 위강(魏絳) : 춘추시대 진나라의 대부로, 제후에게 서융(西戎)과 화(和)하기를 권하여 따르게 한 지모(智謀)에 뛰어났던 사람이다.
3 삼하(三河) : 하동(河東), 하내(河內), 하남(河南)을 칭한다.
4 육군(六郡) : 원래는 금성(金城), 농서(隴西), 천수(天水), 안정(安定), 북지(北地), 상군(上郡)을 가리키는데, 여기에서는 전한(前漢) 때 변방에서 공을 세운 조

雁山橫岱[5]北, 狐塞[6]接雲中[7]. 勿使燕然上, 獨有漢臣功[8].

방회

당대(唐代)가 바야흐로 기세가 융성함은 율시가 모두 힘차고 거침이 없이 쓰는 것에 힘써서이다. 미구는 비록 평측법에서 요격이지만, 이전의 여섯 구에서 뜻으로써 입론하지 못했다. 단지 행색과 형세만을 말하면서 끝 구에서 곧 면려해 주고 있을 뿐이다. 이 시의 한결같은 체제이다. (方批云, 唐之方盛, 律詩皆務雄渾. 尾句雖拗平仄, 以前六句未用意立論, 只說行色形勢, 末乃勉勵之. 此一體也.)

기윤

이 시의 평을 얻고서 이에 알았는데, 지금의 판본에서 "다만 한나라 장군의 공(功)만이 머물렀을 뿐이라[惟留漢將功]."라고 한 것은 곧 후인들이 고친 판본이다. 또 이르길, 진(남조)나라와 수나라 두 왕조는 수식이 화려해서

충국(趙充國)을 말한다.
5 안산횡대북(雁山橫岱北) : 안문산(雁門山)이다. 지금의 산서성(山西省) 대현(代縣)에 있다. 횡대북(橫岱北)은 횡렬로 이어져서 대주(代州)의 북쪽에 있다.
6 호새(狐塞) : 비호새(飛狐塞)를 말한다. 지금의 하북성(河北省) 내원현(淶源縣)과 북쪽으로 과울현(跨蔚縣)의 경계에 있다.
7 운중(雲中) : 운중군(雲中郡)이다. 치소가 산서성(山西省) 대동(大同)이다.
8 물사(勿使)~한신공(漢臣功) : 《후한서(後漢書)》〈두헌전(竇憲傳)〉에는 "두헌이 거기장군(車騎將軍)이 되어 북쪽의 선우(單于)를 대파하고 연연산에 올라 바위에 새겨 공(功)을 기념하고 돌아왔다."라고 기록하였다. 연연(燕然)은 산명(山名)으로 지금의 몽고(蒙古) 경내에 있는 항애산(杭愛山)을 가리킨다.

점점 늘어놓고 바로잡으면서 그 극치를 이루었다. 반대로 웅장하고 막힘이 없는 것은 성당의 웅혼(雄渾)함인데, 점점 내용이 없고 실제에 부합하지 않는 것으로 가며 그 극치를 이룬다. 첫 번째 변화는 신미(新美)적이고, 두 번째 변화는 평이하며, 세 번째 변화는 비범하고 그윽한 경치를 친구와 함께 하며, 네 번째 변화는 문사의 화려함을 추구해 부득불연(不得不然)의 형세이지만, 또한 각각의 그 아름다움이 있었기 때문에 모두가 저절로 전해질 수 있었다. 원나라 사람은 단지 만당시(晩唐詩)만을 좇았는데, 그 근본적인 것을 몰랐기 때문에 함께하며 더욱 따랐고, 명나라 사람은 성당시(盛唐詩)를 고상하게 여기면서도 그 변화한 것을 몰랐기 때문에 인습(因襲)해서 전례로 삼았다. 학자는 웅혼함을 알고서 정통으로 삼아야지, 그러나 다시 오로지 웅혼함 중 악습만을 숭상할 줄 안다면 비천해질 것이다. (紀批云, 得此評乃知, 今本「惟留漢將功」乃後人改本. 又云, 陳隋彫華, 漸成餖飣其極也. 反而雄渾. 盛唐雄渾, 漸成膚廓其極也. 一變而新美, 再變而平易, 三變而恢奇幽伴, 四變而綺靡. 皆不得不然之勢, 而亦各有其佳處, 故皆能自傳. 元人但逐晩唐, 是爲不識其本, 故降而愈靡. 明人高語盛唐, 是爲不知其變, 故襲而爲套. 學者知雄渾爲正宗, 而復知專尙雄渾之流弊, 則庶矣.)

삭방으로 어떤 시랑을 보내면서 [송지문]
宋員外[9] 送朔方[10]何侍郎[11]

듣자니 운중으로 어떤 사신이
말타고 달려 갔다가 다시 돌아왔는데.
강변의 병사에게 양월을 지키게 하고
변방의 오랑캐네 음산을 정복했다지.
일찍이 표기(驃騎)장군을 따라 출정해
세운 공적 뉘와 견줘 봐도 뒤지지 않았다고.
삭방에서 항복을 받았다고 소식을 들은 날
노래하고 춤추며 소관으로 들어갔었네.

聞道雲中[12]使, 乘馳往復還. 河兵守陽日, 塞虜失陰山.
拜職嘗隨票[13], 銘功不讓班[14]. 旋聞受降日, 歌舞入蕭關[15].

9 송원외(宋員外) : 초당(初唐)의 시인으로, 이름은 지문(之問), 자(字)는 연청(延淸)이다. 측천무후(則天武后)의 궁정시인으로 활약하였는데, 후에 남쪽으로 유배되어 결국 죽임을 당했다. 원외(員外)는 관명이다.
10 삭방(朔方) : 북방(北方).
11 시랑(侍郎) : 벼슬명이다. 한대(漢代) 낭관(郎官)의 일종이다. 후한 이후부터 상서(尙書)의 속관으로 초임에는 낭중(郎中), 만 1년이 지나면 상서랑(尙書郎), 3년이 지나면 시랑(侍郎)으로 불렸다. 당(唐)나라 이후에는 관위가 점점 높아져 장관의 부관이 되었다.
12 운중(雲中) : 당나라 천보 원년(742)에 운주를 운중군(雲中郡)으로 바꾸었는데, 지금의 산서성(山西省) 대동시(大同市)에 해당한다.
13 표(票) : 표기(驃騎)장군을 이른다.
14 반(班) : 순서, 또는 석차를 정하다.

방회

한무제 때 표기장군과 합기후를 따르게 했던 일이 있었기 때문에 이것으로 "일찍이 표기장군을 따랐다."라고 이른 것이다. (方批云, 漢武時有從驃合騎侯16, 故此云,「嘗隨驃」)

기윤

한창려는 단독으로 운자에 맞는 명칭을 좋아해서 이곳을 남원이라고 했다. (紀批云, 昌黎好單押姓名, 藍源於此.)

---

15 소관(蕭關) : 지금의 영하회족자치구(寧夏回族自治區) 고원시(高原市)의 동남쪽에 있는 문이다.
16 종표합기후(從驃合騎侯) : 《사기》〈위장군표기열전(衛將軍驃騎列傳)〉편에 "표기장군은 합기후 공손오와 함께 북지로 출발하다[驃騎將軍與合騎侯敖俱出北地]."라는 기록이 있다.

영가포에서 장자용을 만나다 [맹호연]

孟浩然 永嘉[17]浦逢張子容[18]

서로 만나 머무는 객사에

강촌의 해가 지고 있었을 때라.

아득한 뭇 산을 바라보며 술잔을 마주하고

외딴섬에 올라 함께 시를 짓는데.

허름한 관사는 큰 바다가 다다라 이웃하고

인가의 저녁연기 섬의 토착민이 이어주지.

고향은 만여 리나 떨어져 있고

실의에 빠진 처지 서로가 처량하여라.

逆旅[19]相逢處, 江村日暮時. 衆山遙對酒, 孤嶼[20]共題詩.

廨宇[21]隣蛟室[22], 人烟接島夷[23]. 鄕園萬餘里, 失路[24]一相悲.

17 영가(永嘉) : 지금의 절강성(浙江省) 온주시(溫州市)이다.
18 자자용(張子容) : 작자 맹호연의 친한 친구.
19 역려(逆旅) : 객사.
20 고서(孤嶼) : 외딴섬의 산을 가리킨다.
21 해우(廨宇) : 공관(公館). 관사(官舍).
22 교실(蛟室) : 여기서는 큰 바다에 다다라 있음을 말한다. '교(蛟)'는 '교(鮫)'이다. 《술이기(述異記)》에 "남해의 중간에 교인들이 사는 집이 있다[南海中有鮫人室]." 라고 하고 교인(鮫人)은 물에서 살아 마치 물고기와 같았다고 했다.
23 도이(島夷) : 섬에 사는 토착민.
24 실로(失路) : 벼슬길에 뜻을 이루지 못한 것을 이른다.

기윤

온화한 모습으로 한가롭고 우아하며, 청결하되 박덕하지 않다. 이것이 성당인의 신분이다. (紀批云, 雍容閒雅, 淸而不薄. 是盛唐人身分.)

촉으로 가는 친구를 전송하며 [이백]
李翰林 送友人入蜀

듣자 하니 촉(蜀)으로 가는 길은
가파르고 험하여 쉽게 갈 수 없다지.
얼굴 앞으로 갑자기 산이 치솟고
말머리 곁에서 구름이 용솟음친다고.
꽃다운 나무가 잔교(棧橋)를 뒤덮고
봄 강물은 촉성을 에워싸고 흐른다네.
영고성쇠는 응당 이미 정해져 있는데
군평(君平)에게 물을 필요는 없겠지.

見說蠶叢路[25], 崎嶇不易行. 山從人面起, 雲傍馬頭生.
芳樹籠秦棧[26], 春流遶蜀城[27]. 升沉[28]應已定, 不必問君平[29].

---

25 견설잠총로(見說蠶叢路) : 견설(見說)은 '들은 바에 의하면'으로 풀이된다. 견총로(蠶叢路)는 촉으로 가는 길을 말한다. 잠총(蠶叢)은 촉나라를 세운 왕으로, 후에 잠총로를 촉으로 가는 길로 칭하게 되었다. 《촉왕본기(蜀王本紀)》에는 "촉왕의 선조는 이름이 잠총, 백관, 어부, 포택, 개명이니 개명으로부터 위로 잠총에 이르기까지 모두 3만 4천 년이다."라고 하였다.
26 롱진잔(籠秦棧) : 롱(籠)은 덮다. 싸다. 진잔(秦棧)은 잔도를 말한다.
27 촉성(蜀城) : 지금의 성도(成都)이다. 촉나라 수도였다.
28 승침(升沉) : 인생의 영고성쇠(榮枯盛衰)를 말한다.
29 군평(君平) : 한무제 때 성도에서 활약한 유명한 점쟁이 엄군평(嚴君平)을 가리킨다.

기윤

한 조각의 신비롭고 고상한 운치와 풍골(風骨)은 있으나 예기(銳氣)와 재화(才華)가 드러나지 않았다. (紀批云, 一片神骨[30], 而鋒鋩[31]不露.)

---

30 신골(神骨) : 몸과 마음. 정신과 육체.
31 봉망(鋒鋩) : '봉망(鋒芒)'과 같다.

촉주로 부임하는 장참군을 전송하고 이로 인하여 양시어에게 드리다 [두보]

老杜 送張參軍赴蜀州因呈楊五侍御

잘 가시게 장공자여!
집안끼리 통하는 사이라 이별의 한이 더 크구려.
진 땅에 두 줄로 선 길가에 나무는 곧고
촉 땅에 만점의 산들 험하고 날카롭다는데.
양 시어사는 환전처럼 새 총마를 타셨고
장 참군은 그 옛날 붉은 수염의 치초와 같구나.
시어사께서 우리를 돌보아주실 것이니
그대에게는 앞날을 가로막는 일은 없으리다.

好去張公子, 通家[32]別恨添. 兩行秦樹直, 萬點蜀山尖.
御史新驄馬[33], 參軍舊紫髯[34]. 皇華[35]吾善處, 於汝定無嫌.

32 통가(通家) : 집안끼리 잘 통하고 친분이 있는 사이를 이른다.
33 총마(驄馬) : 청총마를 말한다. 후한의 시어사 환전(桓典)이 총마를 타고 다녀서 총마시어사라고 불렸다고 한다.
34 자염(紫髯) : 붉은 수염. 진(晉)나라 참군(參軍)이던 치초(郗超)의 수염이 붉었다.
35 황화(皇華) : 사신이 지방의 현인을 찾으러 다니면서 불렀다는 노래로, 이 시에서는 양시어사를 가리킨다.

기윤

3구와 4구는 뛰어나게 기발하다. 전체가 웅혼하다. (紀批云, 三四警拔. 通體遒健.)

봉제역에서 또다시 엄공을 전송하다 [두보]
奉濟驛³⁶ 重送³⁷嚴公³⁸

먼 길을 떠나는 이와 여기에서 이별하는데
청산은 부질없이 이별의 정을 더해주노라.
얼마 만에야 술잔을 또다시 잡으리오?
어젯밤 달 아래 함께 걸었었지.
여러 고을에서 칭송하며 애석해하고
세 조정에 출입하는 영광을 누렸다지만.
나 강촌으로 홀로 돌아가서
조용히 남은 인생을 보내리라.

遠途從此別, 靑山空復情. 幾時杯重把, 昨夜月同行.
列郡謳歌³⁹惜, 三朝⁴⁰出入榮. 江村⁴¹獨歸處, 寂寞養殘生.

36 봉제역(奉濟驛) : 지금의 사천성(四川省) 면죽현(綿竹縣)에 있는 역참(驛站)이다.
37 중송(重送) : 〈엄시랑을 보내면서 면주에 이르러 함께 두사군의 강루에 올라 잔치를 벌이다〔송엄시랑도면주동등두사군강루연(送嚴侍郎到綿州同登杜使君江樓宴)〕〉라는 증별시가 있어기 때문에 시제에 '중송(重送)'이라고 한 것이다.
38 엄공(嚴公) : 엄무(嚴武)인데 자(字)는 계응(季鷹)이며 화음(華陰) 사람이다. 두보와 교의(交誼)가 매우 두터웠다.
39 구가(謳歌) : 많은 사람이 입을 모아 칭송(稱頌)하다.
40 삼조출입영(三朝出入榮) : 당 현종(玄宗), 숙종(肅宗), 대종(代宗)의 세 조정을 가리킨다. 엄공(嚴公)이 이 세 조정에서 벼슬하였음을 이른다.
41 강촌(江村) : 두보가 50세 때쯤, 지금의 사천성(泗川省) 성도(成都)의 탁금강(濯錦江) 가에 초당을 짓고 머물렀다.

기윤

3구와 4구는 대구가 살아있다. 의산 이상은의 마외(馬嵬)와 비경 온정균의 소무시는 함께 이로부터 나왔다. 후반부부터는 점점 평탄해지면서 굽은 것이 없다. (紀批云. 三四對法活. 義山馬嵬飛卿蘇武詩, 俱從此出. 後半稍平直.)

남해로 가는 장자위를 전송하다 [잠삼]
岑嘉州 送張子尉[42]南海[43]

남해의 현위 자리를 따지지 않고 취함은
그의 집에 노친이 계시기 때문이라.
남해의 누대엔 신기루가 층층이 일고
그 마을엔 괴(怪) 물고기와 뒤섞여 산다지.
바다는 삼산에 비 내리면 어두워지고
강은 오령에 봄이 오면 훤히 빛나리.
이러한 시골은 보옥이 많다 하던데
부디 청빈한 생활 버리지 말지어다.

不擇南州尉, 高堂[44]有老親. 縣樓重蜃氣[45], 邑里雜鮫人[46].
海暗三山[47]雨, 江明五嶺[48]春. 此鄉多寶玉, 愼[49]莫厭淸貧.

---

42 위(尉) : 현위를 말한다. 지금 지방의 경찰(警察)의 한 부서장에 해당하는 하위직 벼슬이다.
43 남해(南海) : 지금의 광동성(廣東省) 광동시(廣東市) 부근이다.
44 고당(高堂) : 부모가 사시는 집의 별칭이다.
45 신기(蜃氣) : 신기루, 즉 대기에서 일어나는 빛의 이상 굴절 현상을 말한다.
46 교인(鮫人) : 중국 남해에 산다는 상상 속의 동물, 즉 사람 형상의 물고기, 인어(人魚).
47 삼산(三山) : 남해 부근의 번산(番山), 우산(禺山), 요산(堯山)이다.
48 오령(五嶺) : 광동성에 있는 다섯 고개를 말한다.
49 신(愼) : 삼가, 신중히.

■
기윤

마지막 구는 계사(戒詞)로 지어 고인이 증언(贈言)한 뜻을 얻었다. 먼저 청빈하여야 할 벼슬임을 갈파하여 입수하고 이미 말구(末句)의 근거를 엿보고 있는 것에서 절묘하게 느껴진다. (紀批云, 結作戒詞, 得古人贈言之意. 妙於入手先揭破爲貧而仕, 已伏末句之根.)

성도의 현승 외삼촌을 따라 촉 땅으로 돌아가는 광남을 전송하다 [노윤]

盧允言[50] 送從舅成都丞[51]廣南歸蜀

파자처럼 하늘 가엔 굽이치며 물 흘러가고
진나라 사람은 이곳을 떠났다가 돌아온 곳이라.
긴 잔도에는 산 중에 내리는 빗소리 울리고
굽이치는 시내에는 화전마저 일구기 힘들어 드문데.
속인은 부귀한 여행에 응당 즐거워하고
관리는 높은 녹봉을 어찌 적다고 하랴.
당당했던 위서도 끝내 흐르는 눈물 멈추지 못하고
외가인 영가(甯家)에서 옷깃을 적시며 이별을 고했었지.

巴字[52]天邊水, 秦人去是歸. 棧長山雨響, 溪亂火田稀.
俗富行應樂, 官雄祿豈微. 魏舒終有淚, 還濕甯家衣[53].

---

50 노윤언(盧允言, 743~800) : 중당시인으로 이름은 윤(綸), 윤언(允言)은 그의 자이다. 대력연간(766~779)에 10재자(才子) 중의 한 사람이다. 10재자는 당시 시가의 주류 유파를 일컫는다.
51 승(丞) : 현승(縣丞)을 말한다.
52 파자천변수(巴字天邊水) : 파(巴) 땅에 구불구불한 글자[巴字]처럼 아득히 흐르는 강물을 표현하고 있다.
53 위서(魏舒)~영가의(甯家衣) : 위서(魏舒, 서기전 514년~서기전 509년)는 자(字)가 양원(陽元)으로, 일찍 아버지를 여의고 외가 영씨(甯氏)의 집에서 자랐는데, 그 외가의 집터를 점친 자가 장차 귀한 외손이 나올 것이라고 예언한 말대로 위서가 사도(司徒)에까지 올랐다는 고사에서 인용한 것이다.

기윤

차구(次句)는 자세하지 못하다. 5구와 6구는 평범하고 비근하다. 결구에서 '구(舅)'자를 반절로 했지만 역시 얻어 쓴 것이 무미하다. (紀批云, 次句未詳. 五六凡近. 結切「舅」字, 亦用得無味.)

이정직

살펴보건대, 처음의 구에서 수(水)가 흐르는 모양이 파자(巴字)와 같으므로, 다음 구의 인거(人去)도 귀(歸)와 같을 따름이다. (按, 起句水如巴字故次句人去似歸耳.)

신안으로 가는 강판관을 전송하는데, 강가의 길이 서남쪽으로 요원함을 깨닫다 [황보염]
皇甫茂政(冉)⁵⁴ 送康判官往新安得江路西南尹⁵⁵

신안 땅을 향해 가지 않는다면
강가의 길이 얼마나 긴지 모를걸.
원숭이 울음소리 여산이나 곽산만큼 높고
물빛은 소수나 상수보다 아름답다지.
역참의 나무 남은 비를 거두고
어부의 집에는 석양을 띠었을 때라.
어찌해 여행 중 잠잘 곳을 걱정하리?
임금의 명을 수행하는 영광만 있을 뿐일진대.

不向新安去, 那知江路長. 猿聲比廬霍⁵⁶, 水色勝瀟湘⁵⁷.
驛樹⁵⁸收殘雨, 漁家帶夕陽. 何須愁旅泊, 使者⁵⁹有輝光.

---

54 황보무정(皇甫茂政, ?~770?) : 당대의 시인으로 이름은 염(冉), 무정이 자(字)이다. 윤주(潤州), 단양(丹陽) 사람으로 그의 아우 황보승(皇甫曾)과 함께 세상에 알려졌다.
55 송강판관왕신안득강로서남윤(送康判官往新安得江路西南尹) : '송강판관왕신안부득강로서남영(送康判官件新安賦得江路西南永〔신안으로 가는 강판관을 전송하며 강로가 길고 멀다는 것을 깨닫고 짓는다.〕)'으로 되어 있고, 작자도 '유장경(劉長卿)'이라고 한 판본도 있다.
56 여곽(廬霍) : 여산과 곽산을 말한다.
57 소상(瀟湘) : 호남성(湖南省) 경계에 있는 소수와 상수를 말한다.
58 역수(驛樹) : 역로에 심어져 있는 나무.
59 사자(使者) : 사신(使臣).

기윤

5구와 6구는 그림 같고, 결구는 비록 비속함에 가까우나 고정된 틀에 얽매이지 않았다. (紀批云, 五六如畫. 結雖近鄙, 然不落套.)

서하로 부임하는 선우도호부의 배도호를 전송하다 [최호]
崔司勳 送單于裴都護[60]赴西河

먼 길을 말타고 훨훨 날 듯 오니
성안의 가을 달 둥글게 떠 있구나.
선우야 우리 변방에 접근하지 말지어다
도호 장군께서 막 변방에 다다르리니.
한나라는 역로에 봉화가 연이어 타오르지만
흉노 땅은 모래가 많아 마실 물마저 부족하지.
전공을 이루고 대첩을 헌상해야 하는데
반드시 일 년을 넘기지 않으리라.

征馬去翩翩[61], 城秋月正圓. 單于[62]莫近塞, 都護欲臨邊.
漢驛通烟火, 胡沙乏井泉. 功成須獻捷[63], 未必去經年[64].

60 선우배도호(單于裴都護) : 선우도호부의 장 배도호를 이른다. 배도호는 누구인지 명확하지 않다. 도호는 전한 선제 때부터 당나라 때까지 변경의 여러 이민족의 관리나 정벌의 일을 맡아보던 벼슬이다.
61 편편(翩翩) : 훨훨 나는 모습을 가리킨다.
62 선우(單于) : 흉노의 수장(首長)을 가리킨다.
63 헌첩(獻捷) : 천자(天子)에게 승전(勝戰)을 아뢰거나 포로, 전리품(戰利品) 등을 바친다는 의미이다.
64 경년(經年) : 여러 해란 뜻이나 여기서는 '1년을 넘긴다'라는 의미로 쓰였다.

기윤

기구는 웅건하고, 다음 구는 웅장한 관문을 이른 것이다. 흉노는 항상 달이 참으로써 병사들을 진격하게 하는데, 다음 구에서 옛날 일을 써서 흔적을 없앴다. 또 이르길, 처음의 네 구는 씩씩함이 극에 달해 있고 끝 구 또한 씩씩한 말로 이를 짝하고 있으니 이것이 정법(定法)이다. 만약 이별할 때의 정서를 주머니 속의 바람 소리와 같은 말로 지어 거두었다면 소리를 선별하고 색을 배색하는 말에 이르지 아니했을 것이다. (紀批云, 起句矯健, 次句雄關. 匈奴常以月滿進兵, 次句用古無痕. 又云, 起四句壯極, 結亦須以壯語配之, 此是定法. 若以情別囊颯語作收, 則非選聲配色之謂矣.)

번주로 가서 위경을 뵙고 손명 수재를 전송하다 [이빈]
李德新[65] 送孫明秀才[66]往潘州謁韋卿

북쪽의 새는 날아 아직 이르지 못했는데
북쪽 사람은 지금 나들이 가네.
하늘 끝에 장수가 떠 있는 듯하고
고개 밖 멀리서 번주의 소식을 묻노니.
초목은 봄 겨울 무성하고
원숭이 밤낮으로 시름한다고 하네.
대관절 귀양살이하는 사람의 눈물을 알까마는
감히 그대를 마주하여 눈물 흘릴 뿐이라.

北鳥飛不到, 北人今去遊. 天涯浮瘴水[67], 嶺外問潘州[68].
草木春冬茂, 猿猱日夜愁. 定知遷客[69]淚, 只敢對君流.

---

65 이덕신(李德新, 818~876) : 당(唐) 때 시인이며 정치가로, 이름은 빈(頻), 덕신이 그의 자(字)이다. 목주(睦州) 수창현(壽昌縣) 사람이다.
66 수재(秀才) : 생원(生員)을 이른다.
67 장수(瘴水) : 강의 명칭이다.
68 반주(潘州) : 지금의 광동성(廣東省) 고주시(高州市)이다.
69 천객(遷客) : 귀양살이하는 사람.

방회

빈(頻)은 목주사람이며 요합의 사위이다. 시가 비록 만당시일지라도 도리어 장엄한 구절이 많다. (方批云, 頻睦州人, 姚合婿也. 詩雖晚唐, 却多壯句.)

기윤

기구에서 만당시를 초월하여 굳세고 힘이 있게 이어준다. 또 이르길, '지감(只敢)'자가 미묘하고 서로 알고 있지 아니함을 말한 것이니 곧 피해야 할 곳에 있는데, 벗어나지 못했을 뿐이리라. (紀批云, 起超晚, 接挺拔.[70] 又云, 「只敢」字妙, 言非至相知, 則不免有所避耳.)

---

[70] 정발(挺拔) : 굳세고 힘이 있다.

운양관에서 한신과 함께 하룻밤 묵고 이별하며 [사공서]
司空文明(曙)[71] 雲陽[72]舘與韓紳[73]宿別

친구와 강해(江海)에서 이별한 뒤
얼마나 오가던 길이 산천에 막혔었나?
돌연히 만나보게 되니 오히려 꿈인 듯해
서로 슬퍼하면서 각자 나이를 물었지.
외로운 등불 차갑게 비를 비추고
깊숙한 대숲에 슬며시 안개가 떠 있구나.
다시 내일 아침이면 이별로 한스러우리니
이별주 안타깝지만 서로 술잔 들어 건배하게나.

故人江海別, 幾度[74]隔山川. 乍[75]見翻疑夢, 相悲各問年.
孤燈寒照雨, 深竹暗[76]浮煙. 更有明朝恨, 離杯惜共傳[77].

71 사공서(司空曙, 720~790) : 당대(唐代) 시인으로 자는 문명(文明) 또는 문초(文初)이고 광평(廣平) 사람이다.
72 운양(雲陽) : 현(縣)이름으로, 지금의 섬서성(陝西省) 경양현(涇陽縣) 서북쪽에 있다.
73 한신(韓紳) : 다른 한 판본에는 한승경(韓升卿)으로 되어 있다.
74 기도(幾度) : 어느 정도.
75 사(乍) : 돌연히, 갑자기.
76 암(暗) : 슬며시, 남몰래.
77 공전(共傳) : 서로 함께 술잔 들어 건배한다는 뜻이다.

방회

3구와 4구의 한 연(聯)은 곧 오랫동안 이별했다가 홀연히 만난 것이다. 뛰어나게 잘 지은 시이다. (方批云, 三四一聯, 乃久別, 忽逢之絶唱也.)

멀리 전송하며 읊는다 [맹교]
孟東野[78] 送遠吟

하수가 어둠을 지나 다시 밝아지니
강가에서 이별하는 일이 빈번하다.
이별하며 잔술을 눈물 머금고 마시는데
이별하는 버들마저 가지에 봄기운이 없다.
한바탕 웃다가 홀연히 멈추니
온갖 시름 잠시나마 새롭구나.
동쪽으로 흐르는 물결과 서쪽으로 기운 해가
먼 길 가는 나그네를 아낌없이 반기는 듯하다.

河水[79]昏復晨, 河邊相別頻. 離杯有淚飮, 別柳無枝春.
一笑忽然斂, 萬愁俄已新. 東波與西日, 不借遠行人.

---

78 맹동야(孟東野, 751~814) : 이름은 교(郊), 동야가 그의 자(字)이다. 호주(湖州) 무강(武康) 사람이다. 젊은 시절 숭산(崇山)에 은거하였다. 『당재자전(唐才子傳)』에는 맹교는 쉰이 되어서야 겨우 과거에 급제하여 율양 현위가 되었으며 관리가 되고서도 관리로서의 업무는 등한시하며 시 짓기에만 몰두하다가 감봉 조치를 당했다고 기록하고 있다.

79 하수(河水) : 황하(黃河)를 가리킨다.

방회

동야는 근체시를 짓지 않았다. 한창려는 '높은 곳은 위가 없다'라고 이른 것이 이것이다. 이 시는 성률에서 '이배유루음(離杯有淚飮)'이 오히려 노두의 '누축권배락(淚逐勸杯落[눈물이 권하는 술잔을 쫓아 떨어지네])'에 가까우나 깊이와 절실함에서 지나치다. (方批云, 東野不作近體詩. 昌黎謂「高處無上」是矣. 此近乎律「離杯有淚飮」, 猶老杜「淚逐勸杯落」, 而深切過之矣.)

기윤

굳은 의지로 괴롭게 읊었는데 글자마다 침착하다. 또 이르길, 괴롭게 읊은 말이 동야의 장점이다. 또 이르길, 바로 이것이 요율이다. 그래서 근체시가 아니다. (紀批云, 刻意苦吟, 字字沉着. 又云, 苦語是東野所長. 又云, 正是拗律, 非近也.)

가을 밤 친구와 함께 이야기하다 이별하며 [최도]
崔禮山[80] 秋夕與友話別

그대를 회상함에 하룻저녁이 아니지만
이 밤엔 갑절로 그 슬픔을 견뎌야 하지.
머리가 세도록 여전히 떠돌다가
창주에서 또 이별해야 하는구려.
추위에 떠는 새, 깃들 곳을 정하지 못하고
쇠잔한 잎새도 지는 때가 없는데.
하물며 전쟁 때문에 이별함이랴
서로 만날 날 기약할 수 없어라.

懷君非一夕, 此夕倍堪悲. 華髮猶漂泊, 滄洲[81]又別離.
冷禽棲不定, 衰葉墮無時. 況値干戈[82]隔, 相逢未可期.

---

80 최예산(崔禮山, 854~?) : 당대의 시인으로 이름은 도(塗), 예산은 그의 자(字)이다. 절강성(浙江省) 부춘현(富春縣) 사람이다. 인생을 대체로 표박기려(飄泊羈旅)하며 사천(四川), 귀주(貴州), 강소(江蘇), 절강(浙江), 하남(河南), 감숙(甘肅)을 전전했다.
81 창주(滄州) : 지금의 하북성(河北省) 창주시를 가리킨다.
82 간과(干戈) : 방패와 창이란 뜻으로 전쟁을 의미한다.

기윤

5구는 표박함〔방랑함〕을 비유했고, 6구는 이별을 비유한 것이다. (紀批云, 五以比飄泊, 六以比別離.)

추명부와 영무에서 놀다가 전송하다 [가도]
賈司戶[83] 送鄒明府[84]遊靈武

일찍이 서기현을 주재하는
3년 동안, 말이 살찌지 않았을 정도라.
빚더미에 오르자 검을 팔아 나누었고
벼슬을 그만두고는 책만 싣고 돌아왔지.
변방의 눈보라 속에 좁은 길로 여행하면서
숲 바람을 엷은 옷으로 막기도 어려워라.
영주에 동이 터 피리 소리 들리지만
객관의 사립문은 아직도 열리지 않는구나.

曾宰西畿縣[85], 三年馬不肥[86]. 債多平劍與, 官滿[87]載書歸.
邊雪藏行徑[88], 林風透臥衣. 靈州[89]聽曉角[90], 客館未開扉.

83 가사호(賈司戶, 779~843) : 중당의 시인으로 이름은 도(島), 자는 낭선(浪仙). 유주(幽州) 범양(范陽) 사람이다. 일찍이 출가하여 중이 되어 무본(無本)으로 불렸고, 스스로 호를 갈석산인(碣石山人)이라고도 하였다. 그는 오언율시에 능해 그의 시집에 오언율시의 시가 가장 많다.
84 명부(明府) : 당나라 때 현령(縣令)의 존칭이다.
85 서기현(西畿縣) : 당나라 때 장안(長安)의 서쪽 변에 있는 현이다.
86 삼년마불비(三年馬不肥) : 추명부(鄒明府)가 서기현에 있는 동안 청렴했음을 이른다.
87 관만(官滿) : 벼슬의 임기를 채우다. 관직에서 퇴임하다.
88 행경(行徑) : 좁은 길을 가다. 열악한 환경에서 여행함을 말한다.
89 영주(靈州) : 지금의 영무시(靈武市)이다.
90 효각(曉角) : 고대 군대에서 새벽을 알리는 나팔 소리이다.

방회

3구와 4구가 지극히 좋다. (方批云, 三四極佳.)

기윤

기구에서 색다른 것을 얻어 떫거나 짜지 않은 것에서 미묘하게 느껴진다.
(紀批云, 起得別致, 妙於不澀不織.)

이시어를 전송하고 하주를 지나며 [요합]
姚武功 送李侍御[91]過夏州[92]

은혜를 갚으려 명리에 아랑곳하지 않고
말을 달리니 몸이 가벼워짐을 깨닫노라.
아득히 굽이진 강가의 오솔길을 따라
끝없이 망망하게 변방의 성이 펼쳐진다.
모래밭 추위에 기러기 잠들지 못하고
오랑캐 가까워져 병사들 한가할 틈 없어라.
술을 마시고 채찍을 휘두르며 길을 나서니
옆 사람들까지도 의기가 돋는 듯하더라.

酬恩不顧名, 走馬覺身輕. 迢遞[93]河邊路, 蒼茫塞上城.
沙寒無宿雁, 胡近少閒兵. 飮罷揮鞭去, 傍人意氣[94]生.

91 시어(侍御) : 임금의 측근에서 수레를 시종(侍從)하는 관리이다.
92 하주(夏州) : 남북조시대에 설치한 주(州)로 지금의 섬서성(陝西省) 대리하(大理河) 이북, 홍리하(紅柳河) 유역, 내몽고 자치구의 항금기(杭錦旗), 오심기(烏審旗) 등의 지역이다.
93 초체(迢遞) : 아득히 멀다.
94 의기(意氣) : 의기양양(意氣揚揚)하다.

방회

이 시는 '호근소한병(胡近少閒兵)'의 한 구로써 변새(邊塞) 간의 난도(難道)의 경치를 말할 수 있는 까닭에 그러므로 이 구절을 취한 것이다. (方批云, 此詩以「胡近少閒兵」一句, 能道邊塞間難道之景, 故取之.)

기윤

무공의 시는 지극히 뒤섞여 이루는 것이어서 마지막 구에 생동감이 있다. 또 이르길, 이 시에 아름다운 것은 끝의 두 구에 있다. (紀批云, 武功詩之極渾成者. 落句得神. 又云, 此詩佳在末二句.)

비승 서군장이 양산군에 있음을 알고 보내다 [매요신]
梅宛陵[95] 送徐君章秘丞[96]知梁山軍[97]

푸른 절벽이 강물을 잡아맬 듯하니
군대가 강어귀에서 고립되는구나.
교룡은 북과 나팔 소리에 놀라고
구름과 안개는 갓옷에 스미노라.
점심 무렵 장터 파고에 모였는데
세찬 물결로 초 땅의 객들마저 시름겨웠지.
당신에겐 강건한 글재주를 부여했으니
백거이가 충주를 부흥시켰던 것처럼 그리하리.

蒼壁束江流[98], 孤軍水上頭. 蛟龍驚鼓角, 雲霧眞[99]衣裘.
午市巴姑[100]集, 危灘楚客愁. 使君才筆健, 當似白忠州[101].

---

95 매완릉(梅宛陵, 1002~1060) : 북송 때 시인으로 이름은 요신(堯臣), 자(字)는 성유(聖兪), 행이(行二)이다. 세상에서 그를 완능선생(宛陵先生)이라고 불렀다. 강남(江南) 선성(宣城) 사람이다.
96 비승(秘丞) : 관명(官名)이다.
97 양산군(梁山軍) : 북송(北宋) 개보3년(開寶三年, 970년)에 만주(萬州) 석씨(石氏) 둔전무(屯田務)에 군(軍)을 설치했다. 치소는 양산현(梁山縣, 지금의 중경시 양평현)에 있었다.
98 창벽송강류(蒼壁束江流) : 무협의 좁은 골짜기로 세차게 흐르는 물줄기를 표현한 것이다.
99 진(眞) : 객관적 사실을 표현하는 말이다.
100 파고(巴姑) : 백거이의 충주에서 읊은 시〈감춘(感春)〉에서 "무협(巫峽)의 중심 군(郡)[巫峽中心郡], 파성(巴城)의 사방이 봄이로구나[巴城四面春]."라는 구절

방회

송나라 사람 중 시를 짓는데, 성당시 배우기를 좋아해서 간혹 지나친 경우가 있는데, 마땅히 매성유가 제일이 된다. (方批云, 宋人詩善學盛唐而或過之, 當以梅聖兪爲第一.)

기윤

매성유의 시는 부드럽고 담백한 것으로 시가를 이룬다. 그러나 도끼나 끌의 흔적이 있어, 곧 조화롭지 못하다. 또 이르길, 이 시는 견주어 보면 깊고 노련하긴 하다. (紀批云, 梅詩以沖澹[102]成家. 而斧鑿之痕, 則未化[103]. 又云, 此首較爲深老.)

이 있다. 충주에서 장강삼협(長江三峽) 중 무협(巫峽)의 중심이 되는 고을이 파성인데, 세상과 단절되다시피 한 오지였다고 한다. 중경시와 사천성의 사이에 위치한 파고향(巴姑鄕)을 가리킨다.

101 백충주(白忠州) : 백거이(白居易)가 충주자사로 부임했을 때, 다른 곳에 비해 시정이 허술하고 경제도 굉장히 낙후되어 있었다. 그는 곧바로 주민들을 이끌고서 황무지를 일구고 나무를 심으며 세금을 균등하게, 관형(官刑)을 너그럽게 하며 근정(勤政)을 베풀어 그곳 주민들이 가난에서 벗어날 수 있었다고 한다. 충주는 지금의 중경시(重慶市) 충현(忠縣)이다.
102 충담(沖澹) : 부드럽고 담백하다.
103 미화(未化) : 완성된 것이 아님을 이른다.

오선생을 보내 혜주의 소부사를 뵙게 하다 [진사도]
陳后山[104] 送吳先生[105]謁惠州蘇副使[106]

이름을 듣고 얼굴을 보러 가는 것만도 기뻐하니
취향은 다를지라도 같은 공로가 있구나.
함께 못 가는 나, 제자에게 부끄러운데
남인들 누가 이 사람을 용서하리오.
백 년을 살아 양쪽의 하얗게 센 귀밑머리
만 리에서 한가을에 불어오는 바람 격이라.
임안이 끝까지 위청의 문하에 있었던 것처럼
전과 다름 없는 한 독옹이란 말을 전해주길.

聞名欣識面, 異好有同功[107]. 我亦慚吾子[108], 人誰恕此公.

104 진후산(陳后山, 1052~1101) : 명(名)은 진사도(陳師道), 자(字)는 이상(履常), 후산은 호(號)이다. 팽성인(彭城人)이며, 북송(北宋) 때 시인으로 강서시파(江西詩派)의 중심인물이다.
105 오선생(吳先生) : 이름은 복고(復古), 또는 자야(子野)이고 호(號)는 원유(遠遊)이다. 그는 조양(潮陽縣) 마전산(麻田山)에 원유암을 짓고 학자들과 널리 사귀었다. 특히 이때 소동파를 만난 후 그의 형제와는 친분이 깊었다. 소동파는 원유암명(遠遊庵銘)을 짓고, 여러 수의 시를 증여했으며, 또 복고가 죽었을 때, 조문을 지었는데, "급한 사람은 자신을 늦추고, 갈증과 허기를 잊으며, 길을 집으로 삼지만, 또 돌아갈 따름이다〔急人緩 忘其渴飢 道路爲 惟又是歸〕."라고 하였다.
106 소부사(蘇副使) : 동파(東坡) 소식(蘇軾)을 말한다.
107 이호유동공(異好有同功) : 이호(異好)는 오선생은 방외의 선비로서 진사도와는 유술(儒術)에 관한 취향이 다르다는 의미이고, 유동공(有同功)은 두 사람이 소식(蘇軾)에 이르러서는 자신의 안위를 아랑곳하지 않음을 말한 것이다.
108 자(子) : 문하사(門下士), 제자를 이른다.

百年¹⁰⁹雙白鬢, 萬里一秋風. 爲說任安¹¹⁰在, 依然一禿翁¹¹¹.

방회

여기의 오자야는 도술하는 사람이다. 소동파는 소성 원년에 혜주로 귀양 갔는데, 자야가 동파를 방문해서 내가 그대의 문하생임을 이르게 하면서 또한 찾아뵙지 못하는 것을 부끄럽다고 생각했다. 임안의 사건과 독옹의 일은 후산이 스스로 소동파를 저버리지 않겠다는 생각이다. 반백(斑白)이 되어 교습을 이미 파한 뒤부터 소성 년간 중에는 벼슬을 구하지 않았다. (方批云, 此吳子野有道術者. 東坡以紹聖¹¹²元年謫惠州, 意謂子野之訪東坡, 我其門下士, 亦慚之也. 任安禿翁事, 后山自以不負東坡. 自頒教旣罷之後, 紹聖中不求仕也.)

기윤

제목이 좋다. 시는 절로 정직하고 상큼하다. (紀批云, 題目好, 詩自伉爽.)

---

109 백년(百年) : 소식이 58세, 진사도가 42세로, 둘의 나이를 합한 것이다.
110 임안(任安) : 《한서(漢書)》, 〈위청곽거병전(衛靑霍去病傳)〉에 보면 전한의 무제(武帝) 때 임안은 대장군 위청의 문하객이었는데, 후에 표기장군 곽거병이 무제의 총애를 받자 위청의 권세는 날로 떨어져 그의 친구와 문하객이 모두 위청을 떠났으나 임안은 끝까지 위청을 떠나지 않았다고 한다.
111 독옹(禿翁) : 늙어서 머리가 빠진 이를 가리킨다. 자신의 늙은 처지를 비유한 말이다.
112 소성(紹聖) : 1094년 4월~1098년 5월까지, 북송 철종(哲宗) 조후(趙煦)의 두 번째 연호이다.

백공과 이별하며 [진여의]

陳簡齋 別伯恭[113]

통술과 함께 서로 만난 곳
강 단풍이 막 지려 할 때다.
오히려 열흘 동안 나그네 되어
서로 수년 동안 지은 시를 내어 보였지.
세상에 이바지할 만한 근력도 없는데
마음에 놀랄 만한 이별만 남았구나.
남쪽 끝의 기둥 되는 것도 좋으리니
나그네의 서름 깊은 마음으로 위로하자.

樽酒相逢地, 江楓欲盡時. 猶能十日客, 共出數年詩.
供世無筋力, 驚心有別離. 好爲南極柱, 深慰旅人悲.

방회

장사태수 향자인은 자가 백공이다. 이 시는 노두의 시와 매우 흡사하다.
(方批云, 此長沙帥向子諲[114], 字伯恭. 此詩絶似老杜.)

---

113 백공(伯恭, 1085~1152) : 장사(長沙)태수를 지낸 상자인(尙子諲)을 가리킨다. 백공은 그의 자(字)이고, 호(號)는 향림거사(芗林居士)이다.

114 향자인(向子諲, 1085~1152) : 자(字)는 백공(伯恭), 호는 향림거사(薌林居士)로 신종(神宗)황후의 재종질이다. 송나라 때의 사인(詞人)이며 개봉(開封)사람

기윤

후반부의 네 구는 이미 노쇠해서 보국할 수 없음을 말하고, 오직 공을 세우는 것을 친구에게 바랄 뿐이다. 네 구를 연독해야 바야흐로 그 뜻이 보인다. (紀批云, 後四句言已已衰朽, 不得報國, 惟以立功望故人耳. 四句連讀, 方見其意..)

이다.

부모를 뵈러 강동으로 가는 한씨 집의 열넷째를 전송하며 [두보]

老杜 送韓十四[115]江東省覲[116]

전쟁 때라서 노래자의 색동옷을 보지 못하니
인간 세상의 만사가 그릇되었음을 탄식하노라.
나는 이미 아우와 누이 찾아갈 집도 없으나
그대 이제 어느 곳에서 부모를 찾아뵈려는가?
황우협 조용하니 여울 소리 휘감기고
백마강 쌀쌀하니 나무 그림자도 희미해지도다.
이제 이별하면 각자 살아가는 데 힘써야 할 테지만
고향에 함께 돌아가지 못할까 여전히 두려워하노라.

兵戈不見老萊衣[117], 嘆息人間萬事非.
我已無家尋弟妹, 君今何處訪庭闈[118].
黃牛峽[119]靜灘聲轉[120], 白馬江[121]寒樹影稀.

---

115 한십사(韓十四) : 한씨 집의 열넷째 자식를 가리킨다. 이 시를 통해 두보와 동향(同鄕)임을 알 수 있다.
116 성근(省覲) : 부모님을 뵈오러 갈 때 쓴다.
117 노래의(老萊衣) : 노래자의 색동옷. 춘추시대 초나라 노래자는 부모님을 웃겨 드릴려고 색동옷을 입고 갓난아이의 흉내를 내고 춤을 추었다고 한다.
118 정위(庭闈) : 부모님이 거처하는 방과 뜰.
119 황우협(黃牛峽) : 황우협, 무협(巫峽), 구당협(瞿唐峽)이 삼협(三峽)으로 호북성의 창현 서쪽에 있다.
120 탄성전(灘聲轉) : 한 판본에는 탄성급(灘聲急)으로 되어 있다.

此別應須各努力, 故鄕猶恐未同歸.

▪
기운

순전히 기(氣)로써 이기고, 다시 지극히 침울하다가 중도에서 기(氣)가 갑자기 꺾여버려서 끝없이 직행하는 것과 비교하지는 못하겠다. 또 이르길, 황우협으로 인해서 '고요하다〔靜〕.' 여울이 열리는 소리가 '소용돌이치다〔轉〕.'라고 했고, 강으로 인해 '쌀쌀하다〔寒〕.' 나무를 보고 그림자가 '희미하다〔稀〕.'라고 했다. 4글자가 위, 아래에서 상생하고 있다. (紀批云, 純以氣勝, 而復極沉鬱頓挫, 不比莽莽直行. 又云, 因峽「靜」而開灘聲之「轉」, 因江「寒」而見樹影之「稀」. 四字上下相生.)

---

121 백마강(白馬江) : 사천성(泗川省) 숭주(崇州)시 동북쪽에 있는 강.

임금의 명을 받들고 고을에 부임코자 접주로 가는 이씨 집 열아홉 번째를 전송하다 [백거이]
白香山[122] 送蘄州[123]李十九使君[124]赴郡

문사를 좋아했으나 관직 때문에 가련한 신세
50세에 지방 장관이지만 아직 늦지 않았지.
새벽녘 거울에 비치는 흰머리가 없고
봄바람에 문밖 붉은 깃발이 나부끼노라.
고을 안 어느 곳에서 술병을 잡고 마시며
연회에서 어떤 이와 시로 화답하며 회포를 풀까?
오로지 친한 친구들만 어울리며 웃음꽃 피운다면
그대는 낙양에 살던 시대만 못함을 알 것이라.

可憐官職好文詞, 五十專城[125]未是遲.
曉日鏡前無白髮, 春風門外有紅旗.

---

122 백향산(白香山, 772~846) : 당나라 중기를 대표하는 시인으로 이름은 거이(居易), 자(字)는 낙천(樂天)이며 향산은 만호(晚號)이다. 또 취음선생(醉吟先生)으로도 불렸고, 화주(華州) 하규(下邽) 사람이다. 부패한 사회상을 풍자·비판하고, 서민적이고 쉬운 필치로 〈장한가〉, 〈비파행〉, 〈진중음(秦中吟)〉 등 좋은 작품을 남겼다.
123 접주(蘄州) : 남북조시대 설치한 주이다. 지금의 호북성(湖北省) 기춘현(蘄春縣) 서북쪽이다.
124 사군(使君) : 임금의 명을 받들어 가거나 온 사신을 높여 이르는 말이다.
125 전성(專城) : 그의 권력이 성 하나를 전제할 만하다는 뜻으로 지방 장관을 일컫는 말이다.

郡中何處堪携酒, 席上誰人解和詩.
惟有交親開口笑, 知君不及洛陽時.

기윤

제4구는 촌스럽다. (紀批云, 第四句俚.)

이정직

살펴보건대, 4구는 약한 것이지 촌스러운 것이 아니다. (按, 四句弱非俚也.)

미지와 머무르다 이별하다 [백거이]
留別微之[126]

평소 오랫동안 본심을 어기고 살았으나
도를 깨닫고서야 전 일의 그릇됨을 알았지.
몸이 힘들까 봐 싫어서 군인을 사양했는데
어찌 짝을 따라 조정의 옷을 입으려고 하겠나.
5천 자의 말씀 안에 만족함을 알라고 가르치고
시 삼백 편 중 쇠미하면 귀향하라 권하고 있지.
소실산의 구름 변이 이수의 경계이니
그대에 비해 우아한 체하며 늙어서 먼저 귀향한 꼴이라.

平時[127]久與本心違, 悟道深知前事非.
猶厭勞形辭郡印[128], 那將趁伴着朝衣.
五千言[129]裏教知足[130], 三百篇[131]中勸式微[132].

---

126 미지(微之) : 원진(元稹, 779~831)을 가리킨다. 그의 자(字)가 미지(微之)로, 하남부(河南府) 하남현(河南縣) 사람이다. 당시 사람들이 백거이와 병칭해서 '원백(元白)'이라 했고, 그들의 시풍을 '원백체(元白體)'라고 했다.
127 평시(平時) : 다른 판본에서는 '간시(干時)'로 되어 있다.
128 노형사군인(勞形辭郡印) : 노형(勞形)은 몸을 수고롭게 하다. 군인(郡印)은 고을의 인장이란 뜻으로 그 고을의 행정을 책임지고 있음을 의미한다.
129 오천언(五千言) : 노자(老子)의 《도덕경(道德經)》을 가리킨다.
130 지족(知足) : 《도덕경(道德經)》에 '지족불욕(知足不辱[족함을 알면 욕을 당하지 않는다.])'이라고 했다.
131 삼백편(三百篇) : 《시경(詩經)》을 가리킨다. 공자께서 시 3천여 수를 채집해서 3백 5수를 뽑아 만든 것이 시경이란 책이다.

少室¹³³雲邊伊水¹³⁴畔, 比君校老合先歸.

■

방회

백거이의 시는 자연스럽다. 5구와 6구에서 어찌 그 바뀜이 지극할까? (方批云, 白詩自然. 五六何其易之至也.)

기윤

여기에 '교(校)'는 '우아하고 세련되다.'의 뜻이다. 또 이르길, 당인(唐人)이 '식미(式微)'를 사용한 것은 단지 뒤의 말을 잠깐 쉴 수 있게 한 것이니, 우승이 곧 '이는 아름답고 한가로우며 편안하다.'라고 했는데, 한탄하고 슬프게 읊은 '식미(式微)' 또한 그러하다. (紀批云, 此校雅馴. 又云, 唐人用「式微」只作歇後語, 右丞卽此美閒逸, 悵然吟式微亦然.)

---

132 식미(式微) : 《시경(詩經)》〈국풍(國風) - 패(邶)〉의 열한 번째의 시이다. 〔식미 식미(式微式微) 호불귀(胡不歸) : 권위가 약해졌는데 어찌 돌아가지 않으시며, 미군지고(微君之故) 호위호중로(胡爲乎中露) : 군주의 연고 약한데 어찌 중로를 섬기시나요. 식미식미(式微式微) 호불귀(胡不歸) : 권위가 약해졌는데 어찌 돌아가지 않으시며, 미군지궁(微君之躬) 호위호니중(胡爲乎泥中) : 군주의 몸 약한데 어찌 니중을 섬기십니까?〕라고 노래했다.

133 소실(少室) : 숭산의 명승지 소실산을 가리킨다. 태실산과 마주하여 36봉우리가 있다.

134 이수(伊水) : 황하의 지류로 낙수(洛水)와 만나 황하로 들어간다.

섬서에서 공부와 조세를 도읍으로 운송하는 일을 하는 심대제를 보내며 [구수]
歐陽六一[135] 送沈待[136]制陝西都運[137]

전쟁으로 만신창이 되고 몇 년 만에 정전(停戰)한 요사이
경륜하고 운영함에 기쁜 것은 당대의 영재 때문이라.
종래 한나라는 곡식으로 수고로이 군량을 운송했다는데
만일 진인(秦人)이었다면 스스로 작전하며 밭을 갈았겠지.
길 왼쪽에 정기(旌旗)을 세워놓고 모든 장수가 나열해서
말 앞에 활과 검을 거두어 놓고 북방 민족을 맞이하시길.
그대의 재력을 알게 된다면 한가함이 많을 것으로 여겨서
양관에서 술에 취한 후 웃음소리 듣는 것이 차고 넘치리.

幾歲瘡痍近息兵[138], 經營方喜得時英.
從來漢粟勞飛輓[139], 當使秦人自戰耕.
道左旌旗諸將列, 馬前弓劍六蕃[140]迎.
知君材力[141]多閒暇, 剩聽陽關[142]醉後聲.

---

135 구양육일(歐陽六一) : 이름은 수(脩), 자는 영숙(永叔)이며 취옹(醉翁), 육일거사(六一居士)는 그의 호이다.
136 대제(待制) : 당태종 때 설치, 송대에는 전(殿)과 각(閣)에 두었던 관명(官名)이다.
137 도운(都運) : 공부(貢賦), 조세(租稅)를 걷어서 도읍으로 운송하는 일.
138 창이근식병(瘡痍近息兵) : 창이(瘡痍)는 창상의 뜻으로 재난을 당한 후 침체된 모습을 비유하고, 식병(息兵)은 전쟁을 멈춘다는 뜻이다.
139 비만(飛輓) : 군량 운송을 말한다.
140 육번(六蕃) : 당대(唐代) 이후 북방 소수민족에 대한 총칭이다.

방회

3구와 4구는 (심대제의 직분과) 한 직분으로, 이에 오랫동안 이별했다가 갑자기 그를 만나 절창한 것이다. (方批云, 三四一職, 乃久別忽逢之絶唱也.)

---

141 재력(材力) : 어떤 일을 해 나가는 수완이나 능력.
142 양관(陽關) : 현재의 감숙성(甘肅省) 서부, 둔황(敦煌)시의 서남에 있던 관문이다. 옥문관(玉門關) 남쪽에 있었기 때문에 양관이라고 일컬었으며, 옥문관과 더불어 서역(西域)으로 통하는 요충지였다.

〈공상보가 하동의 재형으로 가는 장천각을 전송하며〉의 시를 차운하여 [소식]
蘇東坡 次韻孔常父[143]送張天覺[144]河東提刑[145]

그대에게 말한 대로 제상구(鶗鴂裘)를 보내면서
지팡이에 의지하여 많은 이별의 근심을 씻어 낸다.
성격이 호방하여 풍류를 즐겼으니, 장사가 되고도 남음이 있고
권신을 탄핵해서 가문을 지켰는데, 유후가 그 뿌리로다.
자하준마가 바야흐로 전쟁터로 출전하자
소의 피로한 병사가 또한 잠시 쉴 여유가 생겼다지.
가을 산에 올라가 아름다운 구절을 얻었는데
고향으로 가는 수레에 누런 낙엽만 가득하구나.

送君應典鶗鴂裘[146], 憑仗千鍾洗別愁.
脫帽[147]風流餘長史[148], 埋輪[149]家世本留侯[150].

---

143 공상보(孔常父, 1042~1097) : 이름은 무중(武中), 상보(常父)가 그의 자(字)이다. 지금의 협강현(峽江縣) 라정진(羅田鎭) 서강촌(西江村) 사람으로 공자(孔子)의 17대손이다.
144 장천각(張天覺, 1043~1121) : 송대의 문학가이며 서예가다. 이름은 상영(商英)이고 천각(天覺)은 그의 자(字)이다. 호(號)는 무진거사(無盡居士)이며 신진(新津) 사람이다.
145 제형(提刑) : 관직명으로 제점형옥공사(提點刑獄公事)를 말한다.
146 응전제상구(應典鶗鴂裘) : 응전(應典)은 '말한 것을 이행하다'의 뜻이고, 제상구(鶗鴂裘)는 두견새와 매의 가죽으로 만든 옷이다.
147 탈모(脫帽) : 호방한 성격을 형용하는 말이다.
148 장사(長史) : 자사(刺史)의 속관이다.

子河駿馬方爭出, 昭義疲兵[151]亦少休.
定向秋山得佳句, 故關黃葉滿行輈.

기윤
시의 기상이 이로부터 같지 않다. (紀批云, 氣象自是不同.)

이정직
살펴보건대, 3구와 4구는 장가의 집안일을 갖추어 쓴 것인데, 3구는 1인이고, 4구는 곧 2인이라서 대구를 이루고 있는 것이 균등하지 못한 것처럼 느껴진다. 그러나 '가세본(家世本)' 3자를 씀으로써 혼융함을 얻었으니, 흔적이 없다. 이 시가 그래서 미묘한 까닭이다. (按, 三四俱用張家事, 而三句是一人, 四句乃二人[152], 對仗似不等. 然以家世本三字用, 得渾融[153]無痕, 此其所以爲妙也.)

---

149 매륜(埋輪) : 후한(後漢) 순제(順帝) 때 대장군 양기(梁冀)가 권신이어서 누구도 말을 하지 못했다. 그때 장강(張綱)이 순안어사(巡按御史)로 임명되자 수레바퀴를 땅에 파묻으면서, "지금 늑대와 승냥이가 길을 막고 있는데, 어찌 여우와 살쾡이만 따지겠는가?(豺狼當路, 安問狐狸)"라면서 양기를 탄핵했다고 한다.

150 유후(留侯) : 전한(前漢)의 장량(張良)을 가리킨다.

151 소의피병(昭義疲兵) : 소의(昭義) 부대의 피로한 병사. 소의는 당나라 때는 소의보병(昭義步兵)이라 했다. 대개 택로(澤潞)의 궁전수(弓箭手)를 가리킨다.

152 삼구시일인 사구내이인(三句是一人 四句乃二人) : 3구에 등장하는 한 사람이란 장천각을, 4구에 등장하는 두 사람이란 후한 때의 그의 선조 장경(張綱)과 전한 때의 장량(張良)을 가리킨다.

153 혼융(渾融) : 둘 이상의 사물이 섞여서 완전히 융합됨을 말한다.

하동으로 부임하는 고자돈을 보내며 [황정견]
黃山谷[154] 送顧子敦[155]赴河東

서림에 파묻힌 지 20년, 백발이 되어서
인장을 가지고 지금 진나라 산천의 수령이 된다는데.
자삼은 캘만하니 공물로 바치는데 마땅하거니와
청철은 많지 않으니 돈을 주조하지 마시라.
농사와 잠업을 권장한다면 진실로 도가 있을 것이요
연회나 주연을 절충한다면 변방으로 임하지는 않으리.
요컨대 사신은 공이 얼마인지를 알아야 하니
봄날 성 밖의 처전(處田)을 둘러보고 간파할지어다.

頭白書林[156]二十年, 印章[157]今領晉山川.
紫蔘[158]可掘宜包貢, 青鐵[159]無多莫鑄錢.

154 황정견(黃庭堅, 1045~1105) : 중국 북송의 시인이자 서예가이다. 송 4대가의 한사람으로 자는 노직(魯直), 호는 산곡(山谷), 부옹(涪翁). 장시성 홍주분령(洪州分寧) 사람임.
155 고자돈(顧子敦, ?~?) : 이름은 림(臨)이며 자돈이 그의 자(字)이다. 회계(會稽) 사람으로 송대 관원이자 경전에 능통했던 학자이다.
156 서림(書林) : 조정의 도서관을 가리킨다.
157 인장(印章) : 금·은·옥·나무 따위의 인재에 글씨나 문양 등을 조각하여 인주 등을 발라 문서에 찍어 증명하는 것으로써 도장 또는 인감(印鑑)·인신(印信)이라고도 하나 엄밀히 말하면 녑(鈢·璽)·인(印)·장(章)·도서(圖書)·도장(圖章)·육기(戮記) 등으로 모두 다르다. 인장은 정치에 있어 신빙하게 하는 신물 또는 새절(璽節)로서의 의미를 가진다.
158 자삼(紫蔘) : 마디풀과에 속한 여러해살이풀로 석다천(石見穿), 석타천(石打穿),

勸課農桑[160]誠有道, 折衝樽俎[161]不臨邊.
要知使者功多少, 看取春郊處處田[162].

또 이르길,
又云[163]

집은 강남에 있으나 괘념치 않았고
애민우국하며 예전부터 죽 거느려왔다지.
달이 비낄 때, 분수와 심수에서 역마를 최촉하고
눈이 오는 밤, 기남마을에서 술잔이 오갔는데.
변방 가 금성탕지엔 오로지 좁쌀 알맹이뿐이라도
마음속 맑은 거울을 간직한 이분이 인재로다.
멀리서 더욱 청우(靑牛)의 구절을 이해하게 되니
작은 공명심마저 이윽고 재가 되어 사라지도다.

家在江南不繫懷[164], 愛民憂國有從來[165].

월하홍(月下紅)이라는 이름으로도 불린다.
159 청철(青鐵): 검은빛깔의 철을 이른다.
160 농상(農桑): 농사 짓는 일과 누에 치는 일.
161 절충준조(折衝樽俎): 주연(酒宴), 연회(宴會)를 베푸는데, 이해관계가 다른 상대와 교섭하거나 담판하는 것을 비유적으로 이른다.
162 처전(處田): 관할하고 있는 곳의 전지를 말한다.
163 〈送顧子敦赴河東〉 3수 중 두 번째 시이다.
164 계회(繫懷): '괘념(掛念)'과 같은 단어이다.
165 종래(從來): 예전부터 지금까지.

月斜汾沁¹⁶⁶催驛馬, 雪暗岢嵐¹⁶⁷傳酒杯.

塞上金湯¹⁶⁸惟粟粒, 胸中水鏡是人才.

遙知更解靑牛句¹⁶⁹, 一寸功名心已灰.

또 이르길

又云¹⁷⁰

도성에서 말고삐를 당기니 바람 불고 이슬 내리는 가을이라
행대에는 시녀(侍女)도 없이 배롱만이 도와주는구나.
귀인의 상(像)에다 문장이 뛰어나 자주 소식을 전할 수 있고
마유 포도를 구하는데 기다리지 않아도 되리.
상당 땅의 추위에 응당 억지라도 술을 마셔야 하고
서하 민중의 고통을 마땅히 나누어 걱정할지니라.
오히려 예전엔 군량이 흔한 날이 있었다고 들었지만
한 사람에 한 마리의 전마와 비십우(費十牛)일 뿐이라.

攬轡¹⁷¹都城風露秋, 行臺無妾護衣篝¹⁷².

166 분심(汾沁) : 분수와 심수. 산서성(山西省)에서 발원하여 황하(黃河)로 흘러든다.
167 가람(岢嵐) : 지금의 산서성(山西省) 흔주시(忻州市)에 예속되어 있는 현으로 진(晉)의 북서부 황토고원의 중부와 관잠산(管涔山) 서북쪽 기슭에 있다.
168 금탕(金湯) : 금성탕지(金城湯池)의 준말.
169 청우구(靑牛句) : 청우(靑牛)는 노자(老子)가 서유(西遊)할 때 탄 소다. 그래서 청우구(靑牛句)는 노자의 《도덕경(道德經)》을 지칭한다.
170 〈送顧子敦赴河東〉 3수 중 세 번째 시이다.
171 람비(攬轡) : 말고삐를 당기다.

虎頭墨妙^{173}能頻寄, 馬乳蒲萄^{174}不待求.
上黨^{175}地寒應强飮, 西河民病^{176}要分憂.
猶聞昔在軍興^{177}日, 一馬人間費十牛^{178}.

172 행대무첩호의구(行臺無妾護衣篝) : 행대(行臺)는 옛날 지방 관리의 관서와 거처. 첩(妾)은 시녀(侍女). 의구(衣篝)는 배롱(焙籠). 즉 화로의 위에 씌워 놓고 그 위에 옷을 얹어 말리는 기구를 말한다. 《한관의(漢官儀)》에는 상서랑(尙書郞)으로 대중(臺中)에 들어가면 시녀가 화로에 향을 피워서 의복을 말리는데 도와주게 했다고 한다. 여기서는 고자돈(顧子敦)이 가족을 이끌고 가지 않았음을 말한 것이다.
173 호두묵묘(虎頭墨妙) : 호두(虎頭)는 귀인의 상(像)을, 묵묘(墨妙)는 문장이 뛰어남을 이른다.
174 마유포도(馬乳蒲萄) : 마내자포도(馬奶子葡萄)라고도 하는데, 말의 젖꼭지와 닮았다고 해서 붙여진 이름이다. 신강(新疆) 토로번(吐魯番) 분지와 남강(南疆)의 묵옥(墨玉)과 피치산현(皮値山縣)이 주산지이다.
175 상당(上黨) : 군 이름으로 병주(幷州)에 속하며 13개 현을 관할했다. 치소는 장자현(長子縣)이며, 그 성터는 지금의 산서성 장자(長子)에 있다. 동한 말에 치소를 호관(壺關)으로 옮겼는데, 그 성터는 지금의 산서성 장치(長治)의 성(城) 북쪽에 있다.
176 서하민병(西河民病) : 서하(西河)는 군이름으로 지금의 섬서성(陝西省) 화음현(華陰縣) 일대이다. 황하의 서쪽에 위치하고 있어 서하라 불렸다. 민병(民病)은 민중의 고난을 일컫는다.
177 군흥(軍興) : 환곡(還穀)을 의미한다. 환곡은 백성이 어려울 때 베풀었다가 가을에 거두어들이는 제도를 말하나, 원래는 국가의 비상시를 대비한 군량미였다.
178 일마인간비십우(一馬人間費十牛) : 임연(任淵)의 《황진시집주(黃陳詩集注)》에 이르길, "북송 원풍(元豐) 4년에 섬서에서 하동으로 용병을 보내는데, 징집이 곤란했다. 이 때문에 농우 열 마리의 급료를 주면서 겨우 한 마리의 전마만 지급했다[元豐四年, 陝西用兵河東, 困於征調, 故十耕牛之費, 僅給一戰馬了.]."라고 했다.

방회

내가 가만히 '일촌공명심이회(一寸功名心已灰)'를 일러보니, 이 구절은 병폐가 있다. 원우 연간에 그가 물러날 것을 권했는데 어찌 자돈이 불만이 있었겠는가. '행대무자호의주(行臺無姿護衣籌)'라는 구(句), 이 또한 사소한 일로 장엄하지 못함에 가깝다. 대저 산곡의 시는 성률이 높고 뜻을 세우는 데 있어, 또한 다수가 희롱하는 데에서 나온다. '절충준조불임변(折衝樽俎不臨邊)'과 같은 것은 뜻이 도리어 좋은데, 자돈의 이름이 범해지는 것을 물리치는 꼴이 되어서이다. '양하민병요분우(兩河民病要分憂)', '일마인간비십우(一馬人間費十牛)'에서 비로소 슬퍼하는데, 백성을 사랑한다는 의미이다. 또 이르길, '일마인간비십우(一馬人間費十牛)'는 채변이 절치부심한 정책으로 산곡이 정사를 풍요롭게 했다고 기뻐하는 것을 기롱해서 이른 것이다. (方批云, 予竊謂「一寸功名心已灰」, 此句有病. 以元祐之時[179]勸其退, 豈子敦有不滿乎?「行臺無姿護衣籌」, 此亦小事, 近乎不莊. 大抵山谷詩律高, 而用意亦多出于戲. 如「折衝樽俎不臨邊」, 意却好, 却犯子墩名[180].「兩河民病要分憂」,「一馬人間費十牛」, 始是惻怛愛民之意. 又云,「一馬人間費十牛」, 蔡卞[181]切齒, 謂谷譏熙豊政事.)

---

179 원우지시(元祐之時) : 북송(北宋) 철종(哲宗)의 첫 번째 연호이다. 1086년부터 1094년까지이다.
180 각범자돈명(却犯子墩名) : 고자돈의 이름이 임(臨)이다. '折衝樽俎不臨邊'에서 고자돈의 이름 '임(臨)'을 삽입해서 그의 청렴함을 반영한 것이다.
181 채변(蔡卞, 1058~1117) : 왕안석(王安石)의 사위로 자는 원도(元度)이고 선유(仙遊)사람이다.

기윤

3수의 시어가 미묘하고 곧아서 풍문으로 요지를 헤아린 것이나 취할 만하다. 두 번째 시는 깊은 뜻이 별로 없어 삭제할 만하다. (紀批云, 三詩語微直, 而風旨要爲可取. 第二首無甚深意, 可刪也.)

또 제2수를 비평하여 이르길, 제2구는 거느린다는 것이다. 또 이르길, '속납(粟粒)' 두 자는 익숙하지 않다. (又批第二首云, 第二句率. 又云, 粟粒二字未老.)

또 제3수의 제2구를 비평하여 이르길, 이는 그 관청의 청렴한 상황을 말한 것이지 집안의 여러 가지 일을 이끌었다는 것이 아닐 따름이다. 낭선의 '삼년마불비(三年馬不肥[3년 동안 말이 살찌지 않았다.])'와 더불어 뜻이 같으니, 허곡이 상세하지 못했다. (又批第三首第二句云, 此言其之官淸況, 不携家累耳, 與浪仙「三年馬不肥」同意, 虛谷未之詳也.)

북교에서 객을 보내다 [장뢰]

張宛邱[182] 北橋送客

버드나무 드리워진 다리 위, 매어놓은 말이 울고
다리 부근의 선미(船尾)에 푸른 깃발이 꽂혀 있네.
오가는 배가 얼마이고
다리 북·남쪽에서 긴 이별하는 자 누가 알랴.
정자 위에서는 연신 행객의 술잔이 기울고
유람하는 이는 젊음을 읊은 사(詞)를 노래하네.
백 년을 돌이켜 보아도 모두 묵은 흔적일 뿐
뜬 인생 낙엽처럼 바람에 나부껴 흩날리니 또한 슬플 만하지.

橋上垂楊繫馬嘶, 橋頭船尾插靑旗[183].
船來船去知多少, 橋北橋南長別離.
亭上幾[184]傾行客酒, 遊人自唱少年詞[185].

182 장완구(張宛邱, 1054~1114) : 이름은 뢰(耒), 자(字)는 문잠(文潛), 호는(號)는 가산(柯山)이며, 완구선생(宛邱先生)으로도 불리었다. 호주(毫州) 초현(譙縣) 사람으로 황정견(黃庭堅), 진관(秦觀), 조보지(晁補之)와 함께 '소문4학사(蘇門四學士)'로 일컬으며, 저서로는 《가산집(柯山集)》,《완구선생집(宛邱先生集)》 등이 있다.
183 청기(靑旗) : 주기(酒旗)를 가리킨다.
184 기(幾) : 자주, 연신.
185 유인자창소년사(遊人自唱少年詞) : 사(詞)는 남조(南朝)와 제(齊)·양(梁)의 소악부(小樂府)에서 비롯된 것으로, 가사에 곡을 붙인 고악부와는 달리 악보에 가사를 메운 것으로 음악적 생명을 중시하기 때문에 구절의 장단이나 운의 평측에도 세밀하게 배려한다. 이 때문에 여러 가지 명칭이 생겼는데, 시여(詩餘), 악부(樂

百年回首皆陳迹, 浮世飄零亦可悲.

∎

기윤

본래의 모습은 노련하고 건강하다. 전반부 네 구는 방자하면서도 안일함이 너무 심하나, 붓 가는 대로 쓰지 않았기 때문에 좋다. 6구는 대면하여 붓을 움직이고 있어 마음으로 감격함이 유달리 깊어서 좋다. (紀批云, 本色老健. 前四句恣逸特甚, 然不是率筆, 故佳. 六句好在對面落墨, 感慨殊深.)

府)·전사(塡詞)라고도 하며, 1, 2자에서 9자까지 구를 배치함으로 장단이 가지런하지 못해서 장단구(長短句)라고도 한다. 이외에 악장(樂章)·가곡(歌曲)·금취(琴趣)라는 명칭으로도 불리어진다. 사(詞)의 발전은 서진(西晋) 때이며 송대에 이르러 주요한 변화를 맞았는데 당시의 대표적 작가인 장선(張先)과 유영(柳永)이 문단에 민간 사를 도입하여 유행시켰으며, 북송의 소동파를 거쳐 북송 때 주방언(周邦彦)을 비롯한 악부사파(樂府詞派)가 그뒤를 이어 등장했고, 후에 남송의 강기(姜夔) 등의 격률사파(格律詞派)로 이어졌다. 이 시구는 유영과 주방언이 젊은 시절을 회상하며 쓴 〈소년유(少年遊)〉의 사(詞)를 인용한 것이다.

악주지사로 부임하는 양보지를 보내며 [장뢰]
送揚補之[186]赴鄂州[187]支使

서로 만나 나를 돌아보니 여전히 아이인데
20년 세월 지나오니 귀밑머리 희끗희끗하다오.
눈물 흘리며 양가에서 환란을 함께 하면서도
한세월 보내는 동안 절반이나 떨어져 있었구려.
조각배 타고 또 강호에서 이별하고
천리 떨어진 곳 멀리서 꿈꾸듯 침상에서 생각만 할 뿐.
언제쯤 대충 불행한 내 신세 끝마치고
이웃 되어 밭 갈고 낚시하며 늙음을 좇으리오.

相逢顧我尙童兒, 二十年來鬢有絲.
涕淚兩家同患難, 光陰一半屬分離.
扁舟又作江湖別, 千里長懸夢寐思.
何日粗酬[188]身世[189]了, 卜鄰[190]耕釣老追隨.

---

186 양보지(揚補之, 1097~1171) : 남송의 문학가이며 서화가로 이름이 높다. 이름은 무구(無咎), 보지(補之)는 그의 자(字)이다. 호(號)는 도선노인(逃禪老人), 또는 청이장자(淸夷長者)라고 했다. 청강(淸江)사람으로 한(漢)나라 때 양웅(揚雄)의 후예라고 자칭하고 성을 쓸 때 '扌〔재방변〕'을 쓰고 '木〔목변〕'을 쓰지 않았다.
187 악주(鄂州) : 호북성(湖北省) 동부(東部)이며, 양자강(揚子江)의 남안(南岸)에 위치한다.
188 조수(粗酬) : 대략 그 신세를 갚아주다.
189 신세(身世) : 불행한 세상에 처해 있는 나의 신세를 가리킨다.
190 복린(卜鄰) : 이웃으로 택하다.

기윤

3구와 4구는 침통하지만, 정감있고 진실한 말로 시인의 붓을 절실하게 했다. (紀批云, 三四沉痛, 情眞語, 切詩人之筆.)

객을 성의 서쪽으로 나와서 보내다 [진여의]
陳簡齋 送客出城西

등주에서 또한 단청을 아는 이 누구인가?
저물게 성을 떠나면서 나의 야윈 말을 그려주네.
남은 세월 동안 그야말로 근심거리로 허송하고
생의 말로에 어떻게 찾아온 객을 떠나 보내랴.
쌀쌀한 햇살, 냇물에 가득 비쳐 여러 색을 이루고
저문 숲, 나목되어 가을 소리를 머금고 있는데.
말채찍을 드리우고 돌아가다 다시 머리를 돌려
서남으로 가려다가 아직 정하지 못하고 망설이네.

鄧州誰亦解丹靑[191], 畫我贏驂晚出城.
殘年政爾[192]供愁了, 末路那堪[193]送客行.
寒日滿川分衆色[194], 暮林無葉寄秋聲.
垂鞭歸去重回首, 意落西南計未成[195].

---

191 해단청(解丹靑) : 단청을 그릴 줄 아는 사람, 즉 단청화가를 가리킨다.
192 정이(政爾) : 정말로, 그야말로.
193 나감(那堪) : 어찌 감당할까?
194 중색(衆色) : 한 빛깔이 어른거려 여러 색이 이루어짐을 말한다.
195 계미성(計未成) : 계산해 보지만 아직 이루지 못함을 이른다.

기윤

간재 시의 풍채와 골격이 절로 동일하지 않다. 6구는 대단히 뛰어나다. 전인미답(全人未踏)의 길이다. (紀批云, 簡齋風骨自不同. 六句警絶, 前人未道.)

서안령으로 부임하는 웅박사를 보내며 [진여의]
送熊博士赴瑞安令[196]

의관만 치런치런하게 하고 만난 곳
초목의 쓸쓸함이 변하지 않은 때라.
만남과 이별에서 함께 놀라는 곳은 한 베개의 꿈속이요
슬픔과 기쁨에서 각각 읊게 되는 것은 십 년의 시로다.
산림과 약속한 듯 나는 당장 떠나가고
천지와 무정한 듯 그대 또한 마음을 비우지.
웃으며 구리도장 지녔음은 잘못된 계책이 아니니
어떤 역경에서도 변치 않는 마음을 깊이 기대하련다.

衣冠裦裦[197]相逢處, 草木蕭蕭未變時.
聚散同驚一枕夢, 悲歡各誦十年詩.
山林有約吾當去, 天地無情子亦饑.
笑領銅章[198]非失計, 歲寒心事[199]欲深期.

---

196 웅박사부서안령(熊博士赴瑞安令) : 웅박사(熊博士)의 이름은 언시(彦詩), 자는 숙아(叔雅)이다. 부(赴)는 부임하다. 서안령(瑞安令)은 벼슬 명이다.
197 의관곤곤(衣冠裦裦) : 제공곤곤(諸公裦裦)과 같은 말로 자리만 차지한 채 그저 세월만 보내는 고관을 뜻한다.
198 동장(銅章) : 구리로 만든 도장, 즉 서안령(瑞安令)으로 부임할 때 가지고 가는 관인이다.
199 세한시사(歲寒心事) : 세한(歲寒)은 일년 중 추위가 가장 혹독할 때로 곤경을 비유한다. 따라서 세한심사(歲寒心事)는 어떠한 역경 속에서도 변치 않는 마음을 말한다.

방회

간재의 시는 기세가 웅혼하며 규모가 넓고 크다. 노두 이후에 황정견과 진사도가 있고 또 진간재가 있다. (方批云, 簡齋詩氣勢渾雄, 規模廣大. 老杜之後, 有黃陳, 又有簡齋.)

기윤

시어마다 침착하다. (紀批云, 語語沉着.)

구종경 장수를 촉 땅으로 보내며 [양만리]
楊誠齋 送邱宗卿帥蜀[200]

사람으로는 융중에 살던 촉한의 제갈량과 비슷하고
운문으로는 강동에 있던 진나라 여러 고관과 같지.
사천의 온 나라에 대장군의 깃발이 깔리고
만리의 장강으로 깃털 부채 부치는 중이라.
옥루산이 갑자기 맑아지니 밤안개가 서리고
설산에 눈이 많아지니 서늘한 바람이 불어오누나.
근래 들어 조정에서 서 땅으로 보내는 장수가 많으니
지세를 내면서까지 누가 동쪽에만 있겠다고 말하리.

人似隆中漢臥龍[201], 韻如江左晉諸公[202].
四川全國牙旗底, 萬里長江羽扇[203]中.

---

200 송구종경수촉(送丘宗卿帥蜀) : 소희(紹熙) 3년 임자년(壬子年, 1192) 4월에 구종경이 호부시랑(戶部侍郞)으로 사천(四川) 안무제치사(安撫制置使)가 되어 나갈 때 양만리가《송구종경수촉(送丘宗卿帥蜀)》를 지어 가는 길에 보낸 것이다. 구종경(丘宗卿, 1135~1208)은 이름이 화(崈), 종경(宗卿)이 그의 자(字)이다. 강음(江陰)사람으로 남송의 문학가이다.
201 륭중한와룡(隆中漢臥龍) : 융중(隆中)은 면수(沔水)의 북쪽에는 융산을 가리킨다. 또 면수는 한수(漢水)의 상류로 섬서성(陝西省)의 서남쪽에 있다. 한와룡(漢臥龍)은 삼국시대 촉한의 제갈량(諸葛亮)이다. 당시 제갈량을 와룡으로, 방통(龐統)을 봉추(鳳雛)에 비유했다.
202 강좌진제공(江左晉諸公) : 강좌(江左)는 양자강 동쪽 지역에 있다. 즉 강동지방을 말한다. 강동은 삼국 양진(兩晉) 때부터 문화융성과 경제적 풍요로움을 자랑했다. 진제공(晉諸公)은 진나라의 여러 고관을 가리킨다.

玉壘²⁰⁴頓淸開宿霧, 雪山增重起秋風.
近來廊廟多西帥, 出相誰言只在東.

또 이르길,
又云²⁰⁵

촉 땅에서 그 위력을 백만 군사에게 떨치니
호령하지 않아도 절로 밝게 빛나누나.
술은 서역의 발율국 사발을 내둘러 권하고
전고(戰鼓)는 눈 밖 봉파산의 성에 무리 지었노라.
중춘의 해당화는 나라를 기울일 만큼 아름답고
새벽녘 두견새는 고향을 이야기하듯 지저귐에 정겹다.
두릉과 산곡에 천년의 한을 푸는데
구장수를 만나지 못해 더뎌지니 청춘 때 꿈을 보게 되는지.

諭蜀²⁰⁶宣威百萬兵, 不須號令自精明.
酒揮勃律天西²⁰⁷碗, 鼓隊蓬婆²⁰⁸雪外城.

---

203 우선(羽扇) : 깃털 부채. 제갈량 지물의 상징으로 전장에서는 지휘봉이 되었고, 부채질 한번으로 사나운 바람의 방향도 바꾸어버릴 수 있는 신비로운 힘을 지닌 상징물이다. 구종경의 위상을 제갈량에 빗댄 것이다.
204 옥루(玉壘) : 옥루산을 가리킨다. 사천성(泗川省) 이현(理縣) 동남쪽에 있다.
205 〈送邱宗卿帥蜀〉 3수 중 두 번째 시이다.
206 유촉(諭蜀) : 효유촉지(曉諭蜀地)이다. 사천(四川) 일대.
207 발율천서(勃律天西) : 발율(勃律)은 카슈미르 북부 인더스강 유역의 고대 국가이고 천서(天西)는 서역국을 가리킨다.

二月海棠傾國色, 五更杜宇²⁰⁹說鄉情.
少陵山谷²¹⁰千年恨, 不遇丘遲眼爲靑.

기윤

이 시의 두 번째 시가 더욱 좋다. 성재의 지극히 신중하고 엄한 작품이다. 5구와 6구는 고우면서도 경계심이 있다. (紀批云, 此首尤佳. 誠齋極謹嚴之作. 五六艶而警.)

208 봉파(蓬婆) : 산 이름.
209 두우(杜宇) : 두견새의 별칭.
210 소릉산곡(少陵山谷) : 소릉은 두보를, 산곡은 황정견을 가리킨다.

요자 拗字

사상인의 띠 집에서 [두보]
老杜 已上人¹茅齋

사상인의 초가집 아래라면
새로운 시를 지을 수 있지.
목침과 대자리 가지고 숲 깊숙이 들었는데
차와 외를 내며 객을 오래도록 머무르란다.
강의 연꽃은 흰 깃 부채 떨듯 흔들리고
천문동은 푸른 실타래처럼 엉켜 있다.
허순(許詢)을 공연히 욕되게 하였으니
지둔(支遁)의 말씀에 응대하기가 어렵구나.

已公茅屋下, 可以賦新詩. 枕簟入林僻, 茶瓜留客遲.
江蓮搖白羽², 天棘蔓靑絲. 空忝許詢³輩, 難酬支遁⁴辭.

1 상인(上人) : 은사(隱士).
2 우(羽) : 깃털 부채(羽扇)를 의미한다.
3 허순(許詢) : 동진(東晉) 때의 시인이며 불교학자. 산수(山水) 유람을 즐겼으나 부끄러움이 많아서 지둔과 사안(謝安, 320~385)하고만 연회를 즐겼다고 한다.
4 지둔(支遁, 314~366) : 수도하는 승명이다.

방회

'입(入)'자는 평성이나 측성으로 배치하는 것이 마땅하고, '류(留)'자는 측성이나 평성으로 배치하는 것이 마땅하다. '허(許)'와 '지(支)'자 또한 그러하다. (方批云,「入」字當平而仄,「留」字當仄而平,「許」「支」二字亦然.)

기윤

이것은 쌍요법을 논한 것이다. (紀批云, 此論雙拗法⁵.)

이정직

살펴보건대, 이 시에서 만약 오직 제3구가 요(拗)고 제4구가 불요(不拗)이면 이는 단요가 되고, 곧 이 시의 3, 4구 두 구가 함께 요(拗)가 되기 때문에 쌍요라고 이른다. (按, 此詩若惟第三句拗而第四句不拗, 則是爲單拗, 乃此詩三四二句幷拗, 故謂之雙拗.)

---

5 쌍요법(雙拗法) : 오언시에서는 출구(出句)의 2번째 글자와 4번째 글자를 모두 측성으로 지으면 요체(拗體)가 되는데, 이어지는 대구(對句)의 3번째 글자를 반드시 평성으로 지으면 요구(拗救)가 되어 인정되며, 칠언시에서는 출구(出句)의 4번째 글자와 6번째 글자를 모두 측성으로 지으면 요체(拗體)가 되는데, 이어지는 대구(對句)의 5번째 글자를 반드시 평성으로 지으면 요구(拗救)가 되어 인정되는 시어법이다.

저무는 봄에 양서에서 새로 임대한 초옥에 제하다 [두보]
暮雨題瀼西⁶新賃草屋

세상을 구제할 계책 밝히고 싶지만
이미 늙어버린 상서랑이라.
승냥이와 범의 싸움 말리지도 못하면서
원노가 하늘로 함께 나는 것을 보니 부끄럽다.
시절이 위태로우니 사람의 일도 급박하고
바람이 거슬러 부니 깃털이 상처 난 새와 같구나.
지는 해 바라보며 강한의 시절을 슬퍼하는데
한밤중 눈물이 침상에 가득 차 흐르더라.

欲陳濟世策, 已老尙書郞. 不息豺虎鬪⁷, 空慚鵷鷺⁸行.
時危人事急, 風逆羽毛傷. 落日悲江漢⁹, 中宵淚滿床.

---

6 양서(瀼西) : 사천성(泗川省) 봉절현(奉節) 양수(瀼水) 서안(西岸)의 땅으로 두보가 기주에 살 때 일찍이 옮겨 이곳에서 거주했다. 그래서 〈강서한망(瀼西寒望)〉이란 시가 있다.

7 시호투(豺虎鬪) : 승냥이와 범이 싸우는 것으로, 조정의 벼슬아치 간에 다투는 것을 비유한다.

8 원노(鵷鷺) : 원추새와 백로이다. 두 새는 나는 모습이 한아(閑雅)하고 질서가 있어, 조정 반열에 늘어선 백관을 비유하는 말로도 쓰인다.

9 강한(江漢) : 양자강(揚子江)에서 한수(漢水)가 합류하는 땅이다.

방회

'제세책(濟世策)' 3자는 모두 측성이고, '상서랑(尙書郞)' 3자는 모두 평성으로 하였는데, 곧 입률(入律)하는 방법을 다시 깨달은 것이다. '시호(豺虎)'와 '원로(鴛鷺)' 또한 이것도 일종의 요체이다. (方批云,「濟世策」三字皆仄,「尙書郞」三字皆平, 乃更覺入律.「豺虎」「鴛鷺」又是一樣拗體.)

기윤

제1, 2구는 이 또한 쌍요라고 이른 것은 곧 '제(濟)'와 '상(尙)' 두 자가 엇바뀌어 3평, 3측이 아니라는 말이다. 또 이르길, 제3, 4구에서 상구의 2, 4자는 어울리지 않고, 하구 제3자는 반드시 평성을 써야 이를 구제하기 때문에, 또한 고정불변의 격식이다. (紀批云, 第一二句云, 此亦雙拗, 乃「濟」「尙」二字迴換, 非三平三仄之謂. 又批, 第三四句云, 上句二四不諧, 下句第三字必用平聲以救之, 亦是定格.)

이정직

살펴보건대, 기윤이 이른 바, "상구의 2, 4자는 '식(息)'자와 '호(虎)'자를 가리키는데, 함께 측성으로 어울리지 않았다. 이 때문에 제3자인 '원(鴛)'자를 대구로 써서 평성을 만들어 이를 구제하였다. 또 출구의 2, 4자가 어울리지 않고, 곧 5자가 모두 측성(仄聲)이지만 논함이 없는 것은 또한 대구로 제3자에 평성을 써서 이를 구제했기 때문이다."라고 했다. 그런데 방회는 마음대로 이르길, '시호(豺虎)와 원로(鴛鷺)는 또 일종의 요체'라고 한 것은 이해하지 못한 것이 매우 분명하다. 그러므로 기윤의 비평이 상세하다. (按, 紀所云, 上句二四者, 指息字與虎字, 俱仄爲不諧, 故以對句第三之鴛字, 爲平聲而救之也. 且無論出句之二四不諧, 即五字皆仄, 亦以對

句第三字 用平聲而救之也. 方泛云, 豹虎鴝鷺又是一樣拗體者, 殊不分曉, 故紀批詳之.)

도솔사에 오르다 [두보]
上兜率寺

도솔이라는 이름난 절을 알고 있었는데
참되고 한결같은 마음으로 법당에 모여있네.
긴 강과 험한 산은 파와 촉 땅에 있고
전각의 목재는 제와 양 땅에서 가져왔다지.
유신의 애수(哀愁) 비록 오래이나 잊히지 않는 것처럼
주옹의 부처를 좋아함은 잊지 않았다네.
백우가 끄는 수레 멀거나 가까이 있을 수 있지만
또 자비로운 배에 올라타고 싶은 마음뿐일세.

兜率[10]知名寺, 眞如[11]會法堂. 江山有巴蜀[12], 棟宇自齊梁[13].
庾信[14]哀雖久, 何顒[15]好不忘. 白牛[16]連遠近, 且欲上慈航[17].

10 도솔(兜率) : 욕계 6천 중 제 4천인 도솔천을 가리킨다. 이를 절 이름으로 삼은 것이다.
11 진여(眞如) : 거짓으로 망령되게 변하거나 바꾸는 것이 없는 것, 즉 한결같은 마음을 가리킨다.
12 파촉(巴蜀) : 선진(先秦) 시기부터 일러온 지역의 이름인 동시에 나라 이름이다. 지금의 사천성(四川省) 일대에 해당하는데, 동부를 '파(巴)'로, 서부를 '촉(蜀)'으로 불렀다.
13 제량(齊梁) : 남북조시대, 남조에 속한 두 왕조. 왕발(王勃)의 《처현도솔사비(郲縣兜率寺碑)》에는 '兜率寺者隋開皇中之所建也〔도솔사는 수나라 개황 연간에 세워졌다.〕'라고 했다.
14 유신(庾信, 513~581) : 북주(北周) 시기의 시인으로 남북조시대의 문학을 집대성했다. 그는 지위와 명망이 높아진 후에도 언제나 고향을 생각하며 「애강남부(哀江

방회

'자(自)'자는 바꿀 수 없고, '유(有)'자 또한 바꿀 수 없다. 도리어 '파(巴)'로 평성을 하였으니, 하나의 요(拗)자가 된다. (方批云,「自」字不可易,「有」字亦不可易, 却將巴字作平聲一拗.)

기윤

이는 곧 파촉의 파(巴)자는 바꿀 수 없는 글자가 있어서 요자가 될 뿐이다. 또 이르길, 이것은 단요법이다. 단요란 본구(本句)의 3구와 4구에서 평성과 측성이 서로 바뀐 것인데, 오직 출구에만 쓰고 대구에 사용하지 않은 것이다. (紀批云, 此乃巴蜀巴字, 不可易以有字拗之耳. 又云, 此單拗法. 單拗者, 本句三四平仄互換也, 惟用於出句, 不用於對句.)

이정직

살펴보건대, 출구는 요(拗)이고 대구는 불요(不拗)이기 때문에 단요라고

南賦)」를 지었다.
15 하옹(何顒) : 《후한서(後漢書)》〈당고전(黨錮傳)〉에는 하옹(何顒)이 보이나 시의(詩意)와는 달라서 주옹(周顒)일 것으로 사료된다. 《南史》에 따르면 주옹은 언변이 유수(流水)하고 불교의 이론에 뛰어나 종산(鍾山) 서쪽에 정사(精舍)를 세우고, 하루 종일 채소농사를 지으며 아내가 있어도 산사에서 가난하게 홀로 살면서도 욕심이 없었다고 했다.
16 백우거(白牛車) : 《법화경(法華經)》〈비유품(譬喩品)〉에 '크고 흰 소가 있는데, 몸이 크고 힘이 세다. 생긴 것도 아름다워서 귀한 수레에 매워 끌게 하네[有大白牛, 肥壯多力, 形體姝好, 以駕寶車].'라고 하는 대목이 있다. 흰소는 일승법(一乘法)을 말하는 것으로써 모든 중생이 부처와 함께 성불한다는 석가모니의 교법이다.
17 자항(慈航) : 자비로운 배라는 뜻으로, 불보살(佛菩薩)이 고해 속을 헤매는 중생을 자비의 마음으로 항행하며 제도하는 것, 즉 부처님의 자비에 의한 구제를 말한다.

한다. 그러나 요법(拗法)에서 출구와 대구가 동일하지 않다는 것은 출구에서는 제3자와 4자를 취하여 호환하나 대구에서는 이와 같은 것이 불가하다. 대구에서 제3자가 평성이면 출구 제3자로써 측성을 사용하여 이를 구제할 수 있으니, 이는 대구의 요법이기 때문이다. 또 변법이 있는데, 대구의 제3자가 평성이고 출구의 제3자가 불측(不仄)이거나, 또한 대구 제3자가 원래 측성이고 출구 제3자도 또 측성이면 이와 같은 것이 가능하다. 가낭선의 시에 이를길 "近得雲中路〔근래 운중로를 찾았더니〕門長侵早開〔문중의 어른께서 일찍이 문을 열고 들어가더라.〕"와 노두시에 이르길, "常時任顯晦〔시간에 따라 나타나고 숨어있다가〕秋至轉分明〔가을이 되면 유난히 뚜렷해지노라.〕"의 유형과 같은 것이 이것이다. 또 하나의 변법이 있는데, 만일 출구에서 제4자가 마땅이 평성이고 반대 구가 측성이면 본구 제3자 및 대구 제3자는 모두 평성으로 써야 한다. 만일 위에서 이른바, 승냥이와 범의 싸움도 그만두게 하지 못하면서 부질없이 날아가는 원추새와 백로에 부끄럽다고 한 것이 이것이다. (按. 出句拗對句不拗者, 故是單拗. 然拗法, 出句與對句不同, 出句就三四字互換, 而對句則不可如是也. 對句第三字平, 則以出句第三字用仄而救之, 是爲對句之拗法也. 又有變法, 對句第三字平, 而出句第三字不仄, 亦可對句第三字原仄, 而出句第三字又仄, 亦可如. 賈浪仙詩云, 近得雲中路, 門長侵早開. 老杜詩云, 常時任顯晦, 秋至轉分明之類是也. 又有一變法, 如出句第四字當平而反仄, 則以本句第三字及對句第三字, 皆用平聲. 如上所云, 不息豺虎鬪, 空慚鵷鷺行是也.)

이른 봄 호수 가에 친구가 새집을 짓고 거주함에 제하다 [가도]
賈司戶 早春題湖上友人新居[18]

문이 늘 관도에 있는 것이 아니니
행인도 찾아 이름이 드문 곳이라.
그래서 저녁 밥을 먹은 후 집을 나서면
밤늦게 돌아오는 경우가 많았다지.
필통을 열어 시권을 수습하며
침상을 쓸고 누울 곳과 옷을 정리하였다고.
언제쯤 같은 곳에 집을 사서
서로 가까이 사립문을 마주할까?

門不常官道[19], 行人到亦稀. 故從飡後出, 多是夜深歸.
開篋收詩卷[20], 掃牀移臥衣. 幾時同買宅, 相近有柴扉[21].

방회

"소상이와의(掃床移臥衣)"에서 '소(掃)'자는 이미 측성인데, 곧 '이(移)'자가

---

18 신거(新居) : 새집에 들다.
19 관도(官道) : 예전에, 국가에서 관리하는 주요 도로를 이르던 말.
20 시권(詩卷) : 여러 편의 시를 모아 엮은 책, 즉 시집(詩集)을 말한다.
21 시비(柴扉) : 잡목의 가지를 엮어서 만든 문짝으로 사립문 또는 삽작이라고 한다.

평성으로 화합되었다. (方批云, 掃床移臥衣「掃」字旣仄, 卽「移」字合平.)

기윤

이 또한 단요법이다. 또 한 자로써 쌍요로 구제한 것은 "고각객경거(高閣客竟去〔높은 누각의 손님들 마침내 떠나가고〕), 소원화란비(小園花亂飛〔작은 동산의 꽃잎은 어지러이 날린다.〕)"와 같은 것이 이것이다. (紀批云, 此亦單拗法. 又有一字雙救者, 如「高閣客竟去, 小園花亂飛」[22] 是也.)

이정직

살펴보건대, 출구 2, 3, 4, 5자는 모두 측성이니, 하나의 '화(花)'로써 '용(容)'자의 측성을 구제하였고, 또 '경(竟)'의 측성을 구제하였다. 이 때문에 쌍요법으로 구제했다고 한 것이다. 상구에서 이른 것 2, 4자가 하구의 제3자와 화합하지 못하는 것에 평성을 써서 구제하고 있는 것이 또한 일례(一例)이다. (按, 出句二三四五字皆仄, 以一花字救容字之仄, 又救竟字之仄, 故而双救也. 上所云, 二四不諧下句第三字用平聲, 以救之者亦一例也.)

---

22 고각객경거 소원화란비(高閣客竟去 小園花亂飛) : 이상은(李商隱)의 〈낙화(落花)〉라는 시의 수련이다.

양명숙을 차운하다 [황정견]
黃山谷 次韻楊明叔[23]

완전한 덕은 만물을 포용하고
대지(大地)는 네 모퉁이가 없는 법.
몸은 부초를 따라 변화하고
이름은 태산과 더불어 갖추어져야.
학문을 말하려면 내 자식으로 귀의하고
시를 말하려면 노부로부터 시작해야지.
함부로 동해에 뛰어들지 말고
머물러 내 건널 뗏목부터 만들듯이.

全德備萬物, 大方無四隅. 身隨腐草[24]化, 名與太山俱.
道學歸吾子, 言詩起老夫[25]. 無爲蹈東海, 留作濟川桴.

---

23 양명숙(楊明叔) : 황산곡은 〈제위정공지주명후(題魏鄭公砥柱銘后)〉의 비문에서 "내 친구 양명숙은 경술을 알고 시에 능하며 문인 속하는 것을 좋아해서 공가(公家)에서 벼슬아치가 하는 일을 자기의 일처럼 하며 청렴하고 남에게 아첨하지 않았다." 라고 기록하였고, 또 그와 관련한 시를 여러 편 남길 정도로 절친(切親)했다.
24 부초(腐草) : 썩어 문드러진 풀. 일격(一擊)을 감당하지 못하는 것을 비유한다.
25 노부(老夫) : 노인이 자기를 낮추어 일컫는 말, 또는 옛날에 대부의 벼슬에 있던 사람이 70세가 되어 벼슬을 그만둔 후 스스로 일컫던 말이다.

방회

'부초(腐草)'의 '부(腐)'는 수용하기도 저버리지도 못하는데, 규정된 글자와 인연하고 있어 바꿀 수 없어서이다. (方批云,「腐草」之「腐」, 不容不拗, 緣一定字不可易.)

기윤

처음 두 구는 요자(拗字)여서 다음 구는 저절로 호응하여 2평이 된다. '부초화(腐草化)'는 3측을 얻어 써 이에 정격이 되었다. 그러나 요자로 여겼으니 오류가 심하다. (紀批云, 起二句是拗字, 次句自應二平. 腐草化 得用三仄, 乃正格. 以爲拗字, 謬甚.)

이정직

살펴보건대, 차구는 제3구를 가리킨다. 처음 두 구의 다음 구를 이른 것이다. 2평은 '신수(身隨)' 두 자이다. 처음 두 구에서 한 자를 썼다고 일렀는데, 쌍으로 측성을 구제하고 있는 것이 유달리 많다. 그러므로 차구는 응당 1평성을 썼는데, 이 역시 요자를 구제하는 바른 방법이기 때문이다. 이미 2평성을 썼다면 그 아래 3측성이 부족해서 요자라고 이르는데, 이 역시 요자를 이어주는 바른 방법이다. (按, 次句指第三句也. 謂是起二句之次句也. 二平指身隨二字也. 謂起二句用一字, 雙救仄聲殊多. 故其次句應用一平聲, 此亦救拗之正法也. 旣用二平, 則其下三仄不足謂拗, 此亦承拗之正法也.)

부산거사와 이별하다 [진사도]
陳后山 別負山居士.[26]

전원에서 늙음을 함께 하려 했지만
지금 이별하려는 뜻은 무엇이랴?
다시 병을 얻어 술에 취할 수 없고
여전히 쓸쓸하다는 생각에 자탄자화할 뿐.
그대의 명성이 빛나지 않아서일까?
시구 중 오히려 대단히 좋은 것이 많을 텐데.
사초 깔린 동산길을
이미 몇 번이나 지나쳤구나.

田園相與老. 此別意如何. 更病可無醉. 猶寒已自和[27].
高名胡未廣. 詩句尙能多. 沙草[28]東山路. 猶須一再[29]過.

26 부산거사(負山居士) : 작자의 친구인 장중련(張仲連)을 가리킨다. 부산거사는 장중련의 별호(別號)이다. 진사도가 장중련과 함께 기거하며 그와 관련하여 지은 시가 많다.
27 자화(自和) : 자탄(自嘆)하고 스스로 대답함을 이른다.
28 사초(沙草) : 사초(莎草)를 말한다. 바닷가의 모래땅에서 자라는 풀로 땅에 낮게 깔려 자란다.
29 일재(一再) : '몇 번이나', '거듭거듭' 등의 뜻이다.

방회

'가(可)'자는 수용하지도 저버리지도 못한다. (方批云,「可」字不容不拗.)

기윤

'가(可)'는 측성이고 아래 구의 세 글자는 평성으로써 이를 구제하지 못한다. 도리어 조화됨을 잃게 되면 법식으로 여길만한 표준이 될 수 없다. (紀批云,「可」字仄而下句第三字不以平聲救之, 却是失調, 不可標以爲式.)

이정직

살펴보건대, 출구의 제3자는 측성이고 대구의 제3자 역시 측성이다. 옛날에 이를 많이 썼는데, 노두시의 '연진파설령(烟塵犯雪嶺〔(토번의) 연기와 먼지가 설령을 침범하고〕), 고각동강성(鼓角動江城〔북이며 호각 소리 강가의 성을 뒤흔든다.〕)'의 유형이 이것이다. 그 예는 이미 위에 그렇게 나타난다. 오직 출구 제2자가 측성인데, 이것을 침범하게 되면 애격(碍格)이다. (按, 出句第三字仄, 對句第三字亦仄者. 古多用之, 如老杜詩「烟塵犯雪嶺, 鼓角動江城」之類是也. 其例已見于上然. 惟出句第二字仄, 而犯此者則碍格.)

문하성의 벽에 제하다 [두보]
老杜 題省中院壁

정전 곁채의 죽담 옆 10길의 오동나무가 있고
대문 입구와 마주한 낙수받이 늘 침침하다네.
꽃지고 아지랑이 피는 맑은 날은 고요한데
울어대는 비둘기, 지저귀는 제비로 푸른 봄 깊어 간다.
완고한 선비 노쇠해지니 관리일에 실수도 많고
퇴근 때까지 일을 주저하고 겉도니 촌심마저 어긋났지.
황제를 위해 일찍이 한 자의 보탬도 없으면서
쌍남금에 비유해서 가졌던 자부심이 부끄럽네.

掖垣竹埤[30]梧十尋, 洞門[31]對霤常陰陰.
落花遊絲[32]白日靜, 鳴鳩乳燕[33]青春深.
腐儒衰晚謬通籍[34], 退食遲回違寸心.
袞職[35]曾無一字補, 許身愧比雙南金[36].

30 액원죽비(掖垣竹埤) : 당대(唐代) 장안(長安)의 궁궐 선정전(宣政殿)에는 동쪽에 문하성(門下省)이, 서쪽에 중서성(中書省)이 각각 담으로 분리하고 있어서 이를 액원이라고 했다. 즉 선정전은 몸통으로 보고, 양옆의 문하성과 중서성을 겨드랑이로 비유했다. 죽비(竹埤)는 대나무가 이어져 난서 울타리가 된 것을 이른다.
31 동문(洞門) : 통행로 입구에 설치한 아치형의 문으로, 문짝이 없다.
32 유사(遊絲) : 아지랑이.
33 유연(乳燕) : 제비새끼.
34 통적(通籍) : 관리의 명패이다. 한나라 때 궁중을 출입하는데, 성명, 나이, 신분을 적은 댓조각의 패로 궁문에 걸어두고 궁궐을 출입했다.

방회

이 시편의 8구는 요격을 갖추어서 가락이 곱고 낭낭한데, 그것은 실제로 문이 글자로부터 순하기 때문이다. "낙화유사백일정(落花遊絲白日靜), 명구유연청춘심(鳴鳩乳燕靑春深)"의 이와 같은 구법은 산곡이 많이하고 간재 또한 그러하다. 모두 양구 중에 각각 스스로 대구를 삼으니, 혹은 침울하고 혹은 강하고 튼튼하며 혹은 한적하면서도 우아하다. (方批云, 此篇八句俱拗, 而律呂鏗鏘. 其實文從字順也.「落花遊絲白日靜, 鳴鳩乳燕靑春深」 此等句法 山谷多, 而簡齋亦然. 皆兩句中各自爲對, 或以壯麗, 或以沉鬱, 或以勁健, 或以開雅.)

기윤

'오체(吳體)'는 요법과 같지 않다. 또 이르길, 그 비결은 매번 대구(對句)에서 제5자가 평성으로 구전하고 있으니 그러므로 비록 요법일지라도 음절이 오히려 조화롭다. (紀批云,「吳體」與拗法不同. 又云, 其訣在每對句第五字以平聲救轉, 故雖拗而音節仍諧.)

이정직

살펴보건대, 1, 2구를 취해서 구제하는 것을 요법(拗法)이라고 이르고, 전편을 취해서 구제하는 것을 오체(吳體)라고 이른다. 또 살펴보건대, 노

---

35 곤직(袞職) : 황제의 직무라는 의미로 여기서는 황제를 가리킨다.
36 쌍남금(雙南金) : 남방에 여수(麗水)에는 금이 많이 나는데, 이를 남금이라 했다. 그래서 쌍남금은 남금의 가치가 두배임을 말한다. 여수에 두보를 문하성 좌습유(左拾遺)로 임명함으로써 두보를 남금보다 값진 쌍남금으로 비유한 것이다.

두의 이 시는 3평법이다. 대구 제5, 6, 7자를 가리켜서 말하는 것이다. 더욱이 시 중에 3평이 있고, 반드시 또 3평이 있어서 이에 호응하면 격에 합당해진다. 그렇지 않으면 또 한 요구(拗句)가 있어서 호응함으로써 또한 가하게 된다. 그래서 요구는 반드시 대구의 제5자를 평성으로 쓰면 서로 조화로울 수 있는 것이다. 만약 시 속에 3평이 있고 나머지 일곱 구 모두 실점(失粘)하지 않으면 시격에 화합하지 못하게 된다. 이 시에서 '상음음(常陰陰)', '청춘심(靑春深)', '쌍남금(雙南金)'은 모두 3평성이다. (按, 就一二句而救之謂拗法, 就全篇而救之謂吳體. 又按, 老杜此詩三平法也. 指對句第五六七而言也. 尤詩中有三平者, 必又有三平, 以應之爲合格, 不然則又有一拗句以應之亦可, 而拗句必對句第五字用平者, 可以相諧. 若詩內有三平, 而餘七句皆不失粘[37], 則爲不合格. 此詩常陰陰靑春深雙南金皆三平聲.)

---

37 점(粘) : 서로 짝을 이루고 있는 구에서 위쪽 짝의 짝수 구인 대구(對句)의 제2자와 제4자가 아래쪽 짝의 홀수 구인 출구(出句)의 제2자와 제4자의 평측은 서로 〈동일〉해야 한다. 이를 점(粘)이라 하고 이렇게 되지 않았을 때를 실점(失粘)라고 하고 시에서는 피한다.

고향을 그리워하며 [두보]

愁

강가의 풀 날이 갈수록 그리움 불러일으키지만
무협의 물 맑고 찰수록 세속의 정서가 아니라네.
소용돌이에서 목욕하는 해오라기 무슨 심성이지?
홀로 선 나무에서 꽃이 피어도 절로 또렷한데.
십 년 전쟁으로 남녘 땅은 암담하게 되었어도
이역의 나그네는 외로운 성에서 늙어갈 수밖에.
장안의 위수와 진산을 볼 수 있을는지
사람은 지금 지쳐 병드는데 범은 종횡으로 날뛰네.

江草日日喚愁生, 巫峽[38]冷冷非世情.
盤渦[39]鷺浴底[40]心性, 獨樹花發自分明.
十年戎馬暗[41]南國, 異域賓客老孤城.
渭水秦山[42]得見否, 人今罷病虎縱橫[43].

---

38 무협(巫峽) : 장강 삼협(三峽) 중 하나. 지금의 사천성(泗川省) 무산(巫山)의 현성(縣城) 동쪽에 있으며, 호북성(湖北省) 파동(巴東)과 접해 있다. 무산(巫山) 때문에 얻은 이름이다.
39 반와(盤渦) : 소용돌이.
40 저(底) : 어찌, 왜.
41 암(暗) : 무너지고 폐허가 되어 희망과 의욕이 없는 상태를 나타낸다.
42 위수진산(渭水秦山) : 장안에 있는 위수와 진산을 가리킨다. 두보가 살던 곳이다.
43 호종횡(虎縱橫) : 안사(安史)의 난을 일으킨 안록산(安祿山)과 사사명(史思明) 등 그들의 무리들을 가리킨다.

방회

성중〔궁중〕의 시로써 이 시에 미치는 것을 오체라고 이르는데, 이 시 아래 3수의 시가 또한 그러하다. (方批云, 以省中詩, 及此詩謂之吳體, 此下三詩亦然.)

기윤

이 4수는 모두 오체이고 전부 성률에 들어가지 못했다. 앞의 시와 함께 요법을 썼지만 동일하지 않다. (紀批云, 此四首皆「吳體」[44], 全不入律, 與前首用拗法者不同.)

이정직

살펴보건대, 이 시는 제목 아래에서 두공이 스스로 주를 달아 이르되, 장난삼아 억지로 지은 것이 오체라면 이 시가 오체이다. 굳고 곧은 것이 없으면서 채관부시화에서 곧, 이 시 제2연(聯)을 가지고 오체라고 했으나 효람이 말한 바에 의거하면 안 구는 실조한 것이고, 바깥 구 제5자는 평성으로 이를 구제하지 않았다고 했다. 이것은 효람이 '오체는 입률하지 않는다.'라고 이른 것이다. 가령 제5자가 평성으로 구제해서 요체라 이르고, 구제하지 않았다고 오체라고 이른다면 그 학설이 또 합당하지 않으니, 무어라 하고 싶은 것인가? 이영(李郢)의 〈모춘산행(暮春山行)〉 시와 육방옹(陸放翁)의 〈증동도인(贈童道人)〉 시는 효람이 모두 오체로 여기면서 두 시 모두 평성으로 구제한 것이다. 두 시는 부권(附卷)을 갖추고 있었는데, 끝부

---

44 오체(吳體) : 시체(詩體)의 일종으로 시어가 통속적이고 천박하며 비속적인 것을 취하여 비유한다. 그래서 강남민가(江南民歌)의 풍미가 있다.

분에 〈화몽(畫夢)〉 시는 고찰할 만하다고 하고서 이르기를 "이월요수혼혼연(二月饒睡昏昏然〔초봄이라 푹 잤어도 정신이 어릿한데〕) 불독야단주분면(不獨夜短晝分眠〔유독 밤이 짧아서 낮까지 자는 건 아니라.〕.) 도화기난안자취(桃花氣暖眼自醉〔복사꽃 따스한 기운에 눈이 절로 취해서〕) 춘저일락몽상견(春渚日落夢相牽〔봄날 물가에 해가 지면 꿈에서 서로 이끌어 준다는데〕) 고향문항형극저(故鄕門巷荊棘底〔고향 골목들은 가시덤불에 깔리고〕) 중원군신시호변(中原君臣豺虎邊〔중원의 군신은 반군폭정으로 쌓여있네.〕.) 安得務農息戰鬪(安得務農息戰鬪〔어떻게 하면 전쟁 그치고 농사에 힘쓰며〕) 보천무리횡색전(普天無吏橫索錢〔천하가 태평하여 탐관오리 없게 할까?〕.)라고 했다. 살펴보건대, 이 시의 제1, 2연은 입률하지 않고 남은 연(聯)과 어울리는 방법을 모색했다. (按, 此詩於題下杜公自註云, 強戲爲吳體, 則此爲吳體, 無挺而蔡寬夫詩話,[45] 卽以此詩第二聯爲吳體. 然據曉嵐所言, 則內句失調, 而外句第五字, 不以平聲救之. 此曉嵐, 所謂吳體不入律者也. 令欲以第五字平救者謂拗體, 以不救者謂吳體, 則其說又不合何也. 李郢暮春山行詩及陸放翁贈童道人詩, 曉嵐皆以爲吳體, 而二詩皆平救者也. 二詩俱附卷末可考畫夢詩云, 二月饒睡昏昏然, 不獨夜短晝分眠. 桃花氣煖眼自醉, 春渚日落夢相牽. 故鄕門巷荊棘底, 中原君臣豺虎邊. 安得務農息戰鬪, 普天無吏橫索錢. 按, 此詩第一二聯, 爲不入律餘聯合法.)

---

45 채관부시화(蔡寬夫詩話) : 송(宋)나라 철종(哲宗)~휘종(徽宗) 때의 문신인 채거후(蔡居厚)의 저서이다. 그의 자(字)가 관부(寬夫)이다.

저물녘에 돌아와서 [두보]
暮歸

서리에 시든 벽오동나무에 백학이 깃들고
성 위에서 치는 딱따기 소리가 까마귀 울음과 겹친다.
나그네 성문 들어설 때 달빛은 환하게 비추는데
뉘 집 다듬이질 소리에 바람은 쓸쓸하기만 하다.
남쪽 계수를 건너자니 배가 없고
북쪽 진천으로 돌아가자니 전쟁의 북소리가 잦다.
나이는 반백을 넘겼으나 뜻대로 일이 되지 않으니
내일도 고향 구름 보려면 지팡이 짚고 와야겠지.

霜黃碧梧白鶴棲, 城上擊柝[46]復烏啼.
客子入門月皎皎[47], 誰家搗練[48]風凄凄[49].
南渡桂水[50]闕舟楫, 北歸秦川[51]多鼓鼙[52].
年過半百不稱意[53], 明日看雲還杖藜.

46 격탁(擊柝) : 야경 돌 때 치는 딱다기.
47 교교(皎皎) : 새하얗고 밝다는 뜻으로 밝은 달빛을 이른다.
48 도련(搗練) : 다듬이질 소리.
49 처처(凄凄) : 처량하다. 쓸쓸하다.
50 계수(桂水) : 지금의 연강(漣江), 또는 이강(漓江)을 말하며 모두 광서(廣西)에 있다. 여기서는 상수(湘水)를 말한다.
51 진천(秦川) : 섬서성(陝西省)과 감숙성(甘肅省)의 진령(秦嶺) 이북의 평원(平原) 지대로 여기서는 장안(長安)을 의미한다.
52 고비(鼓鼙) : 군대에서 쓰는 북으로, 전쟁이 그치지 않음을 이른다.

이정직

살펴보건대, 이 시의 제1연은 성율을 하지 않고 모든 연(聯)과 어울리는 방법을 모색했다. (按, 此詩第一聯, 爲不入律餘聯皆合法.)

---

53 불칭의(不稱意) : 여의찮다. 즉 '불여의(不如意)'와 같다.

이른 가을날 찌는 더위에 문서가 끊이지 않고 쌓이다 [두보]
早秋苦熱堆案[54]相仍

칠월 엿새 날, 찌는 더위에 지치니
음식을 마주해 잠깐 먹는 것도 힘겨워라.
매번 밤이면 전갈을 밟을까 걱정하다가
가을로 접어들면 파리 떼가 극성을 부리지.
관대에 묶여 있음에 발광해 크게 소리치고 싶지만
공문이 어찌나 급하게 끊이지 않고 쌓이는지.
남쪽으로 짧은 골짜기에 푸른 솔이 걸친 것을 바라보다
어찌하면 맨발로 두꺼운 얼음을 밟을 수 있을는지.

七月六日苦炎熱, 對飯暫餐還不能.
每愁夜中自足[55]蝎, 況乃秋後轉多蠅.
束帶發狂欲大叫, 簿書何急來相仍[56].
南望靑松架短壑, 安得赤脚踏層冰.

54 추안(推案) : 쌓여진 문서.
55 자족(自足) : 저절로 밟히다. 다른 판본에는 개시(皆是)라고 된 곳도 있다.
56 상잉(相仍) : 끊이지 않고 이어지다.

이정직

살펴보건대, 이 시의 제2연과 말련(末聯)은 입률하지 않고서 지었다. 또 살펴보건대, 위의 시 3수는 모두 입률하지 않았는데, 두공은 홀로 〈수(愁)〉의 시에 대하여 이르길, 장난삼아 억지로 오체 지을 생각을 하니, 그 시 2, 3, 4연의 대구 제5자가 모두 측성이다. 이 때문에 저절로 생겨난 현상인가? 아니면 생긴 바가 우연히 저절로 같지 않게 된 까닭인가? 망령되게도 일찍이 율시가 당나라 초기에 있었기에 근체시라고 여겼으나 (당나라) 초기라도 이것은 모두 고시이다. 노두는 과거 오랜 세월을 거쳐왔기 때문에 간혹 율시에서 평측을 하기 좋아하면서도 조화롭지 못한 것은 고의(古意)가 존재한다고 여겼다. 그러나 〈수(愁)〉 시에 있어서는 오히려 연(聯)에서 장난삼아 억지로 오체를 지었다라고 한다면 평측이 비록 조화롭지 못하더라도 반드시 별도로 성률이 있어야 할 것이다. 성률은 대개 사성팔병설에 근거할 수 있으며, 심동양으로부터 비평을 시작하였는데, 동양은 곧 오나라 사람으로, 어찌 자신과 관계한 곳이 않임에도 오체라고 일렀겠는가? 그렇다고 해서 방치할 수는 없을 것이다. 고쳐서 널리 들려줄 이를 기다리겠다. (按. 此詩第二聯及末聯, 爲不入律. 又按. 上三首皆不入律. 而杜公獨於愁詩云, 强爲吳體者意, 其二三四聯之對句第五字皆仄. 故特發[57]之歟. 抑由所發偶自不同歟. 妄嘗以爲律詩在唐初爲近體, 先是皆古詩也. 老杜去古來遠故, 或於律詩喜用平仄, 不調者爲有古意存也. 然而於愁詩, 猶聯强爲吳體, 則平仄雖不調, 必別有聲律. 律之可據盖四聲八病[58], 仿自沈東陽[59],

---

57 특발(特發) : 외부로부터 생겨난 것이 아니라 자신에게서 저절로 생겨난 현상을 가리킨다.
58 사성팔병(四聲八病) : 시가의 성률론(聲律論)으로 심약(沈約)이 제창했다. '4성

而東陽卽吳人也. 豈無所自而吳體云乎哉. 然不可放矣. 更俟博聞.)

(四聲)'은 평성, 상성, 거성, 입성을 가리키고 '8병(八病)'은 율시를 지을 때 피해야 할 성률과 압운상의 여덟 가지 금기해야 할 규칙을 말하는데, 평두(平頭), 상미(上尾), 봉요(蜂腰), 학슬(鶴膝), 대운(大韻), 소운(小韻), 방뉴(傍紐), 정뉴(正紐)이다.
59 심동양(沈東陽) : 심약(沈約)을 가리킨다. 동양태수(東陽太守)를 지내 심동양이라 일렀다.

낙성사에서 제하다 1 [황정견]
黃山谷 題落星寺[60] 其一

별궁의 허공에서 놀다가 언제쯤 떨어질까?
땅바닥으로 내려온다면 절이 되리라.
대낮부터 시인은 산에 자리 틀고 앉아 읊조리고
밤이 되어 취객은 강물에 침상이 흔들려 놀라지.
연이은 방마다 제각기 봉창을 열어두고
덧없는 혹자의 꿈, 제후왕에 봉해지는 것이라.
청운의 사다리가 몇 계단인지 모르지만
다시 등나무 지팡이를 빌려 짚고 상방을 찾아야지.

星宮遊空何時落, 着地亦化爲寶坊[61].
詩人晝吟山入座, 醉客夜愕江撼牀.
蜂房[62]各自開戶牖, 蟻穴或夢[63]封侯王.
不知靑雲梯幾級, 更借瘦藤尋上方[64].

---

60 낙성사(落星寺) : 강서성 팽려호 가에 있는 절이다.
61 보방(寶坊) : 절을 아름답게 이르는 말.
62 봉방(蜂房) : 벌집처럼 연이어 붙어있는 방들을 비유한 것이다.
63 의혈혹몽(蟻穴或夢) : 의몽(蟻夢)을 연상시킨다. 덧없는 삶을 꿈꾸는 사람에게 빗대고 있다.
64 상방(上方) : 지세(地勢)가 가장 높은 곳.

기윤

정취가 기묘한 모습이다. 이러한 종류가 산곡의 독자적인 예술관이다. (紀批, 意境奇恣. 此種是山谷獨闢.)

이정직

살펴보건대, 이 시는 비록 요체여도 묘하게 성률이 있는데, 스스로 격을 조절하는 것으로써 최고로 삼고 조화롭게 했다. (按, 此詩雖是拗體, 妙在聲律, 自諧以調格爲高也.)

낙성사에서 제하다 2 [황정견]
題落星寺 其二

낙성사 스님이 깊숙한 곳에 절을 지으니
용각인 노옹도 와서 시를 읊었구나.
보슬비 내리는 깊은 산 속 손님은 앉은 지 오래고
긴 강은 하늘에 닿을 만큼 아득한데 돛단배는 더디기만 하다.
승방의 맑은 향기는 속세와 다르고
절묘한 그림들은 알아보는 이 없는데.
연이은 방에 제각기 봉창을 열어두고
곳곳에서 마른 등(藤) 가지를 태워 차를 끓인다.

落星開士[65]深結屋, 龍閣老翁[66]來賦詩.
小雨藏山客坐久, 長江接天帆到遲.
燕寢[67]淸香與世隔, 畫圖絶妙無人知[68].
蜂房各自開戶牖, 處處煮茶藤一枝.

---

65 개사(開士) : 성불할 수 있는 정도를 열어 중생을 인도하는 사부. 즉 보살이나 고승을 일컫는 말이다.
66 용각노옹(龍閣老翁) : 작자의 외삼촌 이공택(李公擇)을 가리킨다. 그는 '용도각직학사(龍圖閣直學士)'라는 벼슬을 지냈다.
67 연침(燕寢) : 스님들이 거처하는 내실을 말한다.
68 화도절묘무인지(畵圖絶妙無人知) : 원주(元注)에는 "스님인 융(隆)은 그림이 매우 풍부해서[僧隆畫甚富], 한산과 그림을 얻은 것이 매우 미묘하다[而寒山拾得畫甚妙]."라고 하였다.

방회

이는 노두에게 배웠다. 이른바 요자(拗字)는 '오체'격이다. (方批云, 此學老杜. 所謂拗字「吳體」格.)

기윤

요자와 '오체'는 같지 않다. 또 이르길, 한 구에서 이어지는 편이 없었는데, 양쪽으로 써서 구별한 것이다. 이 시에서 반드시 뒤의 한 수는 초고이고, 앞의 한 수는 개정한 판본이다. (紀批云, 拗字與「吳體」不同. 又云, 無一句連篇兩用之理. 此必後一首爲初稿, 前一首爲改定之本.)

변안에 술자리를 마련하고 황십칠에게 주다 [황정견]
汴岸[69]置酒贈黃十七[70]

나의 종친이 평소에 온갖 근심을 품고 있어
장가를 권하니 즐거이 나와 유람하네.
탁류는 밝은 달이 오염됨을 심란하게 여기지 않지만
짙푸르러 그늘진 나무, 내 삶에 가을 같은 청량감을 주네.
황초선은 양 떼를 버려두고 묻지 말라 하고
황숙도는 천경지피(千頃之陂)을 품어 술 취하면 그만이라.
누가 화루에 기대어서 옥피리를 부는가?
북두칠성의 자루가 추운 밤 지붕 위 산머리에 걸려 있네.

吾宗端居懷百憂, 長歌勸之肯出遊[71].
黃流不解浣[72]明月, 碧樹爲我生涼秋.
初平[73]羣羊置莫問, 叔度[74]千頃[75]醉卽休[76].

69 변안(汴岸) : 변하(汴河)를 가리킨다. 고대에는 '반수(汳水)', '단수(丹水)' 등으로 칭했다. 형양(滎陽) 동쪽 순량탕(循狼湯)을 거쳐 지금의 개봉시(開封市)의 동쪽으로 흘러 강소성 서주시(徐州市)에서 사수(泗水)와 합쳐지는 강이다.
70 황십칠(黃十七) : 이름은 개(介), 자(字)는 궤복(儿复)이다. 황정견과 종친으로 동년배의 형제 중 서열 17번째를 나타낸다.
71 오종단거(吾宗端居)~긍출유(肯出遊) : 다른 한 판본에는 '백장모권고인휴(百丈暮捲篙人休[저물어 대밧줄로 묶어 상앗대를 거두고 사람은 쉬는데]), 침성쟁전유기주(侵星爭前猶幾舟[별이 침범하기 전, 몇척의 배가 머뭇거리네.])'로 되어 있다. '종(宗)'은 종친을 가리킨다. '단거(端居)'는 평소의 생활.
72 해완(解浣) : '해(解)'는 동(悁 – 심란하다)과 같은 뜻이다. '완(浣)'은 오염시키다.
73 초평(初平, 328~386?) : 황초평을 가리킨다. 후대에 황대선(黃大線)으로 불렸으

誰倚花樓吹玉笛, 斗杓[77]寒掛屋山頭.

방회

이 시 또한 오체시이다. 노두에게 배운 사람이다. (方批云, 此亦「吳體」. 學老杜者.)

이정직

살펴보건대, 이 시 또한 오체시로 입률하지 않았다. (按, 此詩亦吳體不入律者.)

기윤

'백장(百丈)'의 두 구는 대면하고 드러내어 평상의 턱 사이에 앉아 있다고

며 도교 신선으로 유명하다. 원래는 양치기 목동으로 산에서 양을 치며 수련하여 송대에 양소정진인(養素正眞人)에 봉해졌다.

74 숙도(叔度, 109~156) : 황헌(黃憲)을 가리킨다. 후한의 유명한 현사(賢士)로, 호는 정군(征君)이다. 《후한서(後漢)》, 〈황헌전(黃憲傳)〉에서 "황헌(黃憲)은 자는 숙도(淑度), 여남 신양(汝南 愼陽, 지금의 하남 정양) 사람이다. 대대로 빈천했고 아버지는 우의(牛醫)였다."라 기록하였다. 그는 근면하고 학문을 좋아하고, 열심히 수련해서 박학한 선비가 되었다. 특히 도량이 넓고 커서 그의 인간됨을 헤아릴 수 없을 정도였다고 한다.

75 천경(千頃) : 천경지피(千頃之陂)이다. 사람의 도량이 넉넉하고 넓음을 이른다.

76 초평군양(初平䍩羊)~취즉휴(醉卽休) : 다른 한 판본에는 '시음오당야래구(詩吟吾黨夜來句〔시를 읊으면 나의 벗들 밤에 싯구를 가져올 것이고〕), 酒買田翁社後築(酒買田翁社後築〔술을 사면 시골 노인들 사일(社日)이 지난 후 쌓아주겠지.〕)'로 되어 있다.

77 두표(斗杓) : 북두칠성 중에서 자루 부분에 해당하는 세 별을 가리킨다.

한 것이니, '오종(吾宗)'의 두 구보다 낫다. 3구와 4구도 대단히 좋다. (紀批云, 百丈二句, 對面襯出, 兩人牀岸間坐, 勝「吾宗」二句. 三四絶佳.)

호일노의 치허암에서 제하다 [황정견]
題胡逸老[78]致虛菴[79]

장서가 만권이면 자식을 가르칠 만하고
남겨준 돈이 대상자에 가득하면 늘 재앙만 일어난다.
가난한 사람과 햇곡식을 함께 해야 화목해지고
밝은 달이 있어야 조개에 진주가 생기는 법이라.
편히 앉아 산 경치 감상하니, 그림처럼 나타나고
밤 창 넘어 물소리 들으니, 비바람을 몰고 오는듯하다.
물과 산을 살펴만 봐도 오묘함을 느끼는데
또다시 무엇으로 영대를 더럽게 물들일까.

藏書萬卷可敎子, 遺金滿籝[80]常作災.
能與貧人共年穀[81], 必有明月生蚌胎[82].

78 호일로(胡逸老) : 그의 일생은 불상(不詳)하다.
79 치허암(致虛庵) : 호일노의 서방(書房)을 가리킨다.
80 유금만영(遺金滿籝) : 《한서(漢書)》, 〈위현전(韋賢傳)〉에 "자식에게 황금을 대상자에 가득 남겨주는 것은〔遺子黃金滿籝〕한 권의 경서를 남겨주는 것보다 못하다〔不如一經〕."라고 했다. 영(籝)은 대상자를 가리킨다.
81 능녀빈인공년곡(能與貧人共年穀) : 《동관한기(東觀漢記)》에 보면, 양나라 상인이 재해를 만나 하인들에게 서둘러 우마차를 취하게 해서 쌀, 소금, 채소, 돈을 굶주린 백성들에게 나누어 주고는 심지어 자기의 이름조차도 남기지 않았다고 한다. 3구는 이 이야기를 용사한 것이다.
82 필유명월생방태(必有明月生蚌胎) : 《삼국지(三國志)·위서(魏書)》, 〈순욱전(荀彧傳)〉, 배송지의 주(注)에서 이를 인용하고 있다. 공융(孔融)이 위단(韋端)의 서신을 베껴보냈는데, 그 이야기에서 "쌍구슬을 생각하지도 않았는데, 근처에서 배태

山隨宴坐畫圖[83]出, 水作夜窓風雨來.
觀水觀山皆得妙, 更將何物汙靈臺.[84]

방회

말구는 어떤 판본에서 '막장세사침양빈(莫將世事侵兩鬢〔세상사 받들지 말지어다. 양 귀밑머리 초라해지리니〕), 소암관정쇄영대(小菴觀靜鎖靈臺〔작은 암자에서 닫힌 영대를 고요히 바라보리라.〕)'로 되어 있다. 5구와 6구는 기발한 시구(詩句)이며, 또한 구체에 가깝다. (方批云, 末句一作「莫將世事侵兩鬢, 小菴觀靜鎖靈臺」. 五六奇句也, 亦近「旧體」.)

기윤

이 시는 쌍요시이지 〈오체시〉가 아니다. (紀批云, 此雙拗[85], 非「吳體」也.)

(胚胎)한 늙은 조개가 나온 것을 보고 매우 진귀해 했다."라고 했다. 명월(明月)은 진주를 가리키는데, 밝은 구슬이 늙은 조개에서 나왔다는 것에서 훌륭한 자제가 집안에서 나온 것을 비유한다. 방합조개는 특히 달의 변화에 함께 부합하여 살이 쪘다 빠졌다를 반복한다. 곧 보름에는 속살이 차고 그믐엔 속이 비게 된다.《여씨춘추》에는 "방합은 달이 차고 이지러지는 기회를 타고 진주(珍珠)를 배태한다."라고 하였다. 즉 달이 밝아야 진주가 더 잘 생성되는데, 진주를 생성하고 있는 조개라는 뜻에서 방태(蚌胎)라고 한다.

83 화도(畫圖) : 다른 판본에서 '도화(圖畫)'로 되어있는 곳도 있다.
84 영대(靈臺) : 마음을 가리킨다.
85 쌍요(雙拗) : 요(拗)란 평측(平仄)의 격식(格式)에 맞지 않는 시구상(詩句上)의 글자를 말하며, 통상 요(拗)가 있는 구(句)를 요구(拗句)라고 한다. 또 요구(拗救)라 함은 요(拗)의 파격(破格)을 구(救)하는 것을 뜻한다. 말하자면 평성자(平聲字)를 사용할 자리에 측성자(仄聲字)를 썼다면 아래에서 꼭 측성자를 써야 할 자리에

이정직

살펴보건대, 5구의 '화(畵)'자는 측성이 되고, 6구의 '야(夜)'자도 측이 된다. 그 아래의 '풍(風)'자는 쌍구인데, 또한 이름하여 쌍요라고도 말한다. 위의 한 글자와 함께 하는 쌍구는 또 저절로 같지 않다. (按. 五句畵字爲仄, 六句夜字爲仄. 其下風字雙救亦名曰雙拗. 與上一字雙救者又自[86]不同.)

평성자를 사용하여 상쇄해 버리는 것을 말한다. 그리고 요구(拗救)는 크게 단요(單拗)와 쌍요(雙拗)로 나눈다. 단요란 단구(單句) 내에서의 요(拗)를 쓰고 이를 구(救)한 것이고, 쌍요란 출구(出句)의 요(拗)를 대구(對句)로 구(救)한 것이다.
86 자(自) : '용(用)'자와 같다.

그대를 향하니 가을의 느낌을 받는다는 시를 차운하여 [왕조]
汪彦章(汪藻)[87] 次韻向君受感秋

제후를 향해 홀을 떠받드는 뜻이 천리라서
속세의 선봉이 되어 즐겨 갓을 쓰는 것이라.
어느 때 청쇄문을 넓혀 번성하게 하고
재치 있는 말로 검은 괘지에 쓴 염서를 부칠까?
경사 주변 사람들 떠나 기러기 행렬도 끊기고
강가에 가을이 깊어 단풍잎도 차갑구나.
접때부터 헤아리기 어려워서 멋대로 시비를 따져보니
일견 내가 곤궁해져 생기는 근심만이 넉넉해지누나.

向侯拄笏意千里, 肯爲俗彈頭上冠.
何時盛之靑瑣[88]闥, 妙語付以烏絲欄[89].
日邊人去雁行斷, 江上秋高楓葉寒.
向來叔度[90]倘公是[91], 一見使[92]我窮愁寬.

---

87 왕언장(汪彦章, 1079~1154) : 송대(宋代)의 시인이고 이름은 조(藻), 언장(彦章)이 그의 자(字)이다. 호(號)는 부계(浮溪) 또는 용계(龍溪)이다. 요주(饒州) 덕흥(德興) 사람이다.
88 청쇄(靑瑣) : 임금이 있던 궁궐의 문을 이르던 말. 문짝에 자물쇠 모양을 새기고 푸른 칠을 하였다.
89 오사란(烏絲欄) : 검은 괘지. 예전에 중국에서 염서(艶書)를 쓰는 데 썼다.
90 숙도(叔度) : 황헌(黃憲, ?~?)을 가리키며, 숙도는 그의 자(字)이다. 《한서(漢書)》 〈황헌전(黃憲傳)〉에는 그는 사람됨이 넓고 넓어 천경지피(千頃之陂)와 같은데, 맑되 흐리지 않으며, 그릇이 깊고 넓어서 그를 측정하기 어렵다고 평했다. 여기

방회

이 시는 오체를 본받았다. (方批云, 此效「吳體」.)

기윤

붓끝이 누운 상태로 가다가 곧장 달리듯 했다. 또한 대범하고 솔직해서 정취가 가득하다. 또 이르길, 시에 허자를 쓰면 정교하게 하기가 가장 어렵다. 그래서 논자들은 엄금령으로 삼았다. 그러나 '강서시파'는 요체(拗體) 간에 허자가 들어가게 해서 도리어 그 격조를 방해하지 않았는데, 본래 이와 같다. 시론에 나아가서는 각각 마땅함이 있음을 언급했다. 또 이르길, 말구는 대범하고 솔직해서 절로 기뻐하는 뜻이 있다. (紀批云, 順筆直走[93], 亦落落有致[94]. 又云, 詩用虛字最難工, 故論者以爲厲禁. 然「江西」拗體[95]間入虛字, 却不妨其格, 本如是也. 就詩論, 言各有當. 又云, 末有落落自喜之意.)

방회

증다산의 시를 비평하여 이르길, 다산은 산곡에게 시를 배웠는데, '안상황

에서는 숙도(叔度)를 등장시켜 측정하기 어려움을 비유한 것이다.
91 공시(公是) : 공시공비(公是公非), 즉 만인이 공변적이고 객관적으로 옳고 그름을 따져보는 것이다.
92 사(使) : 사동사로 '~으로 하여금 ~하게 하다.'의 뜻이다.
93 순필직주(順筆直走) : 붓끝이 누운 방향대로 가다가 곧장 달려 나가듯 하는 필법을 말한다.
94 유치(有致) : 정취가 가득하다.
95 요체(拗體) : 한시(漢詩)의 한 체(體)이다. 정해진 평측식(平仄式)에 따르지 않는 근체시(近體詩)이다. 절구나 율시의 변격으로, 두보의 시에서 많이 볼 수 있다.

시루절편[책상 위에 황산곡의 시 중 여러 절편이 있구나.]'이라는 구절이
있다. 이것으로 바로 산곡에게 핍박함이 생겼다. 그리하여 또한 노두의
오체를 말한 것이다. 이 오체는 단독으로 (절구를) 쓰지 않고 8구율시로
쓰고서, 절구를 지었는데 더욱 좋았다. 산곡의 시 〈형강정병기(荊江亭病
起)〉 10절이 이것이다. (方批曾茶山詩云, 茶山學山谷詩, 有'案上黃詩屢絶
編'[96]之句. 此直生逼山谷, 然亦所謂老杜吳體[97]也. 此體不獨用之, 八句律用,
爲絶句尤佳. 山谷〈荊江亭病起〉[98]十絶是也.)

기윤
두보가 이미 먼저 오체절구를 가지고 있었으니, 산곡이 처음으로 짓지
않았다. (紀批云, 杜已先有吳體絶句, 不始山谷.)

---

96 안상황시루절편(案上黃詩屢絶編) : 다산 증기의 시 〈우거유초객자희성(寓居有招
客者戲成)〉의 한 구절이다. 황시(黃詩)는 산곡 황정견(黃庭堅)의 시를, 절편(絶
編)은 곧 오체를 가리킨다.
97 오체(吳體) : 한시체 중 하나이다. 통속적인 언어를 사용하여 천근(淺近)한 비유를
쓰고 지어서 강남 지방 민가의 풍미(風味)를 주고 있다.
98 형강정병기(荊江亭病起) : 다른 판본에는 〈병기형강정즉사(病起荊江亭卽事)〉로
되어 있다.

변체 變體

자취를 감추고 [두보] 시의 3구와 4구에 이르기를
老杜 屛跡 詩三四句云

뽕이며 삼은 비와 이슬에 무성해지고
제비와 참새도 태어나 자라서 한창이 되었네.

桑麻深雨露, 燕雀半生成.

■
방회
우(雨)는 자연스럽게 로(露)와 짝이 되고, 생(生)은 자연스럽게 성(成)과 짝이 되니 이러한 경중이 각각 대우하는 방법이다. (方批云, 雨自對露, 生自對成, 此輕重各對之法也.)

강변에서 오처사를 추억하며 [가도]
賈司戶[1] 憶江上吳處士

민국으로 돛을 날리며 떠난 뒤
달이 이지러졌다 다시 둥글어지네.
위수엔 가을바람이 불어오고
장안엔 낙엽만 가득하다네.
이곳에서 회합하여 저물도록 놀았는데
그때 뇌우가 와서 참으로 차가웠었지.
목란배 타고 떠나서 돌아오지 않더라도
바다 구름 이는 저 끝에서 소식이나 전해주었으면.

閩國[2]揚帆去, 蟾蜍[3]虧復圓. 秋風吹渭水[4], 落葉滿長安.
此地聚會夕, 當時雷雨寒. 蘭橈[5]殊未返, 消息海雲端.

1 가사호(賈司戶, 779~843) : 중당의 시인으로 이름은 도(島), 자는 낭선(浪仙). 유주(幽州) 범양(范陽) 사람이다. 일찍이 출가하여 중이 되어 무본(無本)으로 불렸고, 스스로 호를 갈석산인(碣石山人)이라고도 하였다. 그는 오언율시에 능해 그의 시집에 오언율시의 시가 가장 많다.
2 민국(閩國) : 지금의 복건성(福建省) 일대이다. 민(閩)은 종족 이름이다.
3 섬서(蟾蜍) : 원래는 두꺼비라는 뜻이나 여기서는 달을 칭하는 것으로 쓰였다.
4 위수(渭水) : 장안의 교외로 흐르는 강이다. 특히 시에서 헤어지는 장소로 많이 사용된다.
5 난요(蘭橈) : 목란(木蘭)으로 만 배이다. '요(橈)'는 배 젓는 노를 의미하지만 여기서는 배의 의미로 쓰였다.

기윤

기골이 장대하고 호기로써 유행하는 낭선의 여러 작품이 있는데, 5구와 6구로써 역만하여 좋은 곳으로 삼으려고 하지만 천근하다. (紀批云, 天骨開張, 而行以灝氣, 浪仙有數之作. 而以五六逆挽[6]爲佳處, 淺矣.)

이정직

살펴보건대 '취회(聚會)'와 '뇌우(雷雨)'는 또한 경중(輕重)으로 서로 대우하였다. (按, 聚會雷雨亦是輕重相對.)

---

6 역만(逆挽) : 뒷부분의 문장이 앞부분의 문장의 특성에 역행함으로써 앞뒤 문장의 방식을 크게 변화시키는 것을 말한다. 일종의 수사법으로 역만법(逆挽法)이라고 한다.

북원에서 우거하며 짓다 [가도]
寓北原作

한낮에 나그네, 길 가는 중에
회화 꽃에서 불어오는 바람이 매미 소리 싣고 오네.

日午路中客, 槐花風處蟬.

방회

'일오로중객(日午路中客)'은 거칠고 솜씨가 없는 것 같다. '괴화풍처선(槐花風處蟬)'은 도리어 세밀하고 또한 변체이다. (方批云, 日午路中客, 似麤疏[7], 槐花風處蟬, 却細密, 亦變體[8]也.)

기윤

3구와 4구는 대조함으로써 뜻이 보인다. 사람은 열기에 고생하지만 매미는 스스로 청량감을 줄 뿐이다. 이것은 홍탁하는 방법으로 시가의 통상적인 격조이지 변체가 아니다. (紀批云, 三四以對照見意. 人苦熱, 蟬自涼耳. 此烘托[9]之法, 詩家常格[10], 非變體.)

---

7 추소(麤疏) : 거칠고 성기다.
8 변체(變體) : 본래의 모습이나 체제가 바뀜.
9 홍탁(烘托) : 문학 작품에서 측면적인 묘사를 한 다음에 주제를 이끌어 내어 표현하고자 하는 바를 부각시킨다는 의미이다.
10 상격(常格) : 시문(詩文), 회화(繪畫), 서예(書藝) 등 예술에 있어서 평상적인 격조를 가리킨다.

송주의 전중승에게 부쳐 [가도]
寄宋州田中丞

옛 고을이 남서와는 가깝고
함곡관과 하수까지는 만여 리의 거리라.
깊은 밤 늦도록 서로를 그리워하지만
지난해 받은 서신에 아직 화답하지 못했지.
자별하게 지내는 친구는 적으나
잊지 못할 지인은 처음이라.
고향산천에서 한 기약, 이미 오래되었어도
문밖에 몇 뙈기의 채소밭은 남아있겠지.

古郡近南徐[11], 關河[12]萬里餘. 相思深夜後, 未答去年書.
自別知音[13]少, 難忘識面[14]初. 舊山期已久, 門掩數畦蔬.

---

11 남서(南徐) : 동진(東晉) 때 경구교(京口橋)에 서주(徐州)를 설치했는데, 남조(南朝) 유송(劉宋) 때 남서(南徐)로 이름을 바꾸었다. 지금의 강소성(江蘇省) 단도(丹徒)를 말한다.
12 관하(關河) : 함곡관(函谷關)과 하수(河水).
13 자별지음(自別知音) : '자별(自別)'은 가까이 사귄 정도가 남보다 특별한 관계를 말하고, '지음(知音)'은 음악의 곡조를 잘 안다는 뜻으로 지기지우(知己之友)을 가리킨다.
14 식면(識面) : 낯이 익다. 또는 안면이 있다.

방회

'상사심야후(相思深夜後)'와 '미답거년서(未答去年書)'에서 비로소 심히 담백함을 보여주고, 세세히 10자를 보니 일관(一貫)하고 있으며, 힘은 부실하나 글맛이 있다. '자별지음소(自別知音少)'와 '난망식면초(難忘識面初)'는 또 마땅히 위의 구 2자와 아래의 구 3자를 끊어서 양단으로 나누어 보면 바야흐로 깊은 맛이 느껴진다. (方批云, 相思深夜後, 未答去年書, 初看甚淡, 細看十字一串, 不實力而有味. 自別知音少, 難忘識面初, 又當截上二字下三字分爲兩段而觀, 方見深味.)

기윤

이 시의 일 단계는 의론이 구체적이고 세세하다. (紀批云, 此一段議論俱細.)

늙은 잣나무 [진사도]
陳后山 老柏

지난 세월 어찌해야 기록할 수 있을까?
온갖 풍상 겪어야 세상 사는 경험 풍부하지.
궁곤하니 옛 절개를 그대로 따르고
물기가 촉촉하니 새로 푸르러지누나.
빛은 강 물결과 함께하고
소리는 고요한 밤에 멈춘 듯하다.
뿌연 이슬이 겹쳐 드리우고
점점이 반디는 날아 허공을 잇는구나.

歲月那能[15]記, 風霜亦飽經[16]. 槁乾仍故節[17], 潤澤出新靑.
色與江波共, 聲留靜夜聽. 輝輝[18]垂重露, 點點綴流螢[19].

---

15 나능(那能) : 어찌~할 수 있을까.
16 포경(飽經) : 세상일에 처하면서 쌓은 경험이 풍부하다.
17 고절(故節) : 옛 절개. 즉 옛날 사람들이 어렵게 살면서 오히려 절개를 지킨 일을 말한다. 안연(顔淵)의 안빈낙도(安貧樂道)도 이러한 유형이다.
18 휘휘(輝輝) : '밝디밝음'을 나타내는 말인데, 여기서는 이슬이 뿌옇게 피어나는 모습을 표현하였다.
19 형(螢) : 반딧불이.

기윤

끝말 2자가 자연스러워 좋다. 그러나 결구는 곧 맛이 적고, 힘이 약하다.

(紀批云, 末語二自佳. 然作結句, 則少味少力.)

강가에서 바다의 기세와 같은 물을 만나고서 하릴없이 짧게 짓는다 [두보]

老杜 江上值水如海勢聊短述

타고난 성벽(性癖)이 좋은 구절을 탐내서
시어(詩語)로 사람이 놀라지 않으면 죽을 만큼 편치 않았다.
늙어 갈수록 시문에 온통 흥겨운 말만 늘어놓지만
봄이라 찾아온 꽃과 새 때문에 시름겨워하지는 말자.
새로 덧댄 물가의 난간에서 가만히 낚시대 드리우고
고의로 뗏목을 띄워놓고 배 대신 올라 타기도 하지.
어찌해야 도연명과 사영운 솜씨 가질까 생각하다가
그들이 지은 아름다운 시작(詩作)과 함께 노닐고 있구나.

爲人性僻耽佳句, 語不驚人死不休[20].
老去詩篇渾漫興, 春來花鳥莫深愁.
新添水檻[21]供垂釣, 故着浮槎[22]替入舟.
焉得思如陶謝手[23], 令[24]渠述作與同游.

---

20 휴(休) : 편안하다.
21 수함(水檻) : 물가에 접해있는 난간을 말한다.
22 고착부사(故着浮槎) : 고의로 뗏목을 띄워놓다.
23 도사수(陶謝手) : '도(陶)'는 도연명(陶淵明, 365~427)으로, 동진~송(육조)대의 시인이다. 본명은 잠(潛)이고 연명은 자(字)이며 원량(元亮)이라고도 한다. 뜰 앞에 다섯그루 버드나무를 심어 오류선생(五柳先生)이라 불리기도 하는데, 정치적 혼란기였던 당시 가장 위대한 시인으로 평가받고 있다. '사(謝)'는 사영운(謝靈運, 385~433)으로, 남북조 시대 송나라의 시인이다. 당시 서정을 주로 하던 문학사조

기윤

궁구해서 시제를 일컫지 않았다고 논하는 자들은 곡진한 말로 억지로 끌어다 붙인다. (紀批云, 究不稱題. 論者曲爲之說, 殊爲附會[25].)

이정직

살펴보건대, 시인이 제목을 정함은 애오라지 처음을 출발하는 것일 뿐이다. 그래서 효람은 도리어 기쁘게 제목을 취하고 예스러운 정취에서 시를 찾았다고 했으니, 이미 한 계단을 이은 것인데, 하물며 이 시가 원래 제목을 일컫지 않았던 것이 아니라고 하겠는가. 두공이 평소에 지은 호방한 시를 살펴보니 강수(江水)를 만난다 해도 바다와 같지 않을 뿐이지만, 삼협의 물을 거꾸로 흐르게도 한다. 그러나 곧 이 적막하고 공허함 때문에 짧게 짓고 그의 쇠로함을 한탄하면서 이와 같은 깊음에 이르러서야 비장한 곡조가 문장의 밖으로 발하고 있다. 그래서 세세히 궁구해 보면 다시 한없이 좌절을 맛본 것이 그 안에 포함되어 있다. 거꾸로 흐르는 물은 바다의 세력과 같지만, 반드시 힘껏 부딪치지는 않는다. 웅장하고 긴 시문이 있게 된 이후에는 읽어 볼 만하여 저절로 명료해질 것인데, 어찌 곡진한 이야기만을 기다리고 있어야 하겠는가. 대개 효람은 시의 성향이 두보와 함께 서로 가까이하질 못해서 그 논쟁에서 다수가 두공의 뜻을 얻지 못했으니, 이와 같은 사장(詞章)은 잘못한 평가에 속할 뿐이다. (按, 詩人命題

에 산수시(山水詩)의 길을 열어 놓았음으로써 후대의 문학에 큰 영향력을 끼쳤다. 저서에 《사강락집(謝康樂集)》이 있다. '수(手)'는 솜씨이다.
24 령(令) : 아름답다.
25 부회(附會) : 근거가 없고 이치에 맞지 않는 것을 억지로 끌어대어 자기에게 유리하도록 맞춤.

聊發端耳, 而曉嵐却喜就題, 求詩於古意[26], 已屬一層, 況此詩原非不稱題乎.
觀杜公平日壯浪之詩, 遇江水如海不啻, 倒流三峽[27]. 而乃爲此寥寥短述, 歎其
衰老至於如此之甚, 悲壯之音發於詞表. 而細究之, 更有無限頓挫包在其中.
儻水如海之勢, 不必舂容[28]. 大篇而後可見讀之自了然, 何待曲爲之說乎. 盖曉
嵐詩性, 與老杜不相近, 其論多未得杜公意, 若此篇尤屬誤評耳.)

26 고의(古意) : 예스러운 정취.
27 도류삼협(倒流三峽) : 두보의 시〈취가행(醉歌行)〉에 나오는 시구이다. "문장의
   원천은 삼협의 물을 거꾸로 흐르게 하고,(사원도류삼협수〔詞源倒流三峽水〕) 붓을
   잡으면 홀로 천 명의 적군을 쓸어낼 기세이다.(필진독소천인군〔筆陣獨掃千人軍〕)"
   라고 했다.
28 용용(舂容) : 힘껏 부딪치다.

제산 [두목]
杜牧之[29] 齊山

강은 가을 그림자 머금고 기러기 처음 날 즈음
객과 함께 술병 들고 산허리에 올랐네.
속세에선 담소 나누며 웃을 이 만나기 어려워서
국화를 모름지기 머리 가득 꽂고 돌아가리라.
다만 잔뜩 취하는 걸로 좋은 명절에 보답할 뿐
높은 데 올라서서 지는 해를 보며 한탄할 필요 없다네.
고금 이래로 인생사가 이와 같을 뿐인데
우산(牛山)에서 눈물로 옷깃을 적실 필요가 있으랴.

江涵秋影雁初飛, 與客携壺上翠微[30].
塵世難逢開口笑[31], 菊花須挿滿頭歸.
但將酩酊[32]酬佳節, 不用登臨怨落暉.

---

29 두목(杜牧, 803~853) : 당나라 말기의 시인. 자(字)는 목지(牧之)이며 호(號)는 번천(樊川)이다. 작은 두보로 불린다. 칠언절구의 시에 뛰어난 재주를 보였으며, 화려한 수식과 유장한 리듬을 구사한 시로 유명하다. 주요 작품으로는 〈아방궁부〉, 〈강남춘〉 등이 있다.
30 취미(翠微) : 산허리.
31 개구소(開口笑) : 세상에서 얻기 힘든 환락을 맛보고 있다는 말이다. 《장자(莊子)》의 〈도척(盜跖)〉편에 "인생은 병에 걸려 앓고, 남이 죽어 슬퍼하고, 근심걱정하는 날짜를 제하고, 입을 벌리고 웃는 것은 한 달에 사오 일 정도에 불과할 뿐이다〔除病瘦,死喪,憂患,其中開口而笑者, 一月之中,不過四五日而已矣.〕."라고 한데서 유래하였다.
32 명정(酩酊) : 정신을 차릴 수 없을 정도로 술에 몹시 취함.

古往今來只如此, 牛山[33]何必淚沾衣.

방회

'진세(塵世)'의 대구 '국화(菊花)'를 가지고, 열었다가 닫고, 눌렀다가 추어주는 데에서 유별나게 꾸민 것이 없고, 또 변체가 준수하다. (方批云, 以「塵世」對「菊花」, 開闔抑揚, 殊無斧鑿痕, 又變體之俊者.)

기윤

전반부 네 구는 자연스러워서 좋고, 후반부 네 구는 도리어 낙천적인 것 같다. '불용(不用)'과 '하필(何必)'은 자의(字意)가 아우러지고 중첩되어 더욱 애격이 되었다. (紀批云, 前四句自好, 後四句却似樂天.「不用」「何必」, 字與意幷複, 尤爲礙格.)

이정직

살펴보건대, '불용(不用)'과 '하필(何必)'은 자의(字意)가 비록 중첩되었다고 하더라도 5구와 6구가 데면데면하게 들띄워 놓고 8구에서 논했는데, 곧 우산(牛山)의 이야기와 연고가 없는 것을 취해서 중첩됨을 범한 것이니 특이함이 있다. (按, 不用何必字意雖複, 而五六汎論[34]八句, 乃就牛山說與無故, 犯複者有異.)

---

33 우산(牛山) : 산동성(山東省) 임치(臨淄)에 소재한 산의 이름이다. 《안자춘추(晏子春秋)》의 "경공(景公)이 우산(牛山)을 유람하다가 북쪽에 있는 한 성에 이르더니 눈물을 흘리며 말했다. '이처럼 광활한 나라를 두고 어찌 죽는단 말인가?' 애공(艾孔)과 양구거(梁丘拒)가 함께 따라 울었다."라는 구절을 인용한 것이다.

34 범론(汎論) : 데면데면하게 띄워놓고 논하는 말이다.

봄을 보내며 [소식]//
蘇東坡 送春

꿈속에서 본 옛 청춘을 따라잡을 수 있을는지
시구(詩句)를 가지고 남은 봄빛 묶어놓고 싶어라.
술자리 난간에서 병든 몸, 오로지 잠자리만 생각하니
봉소에 꿀 찬 누런 벌이 나는 것처럼 둔하다.
작약꽃도 앵두꽃도 져 함께 땅바닥에 나뒹굴어
귀밑머리 센 것도 선탑에 앉는 것도 다 잊으리.
너한테 빌린 《법계관》에 의지해서
이 세상 모든 번뇌 일시에 씻어버려야지.

夢裏靑春可得追, 欲將詩句絆餘暉[35].
酒闌[36]病客惟思睡, 蜜熟黃蜂亦嬾飛.
芍藥櫻桃俱掃地, 鬢絲禪榻[37]兩忘機[38].
憑君借取法界觀[39], 一洗人間萬事非.

35 여휘(餘暉) : 해 진 뒤 남은 빛을 가리킨다. 남은 세월을 가리킨다.
36 주란(酒闌) : 술자리에서 홀로 난간에 걸터앉은 모양을 나타낸다. 그래서 '闌'은 '欄(난〔난간〕)'을 가리킨다.
37 빈사선탑(鬢絲禪榻) : '빈사(鬢絲)'는 귀밑머리가 세다. '선탑(禪榻)'은 좌선(坐禪) 할 때 앉는 방석을 가리킨다.
38 망기(忘機) : 자기 이해타산을 따지거나 남을 해치려는 마음을 품지 않다.
39 법계관(法界觀) : 화엄종(華嚴宗)의 주요 저작물인 두순(杜順)의 《수대방광불화엄법계관문(修大方廣佛華嚴法界觀門)》을 가리킨다. 나중에 청량징관(淸凉澄觀)이 《화엄법계현경(華嚴法界玄鏡)》을 써서 두순의 저작물에 상세한 주석을 달았다.

방회

한편이 가벼우면 한편이 무겁고, 한 번 오고 한 번 가는 것을 이른바 사실 사허(四實四虛〔네 실한 자리와 네 빈자리〕)라고 한다. 전후가 허한 듯이 실한 듯이 하는 것이 또 마땅히 하수와 같다고 하겠는가. 여기에 이르면 바람을 잡아매고 그림자를 체포하는 방법을 아는 것일진대 말을 쉽게 하는 것은 아닐 것이다. 소동파는 한창의 나이에 시율이 갓끈이 풀린 듯하였는데, 만년에 이르러서 이에 신묘하게도 물 흐르듯 움직인다. (方批云, 一輕一重, 一來一往, 所謂四實四虛. 前後虛實, 又當何如下手? 至此則知繫風捕影, 未易言矣. 坡妙年詩律帽寬, 至晚年乃神妙流動.)

기윤

3구와 4구, 양 구는 대면홍염법(對面烘染法)이다. '역(亦)'자가 있어 좋고, 위아래로 녹여서 한 조각을 이루었다. (紀批云: 三四兩句是對面烘染法[40]. 好在「亦」字, 上下鎔成一片.)

이정직

살펴보건대, 후반부의 네 구는 자못 강서학파의 시풍과 비슷한 까닭으로 허곡이 극진히 이를 칭찬하였다. 또 살피건대 7구의 《법계관》은 실점(失粘)한 것이다. 《법계관》과 관련한 내용이 8구에 풍부하게 있다. 다섯 번째 글자에 평성을 썼으나 이것은 도리어 자연스럽지 못하다고 한 것이 어찌 노두가 장난삼아 오체를 지었기 때문이겠는가. 효람은 장완구의 〈효의(曉

---

40 홍염법(烘染法) : 배경의 분위기를 염색하는 기법을 말한다.

意)〉 시에 대해 이르면서 앞은 평측의 격식에 맞지 아니한 글자이고 뒤는 맞는 글자[前拗後諧]라면 또한 옛날부터 전해지는 법칙이지만, 앞은 평측의 격식에 맞는 글자이고 뒤는 맞지 않는 글자[前諧後拗]라면 고법에 따른 것이 아니라고 했다. 소동파는 이 시에서 진실로 전해후요(前諧後拗)라고 했지만, 효람의 평이 미치지 않았으니, 어찌 법식을 잃었다고만 하겠는가. (按, 後四句頗似江西故虛谷極稱之. 又按七句法界觀失粘[41]矣. 法富於八句第五字用平聲, 而此却不然, 豈老杜所戱吳體者耶. 曉嵐張宛邱曉意詩云, 前拗[42]後諧[43]亦是古法, 前諧後拗則非法. 而坡公此詩眞是前諧後拗, 而曉嵐評未之及, 豈失檢耶.)

41 실점(失粘) : 서로 짝을 이룬 구절에서 위 쪽 짝의 짝 수 구절인 대구(對句)의 2번째 글자와 4번째 글자는 아래 쪽 짝의 홀 수 구절인 출구(出句)의 2번째 글자와 4번째 글자의 평측은 서로 동일해야 한다. 이를 점(粘)이라 하고, 이렇게 되지 않았을 때를 실점(失粘)라고 하여 시에서는 이렇게 짓는 것을 피한다.
42 요(拗) : 시에서 평측의 격식에 맞지 아니한 글자를 말한다.
43 해(諧) : 서로 뜻이 맞아 사이좋은 상태가 됨을 말한다.

초여름에 관사에서 즉흥시를 짓다 [소식]
首夏官舍卽事

석류꽃은 꽃 중에 가장 늦게 피어서
붉은 열매, 우거진 나무에서 그윽한 향기를 내뿜네.
나의 초막집, 생각해 본즉 한없이 좋으나
나그네는 유람에 싫증을 내면서 어찌 돌아가지 않을까?
자리 곁 한 동이의 술이 가득 차 있지만
예로부터 좋은 일은 교묘하게도 어긋나기 마련이라.
아름다운 사람은 호숫가의 절을 생각하며 돌아가는 법인데
수양버들은 낮이 어둡도록 사립문을 가려버렸네.

安石榴[44]花開最遲, 絳裙[45]深樹出幽菲.
吾廬想見無限好, 客子倦遊[46]胡不歸.
座上一樽雖得滿, 古來四事[47]巧相違.
令人却憶湖邊寺, 垂柳陰陰晝掩扉.

---

44 안석류(安石榴) : 석류.
45 강군(絳裙) : 붉은 치마. 여기서 석류 열매는 그 모습이 석류 알을 붉은 치마로 감싼 모습이다. 그래서 석류의 열매를 나타낸다.
46 권유(倦遊) : 유람에 싫증을 내다. 또는 관리 생활을 게으르게 하다.
47 사사(四事) : 세상을 살아가는데 4가지 좋은 일.

방회

처음 양 구에서 불러서 자연스럽게 석류꽃을 설명하는데, 하면에 무슨 짤막한 촌평과 같다. 도리어 스스로 내 초막의 좋음을 생각하고, 이 몸이 돌아가지 못함을 한스러워하고 있다. 제5구, 제6구는 도리어 또 술이 없지 않음을 이른다. 다만 이 심사에서 자신이 즐겁지 않을 뿐이다. 미구에 이르러 도리어 또 예절이나 구속에서 벗어났고, 호수 가의 절에서 숙소로 온다. 대체로 비록 돌아갈 수 없었으나 한 번 나가서 승사를 유람했으니 또한 옳다. 변체는 이처럼 배우기가 어렵다. (方批云, 首唱兩句自說榴花, 下面如何着語[48], 却自想吾廬之好, 而恨此身之未歸. 第五第六却又謂不是無酒, 只是心事自不樂爾. 至尾句却又擺脫, 而歸宿於湖上之寺. 蓋謂雖未可遽歸, 一出遊僧舍亦可也. 變體如此難學.)

기윤

이 시를 설명해 보면 뜻이 매우 세세하고 확고하다. (紀批云, 說此詩意甚細確.)

---

48 착어(著語) : 선종에서, 조사가 수행자를 인도하기 위하여 제시하는 과제인 고칙(古則) 또는 공안(公案)의 글귀 밑에 짤막한 촌평(寸評)을 내리는 것.

개 낭중이 곽 낭중과 함께 벼슬을 쉬며 지은 시에 차운하다 [황정견]
黃山谷[49] 次韻蓋郞中率郭郞中休官

세태는 이미 다시 천변만화(千變萬化)를 다하지만
심성으로 받아들이지 않으니 먼지만 스미네.
봄날과 백주(白晝)에 공사다망할 것도 없는데
자연과 황학은 화음을 갖추어서 울어 지저귀네.
자손은 전수받아 엎드려 사냥하는 법을 알고
어조(魚鳥)는 듣고 배워서 날고 잠기고 하네.
황공주로에서 칠현이 만나 술 대작한 것을 알았으니
정히 이 사람 선도를 피해서 소림으로 들어가리.

世態已更千變盡, 心源不受一塵侵.
靑春白日無公事, 紫燕黃鸝[50]俱好音.
付與兒孫知伏臘, 聽敎魚鳥途飛沉.
黃公墟下[51]會知味, 定是逃禪入少林.

---

49 황산곡(黃山谷, 1045~1105) : 이름은 정견(庭堅), 자(字)는 노직(魯直)이며, 산곡은 그의 자호(自號)이다. 홍주(洪州) 분저(分宁) 사람으로 저서로 《산곡집(山谷集)》, 《산곡사(山谷詞)》 등이 있다.
50 자연황리(紫燕黃鸝) : 송대 시인 곽상정(郭祥正, 1035~1113)이 지은 시 〈화안지부여북귀창연유작(和安止怀予北歸悵然有作)〉 3수 중 두 번째 시의 경련에 보면 '黃鸝出谷方求友[황리는 골짜기를 나와 친구와 사귀고] 紫燕營巢不避人[자색 제비는 둥지를 지으면서 사람을 피하지 않는다.]'라고 하여 이 시구의 내용과 부합하고 있다. 그러나 미련에서 자신의 의지인 선도(禪道)에 들 것을 강하게 표출하였다.

기윤

5구와 6구 두 구는 도리어 대우(對偶)가 되어 임기응변에 능함을 얻었다. 한 판본에는 '험조간난친득력(險阻艱難親得力[험난함과 가난함이 친하니 힘을 얻고]), 시비우환포경심(是非憂患飽經心[시비와 우환이 가득차니 주의해야])'으로 되어 있다. (紀批云, 五六二句却對得活變. 一作「險阻艱難親得力, 是非憂患飽經心」)

51 황공로하(黃公墟下) : 황공주로(黃公酒墟)를 말한다. 위(魏)나라, 진(晉)나라 시대, 왕융(王戎), 완적(阮籍), 혜강(嵇康) 등 죽림칠현이 술자리를 가졌던 곳이다.

장인의 〈교외의 시리에 사는 제군들에게〉 시에 화답하다 [황정견]

和師厚[52]郊居示里[53]中諸君

울타리 가에 핀 황국이 관심사인데
창밖의 청산은 세상의 형편을 모르누나.
강가 귤나무 천 그루는 연 소득에 이바지하고
가을 개구리 울음소리는 아침의 숙취를 씻어주지.
돌아오는 기러기와 가는 제비는 시절을 경쟁하고
묘지 위의 숙근초와 새 무덤은 벗으로 두터워라.
죽은 후의 공명은 부질없는 자중자애(自重自愛)라
눈앞의 동이 술, 가볍게 여긴 적 없었다.

籬邊黃菊關心事, 窓外靑山不世情.
江橘千頭[54]供歲計, 秋蛙一部[55]洗朝醒.

---

52 사후(師厚) : 장인(丈人)을 말한다. 즉 황정견의 장인 손각(孫覺, 1028~1090)을 가리키는데, 그는 자(字)가 신로(莘老)이며, 고우(高郵) 사람이다.
53 시리(示里) : 중국의 지방행정구역의 하나로, '촌(村)'과 같은 단위이다.
54 강귤천리(江橘千頭) : 이형(李衡)이 몰래 무릉(武陵)의 용양주(龍陽洲)에 귤나무 일천 그루를 심어 놓고, 죽으면서 말하기를 "용양주에 천 주의 목로(木奴)가 있으니, 네가 의식 걱정은 하지 않을 것이다."라고 한 것을 용사(用事)했다. '추와일부(秋蛙一部)'도 용사했을 것으로 여겨지나 찾을 수가 없다.
55 추와일부(秋蛙一部) : 양부고취(兩部鼓吹)와 같은 말로 양부(兩部)는 앉아서 음악을 연주하는 좌부악(坐部樂)과 서서 연주하는 입부악(立部樂)이 합쳐진 성대한 악대를 가리키며, 고취(鼓吹)는 음악연주를 말한다. 이 말은 《남제서(南齊書)》〈공치규전(孔稚珪傳)〉에 나오는데, 공치규가 개구리 소리를 듣고 양부고취라고 했다

歸鴻往燕競時節, 宿草⁵⁶新墳多友生.
身後⁵⁷功名空自重⁵⁸, 眼前樽酒未宜輕.

기윤
산곡 선생께서 매우 신중하게 지은 작품이다. (紀批云, 山谷謹飭之作.)

는 데에서 비롯되었다. 참고로 앙부고취는 임금이 신하에게 특별히 은사를 내릴 때 연주하는 음악이다.
56 숙초(宿草) : 묘지 위에서 자라나는 숙근초를 말한다.
57 신후(身後) : 죽은 후.
58 자중(自重) : 말, 행동, 몸가짐을 신중하게 함을 이른다.

일찍 잠에서 깨다 [진사도]
陣后山 早起

이웃집 닭들 한밤중에 울어 재끼다가
울음소리 점점 지쳐 새벽에야 잠잠하다.
한기는 서리를 끼고 낡은 솜에 스미는데
떠도는 기러기 새끼를 데리고 미명에 하늘을 가로지르네.
집은 있어도 먹을 것이 없으니 경경고침(耿耿孤枕)하는 꼴
재능은 있어도 운수가 따라주지 않으니, 등잔걸이의 신세라.
글 짓는 일은 날로 멀어지고, 몸도 늙어가면서
세간에 명성을 왜 얻으려 할까? 헛된 것임을 알면서도.

隣雞接響作三鳴, 殘點連聲殺五更[59].
寒氣挾霜侵敗絮[60], 賓鴻將子度微明.
有家無食性高枕[61], 百巧千窮[62]只短檠.

---

59 오경(五更) : 새벽 3시부터 5시 사이.
60 패서(敗絮) : 아무런 쓸모가 없는 솜을 말한다.
61 고침(高枕) : 고침이와(高枕而臥), 고침안면(高枕安眠)의 의미도 있다. 즉 가장 편안한 자세로 아무 걱정 없이 잘 자는 상태를 말하는데, 그러나 그 뜻과 반대인 경경고침(耿耿孤枕)의 성어도 있다. 근심에 싸여 있는 외로운 잠자리를 말한다. 이 시에서의 '고침(高枕)'은 대우(對偶)를 이루고 있는 6구를 보면 고침이와(高枕而臥), 고침안면(高枕安眠)의 의미가 아니라 경경고침(耿耿孤枕)의 의미임을 알 수 있다.
62 백교천궁(百巧千窮) : 좋은 재능은 있지만 좋은 환경과 운이 따라주지 않음을 비유한다.

翰墨[63]日疏身日遠, 世間安得尙虛名.

방회

'유가무식(有家無食)'과 '백교천궁(百巧千窮)'은 각각 저절로 대우가 된 변체이다. '한기협상침패서(寒氣挾霜侵敗絮)', '빈홍장자도미명(賓鴻將子度微明)'과 같은 것은 경중(輕重)을 서로 바꾸어서 더욱더 그 묘미를 나타냈다. (方批云, 「有家無食」「百巧千窮」, 各自爲對, 變體也. 如「寒氣挾霜侵敗絮, 賓鴻將子度微明」, 輕重互換, 愈見其妙.)

---

63 한묵(翰墨) : 글씨를 쓰거나 글을 짓는 일.

봄날 [장뢰]
張宛邱[64] 春日

밝디밝고 포근한 날, 실뜨기를 하고 노는데
솔바람 부는 갠 하늘에 뭉게구름 떠 있네.
잔설은 남몰래 고드름을 타고 방울져 떨어지고
새봄은 슬며시 버드나무를 향하여 의탁하네.
가련하게도 나그네의 구레나룻, 허송세월에 세고
매번 안타깝게도 매화는 해가 지날수록 드물게 피네.
어떤 일로 도성에서 경박한 사람이 되었을까?
기쁘게 술 마시고 봄옷 휘날릴 방법을 찾아보리라.

輝輝暖日弄游絲, 風軟晴雲緩緩飛.
殘雪暗隨冰筍[65]滴, 新春偸向柳梢歸.
可憐客鬢蹉跎[66]老, 每惜梅花取次稀.
何事都城輕薄子[67], 買懽沽酒試春衣.

---

64 장완구(張宛邱, 1054~1114) : 이름은 뢰(耒), 자(字)는 문잠(文潛), 호는(號)는 가산(柯山)이며, 완구선생(宛邱先生)으로도 불리었다. 호주(亳州) 초현(譙縣) 사람으로 황정견(黃庭堅), 진관(秦觀), 조보지(晁補之)와 함께 '소문4학사(蘇門四學士)'로 일컬으며, 저서로는 《가산집(柯山集)》, 《완구선생집(宛邱先生集)》 등이 있다.
65 빙순(冰筍) : 고드름.
66 차타(蹉跎) : 세월을 헛되이 보내다.
67 경박자(輕薄子) : 생각이 깊지 않고 조심성이 없어 말과 행동이 가벼운 사람.

기윤

어조가 역시 유창하고 화려하다. 다만 심원한 의취(意趣)가 적을 뿐이다. 또 비평하여 이르길, 결구의 의미가 너무 경박하다. (紀批云, 調亦流美, 但少深致耳. 又批, 結意太淺.)

천경과 지로가 그리워 찾아가다 [진여의]
陳簡齋[68] 懷天經智老[69]因以訪之

올 이월, 얼음이 녹기 시작할 때
잠에서 깨니, 소계의 푸른 물 동으로 흐르네.
나그네의 세월 시권 속에 묻혔는데
살구꽃 핀 소식 빗소리가 전해 주네.
서암선사는 다시 병마가 짙어지고
북쪽 책문(柵門)에 사는 선비 궁기에 절 뿐.
문득 생각나서 배 띄워 두 사람을 찾아가는데
윤건과 학창의가 봄바람에 휘날리네.

今年二月凍初融, 睡起苕溪[70]綠向東.
客子光陰詩卷[71]裏, 杏花消息雨聲中.
西庵[72]禪伯還多病, 北柵[73]儒仙只固窮[74].

68 진간재(陳簡齋, 1090~1138) : 이름은 여의(與義), 자(字)는 거비(去非), 간재(簡齋)가 그의 호이다. 북송(北宋) 말에서 남송(南宋) 초에 시인으로 하남(河南) 낙양(洛陽) 사람이다. 사(詞)도 능숙한데, 그가 지은 사(詞)는 지금까지 남아 있는 것이 10여 수에 불과하나 독특한 풍격을 가지고 있다. 그래서 그의 시문은 필력이 하늘을 가로지를 정도로 유창하고 명쾌하며, 자연과 혼연하다는 평을 받고 있다.
69 천경지로(天經智老) : 천경은 성(姓)이 엽(葉)이고 이름은 덕(德)이다. 지로(智老)는 대원홍지화상(大圓洪智和尙)을 가리킨다.
70 소계(苕溪) : 절강성 북부에 위치하는 큰 호수로 절강성 8대 수계의 하나이다.
71 시권(詩卷) : 시를 읽고 감상에 젖는다는 뜻이다.
72 서암(西庵) : 지로가 사는 곳으로 호주(湖州)에서 동남쪽으로 90리 쯤의 조진(烏鎭)에 위치하고 있다.

忽憶輕舟尋二子, 綸巾鶴氅[75]試春風.

기윤

둘째 구는 잠에서 깨어 문밖으로 나와서 곧바로 소계를 보고서 동쪽으로 흘러감을 말한 것일 뿐이다. 풍씨는 잠자는 시간에 서쪽으로 향하여 간다고 하지 않았으니, 너무 가혹하다고 했다. (紀批云, 次句言睡起出門, 正見苕溪東流耳. 馮氏以睡時不向西征之, 太苛.)

이정직

살펴보건대 3구와 4구는 흐름이 아름답다. 다만 조금 침울한 생각이 들 뿐이다. (按, 三四流美, 但少沉鬱之意耳.)

---

73 북책(北柵) : 천경(天經)이 사는 곳이다. 서암과 이웃한 곳이다.

74 고궁(固窮) : 곤궁함을 편안히 여긴다(安於窮困)는 뜻이다. 《논어(論語)》〈위령공(衛靈公)〉에 보면 "군자는 곤궁함에도 자신을 굳게 지키지만(君子固窮), 소인은 곤궁해지면 함부로 행동한다.(小人窮斯濫矣)"라고 했다.

75 윤건학창(綸巾鶴氅) : 청색 비단으로 만든 두건과 새의 깃털로 만든 옷으로 도포(道袍)를 뜻한다.

유창해에서 우거하던 중, 저녁에 거닐다가 정창대 위를 지나다 [진여의]
寓居劉倉廨[76]中晚步過鄭倉臺上

비단 두건에 대지팡이 집고 거친 산비탈을 지나면서
만면에 봄바람을 맞고 보니 중춘(仲春)의 때로구나.
세상사 분분하니 사람은 쉽게 늙고
봄 구름 짙게 끼니 솜털도 더디게 나노라.
사형은 도성을 떠나 삼간 집에서 살았고
자미는 누대에 올라 칠자시를 지었다지.
풀이 천서(天西)를 에워싸 끝없이 푸르르니
귀향할 계획 세우고 들어가 턱 괴고 살리라.

紗巾竹枝過荒陂, 滿面春風[77]二月時.
世事紛紛人老易, 春陰漠漠絮飛遲.
士衡[78]去國三間屋, 子美[79]登臺七字詩[80].

---

76 해(廨) : 관청이나 공관을 가리킨다.
77 만면춘풍(滿面春風) : 만면에 봄바람이 스친다는 뜻으로 얼굴 가득히 웃음을 띠고 있음을 말한다. 소용만면(笑容滿面)이라고도 한다.
78 사형(士衡) : 육기(陸機, 261~303)를 가리킨다. 사형은 육기(陸機)의 자(字)이다. 서진(西晉) 때의 오군(吳郡)사람으로, 시(詩), 부(賦), 비평(批評)의 문학가로 의고(擬古)적인 서정시를 많이 남겼고, 〈탄서부(歎逝賦)〉, 〈영덕부(咏德賦)〉부(賦) 등을 지은 부(賦)의 작가로도 잘 알려져 있다. 또한 《진기(晉紀)》, 《오서(吳書)》 등을 지은 역사가로도 이름을 떨쳤다.
79 자미(子美) : 두보(杜甫, 712~770)를 가리킨다. 호는 소릉(少陵), 자미는 그의

草遠天西靑不盡, 故園歸計入支頤[81].

기윤

3구와 4구의 두 구는 정서가 심오하고 미묘하며, '객자(客子)', '광음(光陰)' 두 구보다 낫다. 또 비평하여 이르길, 풍씨는 칠자시(七字詩) 중 이자시(二字詩)는 모습이 촌스러워서 좋지 못하다고 일렀다. (紀批云, 三四二句意境深微, 勝「客子」「光陰」二句. 又批云 馮云「七字」二字村態, 不好.)

자(字)이다.
80 칠자시(七字詩) : 탑시(塔詩), 보탑시(寶塔詩), 계제시(階梯詩), 1자지7자시(一字至七字詩)라고 불린다. 즉 1글자에서 7글자까지 지은 시이다. 또 1자지7자시를 거꾸로 지으면 도탑시(倒塔詩)라고 한다. 두보가 지은 칠자시는 불명(不明)하다.
81 지이(支頤) : 손으로 턱을 괴다.

배수옹이 군자정에서 술을 마시는데, 정자 아래에 해당화가 만개하다 [진여의]
陪粹翁擧酒於君子亭 亭下海棠[82]方開

속세에서 남을 속이는 일은 유달리 끊이지 않는데
애오라지 지주로부터 등받이 의자를 빌렸네.
봄바람은 거침없이 기운차게 유자(遊子)에게 불어오고
저물어 내리는 비는 흩날리며 해당화를 적셔주네.
도성을 떠나 갖춘 의관은 내 처지를 대변하지 못하지만
주렴 너머에 명자나무 꽃잎은 찬란한 광채가 있네.
장관께서는 예절에 관해 얼마나 관대한지?
주흥을 돋우어 그대와 나, 흠뻑 취하고 싶다네.

世故騙人殊未央, 聊從地主借繩牀[83].
春風浩浩[84]吹遊子, 暮雨霏霏[85]濕海棠.
去國衣冠無態度, 隔簾花葉有輝光.
使君禮數[86]能寬否 酒味撩人我欲狂.

---

82 해당(海棠) : 장미과에 속한 낙엽 활엽 관목. 명자나무라고도 한다.
83 승상(繩牀) : 등받이가 있는 의자.
84 호호(浩浩) : 거침없이 기운차다.
85 비비(霏霏) : 비나 눈이 흩날리는 모양.
86 사군예수(使君禮數) : '사군(使君)'은 한대(寒帶)에 태수자사(太守刺史)를 호칭하는 말이었다가, 한대 이후에 주군(州郡) 장관의 존칭으로 쓰였다. '예수(禮數)'는 예의범절(禮儀凡節)로, 사회적 신분·지위에 상응하는 예의·격식을 뜻한다.

방회

이 시의 중간 네 구는 모두 다변한데, 두 구는 자기에 관해 이야기하였고, 두 구는 꽃에 관해서 이야기해서 뒤섞여 엉기도록 하였다. 의미는 꽃이 절로 좋고 상대와 자기의 시름을 말한 것일 뿐이다. (方批云, 此詩中四句皆變, 兩句說己, 兩句說花, 而錯綜用之. 意謂花自好, 人自愁耳.)

기윤

이 시는 두보의 시 '풍취객의일고고(風吹客衣日杲杲〔바람은 나그네 옷자락에 불고 해는 쨍쨍 떠오르는데도〕), 수교리사화명명(樹攪離思花冥冥〔나무는 이별의 마음을 어지럽히고 꽃은 어둑어둑하네.〕)'으로부터 화출되었으나 도리어 그 흔적이 없다. 3구와 4구, 두 구는 또 〈우거유창해중만보과정창대상(寓居劉倉廨中晚步過鄭倉臺上)〉라는 시의 '세사분분(世事紛紛)'의 일련보다 낫다. 또 비평하여 이르길, '무태도(無態度)' 세 자는 우아하지 못하고 적절한 표현도 아니다. (紀批云, 此從杜詩「風吹客衣日杲杲[87], 樹攪離思花冥冥」化出, 却無痕跡. 三四二句又勝「世事紛紛」一聯. 又批云, 「無態度」三字不雅, 未熨貼.)

---

87 고고(杲杲) : 유난히 밝음을 이른다.

자다가 일어나 [범성대]
范至能(成大)[88] 睡起

어리석게도 한평생을 허송세월했으니
한 곳으로 마음 쏟는 자, 내 이런 삶을 비웃을 테지.
한가로움 속에서도 날이 개면 약초 말리기에 바쁘고
고요 속에 바삐 움직이며 밤새워 바둑판과 다투었네.
시집(詩集)에 마음 두었으나 좋은 구절이 없고
매화에 좋은 시절 맞이하자 가지가 아름다운데.
깊은 잠에서 깨고 나서보니 무엇이 부족했던 것일까
양털 향 은은한데 밥은 수저로 옮겨가네.

憨憨與世共兒嬉[89], 兀兀[90]從人笑我癡.
閒裏事忙晴曬藥, 靜中機動[91]夜爭棋.
心情詩卷無佳句, 時節梅花有好枝.
熟睡覺來何所欠, 氈根[92]香軟飯流匙.

---

88 범지능(范至能, 1126~1193) : 남송의 시인으로 이름은 성대(成大), 지능(至能)이 그의 자(字), 호는 석호거사(石湖居士), 시호는 문목(文穆)이다. 평강(平江) 오현(吳縣) 사람이다. 강서(江西)파에서 출발해 중·만당시를 공부한 뒤, 백거이, 왕건, 장적 등의 시인에게 현실주의 정신을 이어받았다.
89 아희(兒嬉) : 아이들의 장난을 말하는 것으로 가치 없는 생활을 일컫는다.
90 올올(兀兀) : 꼼짝도 하지 않고 우뚝 서있는 모양, 또는 마음을 한 곳에 쏟아 전념하는 모양을 말한다.
91 기동(機動) : 상황에 따라 기민하게 움직임.
92 전근(氈根) : 양을 가리킨다.

방회

석호가 이 시를 지었는데, 나이가 62세였다. 평생 지은 시 중 제일이라고 할 만하다. (方批云, 石湖作此詩, 年六十二. 可作平生詩第一.)

기윤

반드시 그러한 것은 아니다. 또 비평하여 이르길, 시어가 거의 박약한데 처음 두 구가 더욱 어지럽다. 또 비평하여 이르길, '전지(氈根)'는 양이다. 대개 전(氈)은 양털로 만드는 것이고, 양은 양모의 본원(本原)이다. 이것이 시에 들어감으로써 마침내 속되게 하였다. (紀批云, 未必然. 又批云, 語太薄弱, 起二句尤滑. 又批云, '氈根'羊也. 蓋氈以羊毛爲之, 而羊者毛之根也. 此用入詩, 終俚.)

착제 着題

방병조의 오랑캐 말 [두보]
老杜[1] 房兵曹[2] 胡馬[3]

호마(胡馬)는 대완국(大宛國)의 명마
칼끝처럼 예리한 데다가 날씬한 골격이라.
대나무 깎아 세운 듯 두 귀 뾰족하고
바람 탄 듯 네 발굽 경쾌하구나.
어느 곳을 달려도 거칠 것 없어
진실로 생사를 맡겨도 감당하리라.
나는 듯이 내달림이 이와 같으니
만 리라도 마음대로 달릴 만하구나.

胡馬大宛[4]名, 鋒稜瘦骨[5]成. 竹批雙耳峻, 風入四蹄輕.

---

1 노두(老杜) : 두보(杜甫)를 가리킨다. 두목(杜牧)과 구별하기 위하여 두보를 노두라 하고 두목을 소두(小杜)라고 했다.
2 방병조(房兵曹) : 방(房)은 성, 이름은 불명하다. 병조(兵曹)는 병조참군(兵曹參軍)의 준말로, 군사에 관한 서무(庶務)를 맡은 사무관.
3 호마(胡馬) : 북쪽 오랑캐 지역에서 생산되는 말로, 품종이 좋아 양마(良馬)로 존중받는 말이다.

所向無空闊, 眞堪託死生. 驍騰[6]有如此, 萬里可橫行[7].

■

기윤

뒤의 네 구는 손을 떼고 유람하여 돌아다니면서도 시제를 밟지 않고 있어 미묘하다. 이에 이 시제에서 호응하는 것이 있기 때문으로, 이와 같은 것은 곧 사물을 읊음으로써 가능했다. (紀批云, 後四句撒手遊行, 不蹈於題妙. 仍是題所應有, 如此乃可以咏物.)

4 대완(大宛) : 한대(漢代)에 중앙 아세아에 있었던 나라. 거기서 생산되는 말은 천마(天馬)라 하여 존중되었다.
5 봉릉수골(鋒稜瘦骨) : 봉릉(鋒稜)은 칼날의 모서리. 말의 갈기가 칼날의 모서리와 같음을 이른다. 수골(瘦骨)은 뼈가 드러날 정도로 야위었다는 뜻으로 날씬함을 가리킨다.
6 효등(驍騰) : 날래게 질주하다.
7 횡행(橫行) : 모로 간다는 뜻으로, 감거리낌 없이 멋대로 행동(行動)함을 이른다.

매의 그림보고 [두보]
畫鷹

서리 바람 일 듯한 하얀 명주에
푸른 매 그린 것이 색다르구나.
몸을 웅크리고 있는 것이 교활한 토끼를 생각하듯
눈을 흘기고 있는 것이 근심에 찬 오랑캐 같구나.
짙게 비친 날랜 후광은 혼란함을 평정할 만하고
마루기둥에 앉아있는 기세는 온 세상을 호령할 만하다.
언제쯤 뭇 새를 공격해서
깃털과 피를 거칠지 않게 뿌려질까?

素練風霜起, 蒼鷹畫作殊. 攫身[8]思狡兔, 側目似愁胡.
條鏃光堪摘[9], 軒楹勢可呼. 何當擊凡鳥, 毛血灑不蕪.

방회

'송신(攫身)'과 '측목(側目)'의 일련(一聯)은 이미 그 묘미에 정성이 지극하
다. '감적(堪摘)'과 '가호(可呼)'의 일련(一聯)은 또 족히 그림에서는 볼 수

---

8 송신(攫身) : 남을 공격하기 바로 전에 웅크린 모습이다.
9 조족광감적(條鏃光堪摘) : '조족광(條鏃光)'은 정상원광(頂上圓光)을 가리키고,
   감적(堪摘)은 혼란스러운 세상을 평정한다는 뜻이다.

있으나 진짜가 아니다. (方批云,「攫身」「側目」一聯已曲盡其妙.「堪摘」「可呼」一聯, 又足見爲畵而非眞.)

기윤

붓을 세워 문장을 쓰면 신의 도움이 있는데, 이른 바, 정상의 둥근 빛이라는 것이다. 5구와 6구는 맑은 것이 이 그림에서 나왔다. '하당(何當)' 두 글자는 곧 근거가 있다. (紀批云, 起筆有神, 所謂頂上圓光[10]. 五六淸出是畵,「何當」二字乃有根.)

---

10 정상원광(頂上圓光) : 부처님 머리 위의 둥근 빛이다. 곧 후광이라고도 한다.

외로운 기러기 [두보]
孤雁

외로운 기러기 먹지도 쪼지도 않고
날며 우는 소리는 무리를 그리워해서라.
누가 불쌍히 여기랴. 한 조각 그림자가
만 겹 구름 속에서 무리 잃은 것을.
바라보길 다하니 여전히 보일 듯하고
슬픔이 짙어지니 다시 들리는 듯하다.
들 까마귀는 감정이 없어서인지
시끄럽게 울어만 대니 절로 어지러워진다.

孤雁不飮啄, 飛鳴聲念羣. 誰憐一片影, 相失萬重雲.
望盡似猶見, 哀多如更聞. 野雅無意緖, 鳴噪自紛紛.

방회

당나라 말기에 포당(鮑當)이 고안시(孤雁詩)를 지은 것이 있어 이로 인해 그것을 '포고안(鮑孤雁)'이라고 일렀는데, 역시 이 시에 미칠 수가 없다. (方批云, 唐末有鮑當[11]爲孤雁詩, 因謂之「鮑孤雁」, 亦未能逮此.)

---

11 포당(鮑當, ?~1039) : 자(字)는 평자(平子)이고 항주(杭州) 사람이다.

기윤

시의 전반부는 외로운 기러기의 의중을 취하여 베꼈는데, 3구와 4구는 자연스럽다. 시의 후반부는 외로운 기러기를 읊는 자의 의중을 취하여 베꼈는데, 한 부분도 장식하지 않았다. 결구는 점점 노골화하였고, 사물을 읊는 데에 맡겨서 오히려 방해되는 요인이 심해지지 않게 했을 따름이다. (紀批云, 前半就孤雁意中寫, 三四自然. 後半就咏孤雁者意中寫, 不着一分裝點. 結稍露骨, 託之咏物, 尙不甚礙耳.)

이정직

살펴보건대 사물을 읊는 데에 공교롭게 한 것은 붓을 내려 장식하고 탈득(脫得)하는 것을 가장 쉽게 한 것으로, 이러한 방식을 조화수라고 일컫는다. 효람의 이 논의가 정교하고 미묘하다. (按, 工於咏物者, 下筆最易裝點脫得, 此方稱造化手. 曉嵐此論精微.)

엄정공이 대나무를 함께 읊다가 향자를 얻다 [두보]

시의 5구와 6구에 이르기를

嚴鄭公[12]同詠竹得香字 詩五六句云

비가 씻어주니 물방울 맺혀 있듯 깨끗하고
바람이 불어주니 살랑살랑 향기가 풍긴다.

雨洗涓涓[13]淨, 風吹細細香.

방회

의혹이 있는 자는 '세세향(細細香)'이라고 이른 것이 제목에서 대나무가 들어갔기 때문이 아니라고 했다. 그러나 죽순에 껍질이 덮고 있을 때 살핀 것이니, 노두가 지나치게 나아간 것은 아니다. (方批云, 疑者謂「細細香」非所以題竹. 於新竹含籜時審之, 老杜非過許也.)

---

12 엄정공(嚴鄭公) : 엄무(嚴武)를 가리키며, 정국공(鄭國公)으로 봉함을 받았다.
13 연연(涓涓) : 다른 판본에는 '연연(娟娟)'으로도 되어 있다.

옛 언덕의 풀에 대한 시를 짓고 송별하다 [백거이]
白香山(白樂天)[14] 賦得古原草送別

언덕 위에 무성한 풀들
해마다 한 번씩 자라다가 시드는데.
들불이 태워도 다 없어지지 않고
봄바람 불자 또 돋아나지.
꽃다운 풀 멀리 옛길까지 뻗어 가고
푸르름이 화창한 날 황량한 성에 닿았어라.
또다시 그대를 보내고 떠나야 하니
우거진 풀에 이별의 정만 가득하다.

離離[15]原上草, 一歲一枯榮. 野火燒不盡, 春風吹又生.
遠芳侵古道, 晴翠接荒城. 又送王孫[16]去, 萋萋[17]滿別情.

14 백향산(白香山, 772~846) : 당나라 중기를 대표하는 시인으로 이름은 거이(居易), 자(字)는 낙천(樂天)이며 향산은 만호(晩號)이다. 또 취음선생(醉吟先生)으로도 불렸고, 화주(華州) 하규(下邽) 사람이다. 부패한 사회상을 풍자·비판하고, 서민적이고 쉬운 필치로 〈장한가〉, 〈비파행〉, 〈진중음(秦中吟)〉 등 좋은 작품을 남겼다.
15 이리(離離) : 차례로 나란히 줄지어 있는 모양, 또는 이삭이나 열매가 맺어 늘어져 있는 모양.
16 왕손(王孫) : 다른 사람을 대하는 존칭이다.
17 처처(萋萋) : 풀이나 나무 따위가 아주 탐스럽게 소복하게 자라나 있는 모양.

방회

'춘풍취우생(春風吹又生)'의 일련은 낙천이 소년일 때, 이를 가지고 찾아가 뵙고 고황을 알았다. (方批云,「春風吹又生」一聯, 樂天妙年以此見知於顧況[18].)

기윤

이것은 붓을 놓았을 때만 못하다. (紀批, 此是未放筆時.)

---

18 낙천묘년이차현지어고황(樂天妙年以此見知於顧況) : 당시 명성이 있던 고황(顧況, 725?~815?)을 백거이가 찾아뵙고 이 시를 보여줬더니 "이름만으로 쌀값이 비싸 살기 어려울 것(居住不易)이다."라고 했다가 시를 다 읽고서는 "이런 재주로는 살기 쉽겠다.(居亦容易)"라고 했다는 일화가 있다.

외로운 기러기 [최도]

崔進士(禮山, 崔宝)[19] 孤雁

몇 무리 줄지어 변방으로 다 돌아갔지만
너 홀로 어디로 가려는지 가련하구나.
저녁 빗속에서 잃은 무리 부르면서
차가운 못에 내리려다 머뭇거리는군.
물가의 구름 속으로 낮게 몰래 건너는데
관문에 뜬 차가운 달이 따르는구나.
반드시 주살을 만나는 것은 아니어도
홀로 날며 스스로 의심할 만하지.

幾行歸塞盡, 念爾獨何之. 暮雨相呼疾, 寒塘欲下遲.
渚雲低暗度, 關月冷相隨. 未必逢骨繳, 孤飛自可疑.

기윤

'상호(相呼[서로 부름])'는 곧 외롭지 않다는 것이어서 3구는 병폐가 있다.
'한당(寒塘)' 구는 '고(孤)'를 말하지 않았으나 외롭고, 기러기라고 말하지

---

19 최진사(崔進士, 887~?) : 당말 시인으로 이름은 도(塗)이며, 자(字)는 예산(禮山)이다. 당나라 희종 광계 4년(888)에 진사(進士)를 지냈다. 이 때 쓴 시가 '고안(孤雁)'이다.

않았으나 기러기이니, 이것은 구외(句外)가 핍진(逼眞)한 것이다. '저운(渚雲)'의 두 구는 그 반대 면을 묘사함으로써 '고(孤[외롭다])'를 드러내고 있다. 결구는 펼치는 것에 처하여 한 걸음 뛰어넘는데, 곡절이 깊이 이르고 말은 끊어지나 처지가 진실해서 정을 품고 있는 것이 무한하다. (紀批云,「相呼」則不孤矣, 三句有病.「寒塘」句不言孤而是孤, 不言雁而是雁, 此爲句外傳神.「渚雲」二句反襯[20]出「孤」字. 結處展過一步, 曲折深至, 語切境眞, 寓情無限.)

이정직
살펴보건대 '상호(相呼)' 또한 홀로 짝을 서로 부르는 것이다. 비록 외기러기 부르는 것이 그 무리라 하더라도 서로 부르는 것이 아니겠는가. 노두의 시에서 춘정(春情)으로 짝이 없음에 홀로 서로 그 뜻을 구하는 것을 볼 수 있다. (按, 相呼亦獨兩相呼也. 雖孤雁所呼者其輩, 此非相呼乎. 老杜詩, 春心無伴獨相求其意可見.)

---

20 반친(反襯) : 그 반대 면을 묘사함으로써 정면을 드러나게 함을 말한다.

제비 [매요신]

梅宛陵(梅聖兪)[21] 燕

꼬리가 번질대는 한 쌍의 제비가 찾아와
이리저리 날며 절로 하늘에서 춤을 추네.
날렵한 모습, 한가(漢家)의 후비와 같고
빗겨선 모습, 초대(楚臺)로 부는 바람을 피하는 것 같다.
반쯤 꺾어 날다가 모래톱을 걸어 올리듯 치솟고
서로 높이 날다가 풀벌레에게 다가가네.
사람을 향해 와도 일체를 두려워하지 않아도 되지만
절대로 오궁(吳宮)의 둥지로 들어가지 말지어다.

涎涎雙來鷰, 飛飛自舞空. 輕如漢家[22]后, 斜避楚臺[23]風.
半折撩沙觜, 相高接草蟲. 向人全不畏, 切莫入吳宮.

방회

'경여한가후(輕如漢家后)'는 바로 제비가 나는 일을 적용한 것이나 '사피초

---

21 매완릉(梅宛陵, 1002~1060) : 북송 때 시인으로 이름은 요신(堯臣), 자(字)는 성유(聖兪), 행이(行二)이다. 세상에서 그를 완능선생(宛陵先生)이라고 불렀다. 강남(江南) 선성(宣城) 사람이다.
22 한가(漢家) : 한(漢)나라 때의 황실.
23 초대(楚臺) : 초왕이 꿈에 선녀를 만나던 누대이다. 후에 남녀가 즐겁게 만나는 장소를 가리킨다.

대풍(斜避楚臺風)'은 본래 제비의 일이 아니다. 그러나 이를 적용하니 인정미가 있다. (方批云, 輕如漢家后, 直用飛燕事. 斜避楚臺風, 本非燕事, 而用之有情味.)

기윤

이 시의 평(評)은 좋다. 이는 주자(朱子)의 〈구일(九日)〉 시에서 '단발무다휴락모(短髮無多休落帽〔짧은 머리에 모자가 벗겨져도 개의치 않고〕), 장풍불단차취의(長風不斷且吹衣〔긴바람 옷자락을 날리는데 끊임없이 분다.〕)' 구절과 필묘(筆妙)가 동일하다. 또 비평하여 이르길, 표정과 자태가 자연스러워 좋다. 3구는 거의 의산(義山)의 '경어초황후(輕於超皇后〔날렵한 모습이 황후를 뛰어넘네.〕)' 시구를 침범했고, 5구와 6구는 묘사한 것이 자세해서 별도로 새를 옮기거나 가릴 수 없다. 오궁연사(吳宮燕事)에 관해서는 이백의 시에 나온다. 풍씨는 마구 갈겨 쓴 것이 아니라고 했다. (紀批云, 此評好. 此與朱子九日詩「短髮無多休落帽, 長風不斷且吹衣」同一筆妙[24]. 又批云, 意致自佳. 三句太犯義山「輕於超皇后」句. 五六摹寫入細, 不可移掇別鳥. 吳宮燕事出太白詩[25], 馮氏抹[26]之未是.)

---

24 필묘(筆妙) : 붓을 제어하는 방법을 말한다.
25 오궁연사출태백시(吳宮燕事出太白詩) : 이백의 시 〈야전황작행(野田黃雀行)〉에서 '깃들어도 오궁연(吳宮燕)에 가까이 가지 말라(棲莫近吳宮燕) 오궁에 불이 나면 제비둥지 태우고(吳宮火起焚巢窠), 염주취를 쫓다가는 새 그물에 걸리겠네.(炎洲逐翠遭網羅)'라고 적고 있다. 이 시에서 염주취(炎洲翠)와 오궁연(吳宮燕)은 춘추전국시대 월왕 구천(句踐)과 오왕 부차(夫差) 간에 있었던 일로 미인계로 구천이 부차에게 서시(西施)를 보냈는데, 그 일로 인해 부차는 나라를 잃고 멸망했다. 이백(李白)이 이 사실(史實)을 들어 자신의 생애를 성찰한 것으로 보인다.
26 말(抹) : 어지러이 갈겨 쓰다.

전목보의 〈성성모필을 읊다〉에 화답하다 [황정견]
黃山谷 和答錢穆父[27]詠猩猩毛筆[28]

술을 사랑함에 혼마저 취해 있으나
말할 수는 있어 비밀스러운 일을 터뜨리리.
완부(阮孚)는 평생을 살며 얼마나 나막신을 만들었을까?
장자는 사후 붓으로 쓴 책 다섯 수레를 남겨야 한다고 했다는데.
붓을 찾아 구하는 데는 왕회를 만나보아야 하고
붓의 공로는 석거에게 있다네.
붓을 뽑으면 세상을 구제할 수 있다니
그 실마리를 양주에게 일러주어야지.

愛酒醉魂在, 能言機事疏. 平生幾兩屐[29], 身後五車書[30].

27 전목보(錢穆父, 1034~1097) : 이름은 협(勰), 자는 목보(穆父), 송조(宋朝) 때의 항주(杭州) 사람이다. 그는 중서사인(中書舍人)으로 있을 때 고려에 출사(出使)하여 '성성모필(猩猩毛筆)'을 얻었는데, 이에 화답하여 지은 시이다.
28 성성모필(猩猩毛筆) : 고려의 붓으로, 여기서는 성성이 털로 만들었다고 하여 '성성모필'로 《계림지(鷄林志)》에서 말했으나, 성성이는 유인원으로 술을 좋아하는 짐승을 말하는데, 고려에는 유인원이 살지 않았고, 또 이 붓을 호관황호(芦管黃毫)라고도 부르고 있어 족제비 수염으로 만들었을 가능성이 높다. 족제비 수염으로 만든 붓은 탄력이 좋으면서도 부드러워 예로부터 고려에서 고급스러운 붓으로 여겼다고 한다.
29 기량극(幾兩屐) : '완요집(阮遙集)은 나막신을 친히 만들어 모우는 것을 취미로 했다.'는 말이 《진서(晉書)》, 〈원부전(阮孚傳)〉과 《세설신어(世說新語)》의 〈아량(雅量)〉에 나온다.
30 오거서(五車書) : 장자(莊子)는 '기서오거(其書五車〔그 다섯 수레 분량을 붓으로 쓰다.〕)'를 혜시(惠施)하였다는 말이 전해진다. 또 두보(杜甫)의 시 〈백학사모옥

物色³¹看王會³², 勳勞³³在石渠³⁴. 拔毛能濟世, 端爲謝楊朱³⁵.

방회

이 시에서 묘사한 것은 '평생(平生)', '신후(身後)', '기량극(幾兩屐)', '오거서(五車書)' 때문이다. 이로부터 4개의 출처에서 성성모필에 대해 어떻게 간섭하느냐인데, 이에 융화되었으면서도 주체적인 것이 여기까지 이르러서 배제할 수 있었던 것이 좋다. 말구(末句)에서 '발모(拔毛)'에 대한 일을 쓰고 있는데, 후에 시를 배우는 자들이 이 비결을 알지 못해서 삼매경에 들어갈 수 없었던 것이다. (方批云, 此詩所以妙者, 「平生」「身後」「幾兩屐」

(柏學士茅屋〔백학사의 초가집을 지나다가 짓다.〕)〉에도 남아수독오거서(男兒須讀五車書)라는 시구(詩句)가 있는데, '남자는 반드시 다섯 수레에 실을 만큼 많은 책을 읽어야 한다.'라는 뜻으로 풀이되어 차이가 있는 것으로 생각할 수 있으나 그 의미는 같다.

31 물색(物色) : 방문하여 구하다.
32 왕회(王會) : 《급총주서(汲塚周書)》, 〈왕회(王會)〉편에서 정현(鄭玄)은 주왕성(周王城)이 축성된 후 제후들과 대회를 열어 사이(四夷)에 대해 글을 짓게 하였는데, 왕회는 이곳에서 붓을 꺼내 보이며 성성모필(猩猩毛筆)이라 하고 외국으로부터 가져온 것이라고 했다 한다.
33 훈로(勳勞) : 붓의 공로를 가리킨다.
34 석거(石渠) : 한(漢)나라 황제의 도서관으로, 반고(班固)의 《서도부(西都賦)》에는 천록(天祿), 석거(石渠), 전적(典籍)의 부서가 있다고 했다.
35 양주(楊朱) : 전국시대 양주학파의 창시자로 이기주의를 주창했다. 이에 맹자는 "양주(楊朱)는 위아(爲我)를 주장하였으니, 자기의 털 하나를 뽑아서 천하를 이롭게 할 수 있다 하더라도 하지 않았다."라고 했다. 그래서 이 시에서는 성성모필이 천하를 이롭게 하는 효용이 있으니, 그 이치를 이기주의자인 양주에게 알려야 한다고 역설(力說)하여 시의 효과를 한층 높여주고 있다.

「五車書」, 自是四箇出處, 於猩猩毛筆何干涉? 乃善能融化幹排至此. 末句用「拔毛」事, 後之學詩者, 不知此機訣不能入三昧[36]也.)

기윤

이 말은 정묘하다. 또 비평하여 이르길, 점화될수록 매우 미묘하고 붓의 조화로움이 있다. 사물을 읊거나 용사(用事)하는데 모범이 될 만하다. 또 비평하여 이르길, 먼저 '성성(猩猩)이'를 따라서 인용하고 들어간 연후에 '필(筆)'자를 전입한 것이라 시제(詩題)로 가는 길이 몹시 좁으니, 이와 같은 행보를 펼치지 않을 수 없었을 것이다. 풍씨는 그다음 구에 '필(筆)'자를 들이지 않았는데, 마침내 이것은 형편이 가난하고 고생스러운 점을 알지 못한 것이라고 기롱했다. (紀批云, 此說精妙. 又批云, 點化甚妙, 筆有化工, 可爲咏物 用事之法. 又批云, 先從「猩猩」引入, 然後轉入「筆」字, 題徑甚窄, 不得不如此展步. 馮氏譏其次句不入「筆」字, 竟是不知艱苦點.)

이정직

살펴보건대, 이 시의 3구와 4구는 방허곡과 기효람이 대단히 칭찬하였는데, 대개 붓의 행처가 길이 되니 곧 '극(屐)'자를 써도 장애가 되지는 않으나, 다만 양 글자가 가까이 붙어 있지 않은 것과 같게 느껴진다. 그래서 기윤이 비평하여 이르길, 붓의 조화로움이 있는데, 바로 성성이가 술을 마시고 취해 나막신을 가져다 신었다가, 곧 사람에게 사로잡히게 되었기 때문이다. 이것이 용사(用事)하는 묘미라고 여겨지는 것이다. (按, 此詩三四虛谷曉嵐皆極稱之, 盖筆之行處爲路, 則用屐字不爲碍, 但兩字似不襯貼.

---

36 삼매(三昧) : 잡념을 버리고 한 가지 대상에만 정신을 집중하는 경지를 이른다.

而紀批謂筆有化工者, 直以猩猩飮醉取屐着之, 乃爲人所擒. 此所以爲用事之 妙也.)

대나무를 심다 [증범]
曾茶山[37] 種竹

근교에서 대나무로 덮어 가리려고
손수 정원 모퉁이에 꽉 채워 심는데.
남은 사람 수가 부족하니
예서 그대는 할 만한 일이 없겠는가.
바람이 불어온다면 한바탕 웃고
눈이 댓가지를 누르면 서로 도와야지.
후작에 봉해진다는 생각 하지 말고
살아온 시골에서 황귤을 심는 마음이어야 하네.

近郊幕竹樹, 手種滿庭隅. 餘子不足數, 此君何可無.
風來當一笑, 雪壓要相扶. 莫作封侯想, 生來鄙木奴[38].

---

[37] 증다산(曾茶山, 1084~1166) : 남송시인으로 이름은 범(几)이다. 자(字)는 길보(吉甫), 또는 지보(志甫)라고 했으며, 스스로를 다산거사(茶山居士)라고 했다. 시호는 문청(文淸)으로 저서 《다산집(茶山集)》 등을 남겼다.

[38] 목로(木奴) : 감귤나무를 옷과 음식을 가리지 않고 입고 먹으면서 재물을 모으는 종으로 의인화한 것이다. 감귤 또는 감귤류의 나무를 말한다.

기윤

영롱하면서도 산뜻하고 속됨이 없다. (紀批云, 玲瓏脫洒[39].)

---

39 탈쇄(脫洒) : 산뜻하고 속됨이 없다.

반딧불이 [증범]
螢火

온통 못난 자질로 태어난 것을 잊고
바로 화려한 빛을 사모하여 흉내를 낸다.
초가 녹듯 타는 빛을 비추니 서재가 고요하고
활발하게 날아올라 머무르니 별빛마저 희미하다.
바람을 맞자 스스로 밝게 빛을 내다가
비에 젖자 갑자기 어렴풋이 보이는데.
변하고 소멸함은 얼마나 되는지 이해할 수 없으나
영고성쇠는 끝내 한군데로 돌아가는구나.

渾忘生朽質[40], 直擬慕光華. 解燭書帷靜, 能添列宿[41]稀.
當風方自表, 帶雨忽成微. 變滅[42]多無理, 榮枯[43]會一歸.

기윤

제4구는 곧 노두가 '다시 어지러이 앞에서 날아오르니 별빛마저 희미하네(復亂上前星宿稀).'라는 뜻이다. 그러나 두시에서 '란(亂)'자는 '활(活)'이

---

40 후질(朽質) : 쇠락하고 졸렬한 자질.
41 열수(列宿) : 하늘에 쭉 벌려놓인 별.
42 변멸(變滅) : 변하거나 없어짐을 이른다.
43 영고(榮枯) : 영고성쇠(榮枯盛衰)를 이른다.

니, 여기에 '첨(添)'자를 고치면 '체상(滯相)'이 된다. 또 비평하여 이르길, '다무리(多無理)'란 이해할 수 없음을 말한 것 뿐이다. 글자를 짜맞추며 점점 바로잡았으나 가는 길에 그 의미가 도달하지 못하고 있다. 결구는 감개함에 의지하고 있다. (紀批云, 第四句卽老杜「復亂上前星宿稀」意. 然杜詩「亂」字活, 此改「添」字則滯相44. 又批云, 「多無理」者, 言不可以理解耳. 措語稍批, 途不達意. 結寓感慨.)

---

44 체상(滯相) : 머물러 따르다.

농부가 앵도를 보내오다 [두보]
老杜 野人送櫻桃

서촉 지방의 앵도 절로 붉게 익어
농부가 바구니에 가득 채워 보내왔군.
여러 차례 살살 쏟으면서 오히려 깨질까 봐 근심스러웠고
모든 낱알 고르게 둥글어서 이처럼 똑같은 것에 의아해했지.
생각난다. 지난날 문하성에서 앵도를 하사받아
퇴조하며 받쳐 들고 대명궁을 나오던 일이.
금반옥저로 앵도를 하사한다는 소식은 없지만
이날 새 앵두 맛보면서 떠도는 신세를 맡겨보자.

西蜀[45]櫻桃也自紅, 野人携贈滿筠籠.
數回細寫愁仍破, 萬顆勻[46]圓訝許同[47].
憶昨賜霑門下省[48], 退朝擎出大明宮[49].
金盤玉筯[50]無消息, 此日嘗新任轉蓬.

---

45 서촉(西蜀) : 중국의 촉 땅을 말한다. 장안의 서쪽에 위치하여 서촉이라 했다.
46 균(勻) : 균(均)과 같다.
47 아허동(訝許同) : 아(訝)는 '의심하다. 의아하다.'의 뜻, 허(許)는 '이같이'라는 뜻이다.
48 문하성(門下省) : 관서 명(官署名)으로 진한(秦漢)에서 시중조(侍中曹), 후한(後漢)에서는 시중사(侍中寺)라고 하였고, 진대(晋代)부터 문하성(門下省)이라고 칭했다. 당대(唐代)에 중서성(中書省)·상서성(尚書省)으로 정무를 분장하고, 특히 조칙(詔勅)의 내용을 심의하는 권한을 가졌다. 원(元)나라에 이르러 폐지되었다.
49 대명궁(大明宮) : 당나라 궁전의 이름. 이곳에서 신하들을 조견했다.

방회

'사(寫)'자는《곡례(曲禮)》에 보이는데, 다른 그릇으로 옮기는 것을 이른다. (方批云,「寫」字見曲禮, 謂傳置他器.)

기윤

시편을 통하는 시안은 '야자(也自)', '억작(憶昨)', '차일(此日)'의 여섯 자가 있다. 고인(古人)은 뜻을 사용하는데 이와 같이 했으니 반듯이 한두 자의 예리하고 참신한 글자을 가지고 시안을 삼지는 않았다. 또 비평하여 이르길, '야자홍(也自紅)' 세 자는 이미 모두 뒤에 오는 네 구에서 포함하였으니, 이것은 한 시문(詩文)의 골격이 된다. (紀批云, 通篇詩眼在「也自」「憶昨」「此日」六字. 古人所用意者如此, 不必以一二尖新之字爲眼. 又批云,「也自紅」三字, 已包盡後四句, 此一篇之骨.)

---

50 금반옥저(金盤玉筯) : 종묘에 앵도를 바칠 때나 조정에서 앵도를 신하에게 하사할 때 쓰던 기구.

유주성 북쪽에 홍귤나무를 심다 [유종원]
柳柳州(柳子厚)[51] 柳州城北種柑

손수 심은 홍귤나무 이백 주

봄이 오니 새로 핀 잎, 성 모퉁이에서 바람에 나부끼누나.

초 땅을 떠돌던 나그네 굴원과 같이 귤나무를 사랑하지만

형주의 이형처럼 귤나무를 심어 수익 보는 법을 배우지 못했지.

몇 해가 지나야 흰 눈 쏟아지듯이 꽃이 만개하고

어떤 사람이 드리워진 구슬을 만나듯이 열매를 딸까.

만약 숲 이룰 날을 앉아서 기다리도록 해준다면

그 재미가 되려 노인으로 봉양 받는 것보다 나으리라.

手種黃柑[52]二百株, 春來新葉偏城隅.

方同楚客[53]憐皇樹, 不學荊州利木奴[54].

---

51 유유주(柳柳州, 773~819) : 이름은 종원. 자는 자후(子厚)이며, 하동(河東) 사람으로 당(唐)나라의 시인으로 뛰어난 자연시와 산문을 남김으로써 높이 평가하여 당송팔대가(唐宋八大家)의 한 사람으로 꼽는다. 유주자사(柳州刺史)를 지냈다. 왕유(王維)・맹호연(孟浩然)・위응물(韋応物)과 함께 왕맹위유(王孟韋柳)로 병칭되었다. 한유(韓愈)와 함께 고문부흥운동을 제창하였고, 저서로《유하동집(柳河東集)》등이 있다.

52 황감(黃柑) : 잘 익어서 빛깔이 누르게 된 홍귤나무 또는 그 열매.

53 초객(楚客) : 굴원(屈原)을 가리킨다. 굴원은 귤나무를 빼놓고 이야기할 수 없을 정도로 귤나무를 사랑했다. 그의 시〈귤송(橘頌)〉을 읊조려보면 아까워서 섣불리 먹기가 어려울 정도이다.

54 형주이목노(荊州利木奴) : 이형(李衡)이 몰래 무릉(武陵)의 용양주(龍陽洲)에 귤나무 일천 그루를 심어 놓고, 죽으면서 말하기를 "용양주에 천 주의 목로(木奴)가

幾歲開花聞噴雪, 何人摘實見垂珠.
若敎坐待成林日, 滋味還堪養老夫.

기윤

시어가 또한 맑고 분명하다. 다만 격조가 높지 않을 뿐이다. (紀批云, 語亦淸切, 但格不高耳.)

있으니, 네가 의식 걱정은 하지 않을 것이다."라고 했다고 한다.

금슬 [이상은]

李玉溪(李義山)[55] 錦瑟[56]

금슬이 오십 현인 근거가 뭐라지?
현 하나 기둥 하나에 빛나던 시절 그려보네.
장자가 새벽꿈에 나비 되어 헤매듯이
망제가 춘정을 두견새에 맡기듯이.
너른 바다 달 밝은 밤에 진주가 눈물짓듯
남전의 햇살 따뜻한 날에 미옥이 안개에 어리듯.
이러한 정서, 기다리면 추억이 될 터인데
단지 당시는 망연하다고만 느꼈을 뿐.

錦瑟無端[57]五十絃, 一絃一柱思華年.
莊周曉夢迷蝴蝶[58], 望帝[59]春心託杜鵑[60].

---

55 이옥계(李玉溪, 812~858) : 이름은 상은(商隱), 자는 의산(義山)이며, 옥계가 그의 호인데, 옥계생(玉谿生)이라고도 한다. 하남성(河南省) 심양(沁陽) 사람으로 만당(晩唐) 시인이다. 서곤체시파(西崑體詩派)를 이끌었는데, 그는 일생을 불우하게 지내면서도 두보(杜甫)의 시맥을 이은 만당의 대표적 시인으로 평가한다. 저서로는 《의산시집(義山詩集)》과 《서곤창수집(西崑唱酬集)》이 있다.
56 금슬(錦瑟) : 비파의 애칭이다. 시인이 이 시를 지을 때 무제(無題)였으나 후인이 시제를 '금슬'이라고 한 것이다.
57 무단(無端) : 근거 없이, 이유 없이, 까닭 없이, 실없이의 뜻.
58 장주효몽미호접(莊周曉夢迷蝴蝶) : 장주지몽(莊周之夢), 호접몽(胡蝶夢)을 말한 것이다.
59 망제(望帝) : 신화 중의 촉(蜀)의 임금, 두우(杜宇)를 이른다.
60 탁두견(託杜鵑) : 여러 가지 설이 있으나 여기서는 춘심과의 관계로 보아 망제가

滄海月明珠有淚[61], 藍田[62]日暖玉生烟.
此情可待成追憶, 祇是當時已惘然.

방회

《상소잡기(緗素雜記)》에서 동파가 이르길 '중간의 네 구는 적(適 - 더없이 훌륭하다), 원(怨 - 원망스럽다), 청(淸 - 맑다), 화(和 - 깨끗하다)하다.'라고 했다. (方批云, 緗素雜記東坡云, 中四句適怨淸和[63]也.)

기윤

이는 금슬을 빌려 흥취를 일으킨 것이지 금슬을 읊은 것이 아니다. 방허곡은 이 시의 제목을 정한 것이 황조영이라고 한 말은 잘못 알고 있는 것일

신하의 아내를 사랑했다는 전설을 이른 것이다. 망제가 양위하고 서산에 은거하다 객사했는데, 그 원혼이 두견새가 되어 돌아가지 못하는 원한으로 슬피 운다는 전설을 용사한 것이다.

61 월명주유루(月明珠有淚) : 달이 보름이 되면 진주조개 안의 진주는 둥글어지고, 그믐이 되면 삭아진다는 《문선(文選)》, 〈오도부(吳都賦)〉의 기록과 또 남해의 인어의 눈물이 진주가 되었다는 《별국동명기(別國洞冥記)》와 《술이기(述異記)》에 나오는 전설이 서로 어우러진 것이다.

62 남전(藍田) : 미옥(美玉)이 나는 곳이며, 선녀 서왕모가 사는 전설이 깃든 산으로 섬서성 남전현에 있다.

63 적원청화(適怨淸和) : 소동파가 이 시를 평하면서 다음 네 구에 담겨 있는 의미를 분석하였는데, '莊生曉夢迷胡蝶'은 適하고, '帝春心托杜鵑'은 怨하며, '滄海月明珠有淚'는 淸하고, '藍田日暖玉生煙'은 和하다고 한 것이다. '적원(適怨)'은 더없이 훌륭하기 때문에 원망스러운 마음이 생기는 것. '청화(淸和)'는 맑고 깨끗하다는 것을 말한다. 비파는 원래는 25현인데, 이처럼 적원청화(適怨淸和)의 다양한 감정을 표현하기 위해서는 1구에서의 금슬이 50현이어야 하는 근거가 된다.

뿐이다. 또 비평하여 이르길, 이 시는 우연히 편집한 시로 원유산이 마침내 염고(拈古)해서 논란을 일으키는 단서가 되었고, 말하는 자들이 서로 쫓고 따라 더욱 천착하고 더욱 오류가 커지게 되었다. 그것은 실로 옛날 기뻐서 지은 작품을 추억하는 것에 불과하다. (紀批云, 此借錦瑟起興, 非咏錦瑟. 虛谷入之「着題」, 誤信黃朝英之說耳. 又批云, 此詩偶編集首, 元遺山[64]遂拈爲論端, 說者相沿, 愈鑿愈謬. 其實不過追憶舊歡之作.)

이정직

살펴보건대, 수구(首句)는 금슬(錦瑟)을 가지고 흥취를 일으켰고, 중간의 네 구는 용사하여 정이 담긴 따뜻한 말에 기탁하지 아니한 것이 없다. 다만 은은한 것이 서로 달빛 비추듯 할 뿐이다. 결구는 곧 본의가 통하는 맥을 깨뜨리고 본래 자신이 결말을 내어 말하고 있다. 그러나 오인하여 금슬을 읊은 시라고 한다면 천착한 말에서 벗어나지 못한 것이라고 할 따름이다. (按, 首句以錦瑟起興, 而中四句用事, 無非寄情語, 但隱隱相脥. 結句乃說破本意脉路本自了. 然而誤認爲咏錦瑟詩, 則未免有鑿說耳.)

---

64 원유산(元遺山, 1190~1257) : 이름은 호문(好問), 산서성 수용(秀容) 사람으로, 자(字)는 유지(裕之)이며, 유산이 그의 호이다. 그래서 세칭 유산선생이라 하였는데, 금(金)과 원(元)나라 시대에 저명한 문학가이다. 저서로 《중산집(中州集)》, 《남관록(南冠錄)》, 《임진잡편(壬辰雜編)》, 《속이견지(續夷堅志)》 등이 있다.

최소부 연못의 노사를 읊으며 [옹도]
雍簡州[65] 崔少府池塘鷺鷥[66]

한 쌍의 백로가 물 가득한 못을 사랑해서
바람이 휘몰아쳐도 머릴 숙이고 꼼짝도 하지 않네.
푸른 풀 옆에 서 있어 사람들은 먼저 알아보지만
백련 곁을 다녀도 물고기는 알지 못하네.
찬비가 내리는 가운데 한발은 움켜쥐고 외발로 서서
이른 가을임을 수시로 소리내며 서로가 알려주네.
숲과 못이 너 때문에 격조가 높아졌으니
하물며 시인과 함께 함에 있어서랴. 물색마저 아름다우리.

雙鷺應憐水滿池, 風飄不動頂絲垂.
立當靑草人先見, 行傍白蓮魚不知.
一足獨拳[67]寒雨裏, 數聲相叫早秋時.
林塘得爾須增價, 況與詩家物色[68]宜.

---

65 옹간주(雍簡州, 805~?) : 만당시인으로 이름은 도(陶), 자(字)는 국균(國鈞)이다. 성도(成都) 사람으로 간주자사(簡州刺史)를 지냈다. 요합(姚合), 가도(賈島), 장효표(章孝標), 서응(徐凝) 등 당시 이름있는 시인들 모두가 그의 작품을 칭찬했다.
66 최소부지당노사(崔少府池塘鷺鷥) : 이 시의 시제는 대체로 〈영쌍백로(詠雙白鷺)〉로 불리어 진다. 노사(鷺鷥)는 백로과에 속하는 새이다.
67 권(拳) : 백로는 한 발은 올리고 한 발로 서 있는데, 올린 발은 주먹을 쥐고 있는 것처럼 발가락을 오므리고 있는데, 이를 표현한 것이다.
68 물색(物色) : 물건의 빛깔을 말하며, 또한 쓸 만한 사람이나 물건을 찾거나 할 때, 모양이나 인상착의를 그려 찾는 것을 말한다. 여기서는 시의 소재나 어휘 등을

기윤

이때 정곡의 〈자고〉, 최옥의 〈원앙〉과 더불어 모두 시사(詩詞)가 평범하고 비근하며, 격조가 낮고 유약하다. 비록 이 때문에 이름을 얻었을지라도 만일 유속(流俗)에서 논한 것이라면 작자의 정평이 아니다. 심귀우, 종백력이 이를 배제했으니 그 논란은 심히 어긋난 것이다. (紀批云, 此時及鄭谷鷓鴣崔玉鴛鴦, 皆詞意凡近, 而格調卑靡. 雖以此得名, 要是流俗之論, 非作者之定評也. 沈歸愚宗伯力排之, 其論甚偉.)

이정직

살펴보건대, 이 시는 〈자고〉, 〈원앙〉의 두 시와 비교해 보면 유달리 깨닫게 해주는 소리에 알맹이가 없고 운치의 규모도 좁다. (按, 此詩比鷓鴣鴛鴦二詩, 殊覺音節均[69]規模濶.)

통하여 꾸며내는 것을 가리킨다.
69 균(均) : 운(韻)과 같다.

자고새 [정곡]
鄭都官[70] 鷓鴣[71]

안개 낀 수풀에서 비단 날개 단정히 하고 정답게 노니는데
품급으로 하면 응당 꿩과 가까우리.
비 오려 어둑한데 청초호반을 지나가니
꽃 지는 황릉묘에서 새들 울어 대는데.
나그네 잠시 듣고 옷소매 적시고
미인은 겨우 노래하고 고운 눈썹을 낮추노라.
상수의 굽이치는 곳에서 자고새들 서로 부르고 서로 응하지만
고죽의 숲속 깊은 곳에서 봄 햇살은 서쪽으로 기우누나.

暖戱平蕪錦翼齊, 品流應得近山鷄[72].
雨昏靑草湖[73]邊過, 花落黃陵廟[74]裏啼.

---

70 정도관(鄭都官, 851~910) : 이름은 곡(谷), 자는 수우(守愚)이다. 원주(袁州) 의춘(宜春) 사람으로 도관낭중(都官郎中)을 지내서 정도관이라고 불렸다. 이후 사직하고 의춘의 앙산(仰山)에서 은거했고, 또 이 시로 인해 정자고(鄭鷓鴣)로도 불렸다.
71 자고(鷓鴣) : 크기는 꿩만 하고 생김새는 메추리와 비슷하다. 강남에 주로 서식하는데, 그 울음소리가 떠나지 말라는 소리로 들려 나그네에게 시름을 일으키는 새로 여겨졌다. 죽계(竹鷄)라고도 한다.
72 산계(山鷄) : 꿩과에 속하는 새를 이름.
73 청초호(靑草湖) : 동정호의 남쪽에 위치한 파구호(巴丘湖)를 가리킨다. 당시에 평소 나뉘어 있다가 물이 불어나면 연결되었다고 한다.
74 황릉묘(黃陵廟) : 상음현 북쪽 동정호반에 있다. 전설에 의하면 순임금이 남쪽을 순방하다가 창오(蒼梧)에서 죽었는데, 요임금의 딸 두 왕비가 울며 조문하다가 상

遊子乍聞征袖濕, 佳人纔唱翠眉低.
相呼相喚湘江曲[75], 苦竹叢深春日西.

###

기윤

'상호상환(相呼相喚)'자가 겹치는데, 《본초연의》의 '상호상응(相呼相應)'을 인용하여 지었으니 마땅히 이를 따라야 했다. (紀批云,「相呼相喚」字複, 本草衍議引作「相呼相應」, 宜從.)

이정직

살펴보건대, '상호상환(相呼相喚)'은 비록 겹쳤으나 해롭지 않고 옛스러운 정취가 있다. 또 살펴보건대 이 시에서 비록 8구를 지칭하는 것으로 보이나 마음과 뜻이 서로 화합하지 못하고, 5구와 6구는 더욱 속되어 특별히 결구에서 몹시 경계하고 있다. (按, 相呼相喚, 雖複不害有古意. 又按此詩雖見稱八句, 聲氣不相協, 五六尤俗, 特結甚警.)

강에 빠져 죽었다고 한다. 후에 사람들이 상수 가에 사당을 세우고 황릉묘라 했다고 한다.
75 상강곡(湘江曲) : 상강활(湘江闊)이라고 한 판본도 있다. 장적(張籍)의 〈상강곡〉도 참고해 볼 만하다.

학을 잃다 [이원]

李求古(李遠)[76] 失鶴[77]

가을바람 불어 구고에 학 물러나니

한 조각 한가로운 구름에 마음은 만리를 향하네.

푸른 하늘에 정을 두니 창망한 마음 비울만하고

요대로 가는 길이 없어도 거슬러 찾아갈 만하다네.

올 때엔 흰 구름 같은 깃털, 부드럽고 단출했는데

갈 때쯤 단사와 같은 벼슬이 점점 짙어졌었네.

화표주 위에서 말 한마디 남기고 간 후

다시는 소식 없이 지금에 이르렀네.

76 이구고(李求古, ?~?) : 이름은 원(遠), 구고는 그의 자(字)이고 승길(承古)이라고도 불렸다. 기주(夔州) 운안(雲安)사람으로 두목(杜牧), 허혼(許渾), 온정균(溫庭筠) 등과 교유했는데, 당시의 사람들이 부르기를 '혼시원부(渾詩遠賦)'라고 할 정도로 이름이 있었다.

77 실학(失鶴) : 도연명(陶淵明, 365~427)의 저서인《수신후기(搜神後記)》의 내용 중에 정령위(丁令威)에 관한 글이 있다. 그는 요동 사람에서 태어나 영허산(靈虛山)에서 도를 배웠다. 어느 날 학으로 변하여 요동으로 돌아가서 성문(城門)의 화표주(華表柱)에 앉았는데, 그때 소년들이 활을 들고 쏘려고 했다. 그러자 그가 공중으로 날아가 배회하면서 말하기를 "이 새는 정령위로, 옛집에 천 년 만인 오늘에 비로소 돌아왔도다. 성곽은 옛날 그대로인데 사람들은 아니로구나. 어찌 신선술을 배우지 않고 무덤만 즐비한가?(有鳥有鳥丁令威, 古家千年今始歸. 城郭如故人民非, 何不學仙冢纍纍)"라 하고 창공으로 날아가 버렸다고 한다. 이 신선의 이야기를 가지고 이원(李遠)이 '실학(失鶴)'이란 제목으로 시(詩)를 쓴 것이다.

秋風吹却九皐禽[78], 一片閒雲萬里心.
碧落[79]有情空悵望, 瑤臺[80]無路可追尋.
來時白雪翎猶短, 去日丹砂頂漸深.
華表柱[81]頭留語後, 更無消息到如今.

기윤

모두가 평범하고 비근한 의미에서 벗어나지 못했다. (紀批云, 摠不脫凡近之意.)

78 구고금(九皐禽) : 학(鶴)을 가리키며, 또 은거하는 저명한 사람을 비유한다. 《시경(詩經)》〈소아(小雅) - 학명(鶴鳴)〉편에 "학은 구고에서 울고(鶴鳴於九皐), 그 울음소리 들판까지 들린다(聲聞於野). 또는 그 울음소리 하늘까지 들린다(聲聞於天)."라는 시에서 비롯된 말이다.
79 벽락(碧落) : 푸른 하늘.
80 요대(瑤臺) : 미옥(美玉)으로 쌓은 누대로, 전설 속의 신선이 사는 곳을 가리킨다.
81 화표주(華表柱) : 옛사람들이 궁궐, 능묘 등 큰 건물 앞에 설치한 큰 돌기둥으로, 몸체는 대부분 용과 봉황 등의 문양을 조각하고, 기둥 꼭대기에는 꽃을 새긴 긴 돌조각이 가로로 꽂혀 있으며, 꼭대기에는 쪼그리고 앉은 짐승이 있다.

꽃이 지다 [송기]
宋子京(宋景文)[82] 落花

희고 붉은 꽃잎 떨어져 나부끼니 절로 슬퍼지고
푸른 누각에 안개비마저 내려 차마 잊을 수 있으랴.
나부껴 날다가 다시 휘도는 바람과 춤추고
떨어져도 여전히 한쪽 얼굴은 단장한 듯하다.
창해의 객은 돌아가려다 구슬 같은 눈물 흘리고
장대 사람은 떠나려다 뼈 깊숙이 향기를 묻는구나.
어찌 생각이 없을손가. 한 쌍의 나비에게 전하여
향기로운 마음, 모두 꿀벌과 함께 하기를 부탁해야지.

墜素翻紅各自傷, 靑樓烟雨忍相忘.
將飛更作迴風舞, 已落猶成半面[83]妝.
滄海客歸珠逆淚, 章坮[84]人去骨遺香.
可能無意傳雙蝶, 盡付芳心與蜜房.

82 송자경(宋子京, 998~1061) : 이름은 기(祁), 경문(景文)은 그의 시호이고 자경은 자(字)이다. 용도각학사(龍圖閣學士)를 거치고, 구양수(歐陽脩)와 당서를 편찬했다. 저서로《송경문집(宋景文集)》이 있다.
83 반면(半面) : 양면 중 한쪽 면.
84 장대(章坮) : 한(漢)나라 때 장안(長安)의 거리 이름. 즉 장안을 가리킨다.

기윤

3구와 4구는 색다른 풍속이다. 또 비평하여 이르길, 결구는 곧 신이 사는 옥계와 같고, 보기에 모두에게 여유로움이 있는 듯하다. (紀批云, 三四殊俗[85]. 又批云, 結乃神似玉溪, 餘皆貌似也.)

85　수속(殊俗) : 특이하거나 색다른 풍속. 또는 풍속이 다른 타향을 가리킨다.

귤을 먹으며 [소식]

蘇東坡　食柑

한 쌍의 진귀한 물건, 비단 보에 싸서 나누기 전에
숲 아래에서 먼저 맛보려니 쫓겨난 신하와 같아 부끄럽네.
이슬과 서리에 흠뻑 젖은 가지 중 청량한 것을 잘라 와
금소반에 담아 섬섬옥수로 꽃다운 향을 깨뜨리네.
맑은 과즙 줄줄 흘러 먼저 치아 사이로 들어가고
향기로운 안개 자욱하여 남에게 뿜어 대고 싶어지네.
좌객들은 은근히 감귤씨 거두어서
귤나무 천 주, 한 번에 움키려 함은 내가 가난해서일까?

一雙羅帕未分珍, 林下先嘗愧逐臣.
露葉霜枝剪寒碧, 金盤玉指破芳辛[86].
淸泉籔籔[87]先流齒, 香霧霏霏[88]欲噀人.
坐客殷勤爲收子, 千奴[89]一掬奈吾貧.

86　신(辛) : 오미(五味) 중 매운 맛을 나타낸다. 여기서는 귤의 달고 시큼한 맛을 표현한 것이다.
87　속속(籔籔) : 물이 뚝뚝 떨어지는 모양.
88　비비(霏霏) : 날아 흩어지는 모양.
89　천노(千奴) : 천 그루의 귤나무를 가리킨다. 양양(襄陽)에 사는 이형(李衡)이 몰래 무릉(武陵)의 용양주(龍陽洲)에 귤나무 일천 그루를 심어 놓고, 죽으면서 말하기를 "용양주에 천주의 목로(木奴)가 있으니, 네가 의식 걱정은 하지 않을 것이다."라고 했다는 전고(典故)에서 온 말이다.

방회

주석에서 옛날 일 중 가까운 신하에게는 황귤을 주었는데, 황색 비단의 보에 싸서 주었다고 했다. (方批云, 注, 故事, 賜近臣黃柑, 以黃羅帕包之.)

기윤

결구는 좋지 못하다. (紀批云, 結句不佳.)

우묘에서 [두보]
老杜 禹廟

공허한 산속, 우임금의 묘당
가을바람 저물녘에 쓸쓸히 불어오네.
황량한 뜰엔 귤과 유자 드리우고
고옥의 벽엔 용과 뱀 그려져 있는데.
구름 기운은 빈 벽에 피어오르고
강물 소리는 흰 모래 위를 치달려 쓸어내는 듯하다.
일찍이 알았지, 사재(四載)를 타고서
산을 뚫고 물길을 터 다스린 파수를.

禹廟[90]空山裏, 秋風落日斜. 荒庭垂橘柚, 古屋畫龍蛇[91].
雲氣生虛壁, 江聲走白沙. 早知乘四載[92], 疏鑿控三巴[93].

90 우묘(禹廟) : 하나라 왕조 시조 우왕을 제향한 사당이다. 충주(忠州) 임강현(臨江縣)에 있다. 그는 치수를 위해 방방곡곡을 순회한 까닭에 그의 유적이 곳곳으로 산재(散在)해 있다.
91 용사(龍蛇) : 《맹자》의 〈등문공하〉편에 "요(堯)임금 때 물이 역류하여 중원까지 범람하니 사룡(蛇龍)이 그곳에 살아 백성이 살 곳이 없어 낮은 곳에 사는 자들은 둥지를 만들어 살고, 높은 곳에 사는 자들은 굴을 파고 살았다. 요임금이 서경에 '홍수가 나를 경계하는구나.'라고 말한 것이다. 홍수는 비가 많이 와서 크게 불어난 물이다. 우(禹)에게 이를 다스리게 하니 우가 땅을 파서 바다로 흘러 들어가게 하고, 사룡을 몰고 가서 늪에 놓아주시니 물이 땅 가운데를 따라 흘렀다. 이것이 장강, 회수, 황하, 한수이다."라고 한 것을 인용했다.
92 사재(四載) : 네 종류의 탈 것을 이른다. 《서경》의 〈익직(益稷)〉편에서 "내가 사재를 타고 산을 따라 나무를 베었다."라고 하였고, 《사기》의 〈하본기〉에 "육지를 갈

기윤

손신노(孫莘老)는 3구와 4구에서 우(禹)의 일과 조응하고, 이런 뜻이 확실히 있으나 시화를 취하지는 않았다고 여겼다. 대체로 힘써 정론을 뒤집고자 하면서도 시비(是非)를 돌아보지 않았으니, 이는 곧 송나라 시인들의 일반적인 폐단이다. (紀批云, 三四孫莘老[94]以爲關合禹事, 確有此意, 而詩話不取. 蓋務欲翻案[95], 不顧是非, 乃宋人之通病[96].)

이정직

살펴보건대, 묘중(廟中)의 실경이 이와 같다고 한 것은 마땅하고, 또 우(禹)의 일과 부합되어서 이 부분은 좋지만 억지로 용사(用事)한 것 같아 오히려 어색한 흔적을 남겼으니 도리어 큰 병폐로 여겨진다. (按, 廟中實景如是而適, 又合於禹事, 此所以爲佳, 若强自用事, 斧鑿[97]有痕, 却是大病.)

기윤

말미의 두 구는 결어(結語)가 상세하지 못하다. (紀又云, 末二句結語未詳.)

때에는 수레를 타고, 물길을 갈 때에는 배를 타고, 진흙 길을 갈 때에는 썰매를 타고, 산을 오를 때에는 징이 박힌 신발을 신었다."라고 했다.
93 삼파(三巴) : 랑수(閬水)와 백수(白水)가 합수하며 세 번 굴절하기 때문에 파수(巴水)라는 이름이 붙여졌다. '파(巴)'는 뱀이 똬리를 튼 모양을 본뜬 것이다.
94 손신로(孫莘老, 1028~1090) : 송대(宋代) 시인이며 문학가로 이름은 각(覺)이고, 신로(莘老)가 그의 자(字)이다. 고우(高郵)사람으로 소식(蘇軾)의 친한 친구이다.
95 번안(翻案) : 앞사람의 정론(定論)을 뒤집어 놓는다는 뜻.
96 통병(通病) : 일반적인 폐단을 말한다.
97 부착(斧鑿) : (시나 문장을) 지나치게 꾸며 오히려 부자연스럽다, 또는 어색하다는 뜻이다.

이정직

살펴보건대, 노두의 시는 매번 말뜻과 곡절에 대하여 처한 말이 미진하고, 시의 기세에서 여유가 있는 것이 이와 같은데, 결구 또한 그중 하나이다. 비록 시안(詩眼)은 갖추었으나 도리어 혼란스러운 것은 되돌아보는 방도를 깨닫지 못해서일 뿐이다. 이는 결구에서 대개 우가 사재 타고 홍수를 다스리는데 물길을 트고 땅을 파는 일체를 말하면서 파수에 이른 것이다. 비록 이미 들어 알고는 있었으나 실지로 우의 지난 자취에 이르렀는데, 이는 지금에서야 비로소 친히 본 것이다. 처음 본 뜻은 일찍이 알고 있는 것을 포함하고 있어서 외구(外句)에서 다시 헛된 글자를 쓸 필요성은 느끼지 않는다. 이것은 이른 바, 어구가 미진하면서도 시의 기세에서 여유가 있다. 이것을 알면 두시를 읽고, 실지로 이해하는 데에 어려움이 없을 것이다. 또 살펴보건대, 곽박의 강부에 이르길, '파수의 동쪽 골짜기는 하후씨가 물길을 트고 땅 뚫었던 곳이다.'라고 했다. (按. 老杜詩每於辭意曲折處語未盡, 而氣有餘者如此, 結句亦其一也. 雖具眼却患難, 解顧未得其門耳. 此結盖謂禹之乘四載, 治洪水疏鑿之切及於三巴. 雖已聞知而至於實蹟, 乃今始親見之. 其始見之意, 包在於早知之中, 而不必於外句更用虛字. 此所謂語未盡而氣有餘也. 知此則讀杜詩實無難解處矣. 又按, 郭璞[98]江賦云, 巴東之峽夏后疏鑿.)

---

98 곽박(郭璞, 276~324) : 동진(東晉)의 문인. 자(字)는 경순(景純). 박학고재(博學高才)로 그의 사부는 동진(東晉) 제일로 불렸다. 왕돈(王敦)이 모반을 일으키려 할 때 간언했다가 죽임을 당했다. 저서 《이아주(爾雅注)》, 《산해경주(山海経注)》 등이 있다.

촉선주묘에서 [유우석]
劉貧客[99](劉夢得) 蜀先主廟[100]

천하 영웅의 기세
천추가 되도록 늠름함이 여전하다.
천하의 형세 삼분되었어도
한대(漢代)의 대업 오수전(五銖錢)을 회복했다.
명재상을 얻어 개국할 수 있었으나
아들은 아버지의 어짊을 본받지 못했다.
처량하구나! 촉 땅의 옛 예인(藝人)이
춤을 추다니, 위나라 궁전 앞에서.

天下英雄[101]氣, 千秋尙凜然[102]. 勢分三足鼎[103], 業復五銖錢[104].

99 유빈객(劉貧客, 772~842) : 이름은 유우석(劉禹錫), 몽득은 별칭이며, 태자빈객(太子賓客)을 지낸 까닭으로 그를 빈객으로도 불렀다.

100 촉선주묘(蜀先主廟) : '누상묘(樓桑廟)'를 말한다. 지금의 사천성(四川省) 봉절현(奉節縣)에 있다. 촉선주(蜀先主)는 촉한의 개국군주인 유비(劉備)를 말한다. 수대(隋代)에 처음 세웠는데, 당(唐) 건녕(乾寧) 4년(897)에 중건하며 '촉선주묘(蜀先主廟)'라고 불렀다. 원대(元代)에 중수하고 '한소열묘(漢昭烈廟)'로, 명대(明代)에는 조칙에 의해 '삼의궁(三義宮)'으로 명칭하였다. 이곳에는 이마방(二馬房), 유비전(殿), 관우와 장비전, 낭낭전(娘娘殿), 제갈량전 등의 건물이 있는데, 전각 내부에 목각으로 그들의 대형 인물상이 조성되어 있다.

101 영웅(英雄) : 여기서는 유비를 가리킨다. 《삼국지(三國志)》〈촉지 선주전(蜀志先主傳)〉에 "대저 영웅이란 흉중(胸中) 원대한 뜻과 복중(腹中) 좋은 계책을 가지고, 우주를 감싸 안을 만한 기틀과 천지를 삼킬 만한 뜻을 지닌 자이다. 지금 천하의 영웅은 그대 유비와 나 조조뿐이다〔夫英雄者 胸懷大志 腹有良謀 有包藏宇宙之機 呑吐天地之志者也 今天下英雄 唯使君與操耳〕."라고 하며 조조가 유비를

得相[105]能開國, 生兒[106]不象賢. 凄涼蜀故妓, 來舞魏宮前[107].

방회

원래의 주(註)에는 "한말에 '왕망가의 공손술이 날뛰나 오수전이 마땅히 회복되리라.'라고 일컬었다." 또 이르길 호담암의 어떤 시에 "모름지기 백성들로 하여금 거사비를 세우게 하니, 마치 한나라 오수전을 생각하게 하는 것 같다."라고 일렀다. 스스로 주를 붙여 말하길, "오수전은 한나라 원수 5년에 시작하여 신나라 때 파했으나 백성들은 오수전으로 시장을 보아야 한다고 생각했다. 광무제 때 마원의 말로 인하여 이를 회복시키자 백성들은 편리하게 여겼다."라고 했다. (方批云, 元注,「漢末稱『黃牛白腹,[108] 五銖當復』」又云, 胡澹庵[109]有詩云,「須令民去思, 如漢思五銖」自注

상찬하고 있다.
102 늠연(凜然) : 위엄이 있고 기개가 높은 모습을 말한다.
103 삼족정(三足鼎) : 세 발로 지탱하고 있는 솥의 모습으로, 위(魏), 촉(蜀), 오(吳)를 비유한다.
104 오수전(五銖錢) : 한(漢) 무제(武帝) 때 발행된 화폐로, 왕망(王莽)에게 권력을 빼앗긴 후 폐지되었는데, 광무제 유수가 한(漢)을 되찾고 오수전을 회복시켰다. 광무제가 오수전을 회복해서 다시 한(漢)을 이었듯, 유비도 한대(漢代)의 대업을 잇고 있음을 비유한 것이다.
105 상(相) : 제갈량(諸葛亮)을 가리킨다.
106 생아(生兒) : 유비의 아들인 후주(後主) 유선(劉禪)이다.
107 촉고기 래무위궁전(蜀故妓 來舞魏宮前) : 진(晉)나라 습착치(習鑿齒)가《한진춘추(漢晉春秋)》에 "사마문왕(司馬昭)이 유선에게 연회를 베풀어주고는 예전의 촉나라 기녀들로 하여금 춤추게 하니, 옆에 있던 사람들은 모두 비통해하였는데, 유선만은 즐거워하며 태연자약하였다[司馬文王 與禪宴 爲之作故蜀伎 旁人皆爲之感愴 而禪喜笑自若].라고 한 말을 용사(用事)한 것이다.

謂,「五銖起於元狩五年, 新室罷之, 民思以五銖市買[110]. 光武因馬援言復之, 民以爲便.」)

기윤

첫 두 구는 선주묘(先主廟)가 확실하지만 절묘해서 용사(用事)하지 않은 것처럼 느껴지고, 뒤의 네 구는 침착함이 지극하여 직설(直說)함에 병폐가 보이지 않는다. 또 비평해서 이르길 구절마다 정선해서 시어를 뽑았다. (紀批云, 起二句確是先主廟, 妙似不用事者. 後四句沉着之至, 不病其直. 又批云, 句句精拔.)

108 황우백복(黃牛白腹) : 황우는 왕망을, 백복은 그의 신하 공손술을 가리킨다.
109 호담암(胡澹庵, 1102~1180) : 이름은 전(銓), 자는 방형(邦衡), 담암(澹庵)은 그의 호이다. 남송 때 정치가이고 문학가이다.
110 시매(市買) : 시장에서 물건을 구입하다.

표모의 묘를 지나며 [유장경]
劉隨州(劉長卿) 漂母墓

옛 현인은 한 끼의 은혜마저 잊지 않았는데
이 일 벌써 천 년이나 흘렀구나.
나무꾼, 옛 무덤의 사유를 알고나 있을까?
초나라 물에 전 왕조가 떠내려가는 듯하다.
길가는 나그네가 올린 건 죄다 산흰쑥인데
숲속 나무의 두견새만이 수심을 돋우어 준다.
봄풀 끝없이 이어진 짙푸른 산속
왕손이 옛날 노닐던 곳, 여기로구나.

昔賢[111]懷一飯[112], 茲事已千秋. 古墓樵人識, 前朝楚水流.
諸蘋[113]行客薦, 山木杜鵑愁. 春草綿綿綠, 王孫[114]舊此游.

111 현(賢) : 현인, 즉 한신을 가리킨다.
112 회일반(懷一飯) : 한신이 어려울 때, 빨래하는 노파[표모(漂母)]에게 한끼의 밥을 얻어 먹었는데, 이를 잊지 않고 입신출세하여 찾아가 은공을 갚은 일을 말하는 것으로 『사기(史記)』「회음후전(淮陰侯傳)」에 나온다.
113 빈(蘋) : 산흰쑥, 올리는 제물이 변변치 못함을 이른다.
114 왕손(王孫) : 한신을 가리킨다.

방회

제4구는 대개 초나라가 망하고, 한나라가 망하여 지금은 오직 물만 흐르고 있을 뿐임을 말한 것이다. 한 표모(漂母)의 묘임을 나무꾼이 능히 알고 있었고, 또한 그가 그때 한 끼의 은덕을 베풀었을 뿐이라고 여겼던 것 같다. (方批云, 第四句蓋謂楚亡漢亡, 今惟有流水耳. 一漂母之墓, 樵人猶能識之, 亦以其有一飯之德於時耳.)

기윤

이 해석이 가장 정교하다. (紀批云, 此解最精.)

소무의 사당에서 [온정균]

溫八義(溫飛卿) 蘇武廟

소무의 혼백이 한나라 사신 앞에서 흩어졌다는데
옛 사당과 높은 나무, 둘 다 무심하더라.
구름 끝 기러기, 오랑캐 분야의 하늘에서 사라지고
언덕 위의 양들은 변방의 짙은 안개 속에서 돌아온다.
고국으로 돌아오던 날 누대는 갑장(甲帳)이 아니고
떠나던 때 관모와 칼은 장정의 나이였지.
한무제는 봉후인(封侯印)을 보지 못했으니
가을날 부질없이 흐르는 물결에 통곡하노라.

蘇武[115]魂銷漢使[116]前, 古祠[117]高樹兩茫然.
雲邊雁斷[118]胡天[119]月, 隴上羊歸塞草烟[120].

---

115 소무(蘇武) : 자(字)가 자경(子卿)으로 두릉(杜陵)사람이다. 한 무제 때 흉노(匈奴)로 사신 가서 억류되었지만, 그곳에서 절조를 굽히지 않고 힘겨운 삶을 살았던 사람이다. 그는 한 소제 때에 비로소 돌아올 수 있었다. 시는 그의 삶을 회고하며 읊은 것이다. 소무묘(蘇武廟)는 소무를 위하여 지은 사당으로 구체적인 위치는 알 수 없다.
116 한사(漢使) : 한 소제(昭帝) 때 흉노에 파견된 사신을 가리킨다.
117 고사(古祠) : 소무묘(蘇武廟)를 가리킨다.
118 안단(雁斷) : 무리를 잃은 기러기. 즉 소무(蘇武)가 오랑캐에게 억류당하여 소식이 끊어졌음을 뜻한다.
119 호천(胡天) : 흉노의 땅을 가리킨다.
120 농상양귀새초연(隴上羊歸塞草煙) : 흉노의 억류로 한(漢)나라와 소식이 끊어진 후, 소무와 그가 방목하던 양 떼를 몰고 변방의 안개가 자욱한 저녁에 돌아옴을

回日樓臺非甲帳[121], 去時冠劍是丁年[122].
茂陵[123]不見封侯[124]印, 空向秋波哭逝川.

▪

기윤

5구와 6구에 생동감이 있다. (紀批云, 五六生動.)

　　　묘사하였다. 소무가 흉노에 있을 때 고생하며 지냈던 일을 회상한 것이다.
121　갑장(甲帳) : 한무제가 지은 장막이다. 《한무고사(漢武故事)》에는 "한 무제가 유리(琉璃), 주옥(珠玉), 명월(明月) 양광주(夜光珠)를 가지고 천하의 진귀한 보물들과 한데 섞어서 갑장(甲帳)을 만들고, 그 다음에 을장(乙帳)을 만들어서 갑장(甲帳)에 신(神)을 거처하게 하고 을장(乙帳)에서 자신이 거처했다[漢武帝以琉璃珠玉 明月夜光 錯雜天下珍寶爲甲帳 其次爲乙帳 甲以居神 乙以自居]."고 한다. '비갑장(非甲帳)'은 한 무제가 이미 죽었기 때문에 궁실(宮室)이 옛날과 같지 않다는 것이다.
122　정년(丁年) : 장정(壯丁)의 나이를 말한다. 이릉(李陵)의 〈답소무서(答蘇武書)〉에 "丁年에 사신을 가서 백발이 되어 돌아왔다[丁年奉使 皓首而歸]."라는 구절이 있다.
123　무릉(武陵) : 한무제의 능묘(陵墓)를 말한다. 지금의 섬서성(陝西省) 흥평현(興平縣) 동북에 있다. 여기서는 한 무제를 가리킨다.
124　소무가 절개를 지키고 돌아오자, 한 선제(宣帝)가 그에게 관내후 작위를 하사하고 식읍 300호를 하사하였다.

진림의 묘 [온정균]
陳琳墓

일찍이 역사책에 남긴 글을 읽었는데
오늘에야 떠도는 신세로 여기 무덤을 지나오.
그대의 혼령이 있다면 응당 나를 알 것이나
간능(幹能)해도 모실 임금이 없고서야 비로소 그대가 가련했다오.
돌기린은 흙에 묻혀 봄풀에 가려지고
동작대는 황량한 채 저문 구름과 마주하고 있소.
바람을 맞고 슬픔이 더해짐을 괴이 여기지 마시오
장차 그대의 문장과 무예를 배워서 종군하고 싶소.

曾於靑史[125]見遺文[126], 今日飄零過古墳.
詞客有靈應[127]識我, 覇才[128]無主始[129]憐君.
石麟[130]埋沒藏秋草, 銅雀[131]淒涼起暮雲.

---

125 청사(靑史) : 종이가 발명되기 이전에 대나무 청피에 사실을 기록했다는 데서 온 말로, 역사상의 기록을 이른다.
126 유문(遺文) : 진림이 남긴 문장. 진림이 원소의 휘하에 있을 때 쓴 《위원소격예주문(爲袁紹檄豫州文)》 등을 가리킨다.
127 응(應) : 응당~해야 한다.
128 패재(覇才) : 뛰어난 재주의 소유자. 여러 시에서는 패재(覇才)를 원소로 보고 있으나 기윤(紀昀)은 진림을 가리킨다고 했다. 기윤의 설이 합당하다.
129 시(始) : 비로소.
130 석린(石麟) : 진림의 무덤가에 세운 석물(石物)을 이른다.
131 동작(銅雀) : 삼국 시대, 위나라의 조조가 원소를 물리치고 업성(鄴城)의 북서쪽에 지은 누대. 동작대를 이른다.

莫怪臨風倍惆悵, 欲將書劍學從軍.

기윤

「사객(詞客)」은 진림을 가리키고, 「패재(霸才)」는 (시인인) 자신을 말한다. 이곳 일련(一聯)에서 (1구와 2구가) 시대를 달리하지만, 같은 마음이라는 느낌이 있다. 「응(應)」자는 지극히 거만하나, 「시(始)」자는 지극히 침통하다. 수련을 통한 이 두 어구를 골격으로 삼고 있어, 순수함이 절로 느껴진다. (紀批云, 「詞客」指陳, 「霸才」自謂. 此一聯有異代同心之感, 「應」字極兀傲[132], 「始」字極沉痛, 通首以此二語爲骨, 純是自感.)

---

132 올오(兀傲) : 고오(高傲)하여 세속을 따르지 않는 모양을 말한다.

동산에서 외대부 묘를 찾아 뵙다 [진사도]
陳后山[133] 東山謁外大父墓

나지막한 뫼, 창룡이 뒤척이듯 휘어져 있고
아래로는 광활하니 세상을 덮을 만한 노옹이었네.
모든 나무, 하늘을 찌르는데, 원래부터 곧았기 때문이요
대숲 떨기, 길을 가렸지만, 다시 동쪽으로 통하는구려.
한 세기 부귀(富貴)하게 살려면 지금 누굴 만나야 하나?
한 세대의 공명심이라면 공평한 세상에 의탁하려네.
어려서 머리 쓰다듬어 주면서 자기와 같아지길 바랐을 텐데
늙어서야 눈물 흘리며 서풍을 맞고 있네.

土山宛轉屈蒼龍[134], 下有槃槃蓋世翁.
萬木刺天元自直, 叢篁[135]偒道更須東.
百年富貴今誰見, 一代功名託至公[136].
少日拊頭期類我[137], 暮年垂淚向西風.

133 진후산(陳后山, 1052~1101) : 명(名)은 진사도(陳師道), 자(字)는 이상(履常),
    후산은 호(號)이다. 팽성인(彭城人)이며, 북송(北宋) 때 시인으로 강서시파(江西
    詩派)의 중심인물이다.
134 창룡(蒼龍) : 동쪽 방위를 맡은 태세신을 상징하는 짐승으로 푸른 용을 가리킨다.
135 총황(叢篁) : 대나무 숲을 말한다.
136 지공(至公) : 지극히 공평한 세상을 말한다.
137 아(我) : 여기서 '나'가 아닌 '자기(외조부)'의 뜻이다.

방회

진후산의 어머니는 승상 방공(龐公) 적(籍)의 딸이다. (方批云, 后山母夫人, 丞相龐公籍[138]之女.)

기윤

한 기운으로 혼연히 이루어진 진후산의 가장 깊고 후덕한 작품이다. 또 비평하여 이르길, 「갱수동(更須東)」 세자에 '통(通)'자가 빠져 있다. 나는 「통(通)」자가 빠진 것을 오류라고 여겨 바로잡는다. (紀批云, 一氣渾成[139], 后山最深厚之作. 又批云, 「更須東」三字欠通, 余定爲「通」字之誤.)

138 방적(龐籍, 988~1063) : 자(字)는 순지(醇之), 단주(單州)의 성무(成武) 사람, 후산의 외조부이다.
139 일기혼성(一氣渾成) : 한 기운으로 혼연히 이루어져 있다는 뜻이다.

여황 旅況

저물녘 낙향현에서 묵으며 [진자앙]
陳拾遺[1](陳子昂) 晚次樂鄕縣

고향 가는 길, 아득히 멀어
해는 저물어도 외로이 간다.
강기슭에서 고향길 잃고 헤매다가
길 따라 변방의 성으로 들어가는데.
들판 초소엔 황량한 연기마저 끊겼고
깊은 산 고목엔 정적만 흐르는구나.
어쩌나? 이 시절의 한을
한밤중 원숭이 울음소리만 들려올 뿐이다.

故鄕杳無際, 日暮且孤征. 川原迷舊國,[2] 道路入邊城.
野戍[3]荒烟斷, 深山古木平. 如何此時恨 嗷嗷[4]夜猿鳴.

---

1 진습유(陳拾遺, 661~702) : 진자앙(陳子昂)을 가리킨다. 자는 백옥(伯玉), 습유(拾遺)는 관명이다. 재주(梓州) 사홍(射洪)사람으로 사람됨과 시풍에서 모두 높은 기상을 보여주고 있다.
2 구국(舊國) : 자신이 태어나서 떠나온 나라이다. 그래서 고향을 나타낸다.
3 수(戍) : 수자리. 국경을 지키는 일이나 사람을 가리킨다. 여기서는 수자리가 보초

방회

처음의 양구(兩句)는 시제를 말하고, 중간 4구는 풍경을 말하고, 끝의 양구는 의미를 말로 펼쳐놓았다. 성당시(盛唐詩) 중 많은 시가 이와 같다. 전편은 힘차고 거침없으면서 잘 정리되어 고고한 맛이 있다. (方批云, 起兩句言題, 中四句言景, 末兩句擺開言意. 盛唐詩多如此. 全篇雄渾齊整, 有古味.)

기윤

만당(晩唐)의 시법(詩法)도 또한 이와 같으나 다만 기격(氣格)이 낮고 약할 뿐이다. 대개 시의 교묘함과 졸렬함은 전부 뿌리가 얕은지 깊은지, 조예하는 힘이 센지 약한지에 있으며, 어느 구는 정서를 말해야 하고, 어느 구는 경치를 말해야 하는 판법〔원칙〕에 있지 않다. 또한 어느 구는 마땅히 경치를 쓰되 정서를 나타나게 하고, 어느 구는 마땅히 정서를 쓰되 경치를 나타나게 하지 않는다면 처음부터 온전히 경치를 말하지 못하고 처음부터 온전히 정서를 말하지 못하는 변칙〔무원칙〕에 이르게 될 것이다. (紀批云, 晩唐法亦如此, 但氣格卑弱耳. 蓋詩之工拙, 全在根柢之淺深, 詣力之高下, 而不在某句言情某句言景之板法, 亦不在某句當景而情某句當情而景, 及通首全不言景, 通首全不言情之變法.)

이정직

살펴보건대, 근저심천(根柢淺深)은 학식을 가지고 말해야 하고 예력고하

를 서는 곳의 초소를 말한다.
4 오오(嗷嗷) : 엉엉 우는 모습을 표현한 말이다.

(詣力高下)는 공부하고 나서 말해야 한다. 이것은 모름지기 먼저 근대의 명문가를 좇아 광범위하게 설명할 수 없다. 거슬러 올라가서 명송(明宋) 때, 또 거슬러 올라가서 5대 때, 점점 올라가 한위(漢魏)에 이르러서 풍아에 도달하고, 되돌아서 스스로 풍소(風騷)로 바로잡고 소미도(蘇味道)와 이교(李嶠)가 또 바로 잡아 육조와 삼당을 거쳐 근대에 이르면서, 그것이 어떤 연고로 변화하는지를 살펴야 한다. 또 좋은 변화와 좋지 못한 변화를 분별하여 여러 차례 거슬러 올라가고 여러 차례 바로잡은 것을 가슴으로 자세히 이해해야 심력(心力)이 저절로 장엄해지고 안광이 저절로 원대해져서 하나의 예사롭지 않은 곳에서 나온다고 해도 보는 데는 선명함이 있을 것이다.

그러나 또 시험 삼아 과연 옛사람과 비슷한 것이 있으며 또 모름지기 천 번을 찧고 만 번을 단련했다고 해도 융화하는데 자취가 없다면, 이는 스스로 내가 남을 따르지 않은 것이니, 곧 최고의 말하는 기세가 있어도 우물 안 개구리 식으로 한 집안의 가려운 곳을 긁어주고 지키면서 가히 남과 비교해서는 안 된다. 근저천심(根柢淺深)과 예력고하(詣力高下)는 여기에서 규정할 수 있겠다.

명대(明代) 가정(嘉靖)과 융경(隆慶) 사이의 제자(諸子)들은 오로지 옛 것을 본떠 한곳으로만 뜻을 기울이는 듯했으나, 능히 융화하지 못해 자취가 없어진 것이니, 근대의 제자들이 성정의 학설을 진정성 있게 하고, 또 우물 안 개구리 식의 진작하는 힘을 없애야 할 것 같다. (按. 根柢淺深以學識而言, 詣力高下以工夫而言. 此不可泛說須先從近代名家. 泝而明宋, 又泝而五代[5], 漸至於漢魏, 而達于風雅[6], 復自風騷[7]治, 而蘇李[8]又治, 而六朝[9]三

---

5 오대(五代) : 중국의 역사에서 907년 당(唐)이 망한 뒤부터 960년 송이 건국되기까지의 다섯 왕조를 가리킨다.

唐¹⁰, 以至于近代察其何故而變. 又辨其善變與不善變, 屢沂屢治, 融會于胸中, 則心力自壯, 眼光自遠, 有一副見鮮出於尋常之外. 然又試之而出諸口, 果與古人有所彷彿, 又須千擣萬鍊, 融化無迹的, 是自我不襲於人, 則有一等辭氣非爬守一家夜郎自大¹¹之所可比擬也. 於此可定. 如明嘉隆¹²諸子之專意, 摹古者其未能融化無迹者也. 如近代諸子眞性情之說, 又夜郎自大無振作之力者也.)

---

6 풍아(風雅) : 시경(詩經)의 국풍(國風)과 대아(大雅), 소아(小雅)를 말한다. 바르고 고상한 시문을 말할 때 이 말로 비유한다.
7 풍소(風騷) : 시경의 국풍과 굴원의 이소(離騷)를 가리킨다.
8 소리(蘇李) : 당나라 때의 시인 소미도(蘇味道)와 이교(李嶠)를 가리킨다.
9 육조(六朝) : 후한(後漢)이 멸망한 이후 수(隋)나라의 통일까지 지금의 남경에 도읍한 왕조로 오(吳), 동진(東晋), 송(宋), 제(齊), 양(梁), 진(陳)이다.
10 삼당(三唐) : 초당(初唐)·성당(盛唐)·만당(晚唐)을 가리킨다.
11 야랑자대(夜郎自大) : 세상 물정 모르는 우물 안의 개구리, 즉 좁은 식견에 제 잘났다고 뽐내는 것을 이른다.
12 명가융(明嘉隆) : 명대(明代)의 연호 가정(嘉靖)과 융경(隆慶) 사이를 말한다.

처음 떠나고 나서 도중에 먼 곳에서 부치다 [장구령]
張曲江[13] 初發道中寄遠

가는 세월에 고향은 자꾸 멀어지는데
가을바람마저 이때 불어오누나.
어제는 오랑캐의 말 울음소리 들었는데
오늘은 초나라의 원숭이 울음소리 들었지.
헤어진 때 생각하니 아침저녁으로 괴롭고
돌아갈 마음 품으니 세월은 왜 이리 더딘지.
하지만 큰 포부 그만둘 수 없어
늘 구레나룻 셀까 봐 두렵더라.

日夜鄕山遠, 秋風復此時. 舊聞胡馬[14]思, 今聽楚猿[15]悲.
念別朝昏苦, 懷歸歲月遲. 壯圖[16]空不息, 常恐鬢如絲[17].

13 장곡강(張曲江) : 본명은 장구령이다. 자는 자수(子壽). 당현종 시기의 재상으로 유명한 인물이며 시인으로, 곡강은 장구령의 고향이다.
14 호마(胡馬) : 북쪽에서 태어난 말로 고향에 대한 그리운 감정을 이입시키는 역할을 하고 있다.
15 초원(楚猿) : 초나라의 원숭이로 울음소리가 매우 슬퍼서 슬픔을 비유할 때 인용된다.
16 장도(壯圖) : 크게 도모하는 계획이나 포부를 말한다.
17 빈여사(鬢如絲) : 구레나룻이 흰 실과 같다는 뜻으로 늙어짐을 비유한다.

방회

우아하고 담백한 맛이 있다. (方批云, 雅淡有味.)

기윤

1구는 시제를 어루만지고, 2구는 또 진일보하였다. 3구는 곁에서 일필에 의탁하였고, 4구는 합해져 본래의 위치에 이르니 어휘 배치에 생동감이 있다. 또 이르길, 이 시는 당시에 우아한 읊음이 있었는데, 후세에 이리저리 서로 모방하였으나 이윽고 익히 조절함이 있다. 다만 마땅히 그 글의 생동감만을 배웠을 뿐, 그 의사를 복습할 수 없었다. 성당시를 읽고 모름지기 이 이치를 알아야 바야흐로 추락하지 않고, 공강(空腔)으로 들어갈 것이다. (紀批云, 首句按題, 次句又進一步, 三句旁托一筆, 四句合到本位. 措詞生動. 又云, 此在當時爲雅詠, 在後世輾轉相摹, 已爲習調. 但當學其氣韻, 不可復襲其意思. 讀盛唐詩, 須知此理, 方不墜入空腔[18].)

---

18 공강(空腔) : 의학적 용어로 몸속의 빈곳을 말한다.

강한 [두보]
杜甫 江漢[19]

강한(江漢)에서 돌아가고 싶은 나그네
천지 사이, 한 쓸모없는 선비라오.
하늘가 조각구름과 함께 떠돌다가
긴긴밤 달과 함께 외로워하네.
해 질 녘에 오히려 마음 굳게 먹으니
가을바람에도 병이 나으려 하는구려.
예부터 늙은 말을 남겨 둔 것은
반드시 먼 길만 가려는 것은 아닐세.

江漢思歸客, 乾坤一腐儒[20]. 片雲天共遠, 永夜月同孤.
落日心猶壯, 秋風病欲蘇. 古來存老馬[21], 不必取長途.

방회

이 시는 내가 어려서 배운 글이다. 이 시가 있는 고인본은 혹자가 이르길 두목의 책이라고 했다. 시의 맛이 오래되어서 더 익숙해져야 더욱 그 공을

19　강한(江漢) : 중국의 장강과 한수를 가리킨다.
20　부유(腐儒) : 실생활에 아무런 역할도 하지 못하는, 아주 완고하고 쓸모없는 선비나 학자를 조롱하는 말이다.
21　고래존로마(古來存老馬) : 노마지지(老馬之智)를 연상하게 하는 시구이다.

발견하게 된다. 중간의 4구에서 운천(雲天), 야월(夜月), 낙일(落日), 추풍(秋風)의 시어를 사용했는데, 모두 경치(景致)를 나타내는 말이나, 정감 있는 시어로 이를 꿰어 놓았다. 그래서 공원(共遠), 동고(同孤), 유장(猶壯), 욕소(欲蘇)의 시어가 절묘하다. (方批云, 此詩余幼而學書, 有此古印本[22], 爲或云杜牧之書也. 味之久矣, 愈老而愈見其功. 中四句用「雲天」「夜月」「落日」「秋風」, 皆景也, 以情貫之.「共遠」「同孤」「猶壯」「欲蘇」絶妙.)

기윤

앞의 네 구는 고향으로 돌아갈 것을 생각한 것인데,「편운(片雲)」2구에서 긴밀하게 연결해 '사귀(思歸)'의 설명을 내놓았다. 뒤의 네 구는 마음을 굳게 하고 홀연히 길을 떠나게 한다. '낙일(落日)' 2구는 붓을 당겨 떨쳐 일어나게 하고, 끝의 2구에서 시상을 불러내는데, 말한 기세가 매우 다른데, 방허곡의 비평에서는 도리어 차이가 없었다. 또 비평하여 이르길, '낙일(落日)' 두 자는 곧 작자가 만년(晩年)의 나이임을 뜻하며, '추풍(秋風)'으로 차대했지만, 실지의 일은 아니다. (紀批云, 前四句是思歸.「片雲」二句緊承思歸說出. 後四句乃壯心斗發.「落日」二句提筆振起, 呼出末二句, 語氣截然不同. 虛谷此評却不差. 又批云,「落日」二字乃景迫桑楡[23]之意, 借對「秋風」, 非實事也.)

---

22 고인본(古印本) : 오래된 인쇄서(印刷書)를 말한다.
23 경박상유(景迫桑楡) : 저녁 해의 그림자가 뽕나무와 느릅나무 가지에 비쳐 있는 광경을 표현한 것이다. 즉 늙은 나이를 비유한다.

세모 [두보]
歲暮

한 해의 저물녘, 멀리 떠난 나그네
변경에선 도리어 전쟁이 한창이로군.
연진(煙塵)이 설령을 침범하고
북과 뿔피리가 강성을 동요하네.
세상에는 날마다 피 흘리는데
조정에서 누가 벼슬을 청하리.
시절을 구제함에 감히 죽음을 아낄까만
적막하니 굳게 먹은 마음마저 놀라게 하는군.

歲暮遠爲客, 邊隅還用兵. 烟塵[24]犯雪嶺, 鼓角[25]動江城.
天地日流血, 朝廷誰請纓[26]. 濟時敢愛死, 寂寞壯心驚.

기윤

내용이 침울하여 순순함이 꺾였으며, 후반의 앞 구 중에는 운수해립(雲垂海立)의 기세가 있다. 또 비평하여 이르길, 중간의 네 구는 '용병'설의 아래

---

24 연진(烟塵) : 봉화 연기와 전쟁의 먼지라는 말로, 전쟁이 한창 진행 중임을 말한다.
25 고각(鼓角) : 고대에는 군대에서 호령할 때 북과 나팔을 써서 알렸다. 전쟁을 시작하고, 독려하고, 마무리 짓는 데 사용했다.
26 영(纓) : 갓끈의 뜻이나 여기서는 벼슬을 의미하고 있다.

를 갖추어서 잇고, 말 구는 은근히 첫 구 '위객(爲客)'의 뜻과 얽혀 있다. 운용한 방법 중에 가장 치밀하다. (紀批云, 沉鬱順挫, 後半首中有海立雲垂[27]之勢. 又批云, 中四句俱承「用兵」說下, 末句仍暗繳首句「爲客」意, 運法最密.)

---

27 해립운수(海立雲垂) : 구름이 드리워져 바다에 세워진다는 뜻으로 임금의 은혜가 백성에 미쳐 기뻐한다는 의를 지닌다.

산관 [두보]
山館[28]

남방엔 날이 새니 안개가 많다는데
북풍으로 날씨가 한창 차갑다네.
길은 위태로워 나무 끝을 걷는 듯
몸은 멀리 구름 끝에 머무는 듯하다.
산 귀신이 등이 꺼지도록 숨을 내쉬지만
요리사는 밤이 새도록 이야기하자네.
닭 울어 다음 묵을 산관을 묻고는
세상 어지러운데 굳이 편안한 곳만 찾을까.

南國晝多霧, 北風天正寒. 路危行木杪, 身遠宿雲端.
山鬼吹燈滅, 廚人語夜闌. 雞鳴[29]問前館, 世亂敢求安.

기윤

3구는 '산(山)'자를 깨우치게 하고, 4구는 '관(館)'자를 깨우치게 해준다. 5, 6구는 기러기 떼 나는 밤 중으로 가을에서 겨울로 가는 때이며, 7, 8구를 합쳐 살펴보면 바로 온 밤, 잠을 자지 않고 말했다고 했을 뿐, 도리어 그

---

28 산관(山館) : 산속에 나그네가 쉬어갈 수 있는 집을 말한다.
29 계명(雞鳴) : 닭이 울 때, 즉 날이 밝아옴을 말한다.

내용을 밝히지 않았으니, 구절에 함축성이 있다. (紀批云, 三句醒「山」字, 四句醒「舘」字, 五六句雁景陰慘30, 合七八句觀之, 正言一夜無眠耳, 却不說破, 絶有含蓄.)

---

30 음참(陰慘) : 가을에서 겨울로 가는 시기를 가리킨다.

관서의 객사에서 머물면서 동산의 엄자릉과 허유 두 산인에게 편지를 부칠 때 천보연간에 고도가 징병되다 [잠삼]
岑嘉州(岑參) 宿關西客舍寄山東嚴許二山人時天寶[31]高道舉徵[32]

구름은 관서에 비를 보내고
바람은 위북에 가을을 전하는데.
외로운 등불로 나그네의 꿈 태우고
차가운 방망이로 향수를 다듬이질한다.
여울에서 엄자릉을 생각하고
산중에서 허유를 추억한다.
백성에게 지금 희망이 있도록
조서가 날아와 임구에 떨어졌으면.

雲溪關西[33]雨, 風傳渭北[34]秋. 孤燈然客夢, 寒杵擣鄕愁.

---

31 천보(天寶) : 당나라 현종 때의 연호이다.
32 숙관서객사기산동엄허이산인시천보고도거징(宿關西客舍寄山東嚴許二山人時天寶高道舉徵) : 이 시의 제목이 다른 판본에는 "관사의 객사에 머물며 동산의 엄산인, 허산인에게 편지를 보냈다. 그때가 천보 7월 3일 내학에 있다가 고근도〈다른 한 본에는 '근(近)'자가 있다.〉가 징집되었음을 보았다〔宿關西客舍寄東山嚴許二山人時天寶初七月初三日在內學見有高〈一本有近字〉道舉徵〕."로 되어 있다. 또 전당시(全唐詩) 권200, 별본에는 "7월 3일 내학에 있다가 고도가 징집되었는데, 관서의 객사에 머물면서 동산의 엄허 두 산인에게 편지보내는 것을 보다〔七月三日在內學見有高道舉徵宿關西客舍寄東山嚴許二山人〕."으로 되어 있다.
33 관서(關西) : 함곡관(函谷關)의 서쪽 지역을 가리킨다. 바로 오늘날의 섬서성과 감숙성 일대이다.
34 위북(渭北) : 위수(渭水)의 북쪽 지역을 가리킨다. 황하의 가장 큰 지류로 지금의

灘³⁵上思嚴子³⁶, 山中憶許由³⁷. 蒼生今有望, 飛詔下林邱³⁸.

기윤

'연(然)'자와 '도(搗)'자는 개원(開元) 후에 시안(詩眼)의 갈래에서 왔고, '엄자'와 '허유'는 개원 후 절성관합의 갈래에서 왔으니, 모두 다른 갈래로 이미 개원과 천보 때에 나타나 있다. 대개 성한 것이 다하면 쇠퇴해서 곧 굴복하는 것인데, 작자도 또한 스스로 알지 못했다. (紀批云,「然」字「搗」字開後來詩眼³⁹之派,「嚴子」「許由」開後來切姓關合之派, 皆別派也, 而已見於開寶之時⁴⁰. 蓋盛極而衰卽伏焉, 作者亦不自知也.)

감숙성에서 발원해 동쪽으로 흘러 섬서성의 중부 지역을 가로지르는 강이다.
35 탄(灘) : 칠리탄(七里灘)이다.
36 엄자(嚴子) : 엄광(嚴光)을 말한다. 엄자릉이라는 이칭도 있다. 그는 후한의 광무제 유수(劉秀)가 군사를 일으켰을 때 그를 도와 성공을 거둔 뒤 부춘산(富春山)에 은거했다.
37 허유(許由) : 요임금이 왕위를 물려주고자 하자 더러운 소릴 들었다고 창랑가에서 귀를 씻었다는 고사가 전한다. 은거인(隱居人)의 대명사로 불린다.
38 임구(林丘) : 은거지를 가리킨다.
39 시안(詩眼) : 시 전체에서 가장 훌륭하고 핵심적인 글자나 시구를 가리킨다. 문장일 경우는 이를 사안(詞眼)이라고 한다.
40 개보지시(開寶之時) : 당나라 현종의 연호 개원(開元)과 천보(天寶)이다. 개원은 현종이 황제 즉위 후 713년 12월~741년 12월까지 29년간 사용했고, 그 이후 천보는 742년 1월~756년 8월까지 15년간 사용했다. 이 때문에 개원과 천보, 양 연호를 합칭해서 개천(開天)이라고 한다.

정근이 보내온 〈추야즉사〉를 받고 화답하다 [낭사원]
郎君冑(郎士元)[41] 酬程近[42]秋夜卽事見贈

긴 대자리에서 새벽바람 맞대하니
텅 빈 성엔 달빛만이 화려하다.
은하수 가, 가을의 한 기러기 나는데
다듬이 소리가 늦은 밤 온 마을에 울린다.
절후를 따져보니 응당 늦가을이련만
품은 뜻은 와병으로 또한 공염불이 되었도다.
지난번에 보내온 빼어난 구절 읊다 보니
새벽 까마귀 우는 소리마저 듣지 못했구나.

長簟迎風早, 空城淡月華. 星河[43]秋一雁, 砧杵夜千家.
節候看應晚, 心期[44]臥[45]已除. 向來[46]吟秀句, 不覺已鳴鴉.

41 랑군주(郎君冑, 727~780) : 당대(唐代) 시인으로 이름은 사원(士元)이고 군주(君冑)가 그의 자(字)이다. 중산사람으로 당시 전기제(錢起齊)와 더불어 전랑(錢郎)으로 불렸으며, 또 앞엔 심송(沈宋)이 있고, 뒤엔 전랑이 있다고 할 정도로 시명(詩名)이 높았다.
42 정근(程近) : 다른 판본에는 정연(程延)으로 되어 있다. 여러 정황으로 보아 '연(延)'자를 오기(誤記)한 것으로 판단된다.
43 성하(星河) : 은하수를 말한다.
44 심기(心期) : 마음속으로 바라는 것을 기대하는 것이다.
45 와(臥) : 병(病)으로 인하여 일어나지 못함을 이른다.
46 향래(向來) : 오래 지나지 않은 과거, 즉 '접대'를 말한다.

기윤

3구와 4구는 맑고 심원하며 섬세하고 수려해서 전체가 또한 모두 맑고 온당하다. 또 비평하여 이르길, 결구의 화합하는 말이 좋고, 자의가 정밀하다. (紀批云, 三四淸遠纖秀, 通體亦皆淸妥. 又批云, 結和字密.)

장안의 언덕을 일찍이 바라보며 [이빈]
李建州(李德新)[47] 秦原[48]早望

고향에서 온 고마운 편지를 받고도
장안으로 돌아갈 수 없구나.
사계절을 위수 가에서 보내는데
봄빛은 진의 누대에까지 올랐겠지.
제비는 평원의 수풀을 스치며 날아가고
사람은 가랑비를 무릅쓰고 다가온다.
봄바람이 옛집에 불어와
또 꽃을 얼마나 피워주고 지나갈는지.

一亝鄕書薦, 長安[49]未得回. 年光逐渭水, 春色上秦臺.
燕掠平蕪去, 人衝細雨來. 東風生故里[50], 又過幾花開.

47 이건주(李建州) : 명(名)은 이빈(李頻), 자는 덕신(德新)이다. 목주(睦州) 수창현(壽昌縣) 정정원(長汀源) 사람으로 당(唐) 때 정치가이면서 시인이다.
48 진원(秦原) : 진(秦)의 언덕, 즉 장안의 언덕을 가리킨다.
49 장안(長安) : 지금의 서안(西安)으로 고대에는 호경(鎬京), 경조(京兆), 옹주(雍州) 등으로 불리었다. 특히 장안은 한(漢)나라 때부터 수나라, 당나라에 이르기까지 나라의 도읍으로서 역할을 했다.
50 고리(故里) : 지은이가 살던 장안의 집을 말한다. 이 시의 지은이는 장효표(章孝標)이다.

기윤

이미지가 천연스러우나 한 곳으로 몰려드는 것을 용납하지 않았다. 이 오언율시는 가장 성숙한 경지에 이르렀는데, 시의 아담한 맛이 있으면서 또 천박하고 속된 것을 간섭하지 않았다. 그러므로 당인의 신분에 속한다. (紀批云, 興象[51]天然, 不容湊泊. 此五律最熟之境, 而氣韻[52]又不涉甛俗[53], 故爲唐人身分.)

---

51 흥상(興象) : 시를 짓는데 4가지 요소 중 하나이다. 4가지 요소는 체격(體格), 성조(城操 - 음의 높낮이), 흥상(興象 - 이미지), 풍신(風神 - 풍채)이다.
52 기운(氣韻) : 글이나 글씨, 그림 따위에서 느껴지는 생동감과 아담한 멋을 말한다.
53 첨속(甛俗) : '달콤하다'와 '속되다'의 결합어로 '세속에 물들다', '천박하다'의 의미로 쓰인다.

돌아가며 낙수를 건너다 [황보염]
皇甫補闕(皇茂政)⁵⁴ 歸渡洛水

저문 황혼 녘에 봄의 시름 일어
돌아가는 사람, 남쪽의 나루터를 건너는데.
물가의 안개는 하늘빛 비취와 어우르고
여울에 비친 달빛은 강에 부서져 흐른다.
예수의 포구엔 꽃다운 풀 없는데
창랑의 파랑(波浪)엔 낚시 배 떠 있구나.
누가 알랴. 목 놓아 노래하는 객이
바로 유유자적(悠悠自適)하는 이 뜻을.

暝色赴春愁, 歸人南渡頭⁵⁵. 渚烟空翠合, 灘月碎江流.
澧⁵⁶浦無⁵⁷芳草, 滄⁵⁸波有釣舟. 誰知放歌客, 此意正悠悠

54 황보보궐(皇甫補闕) : 이름은 황보염(皇甫冉), 자는 무정(茂政), 보궐은 그의 벼슬이다. 당나라 안정(安定) 사람으로 동생 황보승과 함께 재명(才名)이 있었다.
55 도두(渡頭) : 강이나 내 또는 좁은 바닷목으로, 배가 건너다니는 곳이다. 나루터를 말한다.
56 례(澧) : 예수(澧水)이다. 중국 호남성(湖南省)의 4대 강류 중 하나이다.
57 무(無) : 다른 판본에는 '요(饒)'로 되어 있다.
58 창(滄) : 창랑수(滄浪水)이다. 한수(漢水)의 지류로 호북(湖北)의 경내에 있다. 창랑수와 관련하여 허유와 굴원의 고사가 전해진다. 허유는 요임금이 대권을 물려주겠다는 말을 듣고 여기에 와서 더러운 말을 들었다고 귀를 씻었다고 하고, 굴원은 "창랑의 물이 맑으면 나의 갓끈을 씻을 것이오. 창랑의 물이 더러우면 내 발을 씻겠다."라는 어부사(漁父詞)를 지었다.

방회

시의 제1구는 얻기 어려울 만큼 좋다. 이 시에서 '부(赴)'자와 같은 것이 이미 보이는데, 시화에서 평가한 바는 '술 마시고 갈증이 나니 강물의 맑음을 사랑하다〔酒渴愛江淸〕', '4경에 산은 하현달을 토하다〔四更山吐月〕'라는 (두보의 시구)와 함께 아울러 기구(起句)가 대단히 아름답다. (方批云, 詩第一句難得好, 如此詩「赴」字已見, 詩話所評, 與「酒渴愛江淸」[59],「四更山吐月」[60], 並是起句絶佳者.)

기윤

5구에서는 조사(朝士)가 없음을, 6구에서는 현자(賢者)가 아래에 있음을 말하며 비교하는데, 혼연히 드러나지 않게 하니 묘미가 있다. 어양이 진원효의 시 중 '강은 저무는데, 꽃다운 풀은 많고〔江晚多芳草〕, 산은 봄이 되어 두견새가 있네〔山春有杜鵑〕.'라는 구절에서, '강만(江晚)'을 명나라 말기와, '산춘(山春)'을 청나라와, '방초(芳草)'와 '두견(杜鵑)'을 살아 있는 노인과 비교하며, 이로부터 시간이 변화하는 것처럼 나타내니, 다시 청출어람(靑出於藍)이 되었다. (紀批云, 五句比朝士無人, 六句言賢者在下, 妙於渾然不露. 漁洋[61]評陳元孝[62]詩有「江晚多芳草, 山春有杜鵑」句, 以「江晚」比明末,「山春」比本朝, 以「芳草」「杜鵑」比遺老, 似從此化出, 而更靑於藍.)

---

59 주갈애강청(酒渴愛江淸) : 두보의 시 〈군중에서 취하여 노래한 것을 심팔과 유씨 노인에게 부치다〔軍中醉歌寄沈八劉叟〕〉 1구이다.
60 사경산토월(四更山吐月) : 두보의 시 〈달〔月〕〉 1구이다.
61 어양(漁洋) : 청나라 때의 시인, 왕사정(王士禎)을 가리킨다. 시집으로 《감구집(感舊集)》이 있다.
62 진원효(陳元孝, 1631~1700) : 청초(靑初)의 시인이다. 광동인(廣東人)으로 이름은 공윤(恭尹), 원효(元孝)는 그의 자(字)이다. 호는 나부포의(羅浮布衣), 만호(晚號)는 독록자(獨漉子)로 불린다.

계의 북쪽, 여숙에서 생각하다 [장적]

張司業[63] 薊北[64]旅思

날마다 고향을 바라보며
헛되이 '백저사'를 읊어보는데.
벗을 떠나보낸 여숙에서 오래 머무르며
고향 집에서 떠나올 때를 추억하네.
뜻을 잃고 혼잣말로 중얼거리지만
이 많은 수심, 나만이 알 뿐.
여숙 문밖 버드나무
남쪽으로 향한 가지 모두 꺾이었네.

日日望鄉國, 空歌白苧詞[65]. 長因送人處, 憶得別家時.
失意還獨語, 多愁只自知. 客亭門外柳, 折盡向南枝[66].

---

63 장사업(張司業) : 당대(唐代)의 문인 장적(張籍, 767~830)을 가리킨다. 자는 문창(文昌)이며 오강(烏江 - 지금의 안휘성 화현) 사람이다.
64 계북(薊北) : 계(薊)의 북쪽 지방. 계는 춘추전국시대 연나라 도성(都城)으로 지금 북경의 계현이라고 하는 것이 통설이나, 현대에 들어 하북성(河北省) 거록현(巨鹿縣)이라고 비정하는 학자도 있다.
65 백저사(白苧詞) : 당대(唐代)의 시인 대숙윤(戴叔倫, 732~789)의 시를 말한다. 백모시는 중국의 남부에서 많이 생산되는 특산물로 장적은 이 시를 읊고 고향과 자신의 처지를 생각했을 것으로 여겨진다.
66 객정문외류 절진향남지(客亭門外柳 折盡向南枝) : 당시 이별할 때 떠나가는 방향의 버드나무 가지를 꺾는 풍습이 있었다. 마지막 시구로 보아 이별하는 사람이 많았음을 짐작하게 한다.

방회

이것은 장사업의 시, 1수인데, 3구와 4구가 참으로 아름다운 구절이다. (方批云, 此張司業中第一首詩. 三四眞佳句.)

기윤

5구와 6구는 나약함을 면치 못했다. 6구의 '只'자는 시법에서 마땅히 '惟'자가 되어야 한다. (紀批云, 五六未免弱, 六句「只」字於法當作「惟」字.)

이정직

살펴보건대 전당시에서 다만 '지(衹)'로 지었는데, 지(衹)가 평성인 까닭으로 시법에는 지장이 없었으나, 당인(唐人)의 시에서 시법에 지장을 준다고 한 것은 내가 다른 학설을 본 적이 있어서일 뿐이다. (按, 全唐詩只作衹[67], 衹平聲故不碍於法, 然考唐人詩碍法者, 有之見余另說.)

---

67 지(衹) : '지(只)'와 동자(同字)이다.

니양관에서 [가도]
賈司戶 泥陽[68]館

나그네의 수심, 어디에서 시작되는가?
저물녘 벗을 보내고 돌아와서일세.
닫힌 공관엔 가을 반딧불만 드나들고
텅 빈 성엔 찬비만 내린다네.
석양에 백로가 이리저리 흩어져 날고
나무 그림자 푸른 이끼 쓸어내는데.
홀로 앉아 품은 슬픔을 풀고자 하지만
외롭게 비추는 등불 앞에서 마음 열지 못하네.

客愁何倂起, 暮送故人回. 廢館秋螢出, 空城寒雨來.
夕陽飄白露[69], 樹影掃靑苔. 獨坐離懷慘, 孤燈照不開.

기윤
5구는 본집(本集)에서 다시 교정했다. 또 이르길, 아마도 이것은 '백로(白鷺)'일 것이다. 그러나 (이것도) 또한 아름답지 못하다. 또 '형출(螢出)',

---

68 니양(泥陽): 북지군(北地郡) 내에 있는 현(縣)이다. 진(秦)나라 때 처음 설치했다.
69 백로(白露): 5구처럼 저물녘에 이슬이 흩날릴 수는 없다. 기윤의 비평이 타당하다는 생각이다. 그러나 여기서는 '표(飄)'자 때문에 '백로(白露)'로 풀이했다.

'우래(雨來)'가 '고좌(孤坐)'를 아울렀지만, 또한 호응하지 못했다. '석양(夕陽)'과 '수영(樹影)'이 있긴 하나 이때 다른 것들을 억지로 긁어모아 놓았으니 이해할 수 없다. (紀批云, 五句再校本集. 又云, 恐是「白鷺」, 然亦不佳. 且「螢出」「雨來」兼以「孤坐」, 亦不應有「夕陽」「樹影」, 此時殊雜湊[70]不可解.)

이정직

살펴보건대 저물녘 벗을 전송하고 텅빈 객관으로 돌아왔는데, 정은 경우에 따라 슬픈 마음이 생기는 것이 한결같지 않았다. (이 시에서) '석양이 홀연히 넘어가면서 백로가 가로지르고 나무 그림자가 이윽고 굴러서 푸른 이끼가 땅에 가득하다.'라고 했다. 그런데 미묘한 것은 '표(飄)'자와 '소(掃)'자 때문에 유무(有無)의 사이를 두드러지게 하고 있다. 그리고 '석양(夕陽)'과 '수영(樹影)'이 저절로 추형(秋螢)의 글자에 의탁하고, '백로(白露)'와 '청태(靑苔)'가 저절로 '한우(寒雨)'의 글자에 의탁해서, 모두 말구 '고등조불개(孤燈照不開)'에 이르러서 이 시를 맺어 제1구 '객수하병기(客愁何併起)'와 호응하고 있으니, 그 의미를 사용함에 깊이 고심했다고 말할 수 있다. (按, 落日送人, 獨回空館, 情因境生愁緒不一. 夕陽忽倒而白露橫林 樹影已轉而靑苔滿地. 妙在以飄字掃字, 襯貼[71]有無之間, 而夕陽樹影自秋螢字托來, 白露靑苔自寒雨字托來, 捴到末句孤燈照不開而結之, 以應第一句客愁何併起, 其用意可謂深苦矣.)

---

70 잡주(雜湊) : 여러 가지를 억지로 끌어 모은다는 말이다.
71 친첩(襯貼) : 친탁(襯托)과 같은 뜻이다. '두드러지게 하다.'의 의미이다.

지는 해를 원망하며 바라본다 [마대]
馬龍陽(馬虞臣)[72] 落日悵望

외로운 구름과 함께 돌아오는 새
천리라도 잠깐이면 오고 가는데.
나는 객지에서 얼마를 머물렀던가?
집 떠나 오랫동안 돌아가지 못하네.
희미하게 햇살은 나무 아래를 비추고
멀리 보이는 짙은 단풍, 가을 산에 숨은 듯.
물가에 다다라도 내 모습을 비추지 못하는 것은
내 얼굴 볼 때마다 놀랄까 두렵기 때문일세.

孤雲與歸鳥, 千里片時[73]間. 念我一何滯, 辭家久未還.
微陽下喬木, 遠色隱秋山. 臨水不敢照, 恐驚平昔[74]顔.

■
방회
시화에는 "미양하교목(微陽下喬木[희미하게 햇살은 교목 아래를 비추고]), 원소입추산(遠燒入秋山[멀리 불타는 듯한 단풍 가을산으로 들어간

---

72 마용양(馬龍陽) : 만당시인. 이름은 대(戴), 자는 우신(虞臣), 당나라 곡양(曲陽) 사람. 또는 화주(華州) 사람이라고도 한다. 5언율시에 뛰어나다는 정평이다.
73 편시(片時) : 오래지 않은 짧은 시간을 말한다.
74 평석(平昔) : 평소에, 평상시, 지난날 등의 뜻이다.

다.])'라 하고 일실일허(一實一虛)하여 몸집을 비슷하게 해서 구에 붙였다."고 일렀다. 지금 마대의 문집을 살펴보니 곧 그렇지 않았다. 다만 이 10자와 같이 스스로 좋아했을 뿐이다. (方批云, 詩話謂「微陽下喬木, 遠燒入秋山」爲一實一虛[75], 似體貼句. 今考戴集, 乃不然, 只如此十字自好.)

기윤

처음에는 초탈함을 얻었고, 이어 가지런한 움직임을 얻었다. 5구와 6구 또한 좋은 구이다. 또 비평하여 이르길, 만당시인 마대는 시의 골격에서 최고이다. 다만 세상에서 일컫는 것이 '원제동정수(猿啼洞庭樹[원숭이는 동정호 나무에서 울고]), 인재목란주(人在木蘭舟[사람은 목란주에 타고 있네.])'의 시구만 못했을 뿐이라고 했다. 하지만 이 시 또한 대략 한 부분만 본 것이다. (紀批云, 起得超脫, 接得渾動. 五六亦佳句. 又批云, 晚唐詩人馬戴, 骨格最高, 不但世所稱「猿啼洞庭樹, 人在木蘭舟」[76] 也, 此詩亦略見一斑.)

---

75 일실일허(一實一虛) : 생겨났다가 없어졌다가 한다는 뜻으로 변화무쌍함을 이른다.
76 원제동정수 인재목란주(猿啼洞庭樹, 人在木蘭舟) : 마대(馬戴)의 '초강회고(楚江懷古)'라는 시, 경련 부분이다.

남해의 여숙에서 묵다 [조송]
曹夢徵(曹松)[77] 南海旅次

월왕대 가에서 쉬며 돌아갈 것을 생각하나
높은 곳에 다다르니 돌아갈 생각, 쉬 결정하지 못하네.
나그네 있는 곳, 마땅히 기러기도 없는데
고향에서 누가 서신을 가지고 오리오.
이른 아침 뿔피리 불 때, 성 어귀에 서리 마르고
쇠잔한 조수 흔들릴 때, 성곽 안에 달이 돌아오네.
마음은 백화가 피지 못한 것과 닮았으나
해마다 다투며 오히려 봄이 오기를 재촉한다네.

憶歸休上越王臺[78], 歸思臨高不易裁.
爲客正當無雁處, 故園[79]誰道有書來.
城頭早角吹霜盡, 郭裏殘潮蕩月回.
心似百花開未得, 年年爭尙被春催.

---

77 조몽징(曹夢徵, 830~903) : 이름은 송, 몽징은 자(字)이다. 만당시인으로 서주(舒州)사람. 저서로는 《조몽징시집(曹夢徵詩集)》 3권과 《전당시(全唐詩)》에 그의 시 140수가 있다.
78 월왕대(越王臺) : 춘추시대 월왕 구천(句踐)이 올랐던 누대이다. 절강성(浙江省) 소흥의 회계산에 있다.
79 고원(故園) : 고향을 나타낸다.

기윤

기구에서는 웅장함을 얻었고, 이어 득도해 건강하다. 뒤의 4구 또한 칭찬할 만하다. (紀批云, 起得峭拔[80], 接得遒健, 後四句亦稱.)

---

80 초발(峭拔) : (필체·문장이) 웅장함을 나타내는 말이다.

갈계역에서 [왕안석]
王半山[81] 葛溪驛[82]

이지러진 달은 희미하게 물시계 소리 이어주고
깜빡이는 등불 하나가 가을 침상을 비추네.
병든 몸, 찬바람과 찬 이슬을 먼저 느끼지만
꿈에서 돌아간 고향, 산천이 멀어 찾지 못했네.
앉아서 시절을 감회하니, 비분강개한 노래만 나오고
일어나 천지를 살피니 처량한 기색이라.
매미 울음으로 또다시 행인의 귀를 어지럽히는데
얼마 남지 않은 반쯤의 누런 오동잎을 꼭 붙들고 있네.

缺月昏昏漏[83]未央[84], 一燈明滅[85]照秋牀.
病身最覺風霜早, 歸夢不知山水長.
坐感歲時歌慷慨, 起看天地色淒涼.
鳴蟬更亂行人耳, 正抱疏桐葉半黃.

---

81 왕반산(王半山) : 중국 북송의 정치인으로 이름은 안석(安石), 자는 개보(介甫)며 반산(半山)은 호이다. 강서성(江西省) 출신으로, 문장과 절개 있는 행실이 당대에 뛰어났다.
82 갈계역(葛溪驛) : 현재 강서성(江西省) 익양현에 있었던 역참이었다.
83 루(漏) : 자격루, 즉 물시계이다.
84 미앙(未央) : '아직 끝나지 않다'라는 의미이다.
85 명멸(明滅) : 불빛 따위가 켜졌다 꺼졌다 한다. 즉 깜빡깜빡한다는 뜻이다.

방회

왕반산의 시는 이와 같은 비분강개함이 적어 도리어 '강서'인의 시와 닮았다. (方批云, 半山詩如此慷慨者少, 却似「江西」人[86]詩.)

기윤

노련하고 힘차며, 깊고 평온한데, 의경(意境)이 달라서 스스로 평범하지는 않다. 3구와 4구는 섬세하다. 뒤의 네 개의 구는 신령한 힘이 있고 완전하다. (紀批云, 老健深穩, 意境殊自不凡. 三四細膩, 後四句神力圓足.)

---

86 강서(江西) : 중국의 강서학파를 가리킨다. 이 학파는 왕양명(王陽明)의 학문을 계승하여 연구한다.

변새 邊塞

철문관 서관에서 묵으며 [잠삼]
岑嘉州[1] 宿鐵關西館

말 흘린 땀이 밟으면 흙탕물이 될 정도
아침부터 달렸으니, 몇만 말굽이리오.
눈 내리는 중, 땅끝까지 달려오니
불 밝힌 곳, 하늘 끝에 여숙(旅宿)이 있었네.
변방으로 멀리 오니 마음은 늘 약해지고
고향에서 멀어지니 돌아갈 꿈은 또한 아득한데
고향 달 보게 될 줄이야 어찌 알았겠나?
철문관 서쪽, 여숙까지 찾아올 줄을.

馬汗踏成泥, 朝馳幾萬蹄. 雪中行地角, 火處宿天倪.
塞逈心常怯, 鄉遙夢亦迷. 那知故園月, 也到鐵關[2]西.

---

1 잠가주(岑嘉州) : 이름은 삼(參)이고, 가주자사(嘉州刺史)를 지냈기 때문에 잠가주로도 불린다. 남양사람이다.
2 철관(鐵關) : 철문관(鐵門關)을 말한다. 철문관은 중국의 고대 26개 관문 중 하나로 고대 실크로드를 통하는 서역관문이다.

기윤

'예(倪)'는 '끝 예'자다. 속어 '천진두(天盡頭〔하늘 끝머리〕)'와 같을 뿐이다. 풍씨(馮氏)가 고쳐서 '애(涯〔끝〕)'자가 되었다. '애(涯)'자는 '지(支〔ㅣ〕)', '가(佳〔ㅏ〕)', '마(麻〔ㅏ〕)' 세 운을 모두 가지고 있으나 '제(齊)' 운에는 이 글자가 없다. 또 비평하여 이르길, 6구는 침착하다. (紀批云,「倪」, 端倪也, 猶俗語天盡頭³耳. 馮氏改爲「涯」字.「涯」字「支」「佳」「麻」三韻皆收,「齊」韻無此字. 又批云, 六句沉着.)

이정직

살펴보건대 '천아(天倪)'는 장자의 '제물론'에 나온다. 또한 끝부분을 말한다. (按, 天倪出莊子齊物論⁴亦極際之謂也.)

---

3 천진두(天盡頭) : '성산두(成山頭)'를 말하는데, 위해(威海)의 영성 성산진에 위치하여 있다. 성산산 맥의 가장 동쪽 끝에 위치하고 있고 삼면이 바다에 둘러있으며, 바다를 사이두고 한국과 마주하고 있다.
4 제물론(齊物論) : 《장자(莊子)》의 〈내편(內篇)〉 7편 중 제2편으로, 모든 사물의 참과 거짓, 옳고 그름을 상대적인 것으로 보고, 그런 것들에 관한 논점으로 해서 절대적이고 근원적인 하나의 경지로 돌아가게 하는 사상을 담고 있다.

객을 보내고 변방에서 놀다 [어곡]
于隱居(於鵠)[5] 送客遊邊

만약에 병주의 북쪽에 이르렀다면
누군들 고향을 생각하지 않을까?
변방이 깊어 함께 할 사람도 없고
길은 다하여 평평한 모래밭만 있는데.
모래섬이 차면 오로지 기러기만 만날 뿐이고
날씨가 차면 꽃을 볼 수 없는 법이라.
변방 장수의 뜻만 따르지 말거라
노인의 일로 가벼운 수레만 드리울 것이니.

若到幷州[6]北, 誰人不憶家. 塞深無伴侶, 路盡有平沙.
磧冷唯逢雁, 天寒不見花. 莫隨邊將意, 垂老事輕車[7].

---

5 우은거(于隱居, ?~814) : 이름은 어곡(於鵠), 당대 시인으로 자와 호는 알지 못한다. 어곡이 한양에 은거함으로써 우은거로 불렸을 것으로 여겨진다. 그의 시는 언어가 소박하고 생동감이 있으며, 참신하여 사람을 즐겁게 한다고 평가하고 있다.
6 병주(幷州) : 중국 고대 9주 중의 하나이다. 《사기》에서는 "순임금이 기주(冀州)의 북쪽이 광대해서 나누어 병주(幷州)를 설치했다."라고 기록하였다. 우임금이 홍수를 다스린 곳이기도 하다. 산서성 태원의 나쪽이다.
7 경차(輕車) : 일종의 고대 때 전차이다.

방회

제6구가 가장 좋다. (方批云, 第六句最佳.)

기윤

이 시의 수법은 온통 시작함에 시세를 얻는 데에만 있으며, 중간에는 모두 평상적인 말일 뿐이다. 허곡은 오직 대구(對句)에서 착의[어떤 생각이 마음에 떠오름]하기 때문에 평하는 바가 이와 같은 것이다. (紀批云, 此手[8]全在起手得勢, 中間皆常語耳. 虛谷惟於對句着意, 故所評如是.)

---

8 수(手) : 수단, 방법의 의미이다.

도위를 전송하고 변방으로 돌아가며 [노륜]
盧戶部(允言)[9] 送都尉歸邊

훌륭한 용기로 일찍이 이름을 알리고
자웅을 다퉈 장수들 간에도 이름이 높네.
싸움이 잦아서 봄날에 변방으로 들어갔고
사냥이 익숙해져 밤에도 산에 불 밝혔지.
군진을 합치니 용과 뱀이 움직이듯 하고
군사들이 자리를 옮기니 초목도 한가롭네.
지금에 군대를 다 해체하고
하얗게 센 머리로 소관을 지나가는 중일세.

好勇知名早, 爭雄上將間. 戰多春入塞, 獵慣夜燒山[10].
陣合龍蛇動, 軍移草木閒. 今來部曲盡, 白首過蕭關[11]

9 노호부(盧戶部, 739?~799), 이름은 윤(綸), 자(字)는 윤언(允言)이다. 당대의 시인으로 하중(河中) 포주(蒲州) 사람이다. 시집으로《노호부시집(盧戶部詩集)》을 남겼다.
10 엽관야소산(獵慣夜燒山) : 사냥하는데, 산에서 횃불을 밝히고 사냥하는 모습을 그렸다. 관(慣)은 습관화, 곧 익숙해졌다는 뜻이다.
11 소관(蕭關) : 관중지방을 중심으로 남쪽은 무관(武關), 북쪽은 소관, 동쪽은 함곡관(函谷關), 서쪽은 대산관(大散關)이 위치하고 있다. 소관은 진원현(鎭原縣)의 서북쪽 140리 지점에 위치하고 있다.

방회

뜻이 끝의 2구에 모아졌고, 앞의 6구는 반면에 돋보이게 하였는데, 곧 하나의 노[掉]로 몸을 돌려서 곱[倍]으로 처량하게 만들었을 뿐이다. (方批云, 意注末二句, 前六句反面烘托[12], 便回身一掉, 倍爲悽惋耳.)

---

12 홍탁(烘托) : 문학 작품에서 측면적인 묘사를 한 다음에 주제를 이끌어 내어 표현하고자 하는 바를 돋보이게 하는 것이다.

양주 장도독에게 주다 [최호]
崔司勳[13] 贈梁州張都督

그대를 들으니 한나라 장군이 되어서
오랑캐 기마대가 남침하지 못한다고 하네.
모래톱으로 나가니 사막이 고요하고
고향으로 돌아가니 우림군이 찾았다고 하지.
세상이 모져 신의 절개 잃을까 봐 괴롭지만
세월이 흐를수록 임금의 은혜가 더 깊어질 걸세.
서하의 관리(도독)라고 이야기하던데
나는 나라에 보답하는 마음이라는 걸 알았다네.

聞君爲漢將, 虜騎不南侵. 出磧[14]淸沙漠, 還家拜羽林[15].
風霜臣節苦, 歲月主恩深. 爲語西河[16]使, 知余[17]報國心.

---

13 최사훈(崔司勳, 704?~754) : 이름은 호(顥)이고 사훈(司勳)은 그가 지낸 관명이며 변주(汴州) 사람이다. 당대의 시인으로 술을 좋아해서 취흥으로 시를 잘 지었다고 한다. 특히 그의 시 '황학루'는 이백에게 극찬을 받았고, 당대 칠언율시 중 제일이라는 명성을 얻었다.
14 적(磧) : 다른 한 판본에는 '새(塞)'로 되어 있다.
15 우림(羽林) : 우림군(羽林軍), 즉 고대(古代) 금위군(禁衛軍)의 별칭이다.
16 서하(西河) : 중국의 고대 지명으로 위국(衛國), 또는 위국(魏國)에 속했던 지역으로 추정한다.
17 여(余) : 다른 한 판본에는 '군(君)'으로 되어 있다.

방회

5구와 6구는 통쾌하고 감격적이다. (方批云, 五六痛快而感激.)

기윤

'지여(知余)'는 '여지(余知)'인데, 원래 두 판본이 있었다. 그러나 '지여(知余)'는 주장의 증거로 다른 사실을 끌어다 쓰기를 바라는 말에 불과하고, '여지(余知)'는 더욱 격려하고 충성하는 것으로써 힘쓴다는 뜻이 있어, 깊고 얕은 사이처럼 서로 간에 거리가 멀다. (紀批云, 「知余」「余知」, 原有二本, 然「知余」不過冀他援引之詞[18], 「余知」則有勉以益勵忠誠之意, 深淺間相去遠矣.)

---

18 원인지사(援引之詞) : 자기의 이론이나 견해, 또는 주장의 증거로 다른 사실을 끌어다 쓰는 말을 이른다.

궁곤 宮閫

춘궁 안의 원망 [두순학]
杜彦之(荀鶴)¹ 春宮怨²

어려 고운 탓에 간택된 것이 잘못되어
화장하려 거울 대하나 마음이 내키지 않네요.
임금의 은총은 외모에 있지 않는데
저더러 어떻게 꾸미라는 것인가요.
바람이 따뜻하니 새소리 어지럽고
해가 높이 솟으니 꽃 그림자 짙어져요.
해마다 월계녀(越溪女)들과
서로 연꽃 따던 추억에만 젖게 되네요.

早被嬋娟誤, 欲粧臨鏡慵. 承恩不在貌, 敎妾若爲容.
風暖鳥聲碎, 日高花影重. 年年越溪女³, 相憶採芙蓉.

---

1 두언지(杜彦之, 846~904) : 당나라 후기의 시인으로 지주(池州) 석대(石臺) 사람이다. 언지는 그의 자(字)이고 구화산인(九華山人)으로도 불렸다. 또 시인 두목의 막내아들(열다섯째)이라 두십오(杜十五)로도 불렸다.
2 춘궁원(春宮怨) : 춘궁에서 총애받지 못함을 시제에서 느끼게 한다. 춘궁은 태자궁을 말한다.

기윤

앞의 네 구는 어렴풋이 느껴지면서도 크게 드러난다. 그러나 만당시는 또 다른 하나의 격식으로 지어 논하는데, 결구가 절묘해서 대면하여 붓으로 적음에 곧 얼마간 부드러우면서 완곡함이 있어 보인다. 또 이르길, 풍씨는 '5구와 6구는 기러기가 춘궁에서 나오는데, 맨 마지막 구는 헤아리지 못하겠다.'라고 일렀다. (紀批云, 前四句微覺太露, 然晚唐詩又別作一格論, 結句妙, 於對面落筆, 便有多少微婉. 又云, 馮云, 五六雁出[4]春宮[5], 落句[6]不測.)

---

3 월계녀(月溪女) : 서시(西施)를 말한다. 〈방여승람(方輿勝覽)〉에는 약야계(일명 월계)에서 서시가 연꽃을 땄다고 적었다. 그래서 서시는 월계녀로 통한다.
4 안출(雁出) : 현 상황이나 집에서 떠나 다른 곳으로 간다면 더 나은 삶을 영위할 수 있다는 뜻을 가지고 있는 말이다.
5 춘궁(春宮) : 봄을 관장하는 청룡의 방위를 가리킨다.
6 낙구(落句) : 글의 맨 마지막 구를 말한다.

충분 忠憤

봄을 기다리며 [두보]
老杜[1] 春望

나라는 망해도 산과 강은 그대로 있고
도성의 봄은 풀과 나무만 무성하다.
시국을 생각하며 꽃도 눈물을 흩뿌리고
이별이 한스러워 새소리에도 마음이 놀란다.
봉화가 석 달이나 계속되니
집안의 소식이 만금보다 값진데.
흰머리를 긁을수록 더 짧아져서
다 움켜쥐어도 비녀를 꽂지 못하겠다.

國破山河在, 城春草木深. 感時花濺淚, 恨別鳥驚心.
烽火連三月[2], 家書抵萬金. 白頭搔更短, 渾[3]欲不勝簪.

---

1 노두(老杜) : 두보(杜甫)를 가리킨다.
2 봉화연삼월(烽火連三月) : 전쟁이 석 달 동안 지속되고 있음을 이른다.
3 혼(渾) : 모두, 다의 의미로 쓰였다.

기윤

말 한마디 한마디가 침착하고, 털끝 하나도 꾸민 사실이 없다. 그래서 자연의 깊이가 지극하다. (紀批云, 語語沉着, 無一毫做作[4], 而自然深至.)

---

4 주작(做作) : 없는 사실을 있었던 것처럼 꾸민 것을 말한다.

중원갑자의 신축년에 임금이 촉 땅으로 행차하다 [나은]
羅昭諫(羅隱)⁵ 中元甲子⁶以辛丑駕幸蜀⁷

자의는 군사를 일으키지 않았고, 혼감은 죽었는데
서쪽으로 행차함에 누가 무황(武皇)을 따르리오?
사해(四海)가 집이어서 비록 멀지 않더라도
구주(九州)에 일이 많아서 끝내 막기 어려워라.
이윽고 임금은 정사가 바쁘다는 말에 참 장수를 생각했고
때마침 즐겨 사냥할 때를 기다렸는데 가왕이 이르렀구나.
응당 앞뒤의 두 왕조가 순행한 자취를 생각해 보니
푸른 느티나무 단정하나 역참은 황량하더라.

子儀⁸不起渾瑊⁹亡, 西幸誰人從武皇.

---

5 나소간(羅昭諫, 833~910) : 자(字)는 소간(昭諫)으로 본명은 횡(橫)이나 은(隱)으로 개명했다. 여항(餘杭) 또는 신증(新登) 사람으로, 당나라 말기부터 오대십국의 초기를 살았던 시인이다.
6 중원갑자(中元甲子) : 음양설로 볼 때, 시대 변화의 큰 단위로 잡는 세 묶음의 육십갑자(六十甲子) 가운데 두 번째 육십갑자의 60년을 말한다. 한 시대가 왕성하게 지속하는 단계로 본다.
7 촉(蜀) : 지금의 사천성(泗川省) 일대이다.
8 자의(子儀, 697~781) : 당(唐)나라 무장으로 현종(玄宗) 때, 삭방절도사(朔方節度使)가 되어 안사(安史)의 난을 평정했으며, 숙종(肅宗)과 대종(代宗)을 섬기며 토번(吐蕃)을 무찔렀다.
9 혼감(渾瑊, 736~799) : 당(唐) 중기의 무장이다. 본명은 진(進)으로 철륵족(鐵勒族) 혼부(渾部) 출신이다. 고조부 혼아탐지(渾阿貪支) 때부터 집안 대대로 고란주에 살았으며, 아버지 석지(釋之)가 삭방군(朔方軍)의 군관이었는데, 아버지와 함께 삭방군에서 말과 활을 잘 다루었고, 이로 인해 여러차례 전공이 있었다. 경원(涇

四海[10]爲家雖未遠, 九州[11]多事竟難防.
已聞旰食[12]思眞將, 會待畋游[13]致假王.
應感兩朝巡狩迹, 綠槐端正驛荒涼.

기윤

'혼(渾)'은 측성으로, 중산의 시에서 보인다. 또 비평하여 이르길, 이러한 종류의 시는 침울하고 심절(深切)한 곳이 보이지 않는다. 다만 가려 뽑은 것이 '진장(眞將)', '가왕(假王)'일 뿐이니 편벽의 극치라고 이를 만하다. (紀批云,「渾」仄聲, 見中山詩.[14] 又批云, 此種詩不看沉鬱深切處, 只點出「眞將」「假王」, 可謂僻極.)

原)에서 일어난 병란(兵變) 와중에 이회광(李懷光)이 반란을 일으키자 혼감은 덕종을 한중(漢中)까지 호위하였다. 또 마수(馬燧) 등과 함께 이 난을 평정했다.

10 사해(四海) : 온 세상을 뜻한다.
11 구주(九州) : 중국은 고대에 전국을 나눈 9개의 주로 나누었는데, 요순우대(堯舜禹代)에는 기(冀), 연(兗), 청(靑), 서(徐), 형(荊), 양(揚), 예(豫), 양(梁), 옹(雍)이며, 은나라 때에는 기, 예, 옹(雝), 양, 형, 연, 서, 유(幽), 영(營)이고, 주나라 때에는 양(揚), 형, 예, 청, 연, 옹, 유, 기, 병(幷)이다.
12 간식(旰食) : 군주(君主)가 정무(政務)에 바빠서 해가 지고 난 후 식사할 정도로 정성을 다해 정사를 돌본다는 뜻이다.
13 전유(畋游) : 사냥하며 즐기는 것을 이른다.
14 중산시(中山詩) : 《중산시화(中山詩話)》를 가리킨다. 송대의 유반(劉攽)이 지은 시화집이다.

소대부터 망정역까지 인가가 텅 비다 [이가우]
李從一(李嘉祐) 自蘇臺[15]至望亭驛[16]人家盡空

남포는 고포가 백빈을 덮고
동오는 백성들이 황건에 쫓겼네.
팥배나무가 절로 피고 부질없이 물 흐르는데
강 제비가 처음 돌아왔지만, 사람들은 봐주질 않네.
멀리 있는 나무, 한들한들 나그네를 전송하는 것 같고
평평한 밭, 그지없고 아득히 홀로 봄을 만나 슬퍼하네.
어찌 고개 돌려 장주원을 바라볼까
봉화는 해마다 오랑캐의 전쟁을 알려주네.

南浦菰蒲覆白蘋[17], 東吳黎庶逐黃巾[18].
野棠自發空流水, 江燕初歸不見人.
遠樹依依如送客, 平田渺渺獨傷春.

---

15 소대(蘇臺) : 고소대(姑蘇臺)를 말한다. 춘추 시대에, 오나라의 왕인 부차(夫差)가 고소산(姑蘇山) 위에 쌓은 누대로, 부차는 월나라를 무찌르고 얻은 미인 서시(西施) 등 천여 명의 미녀를 이곳에 살게 하였다고 한다.
16 망정역(望亭驛) : 어정(御亭)이다. 동오의 손권이 세웠으며, 강소성 무석시 동남쪽에 있는 객관을 말한다.
17 남포고포복백빈(南浦菰蒲覆白蘋) : 일작(一作)에는 '고장복백평(菰蔣覆白萍)'으로 되어 있다. 고포(菰蒲)와 고장(菰蔣)은 모두 줄풀이고, 백빈(白蘋)과 백평(白萍)은 개구리밥처럼 생긴 수중생초이다.
18 황건(黃巾) : 황건적(黃巾賊)을 말한다. 후한(後漢) 말 장각(張角)과 황로(黃老)를 받드는 도적들이 반란을 일으켰는데, 황색 수건을 쓰고 있어 황건적이라고 불렀다.

那堪回首長洲苑[19], 烽火年年報虜塵.

기윤
이 시는 여러 판본에서 다 뽑아 보았지만 실로 고르고 평평해서 맛이 얇다. (紀批云, 此詩諸本皆選之, 其實調平味淺.)

이정직
살펴보건대 원주시는 본래 스스로 완곡하게 오르게 해서 수수하게 한 까닭으로 위엄있는 당인(唐人)이 되는 것을 잃지 않았다. (按, 袁州詩[20]本自婉飛 而以平淡故不失爲威唐人.)

---

19 장주원(長洲苑) : 오왕 합려(闔閭)가 사냥을 즐기던 곳이다. 소주(蘇州)에 있다.
20 원주시(袁州詩) : 이가우(李嘉祐)가 원주자사를 지냈기 때문에 그의 시를 일컫는다.

난리 후 봄날 야당을 경유하다 [한유]
韓鄧州[21] 亂後春日途經野塘

세상은 어지러운데, 타향에서 매화꽃 지는 것을 보며
맑고 따뜻한 들 못에서 홀로 배회하네.
물새는 배를 향해 날아돌며 가고
버들가지 꽃은 소매를 떨치듯 가고 오네.
계중과 예전에 유람하다가 세상을 떠나보냈고
자사와 새로운 부를 지으며 또한 슬퍼했지.
조시에서 세상이 크게 바뀌었음을 눈으로 보고
곤명에서 모두 탄 재만 남았음을 비로소 알았다네.

世亂他鄉見落梅, 野塘晴暖獨徘徊.
船衝水鳥飛還往, 袖拂楊花去又來,
季重[22]舊游多喪逝, 子山[23]新賦亦悲哀.
眼看朝市成陵谷[24], 始信昆明[25]是刼灰.

---

21 한등주(韓鄧州, 768~824) : 이름은 유(愈)이며 자는 퇴지(退之)이다. 당대(唐代) 문학가, 철학가, 사상가로 하남(河南)의 하양(河陽)사람이다. 세칭 한창려(韓昌黎), 한이부(韓吏部), 한문공(韓文公)으로도 불린다.
22 계중(季重) : 삼국시대 제음(濟陰) 사람, 오질(吳質)을 가리킨다. 계중은 그의 자이며, 조비(曹丕)와 교분이 두터웠다.
23 자산(子山) : 임회(臨淮)의 회음(淮陰) 사람, 보즐(步騭)을 가리킨다. 자산은 그의 자이며, 동오(東吳)의 중요한 모사(謀士)이다.
24 능곡(陵谷) : 세상이 크게 바뀌었음을 이른다.
25 곤명(昆明) : 현재 운남성의 성도로, 베트남, 미얀마, 라오스등 3개 나라와 국경을

방회

계중은 오질이다. (方批云, 季重吳質.)

기윤

치요는 "구하거나 얻기가 어렵다. 이 시는 침착하고 소박한 작품이다."라고 했다. (紀批云, 致堯[26]難得, 此沉實之作.)

접하고 있다.
26 치요(致堯) : 한악(韓偓, 844~923)을 가리킨다. 만당(晚唐) 시인으로, 치요는 그의 자이며, 자호는 옥산초인(玉山樵人)이다. 경조(京兆)의 만년(萬年 지금의 섬서성 서안) 사람이다.

봄날 마음이 들떠서 [진여의]
陳簡齋 傷春

조정에 오랑캐 물리칠 대책 없어
마침내 감천궁에 봉홧불을 밝히게 했지.
처음엔 도성의 전마 소리 이상하다고 여겼는데
임금께서 바다로 쫓길 줄을 어찌 알았겠나.
외로운 신하 흰머리만 길게 자라나고
봄마다 안개 속에 핀 꽃 셀 수가 없네.
그나마 반가운 소식은 장사태수 향백공이
지친 군대 이끌고 오랑캐 막으러 나섰다는 것이지.

廟堂無策可平戎, 坐使甘泉[27]照夕烽.
初怪上都聞戰馬, 豈知窮海看飛龍[28].
孤臣霜髮三千丈, 每歲煙花一萬重.
稍喜長沙[29]向延閣[30], 疲兵敢犯犬羊[31]鋒.

---

27 감천(甘泉) : 감천궁을 가리킨다. 산서성(山西省) 춘화현(淳化縣) 북서쪽의 감천산(甘泉山)에 있던 이궁(離宮)으로 진나라 때에 만들어졌으며, 한(漢)의 무제(武帝)가 증축하였다.
28 비룡(飛龍) : 나는 용의 뜻으로 여기서는 임금의 의미이다.
29 장사(長沙) : 호남성(湖南省)의 성도(省都)로 동정호(洞庭湖)의 남쪽, 상수(湘水) 하류의 동쪽 연안에 있다. 예로부터 광동지방(廣東地方)과 중원(中原)을 잇는 교통의 요지였다.
30 향연각(向延閣, 1085~1152) : 이름은 자인(子諲), 자는 백공(伯恭)이며 호는 향림거사(薌林居士)이다. 임강(臨江) 사람으로 송대(宋代)의 문장가로 이름이 높다.

방회

담주 상백공을 말한다. (方批云, 謂潭州向伯恭[32].)

기윤

이 시는 진실로 두보의 뜻을 가지고 있다. 또 비평하여 이르길, '백발삼천장(白髮三千丈)'의 이백 시(詩)와 '연화일만중(烟花一萬重)'의 두보 구(句)가 짝을 이룬 것이 좋은 시를 얻은 것 같다. (紀批云, 此首眞有杜意. 又批云, 「白髮三千丈」, 太白詩「烟花一萬重」, 少陵句, 配得恰好.)

---

31 견양(犬羊) : 하찮은 것을 비유적으로 이른다. 여기서는 '오랑캐'를 가리킨다.
32 담주향백공(潭州向伯恭, 1085~1152) : 이름은 자인(子諲)이고, 백공은 그의 자이다. 호(號)는 향림거사(芗林居士), 개봉(開封)사람이다. 담주(潭州)는 상자인이 담주태수를 지냈기 때문에 그의 이름 앞에 붙였다.

글로 분한 마음을 적다 [육유]
陸放翁[33] 書憤

흰머리에 쓸쓸하게 두 호수 사이에 누웠는데
단지 하늘과 땅은 외로운 충성심을 알아줄까.
궁핍하게 억류된 소무는 마음이 조정을 향한 지 오래고
근심과 울분으로 장순은 이를 악물었지만 부질없었네.
가랑비는 (금나라에 빼앗긴) 상림원의 봄풀을 적시고
금나라가 점령한 낙양궁의 부서진 담장 위엔 달이 떠 있네.
웅대했던 내 마음은 나이와 함께 늙어가지 않으니
죽어 저승에 가더라도 여전히 혼백은 영웅이 될 수 있겠지.

白髮蕭蕭臥澤中, 祇[34]憑天地感孤忠.
阨窮蘇武[35]餐氈[36]久, 憂憤張巡[37]嚼齒[38]空.

33 육방옹(陸放翁, 1125~1210) : 이름은 유(游), 자는 무관(務觀), 방옹(放翁)은 그의 호이다. 남송(南宋) 때 시인이며 문장가로 이름이 있었고, 술의 광인으로 불릴 만큼 술을 좋아했다고 한다.
34 지(祇) : 다만, '지(只)'와 같다.
35 소무(蘇武, BC 140~BC 60) : 자는 자경. 두릉 사람이다. 전한의 무제 때, 중랑장으로서 흉노에 사신으로 갔다가 항복을 강요받았으나 절의를 굽히지 않았고, 19년 동안 억류당했다. 소제가 즉위한 후 흉노와의 화해함으로써 장안으로 돌아왔다. 이후 소제는 전속국(典屬國)에 봉하고, 그 뒤 선제도 그를 관내후(關內侯)에 봉했다.
36 찬전(餐氈) : 타지에서 고생하면서도 조정으로 향한 마음이 변치 않음을 말한다. 《한서(漢書)》〈소무전(蘇武傳)〉에 흉노에 억류되어 젖은 담요 털을 먹으며 마음이 조정에 향했다는 내용이 보인다.

細雨春蕪上林苑[39], 頹垣夜月洛陽宮[40].
壯心未與年俱老, 死去猶能作鬼雄.

또 이르길,
又云,

세월이 흘러 거울 속 양쪽 귀밑털이 희었어도
자그마한 내 마음, 늘 붉음을 스스로 칭송하네.
늙고 쇠약해서 군복을 입는 것조차 구차한데
슬픔과 분노는 아직도 떨고 있는 보검과 다툰다네.
적막에 수자리로 파견된 지 10년이나 되었지만
웅대했던 포부는 머나먼 고란산 전투에 있었지.
관서 땅, 예부터 많은 일이 벌어졌는데
누가 알았겠는가. 지금 팔짱만 끼고 구경할 줄을.

37 장순(張巡, 709~757) : 당(唐) 현종(玄宗) 때 안녹산의 난이 일어나자 허원(許遠)과 함께 군사를 일으켜 수양성(睢陽城)을 지켰다. 수양성은 함락되고 반란군들은 항복하기를 강요했으나 거절하였고, 이로써 처형당하고 말았다.
38 작치(嚼齒) : 치작개쇄(齒嚼皆碎)를 말한다. 즉, 이가 모두 깨졌다는 뜻으로 이를 악물어 깨질 만큼 대단히 분노하고 있음을 이른다.《구당서(舊唐書)》,〈장순전(張巡傳)〉에 나온다.
39 상림원(上林苑) : 진나라의 궁원으로 섬서성(陝西省) 황가(皇家)의 원림(園林)을 말한다.
40 낙양궁(洛陽宮) : 낙양에 있는 궁전을 통틀어 일컫는다.

鏡裏流年兩鬢殘, 寸心自許尙如丹[41].
衰遲罷試戎衣窄, 悲憤猶爭寶劍寒.
遣戍十年臨滴博[42], 壯圖萬里戰皐蘭[43].
關西[44]自古無窮事, 誰料如今袖手看[45].

기윤

이러한 종류의 시에서 육방옹의 시는 다듬을 곳이 없을 정도이다. 집중하는 것에 이것이 있어서인데, 마치 집에 기둥이 있고, 사람에게 뼈가 있는 것 같다. 만일 전집의 모든 것에 '벼루는 먹이 머무르는 것을 용납하지 않고, 와병은 새 꽃을 꼽는 뜻에 따른다.'라는 구라고 한다면 육방옹은 중요하게 여기지 않을 것이다. 무엇 때문에 육방옹의 시가 뽑혔는지는 곧 거기에 있기 때문이다. (紀批云, 此種詩是放翁不可磨處. 集中有此, 如屋有柱, 如人有骨. 如至集皆「石硯不容留宿墨, 瓦瓶隨意挿新花」句, 則放翁不足重矣. 何選放翁詩者, 所乃在彼也.)

41 상여단(尙如丹) : 늘 변치 않는 마음을 뜻한다. 즉 일편단심(一片丹心)을 가리킨다.
42 적박(滴博) : 산고개 이름이다. 사천성 서북쪽에 있으며, 토번으로 통하는 요충지이다.
43 고란(皐蘭) : 지금의 감숙성(甘肅省) 난주시(蘭州市)의 남쪽에 위치한 산이다.
44 관서(關西) : 다른 판본에 '관하(關河)'로 되어 있는 곳도 있다. 관서(關西 – 함곡관의 서쪽)와 관하(關河 – 관산 아래에 흐르는 강)는 의미상 차이가 있어 자세히 살필 필요가 있다.
45 수수간(袖手看) : 팔짱을 끼고 본다. 즉 수수방관(袖手傍觀)의 줄인 성어이다.

산암 山巖

석문암에서 [옹권]
翁靈舒[1] 石門庵[2]

산의 매우 깊은 곳에 이르니
석문이 지명이 되었구나.
남기가 피는 빈 절은 무너져 있고
눈에 눌린 작은 암자만이 청량하다.
과일이 떨어지니 원숭이무리가 줍고
수풀이 어두워지니 홀로 범이 가는 곳인데.
스님 하나가 무엇을 얻었는지
높은 곳에 앉아서 무표정이로구나.

山到極深處, 石門爲地名. 嵐蒸空寺壞, 雪壓小庵淸.

---

1 옹영서(翁靈舒) : 남송(南宋) 때의 시인으로 이름은 옹권(翁卷), 자는 속고(續古)이고 영서(靈舒)라고도 한다. 낙청(樂淸) 사람이다. 공시(工詩)는 '영가사령(永嘉四靈)'의 하나이다.

2 석문암(石門庵) : 원래 정문을 길게 돌로 쌓았다고 해서 붙여진 이름으로, 남수(藍水) 점하촌(店下村)에 속해 있다. 사원의 건물은 웅장하며 관제전(關帝殿), 대웅보전(大雄寶殿), 관음당(觀音堂), 빙심당(冰心堂), 대비각(大悲閣) 등이 있다.

果³落羣猴拾, 林昏獨虎行. 一僧何所得, 高坐若無情.

방회

이 한 수의 시는 당나라 시인에 덜하지 않다. (方批云, 此一首不減唐人.)

기윤

처음 두 구는 어림의 극치이다. '독(獨)'자가 도모하여 '군(羣)'자를 대구(對句)로 하였다. 그러나 한 곳으로 집중하는 느낌을 준다. 또 이르기를, 풍씨가 "'강서(江西)'가 '사령(四靈)'보다 낫다고 하는 데, 이 논의는 공론이 아니다. 다만 싱겁고 좁으며, 여위고 허약한 것에서는 벗어날 수 없다."라고 일렀다. '담(淡)'이란 시구는 좋으나 뜻이 얇고, '협(狹)'이란 문장을 하는데 변폭(邊幅)을 꾸며 준다. '수(瘦)'란 가문이 훌륭하지 못한 것이고, '약(弱)'이란 뼈가 강하고 튼튼하지 못한 것이니, 곧 이는 좋은 시가 되지 못한다. 좋은 시는 당시(唐詩)에 가깝더라도 당시보다 나은 것이고, 좋은 시가 되지 못하는 것은 당시에 가깝더라도 당시만 같지 못한 것이다. (紀批云, 起二句稚極.「獨」字圖對「羣」字, 然湊泊. 又批云, 馮云「江西」勝「四靈」, 此論未公, 但淡狹瘦弱不能免. 淡者句好意淺, 狹者詞修邊幅, 瘦者門閥不偉, 弱者骨不勁健. 卽此是不好處, 好處⁴ 勝來近唐, 不好處近唐不如唐.)

---

3 과(果) : 과(菓)와 같다.

4 호처(好處) : 장점, 이익, 도움의 뜻이 있다. 이는 곧 좋은 시를 말한다.

산천 山泉

악양관 안에서 동정호를 바라보며 [유장경]
劉隨州[1] 岳陽館中望洞庭湖[2]

파구(巴丘)는 만고의 적수지(謫戌地)로
이곳에서 먼 호수를 바라보니 끝없이 평평하구나.
사람들에게 얼마나 아득한가를 물어보니
저물녘 근심이 더 아득하다고.
기운은 물결에 겹겹이 떠 있고
태양은 호수 안에서 흘러 사라진다.
외로운 배, 돌아갈 길 있으니
머지않아 소수(瀟水)와 상수(湘水)에 이르리라.

---

1 유수주(劉隨州, 726~789) : 당대(唐代) 시인으로 이름은 장경(張卿), 자는 문방(文房), 선성(宣城)사람이다. 유수주는 수주자사(隨州刺史)를 지냈기 때문에 붙은 호칭이다.
2 동정호(洞庭湖) : 위치는 호남(湖南)의 북부와 장강(長江)의 중류, 형강(荊江)의 이남(以南)에 걸쳐 있다. 동정호란 명칭은 악양과 지명이 같다는 데에서 착안하여 그곳에 있는 호수 이름을 따왔다. 원래 동정호는 평사리 들판에 있는 반원형의 배후 습지로 둘레가 1km 남짓한 작은 호수였다.

萬古巴丘³戍, 平湖此望長. 問人何淼淼⁴, 愁暮更蒼蒼.
疊浪浮元氣, 中流沒太陽. 孤舟有歸路, 早晚達瀟湘⁵.

기윤

혹자는 "5구와 6구를 일러 해시(海詩)와 같고, 또한 할 것을 하지 않아서 견해가 없다."라고 했다. (紀批云, 或謂五六似海詩, 亦不爲無見.)

---

3 파구(巴丘) : 악양(岳陽)의 고칭(古稱)이다.
4 묘묘(淼淼) : 그지없이 넓고 아득함을 이른다.
5 소상(瀟湘) : 소수(瀟水)와 상수(湘水)를 가리킨다.

공현의 낙수로부터 배를 타고 황하에 들어가며 즉흥시를 부현의 동료들에게 부치며 [위응물]
韋蘇州[6] 自鞏洛[7]舟行入黃河卽事寄府縣僚友

푸른 산길 내를 끼고 동쪽으로 향하다가
동남으로 산을 뚫고 황하로 흘러가네.
먼 하늘 밖 찬 숲이 어렴풋하고
어지러이 흐르는 강 안에 저녁노을 눈부셔라.
외딴 마을 저 언덕에 몇 년 만에 이르렀나
외기러기 북풍 타고 청명한 날 내려가네.
낙교에서 놀던 벗들에게 소식을 전하런다
매여 있지 않은 쪽배가 바로 내 마음이라고.

夾水蒼山路向東, 東南山豁大河通.
寒樹依微遠天外, 夕陽明滅[8]亂流中.
孤村幾歲臨伊岸, 一雁初晴下朔風.
爲報洛橋[9]遊宦侶, 扁舟不繫與心同.

---

6 위소주(韋蘇州, 797~804) : 당대 시인 위응물(韋應物)을 가리킨다. 섬서성(陝西省) 장안(長安) 출생. 소주자사(蘇州刺史)를 지냈기 때문에 위소주라고 했다 그의 시에는 전원산림(田園山林)의 고요한 정취를 소재로 한 작품이 많아 대표적 자연파 시인으로 불렸다.

7 공락(鞏洛) : 공현(鞏縣)과 낙수(洛水)를 가리킨다.

8 명멸(明滅) : 불빛 따위가 켜졌다 꺼졌다 한다는 뜻으로 반짝반짝 빛남을 이르는 말이다.

9 낙교(洛橋) : 하남성(河南省) 낙양시(洛陽市)의 서남쪽, 낙수(洛水)에 놓인 다리

기윤

3구와 4구는 명구이다. 귀우노인이 이른바 "위의 구(句)는 구마다 회화적이고, 아래의 구는 회화적이거나 또한 회화적인 것이 나타나지 않았다."라고 했다. (紀批云, 三四名句. 歸愚[10]所謂上句畫句, 下句畫亦畫不出也.)

이다. 수나라 양제가 지었다고 전한다.
10 귀우(歸愚) : 청대학자 심덕잠(沈德潛)을 말한다. 자는 확사(確士)이며, 만년에 지은 그의 서재를 '귀우(歸愚)'라고 했음으로 귀우노인으로 불렸다.

정우 庭宇

설씨의 초막 [조사수]
趙靈秀(紫芝)¹ 薛氏²瓜廬³

봉후할 생각 버리고
세상의 분란과 멀리하니 여유롭지.
오직 외 농사에 종사하며
책 읽는 시간과 나누어 갖네.
들판의 물은 땅에 가득하나
춘산(春山)엔 아직 반쯤 구름이 덮였네.
내 생에 싫은 것은 이미 늙은 것이지만
농사일은 아직도 그대만 못하다오.

---

1 조영수(趙靈秀, 1170~1220) : 남송(南宋) 때 시인으로 자는 자지(紫芝), 영수(靈秀)는 그의 호이다. 또 영지(靈芝), 천락(天樂)이라고도 부른다. 영가(永嘉) 사람이다.
2 설씨(薛氏) : 설사석(薛師石)을 가리킨다. 그는 송대(宋代)의 시인이며 문장가로 《어부사(漁父詞)》가 그의 대표작이다.
3 과려(瓜廬) : 과우려(瓜牛廬)를 말한다. 과우려는 달팽이 뿔처럼 나온 작은 둥우리 형태의 집이다. 일반적으로 누추한 거처를 가리킨다.

不作封侯⁴念, 悠然遠世紛. 惟應種瓜事, 猶被讀書分.
野水多於地, 春山半是雲. 吾生嫌已老, 學圃未如君.

■

방회

'인가반재선(人家半在船〔인가 중 반은 배에서 살고 있고〕), 야수다어지(野水多於地〔들의 물은 땅에 가득하다.〕)'는 본래 백낙천의 측운(仄韻)으로 압운한 고시(古詩)이다. 지금 한 구를 전환해서 대구로 삼으니, 또한 좋다. (方批云, 人家半在船, 野水多於地, 本樂天⁵仄韻古詩. 今換一句爲對, 亦佳.)

기윤

이 시는 생동감이 있으면서 질박하고 고아해서 중당에 가깝다. 단지 5구와 6구만 좋은 것이 아니다. (紀批云, 此首氣韻渾雅, 近中唐. 不但五六佳也.)

4 봉후(封侯) : 나라에 공헌을 크게 세워 제후에 봉해지는 일을 말한다.
5 낙천(樂天) : 당나라 중기 시인 백거이(白居易, 772~846)의 자(字)이다. 부패한 사회상을 풍자·비판하고, 서민적이고 쉬운 필치로 문학의 폭을 확대했다. 주요 작품으로 〈장한가〉, 〈비파행〉, 〈진중음(秦中吟)〉, 〈신악부(新樂府)〉, 〈두릉의 노인〉 등이 있다.

서루에 오르다 [왕안석]
王安山 登西樓

서루 그림자 백척 구름에 빗기어 들어가는데
나그네는 서루 가에서 하늘 끝을 생각하네.
정 많아 스스로 후회하며 다다라 오르기를 여러 번
멀리 바라보다 놀라서 맥없이 떠나가네.
한 굽이 평평한 곳 무성한 잡초는 고목에 이어지고
반쯤 해 진 저물녘엔 붉은 노을 띠고 있네.
반랑은 어찌하여 가을 단풍에 슬퍼했는가
봄에 머리카락 이미 희어져 상심했기 때문이로세.

樓影侵雲百尺斜, 行人樓上憶天涯.
情多自悔登臨數, 目極因驚悵望[6]除.
一曲平蕪連古樹, 半分殘日帶明霞.
潘郎[7]何用悲秋色, 祇此傷春髮已華[8].

---

6 창망(悵望) : 맥없이 바라본다는 뜻이다.
7 반랑(潘郎) : 진(晉)나라 때 미남자 반악(潘岳)을 가리킨다.
8 발이화(髮已華) : 늙어 머리카락이 이미 하얗게 세었음을 말한다.

기윤

비록 깊은 정서가 결핍되었으나 음조가 우렁차고, 퇴폐 음악과 함께하지 않았다. 여러 번 읽어보니, 마치 의산이 집중해서 평조로 지은 것과 같더라. (紀批云, 雖乏深情, 而音調響亮, 不同靡靡之音[9], 驟讀之如義山[10]集中平調[11]之作.)

---

9 미미지음(靡靡之音) : 퇴폐음악을 가리킨다.
10 의산(義山) : 이상은(李商隱, 812~858)을 가리킨다. 당나라 때 시인으로 의산, 옥계생(玉谿生), 달제어(獺祭魚)는 그의 호이다. 하남성(河南省) 심양현(沁陽縣) 사람이다. 변려문의 대가 영호초에게 작문법을 배우고 변려문으로 명성을 얻은 시인이 되었으나, 당 조정의 정쟁에 개입되면서 비난을 받는 처지에 놓이게 되어 불우한 삶을 살았다.
11 평조(平調) : 평온하고 조화로운 음조를 말한다.

기유년 중추에 임재중, 진거비와 악양루 위에서 만나 술에 반쯤 취해 고담이 오가고, 대소하며 정성을 내어 일시에 어질고 준수한 동반자들과 행초간을 하니, 그것이 부(賦)가 되다 [강중겸]

姜仲謙(光彦)[12] 己酉中秋 任才仲[13]陳去非[14] 會飮岳陽樓上 酒半酣高談大笑 行草間出誠一時俊遊也 爲賦之

악양루의 높이가 얼마일까

동정호를 굽어보며 술에 반쯤 취했는데.

만경의 물빛에 위아래가 온통 하늘이고

양산의 가을 단풍에 동남에서 달 오른 듯.

흥겨우니 난새와 고니가 행초간을 따르고

밤늦으니 고기와 용이 담소에도 놀라는군.

내 번거로이 공과 함께 낚시질하고 싶어

구름 따라 물 따라 옮겨와 송암에 이르렀지.

岳陽樓[15]高幾千尺, 俯視洞庭方酒酣[16].

12 강중겸(姜仲謙, ?~?) : 송대(宋代) 시인으로 자(字)는 광언(光彦), 호(號)는 송원(松庵), 치주(淄州) 사람이다. 작품이 《영규율수(瀛奎律髓)》 권(卷) 35에 있다.
13 임재중(任才仲) : 경술년 11월에 지은 진거비의 시 '己酉中秋之夕與任才仲醉於岳陽樓上'에 이름이 거론되었을 뿐, 그에 대해 자세한 내용은 없다.
14 진거비(陳去非, 1090~1138), 본명은 여의(與義) 거비(去非)는 그의 자(字)이고, 호(號)는 간재(簡齋), 낙양인(洛陽人)이다.
15 악양루(岳陽樓) : 호남성 악양에 있는 누각이다. 동정호 주변의 유적들 중에서 시인묵객들이 가장 많이 찾는 곳이다. 그래서 악양루를 시제(詩題) 또는 소재(素材)로

萬頃波光天上下, 兩山秋色月東南.
興來鸞鵠隨行草, 夜永魚龍駭笑談.
我欲煩公釣鰲手[17], 盡移雲水到松庵.

방회
송암은 강광언의 호이다. (方批云, 松庵者, 光彦之號.)

기운
기상이 웅매(雄邁)하여 족히 이 시의 제목으로 칭할 만하다. 또 비평하여 이르길, 끝구 또한 특별하게 빚어내었다. (紀批云, 氣象雄邁, 足稱此題. 又批云, 結亦別致.)

읊은 시가 많다.
16 주초(酒醋) : 술에 취한 상태임을 말한다.
17 조오수(釣鰲手) : 낚시꾼을 이른다. 이백(李白)은 자칭 해상조오객(海上釣鰲客)이라 했고, 장자(莊子)에서 임공자(任公子)를 가리키는 말을 조오(釣鰲)라고 했다. 조오창명(釣鰲滄溟)이란 고사도 있다. 용백국(龍伯國)의 거인이 다섯 선산(仙山)을 떠받치고 있는 여섯 마리의 큰 자라를 낚시질하여 짊어지고 그 나라로 돌아가자 두 산이 북극으로 흘러들어가서 큰 바다 아래로 가라앉았다는 이야기이다.

두정을 생각하다 [강중겸]
思杜亭[18]

십 리나 이어진 솔 그늘이 옛 도장에
한 정자를 두르고 다시 소수와 상수를 베개로 삼았구나.
시옹(詩翁)께선 죽도록 당 황실만 근심했는데
나그네는 오늘에야 뇌양(耒陽)에서 조문한다.
창문 밖 구름 피어나니 산 비가 몰려오고
바위 시내에 꽃이 피니 새벽바람 향기롭다.
높이 올라 내려보는데 슬픔이 더해지는 것은
내 귀밑머리 세는 이유만이 아닌 것이라.

十里松陰古道場, 一亭還復枕瀟湘[19].
詩翁至死憂唐室, 野客於今吊耒陽[20].
窓戶雲生山雨集, 巖溪花發曉風香.
不唯臨眺添惆悵, 自是年來鬢已霜[21].

---

18 사두정(思杜亭) : 정자명으로 생각할 수 있겠으나 시의 내용으로 보아 '두정[두보]을 생각한다.'는 의미로 보는 것이 좀 더 타당하다.
19 소상(瀟湘) : 소수와 상수를 가리킨다. 두 강 모두 호남성(湖南省)에 있는 강이다.
20 뇌양(耒陽) : 형주(荊州)의 계양군(桂陽郡)에 속하며, 그 성터는 지금의 호남성 뇌양(耒陽)에 있다. 두보(杜甫)가 묻힌 곳이다.
21 빈이상(鬢已霜) : 귀밑머리가 이미 서리를 맞았다는 뜻으로 늙어 머리가 희게 세어짐을 이른다.

방회

제3구가 가장 좋다. (方批云, 第三句最佳.)

기윤

제4구는 이면으로부터 그 뜻을 나타내 옛일을 애도하고 현재의 시국을 감개하여 그 양변을 갖추기에 이르렀다. '야객어금(野客於今)'이라는 이 네 글자는 무궁한 맛을 지니고 있고, 이 시의 대구(對句)를 얻어서 3구가 더욱 좋아졌다. 또 비평하여 이르길, 이 시의 규격(規格)과 의사(意思)는 온전히 온정균(溫庭筠)의 '과진림묘(過陳琳墓)'라는 시와 같다. 3·4구는 원래 너무나 잘 알려진 일로, 오직 고경(故警)에 딱 부합한다. '야객(野客)'은 범범하게 끌어다가 짝한 것이 아니니 대개 "훌륭한 재능을 알아주는 군주가 없어 내 비로소 그대를 가련하게 여기노라."라는 뜻이다. (紀批云, 第四句從背面託出 吊古感時, 兩邊俱到. 「野客於今」四字有無窮之味, 得此對句, 三句益佳. 又批云, 規格意思, 全是溫飛卿[22]過陳琳墓詩. 二四事本爛熟, 惟切故警.「野客」非泛以湊對, 蓋卽「霸才無主始憐君」意.)

---

22 온비경(溫飛卿) : 본명은 온기, 비경(飛卿)은 온정균(溫庭筠)의 자(字)이다. 그는 문장에 능하여 무릇 시(詩)를 지을 적에는 기초(起草)도 하지 않고 여덟 번 차수(叉手)를 하는 동안에 8운(韻)이 이루어졌다고 한다. 그래서 당시 사람들이 온팔차(溫八叉)라 불렀다 한다.

원외 遠外

일동으로 돌아가는 저산 사람을 보내고 [가도]
賈司戶[1] 送褚山人歸日東[2]

배에 돛 달고 가을 단풍 기다리다가
떠나 깊고 어두운 곳으로 들어갔네.
동해에서 몇 년 만에 이별인가?
중화에 이날로 돌아왔다네.
언덕에서 서성거리니 흰머리만 생기고
파도가 다 지나가니 청산이 드러나는데.
바다 건너에서 서로 생각하고 있기에
소식이 없어도 이리 한가로울 줄이야.

懸帆待秋色, 去入杳冥間. 東海[3]幾年別, 中華此日還.
岸遙生白髮, 波盡露靑山. 隔水相思在, 無書也是閒.

---

1 가사호(賈司戶, 779~843) : 이름은 도(島)이고. 자는 낭선(浪仙)이다. 범양군(范陽郡) 탁현(涿縣) 사람으로 당대(唐代) 저명한 시인이다.
2 일동(日東) : 다른 판본에는 '일본(日本)'으로 되어 있는 것도 있다.
3 동해(東海) : 중국의 동쪽 바다, 즉 우리나라 서해 바다를 말한다.

기윤

5구와 6구는 자연스러워 좋다. 결구의 뜻은 소식이 있어서 서로 부쳐도 한가로운 삶에 불과함을 말하는 것이고, 비록 소식을 부치지 않더라도 또한 한가로운 삶에 불과할 뿐임을 이른다. 가히 반드시 소식을 부쳐야 하는 것은 아니다. 그러나 이야기가 명석하지 못하고 떫어서 타당성이 부족함을 면치 못했다. (紀批云, 五六自好. 結句意謂, 有書相寄, 所道不過閒居. 雖無書寄, 亦不過閒居耳, 可不必寄書也. 然語不明晣, 未免澁而欠安.)

이정직

살펴보건대 결구의 뜻은 하늘 끝에 동·서해의 물이 서로 만나는데, 망망해서 만날 기약이 없다. 다만 서로가 생각만 할 뿐임을 말한 것이다. 만약 한 소식이 이른다면 여전히 한가한 일에 속해 있거나 없거나 할 것이니, 대개 창망한 극치를 말한 것이다. 또 왕우승이 일본으로 돌아가는 비서조감을 보내는 시의 결구에서 이르길 이별이 바야흐로 어둡다고 한 것은 안부를 묻는 편지와는 다르다. 만약 왕우승의 생각과 통하여 소식이 없는 것에 매우 슬퍼했다고 가도(賈島)를 생각한다면 다시 한번 더 엮어 쓴 꼴이니 기이할 뿐이다. (按, 結句意謂, 天限東西海水茫茫相見無期. 只是相思而已. 至若一書, 有無尙屬閒事, 此蓋道其悵惘之極. 又王右丞送晁監還日本[4]詩結句云, 別離方拭異音信[5]. 若爲通右丞之意, 以無書爲甚悵而浪仙, 則更一翻用爲奇耳.)

---

4 송조감환일본(送晁監還日本) : 왕유의 시제(詩題)이다. 왕유가 장안에 와 있던 일본 사신과 이별하면서 지었다. 조감(晁監)은 비서감(秘書監)으로 있었던 일본사람 조형(晁衡)을 가리킨다.
5 음신(音信) : 먼 곳에서 보내는 안부를 묻는 편지를 말한다.

소견 消遣

안정성루에서 [이상은]
李玉溪 安定城¹樓

멀리 와 높은 성벽 백 척 누대에 올라 보니
푸른 버들가지 너머로 모래톱이 끝이 없다.
가생은 젊어서도 헛되이 눈물 흘리고
왕찬은 봄이 오자 더욱 멀리 떠났다네.
백발 되면 강호로 돌아가려 늘 생각하였는데
세상일 바로잡은 뒤에 일엽편주 타려고 하네.
모르겠도다. 썩은 쥐가 맛있다고 하는 것을
원추가 시기 받는 일을 끝내 그치지 아니하니.

迢遞高城百尺樓, 綠楊枝外盡汀洲.
賈生²年少虛垂涕, 王粲³春來更遠遊.

---

1 안정성(安定城) : 지금의 안정진(安定鎭)으로 남쪽으로는 산에 의지하고, 북쪽으로는 수연하(秀延河), 서쪽으로는 중산천(中山川)에 가깝고, 동쪽으로는 편천지(平川地)가 된다.

2 가생(賈生, BC 200~BC 168) : 곧 가의(賈誼)를 가리킨다. 낙양(洛陽) 사람으로 전한 때 문학가이다.

永憶江湖歸白髮, 欲回天地入扁舟.
不知腐鼠⁴成滋味, 猜意鵷雛⁵竟未休.

기윤

'강호', '편주'의 흥취가 갖추어졌으나 '강주'에서 출생했기 때문에 다음 구는 벗에게 편승해 달려 나갈 정도의 경치는 아닐 것이다. 5구와 6구는 천 번을 두드리고 백 번을 단련해서 자연스럽게 나타냈는데, 두보의 시도 또한 이와 같은 것에 불과하다. 세상은 단지 겉은 화려하고 실속은 없어도 새기고 다듬은 작품을 좋아할 뿐이니, 의산의 진면목이 숨어 있다. 또 비평하여 이르길, (이것이) 결구에서 너무 드러나 있다. (紀批云, 「江湖」「扁舟」之興俱, 自「江洲」生出, 故次句非趁朋湊景⁶. 五六千錘百鍊, 出以自然, 杜亦不過如此, 世但喜其浮艶琱鐫⁷之作, 而義山之眞面隱矣. 又批云, 結太露.)

---

3 왕찬(王粲, 177~217) : 자(字)는 중선(仲宣), 건안칠자(建安七子) 중 한사람이다. 산양군(山陽郡) 고평현(高平縣) 사람인데, 지금의 제령시(濟寧市) 미산현(微山縣)이다.
4 부서(腐鼠) : 썩은 쥐라는 뜻으로, 작고 천한 물건이나 사람을 비유적으로 이르는 말이다.
5 원추(鵷雛) : 일종의 새로, 이 새를 노란 봉황이라고 생각했다. 《장자(莊子)》의 우화(寓話)에 "오동이 아니면 앉지를 않고 대나무열매가 아니면 먹지를 않으며 예천(醴泉)의 단물이 아니면 마시지를 않는다〔非梧桐不止 非練實不食 非醴泉不飮〕."라고 했다.
6 진붕주경(趁朋湊景) : 벗에게 편승해 달려 나갈 정도의 경치를 말한다.
7 부염조전(浮艶琱鐫) : 겉은 화려하고 실속은 없어도 새기고 다듬은 것이다.

이정직

살펴보건대 결구는 용사(用事)에 본래 익숙하고 시의(猜意)라는 글자는 또, 다시 유려하고 조리가 있는데, 이것이 너무 드러난다고 생각했기 때문이다. (按, 結用事本熟, 而猜意字, 又更條暢[8], 此所以爲太露.)

---

8 조창(條暢) : 말이나 글이 유려(流麗)하고 조리(條理)가 있다는 말이다.

우연히 탄식하다 [육유]
陸放翁 寓歎

초선이 반드시 투구를 내지는 않지만
모진 관리라면 올가미를 놓았을걸.
팽택으로 돌아가서 오로지 술을 빚고
경차는 낡았으니 어찌 제후를 기다릴까.
천 년 동안 정위새가 동해를 메우려는 마음이요
3일 굶은 범이 소를 잡으려는 기상이로다.
때마침 고매한 사람과 속세 밖을 기대하며
동적을 어루만지며 파릉의 가을을 느낀다.

貂蟬[9]未必出兜鍪[10], 要是蒼鷹已下韝[11].
彭澤[12]竟歸端爲酒, 輕車[13]已老豈須侯.
千年精衛[14]心平海, 三日於菟[15]氣食牛.

9 초선(貂蟬, 175년~199년) : 《삼국지연의(三國志演義)》에서 사도 왕윤(王允)의 집 가기(歌妓)인데, 동탁(董卓)과 여포(呂布)의 후처(後妻)이기도 하다. 중국 4대 미녀의 한 사람으로 꼽히기도 하나, 실제의 사서(史書)에는 없는 인물이다.
10 두무(兜鍪) : 전쟁에 쓰는 무기, 또는 투구를 말한다.
11 하구(下韝) : 올가미를 설치한다는 뜻이다.
12 팽택(彭澤) : 강서성(江西省) 최북부에 있는 마을을 가리킨다.
13 경차(輕車) : 경차고대의 전차(戰車)로 가볍고 빠르다고 한다.
14 정위(精衛) : 고대(古代) 중국의 상상속의 새이다. 여름을 관장하는 염제(炎帝)의 딸이 동해에서 익사한 뒤 정위로 둔갑하여 항상 서산(西山)의 나무와 돌을 물어 날라 동해를 메우려 했으나 이루지 못했다고 한다.
15 어토(於菟) : 호랑이를 말한다. 옛날 초나라 사람들은 호랑이를 어토(於菟)라 했다

會與高人期物外[16], 摩挲[17]銅狄[18]灞陵[19]秋.

방회

6구는 기개가 있고 슬기가 뛰어나다. (方批云, 六句豪俊.)

기윤

이 시는 한탁주가 북벌을 의론할 때 지은 것이라고 했다. 5구와 6구가 가장 침착하면서도 곡절이 있다. 뜻있는 선비는 원한을 되갚는 것을 잊지 않으니, 다만 젊을 때 기상을 믿고 경거망동한다면 염려할 만하다고 말한 것일 뿐이다. 말구는 다른 날의 시사변천을 자기가 늙어가면서 오히려 마땅히 본 것에 미친 생각을 말하고 있다. (紀批云, 此常爲韓侂冑議北伐時所作. 五六最沉着而曲折, 言志士本不忘復仇, 但少年恃氣輕擧, 爲可慮耳. 末句言他日時事變遷, 我老猶當及見之意.)

고 한다.
16 물외(物外) : 속세의 바깥을 말한다.
17 마사(摩挲) : 소중히 여겨 어루만진다는 뜻이다.
18 동적(銅狄) : 구리로 주조하여 만든 인형이다.《신선전(神仙傳)》에 보면 후한(後漢) 때 신선술을 배우던 계자훈(薊子訓)이 장안의 동쪽 패성(霸城)에서 한 노인과 동적을 어루만지며 "이것을 만들 때 보았는데, 500년이 되었다."라고 했다.
19 파릉(灞陵) : 장안 도쪽에 있는 한문제의 능이다.

자식 子息

희롱삼아 지어서 두 어린애에게 주다 [유장경]
劉隨州 戱題贈二小男

객지를 떠돌며 빈번하게 자식을 낳으면서
얼마쯤의 슬픔과 기쁨은 자신의 의지에 있는 법.
늙어감을 알면서 백발을 부끄러워하며
아이들 재롱 볼 때마다 젊었을 때 생각하지.
집 사정을 모른다면 어떤 주인인들 감당할 수 있을까?
거문고와 글도 익혔다면 특별한 사람과도 함께 했을 걸세.
누군들 늙어서는 후대가 있기에 행복한 것인데
온 가족 마주한 눈물 젖은 수건, 버릴 수 있을까?

異鄕流落頻生子, 幾許悲歡倂在身.
欲識[1]老容羞白髮, 每看兒戱憶靑春.
未知門戶堪誰主, 見免琴書與別人[2].

1 식(識) : 다른 판본에는 '병(並)'자로 되어 있다.
2 견면금서여별인(見免琴書與別人) : 여기서는 남들보다 좀 더 특별한 사람과 함께 하기를 바라는 마음이 담겨 있다.

何幸暮年方有後, 擧家相對却沾巾.

방회

제4구는 이미 좋았고, 5구와 6구는 전부 백낙천의 시와 비슷하다. (方批云, 第四句已佳, 五六句全似樂天.)

기윤

3구는 명백하지 못하다. 5구와 6구는 곡절이 지극하여 기세가 갑자기 꺾이는 데에 이르지만, 백낙천의 순수한 필법으로 곧장 달려 나가는 것과는 같지 않다. 결구 또한 만족스럽다. (紀批云, 三句不明晰. 五六極曲折頓挫[3]之致, 不似樂天順筆直走[4]. 結亦滿足.)

이정직

살펴보건대, 3구의 '식(識)'자는 본래 '병(並)'로 되어 있다. '이아돈(以兒頓〔아이인 까닭으로 조아리는 것〕)'에 병노용(並老容〔함께 늙어가는 모습〕)과 비교한다면 백발이 부끄러울 만하다고 말한 것이다. (按, 三句識字本作並, 言欲以兒頓比並老容, 則白髮爲可羞也.)

---

3 돈좌(頓挫) : 중도에서 기세 따위가 갑자기 꺾일 때를 표현하는 말이다.
4 순필직주(順筆直走) : 소박하고 단조로운 맛을 주면서 곧바로 달려 나가는 듯한 필법이다.

기증 寄贈

등처사에게 주다 [옹권]
翁靈舒[1] 贈滕處士

그대는 전란을 알고 있는지요
지금까지 또 10여 년이오.
사방을 둘러싼 바다 끝이 안식처인데
선생께서도 편안히 은거하시는지요.
청풍에 작은 밭 딸린 집이 있고
헌낮에 작은 상 위의 책이 있소만.
오랫동안 문 닫아걸었으니
이웃에 사는 중만도 못하답니다.

識君戎馬[2]際, 今又十年餘. 環海[3]邊安息, 先生便隱居.
靑風三畝[4]宅, 白日一床書. 長是閉門掩, 隣僧亦不如.

---

1 옹영서(翁靈舒, ?~?) : 남송(南宋) 때의 시인으로 이름이 권(卷)이며, 영서(靈舒)는 그의 자(字)이다. 일생동안 포의로 지냈으며, 서조(徐照), 서기(徐璣), 조사수(趙師秀)와 함께 '영가사령(永嘉四靈)'으로 일컫는다.
2 융마(戎馬) : 전란을 비유하는 말이다.
3 환해(環海) : 사방이 바다로 둘러싸인 땅이다. 즉, 섬을 이른다.

기윤

시격이 중당과 만당 사이에 있다. 중당의 먹을 갈아 얕거나 상스러움을 비교하고서 만당과 비교해 보면 혼연히 어우러지게 된다. (紀批云, 格在中晚之間, 硯中唐較淺薄, 而較晚唐爲渾成.)

---

4 삼무(三畝) : 상고 시대에는 사방 6척을 1보(步), 100보를 1무(畝)라 하고, 진(秦)나라 이후에는 240보를 1무로 했다. 그래서 3무라고 함은 진나라 이전에는 사방 300보이고 진나라와 그 이후는 사방 720보에 해당한다. 따라서 하, 은, 주나라 때의 정전제에서, 한 사람의 남자가 받던 밭이 100무였으므로 3무는 매우 작은 땅임을 알 수 있다.

장인 곽대부 개(槩)에게 부치다 [진사도]
陳后山 寄外舅[5]郭大夫槩

파촉의 소식 갖고 온 사람이
아내와 아이들 외가에서 잘 지낸다고 해요.
속속들이 소식 알아보고 싶었지만
차마 어떠한지는 자세히 묻지 못했습니다.
건강하다면 멀리 있어도 무슨 일이 있겠냐마는
떨어져 살고 싶지 않은 아비 마음일 뿐.
이름을 세워 늙고 병든 걸 감추고서
눈물로 지새우다 몇 줄의 글만 올립니다.

巴蜀[6]通歸使, 妻孥且舊居. 深知報消息, 不忍問何如.
身健何妨遠, 情親未肯疎. 功名欺老病, 淚盡[7]數行書.

방회
후산은 두보에게 배워서 이 시가 진실하며 거짓이 없다. 소박하며 담백하고 서정적인 맛이 깊으며 그윽하다. 만당 시인은 바람, 꽃, 눈, 달, 날짐승,

---

5 외구(外舅) : 처가의 장인(丈人)을 가리킨다.
6 파촉(巴蜀) : 파땅과 촉땅으로 모두 익주에 속한다. 파(巴)는 그 성터가 지금의 사천성 중경(重慶)에 있고, 촉(蜀)은 그 성터가 지금의 사천성 성도(成都)에 있다.
7 누진(淚盡) : 눈물로 날을 지새우는 것이다.

새, 벌레, 물고기, 대나무, 나무가 아니면 한 글자도 지을 수 없다. '구승(九僧)'이란 유형도 남에게 금지를 당하면 시를 이룰 수 없었으니, 어찌 이 작품을 살펴보지 않는가? (方批云, 后山學老杜[8], 此其逼眞[9]者. 枯淡瘦勁, 情味深幽. 晩唐人非風花雪月禽鳥蟲魚竹樹, 則一字不能作.「九僧」[10]者流, 爲人所禁, 詩不能成, 曷不觀此作乎.)

기윤

정이 진실하고 시격이 노련해서 한 기운으로 자연스레 이루어졌다. 풍씨는 후산을 질시해서 원수같이 여겼다. 또한 이 시를 숨기면서도 그만두지 못했는데, 정의가 진실로 다하여 없어지고 있을 때라 할 수 없었다. (紀批云, 情眞格老, 一氣渾成. 馮氏疾后山如仇, 亦不能不斂手[11]此詩. 公道固有不泯時.)

---

8 노두(老杜) : 두보를 이른다.
9 핍진(逼眞) : 진실하여 거짓이 없음을 이른다.
10 구승(九僧) : 송(宋)나라 초 시로 명성을 날린 9명의 승려를 말한다.
11 염수(斂手) : 하던 일에서 손을 떼거나 아예 하지 않음을 이른다.

유경문의 시를 차운하고 화답하여 시를 부치다 [소식]
蘇東坡[12] 次韻劉景文見寄

회수 가의 잉어 두 마리가 동쪽으로 와
교묘하게도 시로 쓴 서신을 가지고 강호를 건너네.
가늘게 붓을 움직여 보니 모두 솔잎이 되고
서로 구레나룻 감아올려 보니 바로 학이 외롭구나.
열사의 가풍을 어찌 이리 쓰겠는가
서생의 나쁜 습관이 능히 없다고는 아니하리.
늙은 준마, 천리를 달리겠다고 생각지 말거라
취한 후 슬픈 노래, 타호 속으로 사라진다.

淮上東來雙鯉魚[13], 巧將詩信渡江湖.
細看落墨皆松瘦, 相見掀髥正鶴孤.
烈士家風安用此, 書生習氣未能無.
莫因老驥[14]思千里, 醉後哀歌缺唾壺[15].

---

12 소동파(蘇東坡, 1031~1101) : 이름은 식(軾)이다. 아버지 소순, 동생 소철과 함께 '3소'(三蘇)라고 일컬어지며, 모두 당송8대가에 속한다. 소동파는 조정의 정치를 비방하는 내용의 시를 썼다는 죄로 황주로 유형되었는데, 이 때 농사 짓던 땅을 동쪽 언덕이라는 뜻의 '동파'로 호를 삼았다. 그는 구양수·매요신 등에 의해서 기틀이 마련된 송시를 더욱 발전시켰다.
13 쌍리어(雙鯉魚) : 소식을 뜻한다. 〈악부상(樂府上)〉에 "나그네 멀리서 찾아와 나에게 두 마리 잉어 주기에 아이를 불러 잉어를 삶았더니 뱃속에 흰 비단 편지 있었네. (客從遠方來 遺我雙鯉魚 呼童烹鯉魚 中有尺素書)"에 나오는 쌍리어(雙鯉魚)를 인용한 것이다.

기윤

전반부는 재치가 있고 후반부는 그 침착함이 지극하다. 5구와 6구는 개음과 합음의 구법으로 지었다. '서생습기(書生習氣)'는 곧 비분강개한 노래를 가리키는 것이지 시에 능하다고 말한 것은 아니다. (紀批云, 前半有致. 後半極其沉着. 五六是開合句法.「書生習氣」乃指其慷慨悲歌, 非謂其能詩也.)

14 노기(老驥) : 늙은 준마 또는 나이 많은 영걸을 가리킨다. 노기복력(老驥伏櫪)이란 말도 있다. 늙은 준마가 헛간의 널빤지 위에서 잠을 잔다는 뜻으로, 빼어난 사람이 늙도록 세상에 뜻을 펴지 못함을 비유적으로 이르는 말이다.
15 타호(唾壺) : 가래나 침을 뱉는 그릇이다. 《진서(晉書)》,〈왕돈전(王敦傳)〉에 보면 "진(晉)나라 때 왕돈(王敦)은 술에 취하면 언제나 비분강개하여, '늙은 천리마 구유에 엎드려 있으나 뜻은 천리 밖에 있고, 열사(烈士)는 늙어도 씩씩한 마음은 다하지 않노라.'라는 노래를 부르며 산호로 만든 타호(唾壺)를 두드려 타호가 모두 부서졌다."라고 한다. 이 시에서 〈왕돈전(王敦傳)〉을 용사(用事)한 것이다.

소내한에게 부치다 [유계손]
劉景文[16] 寄蘇內翰

피곤함을 참으며 오두에게 좌부를 청하니
웃으며 영주의 말미에 있는 서호를 찾으라네.
2,3인의 현명한 자가 지키던 과거 멀지 않지만
6,1거사의 맑은 바람이 이제 외롭지 않게 하리.
사해에서 함께하니 구레나룻 희끗한 자 가득한데
중양일에 만나보니 국화꽃 꽂은 이 하나도 없네.
별이 모인 당상에 누가 먼저 도착할까?
금동이 옆에 기댄 옥항아리 넘어지려 하네.

倦壓鼇頭[17]請左符[18], 笑尋潁尾[19]爲西湖[20].
二三賢守去非遠, 六一淸風今不孤.
四海共知霜鬢滿, 重陽[21]會揷菊花無.

16 유경문(劉景文, 1033~1092) : 북송 때 시인. 이름은 계손(季孫)으로 경문이 그의 자(字)이다. 개봉(開封) 상부(祥符) 사람인데, 소식의 천거로 절동(浙東)과 절서(浙西)의 병마도감(兵馬都監)을 지냈다.
17 오두(鼇頭) : 당송(唐宋) 시기에 한림학사를 가리킨다. 이때 소동파는 한림학사였다.
18 좌부(左符) : 부절(符節)의 왼쪽 절반을 가리킨다.
19 영미(潁尾) : 영주(潁州)의 언저리를 말한다.
20 서호(西湖) : 영주(潁州)의 서호(西湖)를 말한다. 지금의 안휘성(安徽省) 태화현(太和縣) 동남쪽에 있으며, 송나라 때는 영주(潁州)에 속했었다. 즉, 절강성(浙江省) 항주(杭州)에 있는 서호가 아니다.
21 중양(重陽) : 양수(陽數)가 겹친 날이다. 여기서는 국화가 피는 9월 9일을 가리킨다.

聚星堂上誰先到, 欲傍金樽倒玉壺.

방회

구율이 슬프면서도 씩씩하며 호방하고 꿋꿋해서 사람들이 암송할 만하다. (方批云, 句律悲壯豪健, 人人能誦之.)

기윤

'육일(六一)'자는 그의 사유(事由)와 관련하여 쓴 것이지 그 호를 일컬은 것이 아니다. 그러므로 '이삼(二三)'과 대구가 가능하다. (紀批云,「六一」²²字用其事, 非稱其號, 故可對「二三」.)

---

22 육일(六一) : 구양수(歐陽脩)의 〈육일거사전(六一居士傳)〉에 "육일거사가 처음 저산으로 귀양갔을 때, 호를 취옹이라고 했다. 늙고 쇠약하여 영수 가에서 은퇴하고 쉬면서 곧 육일거사(六一居士)로 호를 바꾸었다. 어느 날 손님이 물었다. '6,1은 무슨 뜻입니까?' 거사가 '우리 집에는 1만 권의 책, 집록으로 3대 이래 금석유문이 1000권, 거문고 한 장, 바둑 한 판, 술 한 주전자가 늘 놓여 있다.' 손님이 '5,1인데 어째서인가?' 거사 왈 '나, 한 늙은이가 5물 사이에서 늙었으니 어찌 육일이 아니겠는가?'〔六一居士初謫滁山, 自號醉翁. 旣老而衰且病, 將退休於潁水之上, 則又更號六一居士. 客有問曰 :「六一, 何謂也?」居士曰 :「吾家藏書一萬卷, 集錄三代以來金石遺文一千卷, 有琴一張, 有棋一局, 而常置酒一壺.」客曰 :「是爲五一爾, 奈何?」居士曰 :「以吾一翁, 老於此五物之間, 是豈不爲六一乎?」〕"라고 했다. 그래서 기윤은 육일(六一)은 호로 쓴 것이 아니라 사유(事由)로 한 것이라고 말한 것이다. 참고로 소식은 구양수의 제자이다.

시독 소상서에게 부치다 [진사도]

陳后山 寄侍讀[23]蘇尙書[24]

6월 서호에서 일찌감치 가을을 느꼈는데
2년 만에 돌아와 생각하니, 함께 머무른 것이 오래라.
한때 빈객들은 매수를 보고 가장 어른이라 여겼고
자사(刺史)로 처할 때 아동들은 세후를 보고 기뻐했다.
나라를 다스리는 데는 본래부터 노련한 사람을 기대하는 것
큰 뜻을 품고서는 왜 하필 호두산에 이르렀을까?
황권을 펴서 멀리 있는 황제궁을 알아보고
푸른 물결에 백구가 사라지는걸, 풀어 기록하시라.

六月西湖早得秋, 二年歸思與遲留.
一時賓客餘枚叟[25], 住處兒童說細侯[26].
經國向來須老手, 有懷何必到壺頭[27].

23 시독(侍讀) : 남북조와 당송시대에 제왕에게 경학(經學)을 가르치는 관직이다.
24 소상서(蘇尙書) : 소동파를 가리킨다.
25 매수(枚叟) : 매승(枚乘)을 말한다. 그는 전한 때 저명한 문장가로, 일찍이 양나라를 유람하였는데, 양효왕을 위해 상객이 되었다. 이로 인해 양왕의 빈객 중 가장 연장자여서 후에 사람들이 매수(枚叟)라고 그를 칭했다.
26 세후(細侯) : 곽급(郭伋)을 이른다. 세후는 그의 자이다. 왕망(王莽) 때에 병주 자사(幷州刺史)로 있었으며, 그 뒤 광무(光武) 때에 재차 병주 자사로 부임하였다. 그러자 옛날 은혜를 입었던 고을의 노약자들이 서로들 도로에 나와 영접하였고 또 경내를 순행할 때 아동 수백 명이 죽마(竹馬)에 올라타고서 환영하며 절을 했다고 《후한서(後漢書)》, 〈곽급열전(郭伋列傳)〉에 전한다.
27 유회하필도호두(有懷何必到壺頭) : 후한(後漢)의 명장(名將) 마원(馬援)이 큰 뜻

遙知丹地²⁸開黃卷²⁹, 解記淸波沒白鷗.

기윤

규계하는 말을 완곡하고 함축적으로 내었으니, 그러므로 시인이 쓴 것이다. (紀批云, 規戒³⁰語以婉約出之, 故是詩人之筆.)

을 품고 늙어서 이민족 정벌하기 위해 지금의 호남(湖南)성 원릉(沅陵) 동북쪽의 호두산(壺頭山)까지 갔다가 더위에 전염병까지 돌아서 수많은 군사들이 죽고, 마원도 더위 때문에 토실(土室) 속에서 지내야 했다.《후한서(後漢書)》에는 마원이 "내 종제(從弟) 소유(少游)가 '선비가 세상에 태어나 단지 옷과 밥을 해결할 수 있으면 부모님의 분묘나 잘 모시고 향리에서 착한 사람이라는 말이나 들으면 그만이지 차고 넘치는 것을 구하면 단지 괴로울 뿐'이라고 했다"면서 "내 누워서 종제가 평시에 했던 말을 생각해보지만, 이제는 어쩔 수가 없구나"라고 한탄하며 죽었다고 전한다.

28 단지(丹地): 황제의 궁전을 가리킨다. 붉은 색으로 도색했기 때문에 이를 단지(丹地)라고 했다.
29 황권(黃卷): 옛날에는 좀을 막기 위해 황벽나무로 종이를 염색했는데, 종이의 색이 노랗기 때문에 "황권"이라고 불렸다.
30 규계(規戒): 잘못함이 없이 바르게 미리 타일러서 주의하게 한다는 말이다.

덕승대광에게 부치다 [진여의]
陳簡齋[31] 寄德升大光

군왕이 군공에게 조칙하여 군사를 일으키니
조칙 한 가운데 나무꾼을 두었구나.
청삼을 입고 세상일 따르기는 쉽지만
백발을 거느리고 가을바람 치기는 어려워라.
태극은 뜻이 없는 것이 아님을 함께 담소하고
백성은 본심이 같지 않기에 능히 계박(繫縛)해야 함이라.
도리어 자양의 천장이나 되는 고개에 의지하여
멀리 누런 고니 나는 동쪽 하늘 끝을 쳐다본다.

君王優詔起羣公, 也置樵夫尺一[32]中.
易着靑衫隨世事, 難將白髮犯秋風[33].
共談太極非無意, 能繫蒼生本不同.
却倚紫陽[34]千丈嶺, 遙瞻黃鵠九霄[35]東.

31 진간재(陳簡齋) : 진여의(陳與義)의 호이다.
32 척일(尺一) : 고대(古代)에는 조서(詔書)를 베끼는데 1척1촌이 되는 판을 사용했다. 이로 인해 조칙. 조서(詔書)의 의미로도 쓰인다.
33 추풍(秋風) : 고향의 정을 생각하는 것이다.
34 자양(紫陽) : 지금의 섬서성(陝西省) 자양현이다.
35 구소(九霄) : 높은 하늘을 뜻한다. 경우에 따라 선인의 거처, 황제의 거처를 가리키기도 한다.

기윤

신중하지 못하고 가벼운 것처럼 보이지만 필력이 지극히 웅장하고 광활하다. (紀批云, 看似率易[36], 而筆力極爲雄闊[37].)

---

36 솔이(率易) : 신중하지 못하고 가볍다는 뜻이다.
37 웅활(雄闊) : 웅장하고 장활하다는 뜻이다.

천적 遷謫

처음으로 황매의 임강역에 이르러 [송지문]
宋員外¹ 初到黃梅臨江驛²

말 위에서 한식을 맞았는데
길 가는 중 늦봄이 되었네.
가련타! 강포구를 바라보니
낙양에 사람은 보이지 않네.
북녘궁 영명한 임금 생각하며
남해로 신하는 쫓거니는데.
고향 생각으로 애끓는 이곳엔
밤낮으로 버들가지 새로워지리.

馬上逢寒食³, 途中屬暮春. 可憐江浦望, 不見洛陽人.

---

1 송원외(宋員外) : 초당(初唐)의 시인으로, 이름은 지문(之問), 자(字)는 연청(延淸)이다. 측천무후(則天武后)의 궁정시인으로 활약하였는데, 후에 남쪽으로 유배되어 결국 죽임을 당했다. 원외(員外)는 관명이다.
2 황매임강역(黃梅臨江驛) : 장천각(張天覺), 여취란(女翠鸞), 장득구(張得救), 최통(崔通) 등이 등장하는 송대(宋代)의 희극으로 '黃梅臨江驛'은 희극의 제목이다.
3 한식(寒食) : 동지(冬至)로부터 105일째 되는 날이다. 조상의 산소를 찾아 제사를

北極懷明主, 南溟作逐臣. 故園腸斷[4]處, 日夜柳條新.

기윤

차구의 '도중(途中)'은 곧 '마상(馬上)'이고, '모춘(暮春)'은 곧 '한식(寒食)'인데 합장(合掌)을 면하지 못했다. 또 비평하여 이르길, 화평하고 온아하면서 원망하거나 성내는 말, 어색하고 부자연스러운 소리를 만들지 않았다. 시를 가지고 논하니 진실로 스스로 고인에 부끄럽지 않다. (紀批云, 次句「途中」卽「馬上」,「暮春」卽「寒食」, 未免合掌[5]. 又批云, 和平溫雅, 不爲怨怒之詞蹴蹙[6]之音. 以詩而論, 固自不愧古人.)

이정직

살펴보건대 아마 마땅히 2월일 것이다. '한식'은 마상에서 합장을 벗어날 만하다. 처음 출발할 때를 말한다. (按, 恐當是二月. 寒食可免合掌馬上. 言始發時.)

지내는 풍습이 있다.
4 장단(腸斷) : 고사성어 단장(斷腸)과 같다. 매우 슬퍼 창자가 끊어지는 듯하다는 말이다.
5 합장(合掌) : 시문(詩文)에 있어서 대구(對句)의 의미가 같거나 비슷한 것을 말한다.
6 궐축(蹴蹙) : 어색하고 부자연스러운 것을 가리킨다.

천객에게 부치다 [장우]

張丹陽(張承吉)[7] 寄遷客

남으로 만리를 옮겨온 나그네
힘써 걸어도 고갯길은 멀구나.
물을 힘써 막고 시내로 가다가
산 이매를 피해 주막에서 묵는다.
장해에서는 약초 구하기를 멈추고
탐천에서는 포주박을 들지 말지라.
다만 능히 뜻만 굳히면 될 뿐이니
그런즉 한낮에는 심히 화창하리라.

萬里南遷客, 辛勤嶺路遙. 溪行防水努, 野店[8]避山魈.
瘴海[9]須求藥, 貪泉[10]莫擧瓢. 但能堅志意, 白日甚昭昭[11].

7 장단양(張丹陽, 792~853) : 당대 시인으로 이름은 우(祐)이고 자(字)는 승길(承吉), 행삼(行三)이다. 청하(淸河) 사람이다.
8 야점(野店) : 시골 주막을 의미한다.
9 장해(瘴海) : 중국의 남쪽 바다를 말한다.
10 탐천(貪泉) : 그 물을 마시면 모두 탐욕스러워진다는 샘. 중국 광동성(廣東省)에 있었다고 하는데, 진(晉)나라의 오은지(吳隱之)는 이 물을 마시고도 마음이 변하지 않아 그 이름을 떨쳤다고 한다.
11 소소(昭昭) : 매우 환함을 이른다.

기윤

순수하게 계사를 썼고, 말을 세움에 체계가 있어 감개무량한 말보다 낫다. 끝의 두 구는 뜻을 세워서 더욱 정대하나 그 말이 공교롭지 못해 안타깝다. '심소소(甚昭昭)' 세글자는 태부기라고 할 만큼의 병적 폐단이 있다. (紀批 云, 純作戒詞, 立言有體, 愈於感慨之言. 末二句立意尤正大, 惜其詞未工, 病 在「甚昭昭」三字太腐氣.[12])

---

12 태부기(太腐氣) : 썩어 문들어지는 냄새가 난다는 뜻이다.

친구를 떠나 보내며 [사공서]
司空曙(司文明)[13] 送流人

남방의 사연을 들어 보니
슬프구나! 그대 중병으로 몸져누웠다고.
산촌에는 풍자귀가 있고
강묘에는 석랑신이 있지.
어린아이는 황폐한 집에 머물게 하고
도서는 친구에게 맡겨 놓았다고.
청문 밖 풍경을 좋아하지만
너 때문에 눈물이 수건을 적신다.

聞說南中[14]事, 悲君重竄身[15]. 山村楓子鬼[16], 江廟石郎神[17].
童稚留荒宅, 圖書託故人. 靑門[18]好風景, 爲爾一沾巾.

---

13 사공서(司空曙, 720~790) : 당대(唐代) 시인으로 자는 문명(文明) 또는 문초(文初)이고 광평(廣平) 사람이다.
14 남중(南中) : 남쪽 지방의 땅을 가리킨다.
15 찬신(竄身) : 몸을 숨긴다는 뜻으로 자신의 신분이 고쳐지고 바뀌는 것, 즉 전후 사정이 달라졌음을 이른다.
16 풍자귀(楓子鬼) : 임방(任昉)이 편찬한 《술이기(述異記)》에 중국 남쪽 지방에서는 단풍나무로 만든 풍자귀(楓子鬼)가 있다. 오래된 단풍나무로 만든 인형으로, 이를 '영풍(靈楓)'이라 하고 무당들은 신령스러운 기운을 얻기 위해 영풍을 지녔다고 한다.
17 석랑신(石郎神) : 민간에서 제사 지낼 때의 사신명(祀神名)이다.
18 청문(靑門) : 한나라 장안성의 동남문(東南門)을 가리킨다. 본래의 명칭은 패성문(霸城門)인데, 그 문의 색이 푸른색이어서 속칭 청문, 또는 청성문을 불렀다.

기윤

'문설(聞說)' 두 글자가 있는데, 3구와 4구에 바로 뿌리를 두고 있다. 또 비평하여 이르길, 5구와 6구는 슬프고 괴롭다. (紀批云, 有「聞說」二字, 三四便有根. 又批云, 五六淒楚.)

달 아래에서 장수재께 드린다 [유장경]
劉隨州 月下呈章秀才

예로부터 슬픔은 시들어 떨어지는 것
누구 집이 이러한가?
한밤의 반딧불이 베개 옆에서 펄펄 날고
변방의 새 나뭇가지를 옮겨가며 부산스럽네.
삼 년 귀양살이 늙음을 향해 나아가고
온갖 감정이 많아지는데 가을을 맞는군.
가난한 집안엔 오로지 달만 비추는데
공연히 그대에게 부끄러워서 지나친다네.

自古悲搖落[19], 誰家奈此何. 夜螢偏傍枕, 塞鳥數移柯.
向老二年謫, 當秋百感多. 貧家唯有月, 空愧子猷過.

기윤

천연스럽게 용출되었고 시격의 엄격함이 절로 이루어졌다. (紀批云, 天然湧出[20], 格顎[21]渾成.)

19 요락(搖落) : (잎이) 시들어 떨어진다는 뜻이다.
20 용출(湧出) : 물이 솟아 나오듯 무엇이 쏟아져 나옴을 말한다.
21 악(顎) : 근엄, 엄중하다는 뜻이다.

심명각에서 묵다 2수 [진사도]
陳后山 宿深明閣 二首

깊고 그윽한 심명각에서 묵은 것이
청명하되 썰렁했던 지난해였지.
늙은이는 병환을 얻어 이르렀으니
사람은 세월 따라 변천하는 것이라.
묵묵히 앉아서 졸고 있는 것 같지만
외 등불과 함께 잠 못 이루는 것이라.
저문 해 자신은 만 리 밖이지만
친구들의 사랑에 의지해야지.

窈窕深明閣, 晴寒是去年. 老將災疾至, 人與歲時遷.
默坐元如在, 孤燈共不眠. 暮年身萬里, 賴有故人憐.

기윤
5구와 6구는 후산이 독자적으로 지었다. (紀批云, 五六是后山獨造.)

멀고 아득한 선경에 사는 김화백

인간 중 제일가는 인간이라.

쾌활한 이야기로 밤이 낮으로 이어지고

세속을 따르려고 정신을 쏟는구나.

당시의 유력자로 평안한 삶을 알리려면서도

도리어 소식의 진실성에 대해 걱정하더라.

담장 밑 풀밭에 서리가 내리지만

또 한바탕 새로운 풀이 돋아나리.

縹緲[22]金華伯, 人間第一人[23]. 劇談連晝夜, 應俗費精神.
時要[24]平安報, 反愁消息眞. 墻根霜下草, 又作一番新.

기윤

5구와 6구는 곧 소식을 알릴 방법을 깊이 알고 있으면서도 차마 어떻게 대면할 것인가를 묻지 못했다. 두보로부터 도리어 소식이 올 것을 두려워하고 벗어나서 '진(眞)'자로 한 글자를 바꾸니, 곧 가야 할 곳은 멀고 말은 와전되어 있어 만상(萬狀)의 뜻에 놀라 의아해하면서도 뜻으로써 그 핵심

---

22 표묘(縹緲) : '멀고 어렴풋하다.' '가물가물하고 희미하다.'라는 의미이다. 즉 선경의 세상에 살고 있음을 나타낸다.
23 인간제일인(人間第一人) : 수행이나 문학적 성취에 자타가 공인할 정도로 뛰어남을 이른다.
24 시요(時要) : 당시 권세가 있는 사람을 가리키는 말로 속세의 사람들에게 영향력이 큰 사람임을 나타낸 것이다.

을 찌르는 것이 극진했다. 결구는 비유법에 의탁한 까닭으로 흔적을 나타내지는 않았는데, 다만 시기를 느끼고 서술한 듯한 모양이다. (紀批云, 五六卽深知報消息, 不忍問如何之對面. 從杜反畏消息來脫出, 而換一眞字, 便有路遠言訛, 驚疑萬狀之意, 用意極其深刻[25]. 結句托喩故不着迹, 只似感時序者然.)

---

25 심각(深刻) : 깊이 새기다. 핵심을 찌르다.

태주의 사호참군으로 폄직되는 정씨의 열여덟 번째 아들
인 건을 전송하며 - 그가 늘그막에 적에게 잡힌 까닭에
가슴이 아팠었는데, 만나지도 못한 상태에서 작별해야
하기에 이별의 정을 시로 드러내다 [두보]

老杜 送鄭十八虔²⁶貶台州²⁷司戶參軍 傷其臨老陷賊之故 闕爲²⁸而別情見
於詩

정공은 하릴없이 지내며 귀밑머리 하얘져서는
술 취한 뒤면 늘 늙은 화가라고 하였지.
엄한 징계를 받는 날엔 아픈 마음 만 리를 향했고
나라가 중흥하는 때엔 죽을 만큼 한 인생을 바쳤다지.
창황하게도 이미 먼 길로 떠나갔다가
우연히 만났지만, 까닭 없이 전별함도 늦었다네.
곧 선생과 함께 영원한 이별을 해야할 것인데
구중 황천길에서나 만나자고 기약하더이다.

鄭公樗散²⁹鬢如絲, 酒後常稱老畫師.

26 정십팔건(鄭十八虔) : 정씨의 열여덟 번째 아들 건(虔). 그는 장안에 있으면서 두보
   와 교분이 두터웠다.
27 태주(台州) : 지금의 절강성(浙江省) 임해시(臨海市) 지역이다.
28 궐위(闕爲) : 빠지다. 즉 만나지도 못한 상태에서 이별함을 이른다.
29 저산(樗散) : 가죽나무처럼 버려지다. 즉 아무짝에도 쓸모가 없음, 또는 그런 사람
   이라는 뜻으로 자신을 겸손하게 가리키는 말이다. 《장자(莊子)》에 "가죽나무는 본
   줄기가 울퉁불퉁하고 가지는 구부릴 수 없어 목수들은 가져다 쓰지 않는다."라고
   했다.

萬里傷心嚴譴日, 百年垂死中興時[30].
蒼惶已就長途往, 邂逅[31]無端出餞遲.
便與先生應永訣, 九重泉路[32]盡交期.

기윤

한 기운이 서렸다가 도니 청아하다. 그래서 약하지는 않으나 대신력을 갖추지 아니해 할 수 없는 모양이다. 이는 다만 시가의 한 체일 뿐이다. 진후산은 처음으로 오로지 이로써 장점을 보았는데, 강서시파의 근원은 노두의 설에서 나왔으니, 또한 이로부터이다. 그래서 두보에서 발흥되었으나 실제는 이것으로써 종지를 삼지 않았다. (紀批云, 一氣盤旋淸, 而不弱非具大神力, 不能然. 此只是詩家一體. 陳后山始專以此見長, 而江西詩派源, 出老杜之說, 亦從此. 而興杜, 實不以此爲宗旨也.)

이정직

살펴보건대 오로지 주안점을 두고 있는 말은 정이 핍진해서 흥은 없으나 심미함이 많다. 그러므로 자연스러운 하나의 시체(詩體)이다. (按, 專主說情逼眞無興衆深微. 故自是一體.)

---

30 중흥시(中興時) : 안록산의 난이 진압되고 나라가 부흥될 때를 말한다.
31 해후(邂逅) : 헤어졌다가 우연히 만나다.
32 구중천로(九重泉路) : 아홉 겹으로 된 황천길.

좌천되어 가다가 남관에 이르러 종손 유상에게 보여주다 [한유]

韓昌黎 左遷[33]至藍關 示姪孫湘[34]

아침에 상주문 한 통을 황제에게 올렸다가

저녁에 팔 천리 머나먼 조주(潮州)로 귀양 가게 되었지.

현명한 황제를 위하여 폐단을 없애려 한 것이었으니

어찌 노쇠해지는 남은 생을 아까워하며 나의 삶을 즐기랴.

구름이 가로진 진령(秦嶺)까지 왔으니 내 집은 어디인가?

눈 덮인 남관(藍關)에서 말은 더 이상 가지 않는군.

먼 길 나서 이곳까지 온 뜻을 너는 알 것이니

내 죽거든 뼈를 수습하여 저 장강(瘴江) 변에 묻어주게나.

一封朝奏[35]九重天[36], 夕貶潮州[37]路八千.

欲爲聖朝除弊事, 肯將衰朽惜殘年.

雲橫秦嶺[38]家何在, 雪擁藍關[39]馬不前.

---

33 좌천(左遷) : 작자인 한유가 좌천되어 조주(潮州)에 이르른 것을 가리킨다.
34 상(湘) : 한상(韓湘, 794~?)이다. 자(字)는 북저(北渚), 한노성(韓老成)의 장자이다.
35 일봉조주(一封朝奏) : 아침 일찍 상주한 것으로《논불골표(論佛骨表)》이다.
36 구중천(九重天) : 높디높은 하늘. 즉 황제를 나타낸다.
37 조주(潮州) : 월동(粤東)지구 한강(韓江)의 삼각주(三角洲) 북부에 있다.
38 진령(秦嶺) : 남전현(藍田縣) 내 동남쪽에 있다.
39 남관(藍關) :《지리지(地理志)》에는 "경조부(京兆府) 남전현(藍田縣)에 남전관(藍田關)이 있다."라고 했다.

知汝遠來應有意, 好收吾骨瘴江[40]邊.

기윤

시어가 작극히 처절하지만 도리어 풍자가 쇠하지 않았다. 3구와 4구는 한 편의 골격이고 끝의 두 구는 곧 얽힌 이 뜻을 소제하고 있다. (紀批云, 語極凄切, 却不衰諷. 三四是一篇之骨, 末二句, 卽掃繳此意.)

---

40 장강(瘴江) : 지금의 광서성(廣西省) 장족(壯族)자치구인 합포현(合浦縣)의 남쪽으로 흐르는 강이다. 즉 조주(潮州)이다.

아우 종일과 이별하며 [유종원]

柳柳州⁴¹ 別舍弟⁴²宗一

쇠잔해진 마음에 슬픔까지 더해져
강가에서 둘이 함께 눈물만 떨구었지.
이 한 몸 외롭게 먼 곳으로 떠나와
내일 기약 못한 채 열두 해를 살았도다.
계령과 창강에서 구름이 밀려와 먹구름 일고
동정호는 봄 가도록 물과 하늘이 닿았구나.
오늘 여기서 헤어지면 꿈에서라도 다시 만나
오래도록 운무 자욱한 형문에서 있자꾸나.

零落殘魂倍黯然⁴³, 雙垂別淚越江⁴⁴邊.
一身去國六千里⁴⁵, 萬死投荒⁴⁶十二年.

---

41 유유주(柳柳州, 773~819) : 유종원(柳宗元)을 가리킨다. 당나라 때 시인, 자(字)는 자후(子厚)였으나, 조상이 하동(河東) 사람이어서 유하동(柳河東), 혹은 하동 선생이라 불리기도 했다. 또 마지막으로 얻은 벼슬이 유주(柳州)의 책사였기 때문에 유유주(柳柳州)라고도 불렸다. 본인은 장안(長安) 출신이다.
42 사제(舍弟) : 다른 사람에게 자신의 아우를 말할 때 쓰는 겸칭(謙稱)이다.
43 암연(黯然) : 생기가 없고 눈물을 흘리는 모양이다.
44 월강(越江) : 지금의 주강(珠江)이며, 월강(粤江)이라고도 한다. 여기서는 유강(柳江)을 가리킨다. 윈난성(雲南省) 마웅산(馬雄山)에서 발원하여 중국 서부지역 6개 성과 베트남 북부를 경유하며 8개 지류를 통해 남해(南海)로 흘러 들어간다.
45 육천리(六千里) : 장안(長安)에서 유주(柳州)까지의 거리이다. 《통전(通典)》의 〈주군14(州郡十四)〉에서 '거서경오천이백칠십리(去西京五千二百七十里〔장안에서 5,270리〕)'라고 했다.

桂嶺⁴⁷瘴來雲似墨, 洞庭⁴⁸春盡水如天.
欲知此後相思夢, 長在荊門⁴⁹郢⁵⁰樹煙.

기윤

시어의 뜻이 저절로 이루어져서 분명하다. 지금도 전해오는 칭송이 입에서 자주 나와 그 정도가 지나침을 깨닫지 못했다. 또 비평하여 이르길, '연(烟)'자는 진운이다. (紀批云, 語意渾成而眞切, 至今傳頌口熟, 仍不覺其濫. 又批云,「烟」字趁韻⁵¹.)

46 투황(投荒) : 벽지로 유배되는 것을 뜻한다.
47 계령장(桂嶺瘴) : 계령과 장강이다. 계령은 오령(五嶺) 가운데 하나로 유주(柳州) 부근에 있으며, 현재의 광서성(廣西省) 서하현(西賀縣) 동북쪽에 있다. 계수나무가 많아서 붙여진 이름이다. 장강(瘴江)은 광서성(廣西省) 합포현(合浦縣)의 남쪽으로 흐르는 강이다.
48 동정(洞庭) : 중국에서 두 번째로 큰 담수호수로 후난성(湖南省) 북쪽에 있으며 장강(長江)의 물을 저장하는 중요한 호수이다. 명승지로 널리 알려진 곳이다.
49 형문(荊門) : 호북성(湖北省) 의도현(宜都縣) 서북쪽에 있다. 강물이 빠르고 지세가 험준해서 옛날부터 파촉(巴蜀)과 형오(荊吳) 사이의 중요 요새였다. 형주(荊州)를 가리키기도 한다.
50 영(郢) : 지금의 호북성(湖北省) 강릉(江陵)의 서북쪽에 위치한다. '형(荊)'과 '영(郢)'은 모두 고대 초(楚)나라의 도읍이었다.
51 진운(趁韻) : 시를 지을 때, 압운에만 신경을 쓰고, 글의 뜻이 적당한가는 별로 문제 삼지 않는 것이다.

다시 연주자사에 제수되어 형양에 이르러 (유종원의) 시를 받고 이별할 때 시를 주다 [유우석]

劉賓客 再授連州[52]至衡陽[53]酬贈別

도성을 떠나 십 년 만에 함께 부름을 받았지만
상수 건너 천 리 길에서 또 길이 갈리는군.
다시 부임하니 하는 일은 황패 승상과는 다르고
세 번 내쫓기니 내 이름은 유하혜에게 부끄러웠지.
돌아보는 눈길은 함께 돌아가는 기러기를 따라갈 뿐
걱정스러운 마음은 바로 원숭이가 단장할 때임이라.
계강이 동쪽으로 연산을 지나 흘러내리는 것을
마주보며 잠겨 있던 생각을 길게 읊조려 보리라.

去國十年同赴召, 湘江千里又分岐.
重臨事異黃丞相[54], 三黜[55]名慚柳士師[56].
歸目伴隨回雁盡, 愁腸正遇斷猿時.
桂江[57]東過連山下, 相望長吟有所思.

52 연주(連州) : 지금의 광동성 연현(連縣)이다.
53 형양(衡陽) : 호남성(湖南省) 남부지역이다.
54 황승상(黃丞相) : 전한의 황패(黃霸), 승상이 되기 전 두 번이나 영천태수가 되었다. 황패는 황제의 신임을 얻어 도성 가까운 곳에서만 두 번 근무하였지만 유우석은 황제의 내침을 받고 변방 멀리 간 것이 다름을 말하고 있다.
55 삼출(三黜) : 세 번 폄적되어 내쳐지다. 유우석은 연주, 낭주, 연주에서 내쳐졌다.
56 유사사(柳士師) : 사사는 형벌을 관장하는 직책이다. 유하혜(柳河惠)를 가리킨다.
57 계강(桂江) : 광서 계림에 있는 이강(灕江)을 말한다.

기윤

이 시는 유자후의 시에 보답한 것인데, 붓마다 노련하고 건강하며 깊이 경계하고 있어 자후의 원창보다 더 낫다. (紀批云, 此酬柳子厚詩, 筆筆老健而深警, 更勝子厚原唱.)

한조주에게 부치다 [가도]
賈司戶 寄韓潮州[58]

이 마음 일찍이 목란배와 함께
곧바로 하늘 남쪽 조주의 강어귀에 왔네.
고개 넘어 시문은 화악에 이르고
관문을 나온 서신은 농수를 지나가네.
역참으로 통하는 길, 봉우리에 걸리니 남은 구름 끊어지고
성 밑까지 바닷물이 들어오니 고목도 가을을 맞겠구나.
하루저녁 장독 연기, 바람이 전부 걷어버릴 것이니
달이 밝아져 비로소 낭서루를 비치겠네.

此心曾與木蘭舟[59], 直到天南潮水[60]頭.
隔嶺[61]篇章[62]來華岳[63], 出關[64]書信[65]過瀧[66]流,

---

58 한조주(韓潮州) : 조주자사(潮州刺史)였던 한유(韓愈)를 가리킨다.
59 목란주(木蘭舟) : 목란 나무로 만든 배이다. 주자집주(朱子集註)에 "목란은 나무이름이다. 본래 풀을 이르는데, 껍질이 계수나무와 같고 향이 있다. 나무의 높이가 여러 길이며 껍질을 제거해도 죽지 않는다."라고 했다.
60 조수(潮水) : 조주(潮州)를 관통하는 강이다. 지금의 한강(韓江)이다.
61 령(嶺) : 오령(五嶺)을 가리킨다. 오령은 장강(長江)과 주강(珠江)이 흐르는 지역의 분수령과 주위 여러 산(群山)을 이른다.
62 편장(編章) : 한유의 시문을 가리킨다.
63 화악(華岳) : 화산(華山)을 이른다. 오악 중의 하나로 섬서성(陝西省) 위남(渭南)과 화음(華陰)의 성 남쪽에 위치한다.
64 관(關) : 남전관(藍田關)을 이른다. 섬서성(陝西省) 경내의 남전현(藍田縣)에 있다.
65 서신(書信) : 이 시의 지은이 가도(賈島)가 보내는 서신이다.

峯懸驛路殘雲斷, 海浸城根老樹秋.
一夕瘴烟[67]風掩盡, 月明初上浪西樓[68].

▪

기윤

기수(起手)의 열네 자는 획단할 수 없고, 필력에 기이함이 가득하다. 또 비평하여 이르길, 문학의 경지가 몹시 크고 넓으며, 음절이 높고 우렁찬데, 장강을 노래한 칠언율시 중 여러 작품이 있다. (紀批云, 起手[69]十四字不可畫斷[70], 筆力奇撗. 又批云, 意境宏闊, 音節高朗, 長江七律內有數之作.)

66 롱(瀧) : 농수(瀧水)를 이른다. 호남성(湖南省) 임무현(臨武縣) 서쪽에서 나와 광동성(廣東省)으로 흘러 들어가서 동강(東江)에서 합쳐진다.
67 장연(瘴烟) : 축축하고 더운 땅에서 생기는 독한 기운을 품고 있는 안개를 가리킨다.
68 낭서루(浪西樓) : 파도치는 바다 서쪽의 누각을 말한다. 즉 한유가 있는 조주의 누각을 가리킨다.
69 기수(起手) : 시작하다. 첫수를 두다.
70 획단(畫斷) : 나누고 끊는다. 즉 문학적으로 재단하는 일이다.

6월 20일 밤에 바다를 건너다 [소식]
蘇東坡 六月二十日夜渡海

삼성이 비껴 있고 북두성이 선회하여 삼경(三更)이 되려는데
성가신 비에 종일 불던 바람이 그치고 막 개었지.
구름 흩어져 밝게 비추는 달, 누가 가릴 수 있나?
하늘과 바다 빛깔 본래 맑고 깨끗한 것이라.
공자가 뗏목을 타려한 뜻 남아돌고
황제(黃帝)의 연주 소리, 마음으로 대충 알겠노라.
해남도에서 아홉 번 죽어도 나는 원망하지 않으리니
이번 여정은 내 평생에 가장 기이한 경험일 것이다.

參橫斗轉欲三更[71], 苦雨終風也解晴.
雲散月明誰點綴[72], 天容海色本澄淸.
空餘魯叟[73]乘桴意, 粗識軒轅奏樂[74]心.
九死南荒[75]吾不恨, 茲游奇絶冠平生.

---

71 삼횡두전욕삼경(參橫斗轉欲三更) : 삼(參)은 '삼성[이십팔수의 스물한 번째 별자리의 별]', 두(斗)는 '북두성'이다. 삼경(三更)은 새벽 3시부터 5시까지이다.
72 점철(點綴) : 어떤 대상이나 일 따위를 일관된 것으로 서로 잇는다는 말이다.
73 노수(魯叟) : 노나라 영감이라는 뜻으로 공자(孔子)를 가리킨다.
74 헌원주악(軒轅奏樂) : 파도소리를 비유한 것이다. 《장자(莊子)》, 〈천운(天運)〉편에 보면 "황제가 동정호 주변에서 '함지(咸池)'라는 악곡을 연주하고 있었다."라는 내용이 나온다. 이 음악이 파도소리를 나타낸 것으로 사료된다.
75 남황(南荒) : 남쪽의 먼 고장이란 의미로 소동파가 3년간 유배생활을 했던 곳이 해남(海南)이다. 그래서 해남도를 가리킨다.

방회

장자후와 채변(蔡卞)이 그를 죽이고자 했지만 즐겁고 기쁘게 대처했다. (方批云, 章子厚蔡卞欲殺之, 而處之怡然.)

기윤

동파가 남쪽으로 천거하게 된 것은 곧 이때 재상의 뜻이었지 천자의 뜻이 아니었다. 이 때문에 이와 같은 이야기를 꺼리지 않은 것이다. 또 비평하여 이르길, 전반은 순수한 비체시이다. 문구를 잘 선택하고 배치하는데 이같이해서 저절로 흔적이 없어지게 했다. (紀批云, 東坡南遷, 乃時宰之意, 非天子之意, 故不妨如此說. 又批云, 前半純是比體[76], 如此措辭, 自無痕迹.)

---

76 비체(比體) : 전편에 걸쳐 '비(比)'의 표현 기법을 응용하여 쓴 시이다. '비(比)'는 비슷한 것을 예로 들어 비유하는 것이다.

고개를 지나가다 [소식] 시 2수 중 1수에서 이르기를
過嶺 詩二首 其一云

7년을 오간 세월 내 어찌 견뎠을까
다시 조계 찾아 물 한 잔 맛을 봐야지.
꿈속에서 지난날 바다 건너 유배된 것 같았는데
취중이라 강남에 이른 것을 깨닫지 못했지.
잔물결에 발 씻는 소리 빈 골짜기에 울리고
안개 속에 여민 옷깃 서늘한 바람에 젖는데.
누가 산새를 놓아서 날아가게 했는가?
반암에 꽃비 떨어져 흩날리누나.

七年[77]來往我何堪, 又試曹谿一勺甘.
夢裏似曾遷海外, 醉中不覺到江南[78].
波生濯足鳴空澗, 霧繞征衣滴翠嵐.
誰遣山雞忽飛起, 半巖花雨落毶毶[79].

---

77 칠년(七年): 소동파는 1094년에 장돈의 미움을 받아 혜주로 유배되었다가 해남도로 옮겨 살았다. 그 후에 해배되었는데, 그 기간이 7년이었다.
78 강남(江南): 소동파가 해배되어 간 곳이다. 그는 1101년 7월에 강남에서 화가이자 서예가인 미불(米芾, 1051~1107)을 만나고 얼마 뒤에 세상과 작별한다.
79 삼삼(毶毶): 꽃이나 잎이 우수수 떨어지거나 흩날리는 모양을 나타낸다.

기윤

3구와 4구는 본바탕을 가장 잘 나타내어 참다운 경지에 이르렀다. 또 비평하여 이르길, 말구는 곧 "해구하사갱상의(海鷗何事更相疑〔바다 갈매기 무슨 일로 서로 의심하는가?〕)"라는 뜻이니, 베낀 것이 아니고 본 것 그대로의 경치이다. (紀批云, 三四眞境. 又批云, 末句卽「海鷗何事更相疑」意, 非寫所見之景.)

호전의 신주 유배지에 2수를 보내다 [왕정규]
王民瞻⁸⁰ 送胡邦衡⁸¹之新州貶所⁸² 二首

넓고 넓은 구중천문(九重天門)에 오르니

이날 청도궁의 용맹한 전사(戰士)도 한가롭다.

제후가 행동하는 모습을 상주하고 살피는데

몇 사람이 고개를 돌려 봄에 조열하기 부끄러워라.

명성이 북두에 성신의 위보다 높다더니

신분은 남주에 장독이 창궐하는 사이로 떨어졌구나.

백 년의 공의가 정해지기를 기대하지 않지만

한나라 조정에서 가생에게 소대를 행하게 하고 소환할런지.

一封⁸³朝上九重關⁸⁴, 是日淸都⁸⁵虎豹閒.

---

80 왕민첨(王民瞻, 1079~171) : 이름은 정규(庭珪), 민담은 자(字)이며 스스로 호(號)를 노계노인(廬溪老人) 또는 노계진일(廬溪眞逸)이라 불렀다. 강서(江西) 안복(安福) 사람이다. 저서로는《노계문집(廬溪文集)》,《육경강의(六經講義)》등이 있다.

81 호방형(胡邦衡) : 이름은 전(銓)으로 금나라와 강화해서는 안 된다는 상소를 올리고 유배되었다.

82 폄소(貶所) : 관직에서 좌천된 후 안치된 지방을 의미한다.

83 일봉(一封) : 고대에는 10만 평방리를 봉(封)이라 했다.《양서(梁書)》,〈형법지(刑法志)〉에 "땅이 사방 1리는 정(井)이 되고 10정이 통(通)이 되고 10통이 성(成)이 되고 10성이 종(終)이 되고 10종이 동(同)이 되는데, 동이 사방 백리이고 10동이 봉(封)이 되고 10봉이 기(畿)가 되고 기의 사방이 천리이고……(地方一里爲井, 井十爲通, 通十爲成, 成方十里 ; 成十爲終, 終十爲同, 同方百里 ; 同十爲封, 封十爲畿, 畿方千里……)"라고 했다.

84 구중관(九重關) : 구중천문(九重天門), 또는 구천지관(九天之關)을 이른다.

百辟動容觀奏牘, 幾人回首愧朝班.
名高北斗星辰上, 身落南州瘴癘[86]間.
不待百年公議定, 漢廷行召[87]賈生[88]還.

방회

호공 전(銓)은 자가 방형이다. 화의한 것 때문에 봉사를 올려 왕륜, 진회, 손근을 목벨 것을 아뢰었다가 신주로 귀양을 갔는데, 노계(盧溪)가 이 시를 지어 보냈다. 호공이 민첨에게 말한 것은 처음인데, 얼굴을 알지 못했을 때이다. 호전이 다시 주애로 귀양갔는데, 진회가 죽었다. 효종이 즉위하자 불음을 받아 등용되어 자정전학사(資政殿學士)에 이르렀다. 장위공이 진회의 전권에 관해 말하며 단지 호방형 한 사람만이 얻어 성취했을 뿐이다. 만약 노계가 절개를 숨기고 진실로 고명하게 해서 이 시로 인해 죄를 얻었다면 큰 명성이 더욱 드러났으리라. 그리고 대저 사람들은 불선하다고 여길 수 없었을 것이다. (方批云, 胡公銓, 字邦衡, 以和議[89]奏封事乞斬王倫

---

85 청도(清都) : 천제(天帝)가 거처하는 곳을 이른다.
86 장려(瘴癘) : 주로 아열대의 습지대에서 발생하는 악성 말라리아 따위의 전염병이다. 대체적으로 남주(南州)의 기후가 매우 습한 지역이다.
87 행소(行召) : 소대(召對)를 행하다. 즉 임금의 부름을 받고 나아가 정사에 관한 의견을 올리는 일을 말한다.
88 가생(賈生, 서기전 200~서기전 168) : 본명은 의(誼)이다. 전한 때 낙양(洛陽)에서 태어났다. 이름이 잘 알려진 학자로 사람들은 가생으로 불렀다. 한문제 4년 장사왕태부(長沙王太傅)로 유배되었다가 7년 장안으로 불림을 받았고, 얼마 후, 한문제는 가의를 아들 양왕 유읍을 사랑하는 태부로 삼았다. 가의는 태부의 책임 외에 주로 정론(政論)을 써서 개인적인 의견을 표명하고 한문제에 간언했다.
89 화의(和議) : 화해하려고 협의한다는 뜻으로 여기서는 왕륜(王倫), 진회(秦檜),

秦檜孫近 謫新州, 盧溪[90]作是詩送之. 胡公謂於民瞻初, 未識面, 胡再謫朱崖, 檜死. 孝廟立, 召用至資政殿學士. 張魏公[91]謂秦檜之專權, 只成就得胡邦衡一人. 如盧溪隱節固高, 因此詩得罪, 大名愈著. 夫人不可以爲不善.)

기윤
상처를 조금 입었으나 성격이 곧아서 그 글에서 저절로 기상(氣像)이 나타난다. (紀批云, 微傷蹇直, 而其詞自壯.)

손근(孫近), 이 세사람이 금나라와의 화의를 획책하자 이들을 처단해야 한다는 내용으로 봉사를 올린 것이다.
90 노계(盧溪) : 왕민첨(王民瞻)의 호이다. 통상 노계(濾溪)와 같이 쓴다.
91 위공(魏公)은 장준(張浚: 1097~1164)의 봉호이다. 장준의 자는 덕원(德遠)이며, 한주(漢州)의 면죽(綿竹) 사람이다.

질병 疾病

몸져누운 지 얼마인가 [백거이]
白香山 臥病來早晚

몸져누운 지 얼마인가?
걱정한 것이 십순(十旬)이나 되어가네.
여종이 약초를 찾을 수 있다면
개는 의원을 보고 짖지 않는 법.
술독마다 온통 술을 빚어 놓았는데
노래하는 자리, 반쯤 먼지에 맡겨놓았네.
봄 풍광을 도리어 만끽하고 싶었으나
경쟁하듯 지나간 봄, 누운 자리에서 바라보았네.

臥病來早晚¹, 懸懸²將十旬. 婢能尋藥草, 犬不吠醫人.
酒甕全生釀, 歌筵³半委塵. 風光還欲好, 爭向枕前春⁴.

1 조만(早晚) : 의문이나 반어를 나타낸다. 때, 크기, 분량 등을 나타내는 글자 중 상반되는 글자로 배치하여 단어가 형성되었을 때 의문이나 반어의 형태로 나타내는 경우가 있다. 예를 들면 다소(多少), 대소(大小) 등. 여기서는 자문자답(自問自答)하는 의문사로 쓰였다.
2 현현(懸懸) : 걱정하는 모양을 나타내는 의태어이다.

기윤

간명하다. (紀批云, 淸淺.)

3 가연(歌筵) : 연주자와 노래하는 사람이 동반하여 마련한 술자리를 말한다.
4 전춘(前春) : 지나간 봄. 즉 여기서는 병석에서 봄을 보내야 했던 안타까운 심정을 읊었다.

병 중에 한, 두 선객이 병문안 온 것을 보고 이로 인해 사례하다 [유우석]
劉賓客 病中一二禪客見問因以謝之

힘써 일하는 여러 선객
함께 병문안을 왔네.
화로를 더하여 작설을 끓이고
물 뿌려 용의 수염 깨끗이 하네.
몸은 파초에 비유할 만하고
길을 갈 땐 지팡이에 의지하지.
의공에게 묘약이 있다고 하던데
한 알 정도 얻을 수 없겠는가?

勞動諸禪客[5], 同來問病夫. 添爐擣雞舌, 灑水淨龍鬚.
身是芭蕉喩[6], 行須筇杖扶. 醫工有妙藥, 能乞一丸無?

기윤
이 시는 곧 격(格)과 운(韻)이 같지 않다. 유우석과 백거이는 병칭되나,

---

5 선객(禪客) : 참선을 수행하는 사람을 말한다.
6 파초유(芭蕉喩) : 파초의 체질이 견실하지 못한 것처럼 사람의 몸이 그러함을 비유한 것이다. 파초는 대승(大乘) 십유(十喩) 중의 하나이다.

중산은 '반드시 만족스러운 것은 아니다.'라고 했다. 또 비평하여 이르길, 결구가 되는 곳은 쌍관법을 사용해서 몹시 우아하면서 작고 정교해서 법문에 떨어지지 않는다. (紀批云, 此便格韻不同. 劉白並稱, 中山[7]未必甘也. 又批云, 結處雙關[8], 大雅, 不落小巧[9]法門[10].)

---

7 중산(中山) : 《중산시화(中山詩話)》의 저자 유반(劉攽)을 가리킨다.
8 쌍관(雙關) : 한시에서 상대되는 두 사물을 읊을 때, 아래위가 상관되는 글귀로 서로 짝을 이루게 하여 그것으로 한 편이나 한 단의 골자를 구성하게 하는 수사법을 말한다.
9 소교(小巧) : 작고 정밀하다는 말이다.
10 법문(法門) : 학문이나 수행(修行) 따위를 하는 방법을 말한다.

협소 俠少

장달에게 주다 [한굉]
韓君平(韓翃)¹ 贈張達

평릉 아래에서 객과 결연하고
당년에는 협유에게 의지하고 있지.
전해온 녹노검을 간과하고
취하여 숙상구를 벗어버렸다.
푸른 깃 갈래머리 한 첩에게 꽂혀 있고
주렴은 백척의 누각에 달려 있다.
봄바람에 서로 기대고 앉았는데
저물녘에 오래도록 머물지 말라고 한다.

結客平陵下, 當年倚俠游². 傳看轆轤劍³, 醉脫鷫鸘裘⁴.

---

1 한군평(韓君平, ?~?) : 당대 시인. 이름은 굉(翃)이고 군평은 그의 자이며 남양인(南陽人)이다. 대력십대재자(曆十大才子) 중의 하나다.
2 협유(俠游, ?~36) : 경황(耿況)을 가리킨다. 협유(俠游)는 그의 자(字)이며 경서에 밝아 랑(郞)이 되었다. 전한(前漢)을 타도하고 신(新)나라를 건설한 왕망(王莽)의 종제(從弟) 왕급(王伋)과 함께 안구선생(安丘先生)에게서 노자(老子)를 배웠다.

翠羽雙鬟[5]妾, 珠簾百尺樓. 春風坐相待, 晚日莫淹留.

기운

3구와 4구에서 생동감을 얻은 것은 '전간(轉看)', '취탈(醉脫)' 4자에 있다. (紀批云, 三四得神[6], 在「傳看」「醉脫」四字.)

---

3 녹로검(轆轤劍) : 진시황(秦始皇)의 보검이다. 차륜(車輪) 형태의 옥장식을 했다.
4 숙상구(驌驦裘) : 숙상은 고대 일종의 준마(駿馬)이다. 따라서 숙상구는 숙상의 모피로 지은 옷이다.
5 쌍환(雙鬟) : 고대에 젊은 여자가 쌍갈래의 고리 형태로 머리치장을 했다.
6 득신(得神) : 어떤 작품에 있어 생동감을 불어 넣어 준다는 뜻이다.

석범 釋梵

휘상인이 〈홀로 산정에 앉다〉라는 시를 줌에 보답하다 [진자앙]
陳拾遺 酬暉上人[1]獨坐山亭有贈

종소리에 범경을 행하는 곳에서
반상에 향 피워 놓고 앉아 참선에 드는군.
암정에는 잡수(雜樹)들이 엇갈리고
바위 낀 여울에는 샘물이 울며 쏟아진다.
물에 비친 월심에 바야흐로 적막하고
구름과 노을을 생각함에 홀로 고요하다.
어찌 알랴. 사람이 사는 동안의 속마음을
지치고 고단하나 돌부리 부여잡고 올라야지.

鐘梵經[2]行處, 香牀坐入禪. 巖亭交雜樹, 石瀨[3]瀉鳴泉.
水月心方寂, 雲霞思獨玄[4]. 寧知人代裏, 疲病得攀援[5].

---

1 상인(上人) : 지덕을 갖춘 스님의 높임말이다.
2 범경(梵經) : 불교의 경전을 이르는 말이다.
3 석뢰(石瀨) : 바위에 부딪치며 그 사이를 흐르는 여울이다.
4 현(玄) : 어둡다, 그윽하다, 고요하다의 의미가 있다. 여기서 '방적(方寂)'의 대구인

방회

성당 사람으로 기구 10자로써 제목을 삼고, 가운데 함련과 경련은 사경(寫景)과 영물(詠物)을 담았으며, 결구 10자는 버려두고 돌보지 않았다는데, 도리어 그 말은 이 시의 뜻과 다르다. (方批云, 盛唐人, 多以起句十字爲題目, 中二聯寫景詠物[6], 結句十字撤開[7], 却說別意.)

기윤

대개는 이와 같은데, 그래도 자연스러움을 다하지 못했다고 한 사람도 있다. 또 비평하여 이르길, 처음에는 성률을 화합하고 있음이 분명하나 융화시키지 못했다. 시체(詩體)의 원류가 존재한다면 가능하겠지만 방식이나 격식을 일정하게 하려고 생각한다면 불가하다. (紀批云, 大概如此, 亦有不盡然者. 又批云, 初諧聲律, 明而未融. 以存詩體[8]之源流則可, 以爲定式[9]則不可.)

'독현(獨玄)'으로 쓰여 '고요하다'라는 뜻이 된다.
5 반원(攀援) : 어떤 사물에 도움을 받아 오른다는 뜻이다.
6 가경영물(寫景詠物) : 경치를 그대로 묘사하는 것과 새와 꽃, 달, 나무 따위를 노래함을 이른다.
7 별개(撤開) : 버려두고 돌보지 않는다는 뜻이다.
8 시체(詩體) : 시를 짓는 격식을 말한다.
9 정식(定式) : 방식이나 격식을 일정하게 정한다는 뜻이다.

총지사에 올라 깨달음을 얻다 [송지문]
宋員外 登總持寺浮圖[10]

불사(佛寺)에서 삼천이 나왔다고 하니

이곳에 올라서 관중의 팔천(八川)을 바라본다.

옷깃을 풀어 열고 전우(殿宇)를 굽어보며

팔을 휘둘러서 구름과 연기를 떨쳐보는데.

함곡관은 춘산의 바깥이요

곤지는 해 지는 끝에 있다.

동경의 버드나무 숲길에서

이별한 지 잠깐인 듯한데 어느새 여러 해가 지났구나.

梵宇出三天[11], 登茲望八川[12]. 開襟[13]俯城闕, 揮手拂雲煙.
函谷[14]春山外, 昆池[15]落日邊. 東京楊柳陌[16], 少別途經年.

10 등총지사부도(登總持寺浮圖) : 이것은 맹호연(孟浩然)이 지은 시의 시제(詩題)이다. 송원외가 지은 시는 〈등선정사각(登禪定寺閣)〉이고, 한 판본에는 〈등총지사각(登總持寺閣)〉으로 되어 있어, 시제를 잘못 쓴 것으로 사료 된다. 선정사는 일본 경도(京都) 남산성(南山城)에 위치한 오래된 절이다. 총지사는 일본 신내량현(神奈川縣) 횡빈시(橫濱市) 학견구(鶴見區)에 위치하고 일본의 조동종(曹洞宗)의 대본산 사원이다. 이 시제 또한 시의 내용과 동떨어졌다는 느낌이 든다.
11 삼천(三天) : 불교에서는 욕계(欲界), 색계(色界), 무색계(無色界)를 일컫는다.
12 팔천(八川) : 고대 관중(關中)을 흘러 지나는 패(灞), 산(滻), 경(涇), 위(渭), 풍(灃), 호호(鎬滈), 료[로](潦[澇]), 휼[혈](潏[沇])의 팔하(八河)를 총칭하는 말이다.
13 개금(開襟) : 가슴속에 품은 생각을 털어놓는다. 또는 갑옷이나 마고자 등의 섶을 연다는 뜻으로 여기서는 두 가지 의미를 모두 함유한다고 할 수 있다.

방회

이 시는 곧 자연스럽게 당의 율시을 이루어, 진(陳)과 수(隋)왕조의 격식에서 벗어나 있다. (方批云, 此卽自成唐律詩, 擺脫[17]陳隋矣.)

기윤

이 시는 평가가 확실하다. 또 비평하여 이르길, '풍씨는 끝의 두 구는 헤아리지 못하겠다고 일렀다.' (紀批云, 此評確. 又批云, 馮云, 末二句不測.)

14 함곡(函谷) : 함곡관을 일컫는다.
15 곤지(昆池) : 중국의 서남쪽 끝에 운남성(雲南省) 곤명지(昆明池)를 이른다.
16 맥(陌) : 땅의 경계, 또는 두렁길을 이른다.
17 파탈(擺脫) : 어떤 예절이나 구속에서 벗어나 있음을 이른다.

소림사에서 노닐다 [심전기]
沈雲卿(沈佺期)[18] 遊少林寺[19]

길게 노래를 읊조리고 보배 땅에서 노닐다가
옮겨 다니며 절간에 의지하는데.
안탑은 바람과 서리맞아 예스럽고
용지못은 지난 세월로 심비함이 있다.
푸른 동산엔 저녁 비가 개어 맑고
산뜻한 불전엔 가을 그늘이 몰려온다.
돌아오는 길, 저녁 안개와 노을이
곳곳의 산 매미를 울린다.

長歌遊寶地[20], 徙倚對珠林[21]. 雁塔[22]風霜古, 龍池[23]歲月深.
紺園澄夕霽, 碧殿下秋陰. 歸路烟霞晚, 山蟬處處吟.

18 심운경(沈雲卿, 656~714) : 이름은 전기(佺期)이고, 운경은 그의 자이다. 상주(相州) 내황(內黃) 사람으로 당대(唐代)에 시인으로서 이름이 있었다. 특히 송지문(宋之問, 656~712)과 세상에서는 '심송(沈宋)'으로 불렸다.
19 소림사(少林寺) : 하남성(河南省) 정주시(定州市), 숭산(崇山) 부근에 있다. 중국 조동종의 본산이며 무술로 유명한 절이다.
20 보지(寶地) : 칠보의 땅으로 절을 의미한다.
21 주림(珠林) : 구슬이 숲을 이루었다는 뜻으로 절을 의미한다.
22 안탑(雁塔) : 기러기를 위해 세운 탑으로 서역에 있다. 어떤 보살이 기러기가 되어 쟁육(諍肉)을 먹는 승려를 대승교(大乘敎)로 인도하기 위해 공중에서 떨어져 죽었다는 전설이 전해지는데, 이를 안탑이라고 한다.
23 용지(龍池) : 소림사에 있는 구룡담(九龍潭)이다.

방회

당의 율시 중 초당과 성당시는 양과 진왕조와는 약간 변화한 점이 있다. 그리고 성대하고 화려한 가운데 점점 경건함이 더해지는데, 이와 같이 하는 것이 옳다. (方批云, 唐律詩初盛, 少變梁陳, 而富麗之中稍加勁健, 如此者是也.)

기윤

기미(氣味)가 절로 두텁다. 이 때문에 화려하나 한쪽으로 쏠리지 않는다. (紀批云, 氣味自厚, 故華而不靡.)

절집 삼각사에서 노닐다 [왕발]
王子安(勃)²⁴ 遊梵宇三覺寺²⁵

이끼 낀 돌의 비탈길에 있는 은행나무 누각
아로새긴 누대에 서면 자줏빛 봉우리 잡힐 듯.
잎사귀 가지런하니 산길은 좁아 보이고
떨어진 꽃잎 쌓였으니, 야단의 설법자리 깊구나.
사라(絲羅) 장막엔 선사의 그림자 어리고
송문으로 독경소리 들려오누나.
묘한 자취가 더함에 껄껄 웃으면서
오래오래 완상하며 괴로운 번뇌를 씻어버려야지.

杏閣²⁶披靑磴, 琱臺控紫岑. 葉齊山路狹, 花積野壇²⁷深.
蘿幌²⁸棲禪影, 松門²⁹聽梵音. 遽忻陪妙躅, 延賞滌煩襟.

---

24 왕자안(王子安, 650~676) : 당대 문학가, 초당시인. 이름은 발(勃)이고, 자안은 그의 자(字)이며 강주(絳州) 용문(龍門) 사람이다. 대표작으로는 〈등왕각서(滕王閣序)〉, 〈춘사부(春思賦)〉, 〈채련부(採蓮賦)〉, 오률 〈송두소부지임촉천(送杜少府之任蜀川)〉, 오절 〈산중(山中)〉 등이 있다.
25 삼각사(三覺寺) : 사천성(四川省) 성도금당(成都金堂) 북쪽 삼각산(三覺山)에 위치한다. 일명 서현산(棲賢山)이라고도 한다.
26 행각(杏閣) : 다른 한 판본에는 '향각(香閣)'으로 되어 있다.
27 야단(野壇) : 야단법석(野壇法席)을 말한다.
28 나황(蘿幌) : 사라(絲羅) 장막 즉 비단으로 만든 장막을 가리킨다.
29 송문(松門) : 소나무로 만든 문, 즉 앞에 소나무를 심어 놓고 이곳으로 드나든다.

기윤

치장하는 것은 4걸의 본래 모습이다. 그러나 뼈대가 있고 운이 있다. 이 때문에 제나라와 양나라의 격을 따를지라도 절로 당세의 음이 될 수 있었다. 제4구는 더욱 신비롭고 고상한 운치가 있다. (紀批云, 粧點是「四傑」[30] 本色. 然有骨有韻, 故雖沿齊梁之格, 而能自爲唐世之音, 第四句尤有神致.)

---

30 사걸(四傑) : 초당 4걸을 일컫는데, 왕발(王勃), 양형(楊炯), 노조린(盧照隣), 낙빈왕(駱賓王)을 가리킨다.

변각사에 올라 [왕유]
王右丞 登辨覺寺[31]

대숲 길은 사찰로 이어지고

연화봉에 절이 솟았구나.

창 안에서 삼초(三楚) 땅이 다 보이고

수풀 밖엔 구강(九江)이 고요히 흐른다.

부드러운 풀밭에서 가부좌를 트니

낙낙장송으로 독경소리 울려 퍼지는데.

법운지 밖, 공(空)에 살면서

무생법인을 얻고 세상사를 살피노라.

竹逕連初地[32], 蓮峯出化城[33]. 窗中三楚[34]盡, 林外九江平.

軟草承趺坐, 長松響梵聲. 空居法雲[35]外, 觀世得無生[36].

31 변각사(辨覺寺) : 초나라 때의 절로 강서성(江西省) 여산에 있었던 절로 추정된다.
32 초지(初地) :《화엄경(華嚴經)》에 나오는 보살(菩薩)의 십지(十地) 중 첫째 단계로, 일명 환희지(歡喜地)라고 하는데, 이는 바로 사찰을 의미한다.
33 화성(化城) : 화성유(化城喩)를 말한다. 부처가 중생을 대승(大乘)의 깨달음으로 이끌어가는 과정에서 소승(小乘)의 깨달음을 비유하여 설명하고 있는데,《법화경(法華経)》,〈화성유품(化城喩品)〉에 나온다.
34 삼초(三楚) : 전국시대 때 초나라의 영토가 광활해서 진나라와 한나라가 서초, 동초, 남초로 나누어 삼초라고 불렀다.
35 법운(法雲) : 보살수행의 십지(十地) 중 마지막 단계로 불법이 구름처럼 세상만물을 뒤덮음을 법운지(法雲地)라고 한다.
36 무생(無生) : 무생법인(無生法忍)이다. 즉 모든 사물과 현상이 공(空)이므로 생기고 사라짐의 변화란 있을 수 없음을 깨닫는다는 의미이다.

방회

3구와 4구는 광대함을 형용한 것이라 하는데, 그것은 곧 조각한 것이 없다는 말이다. '창중(窓中)'과 '임외(林外)' 네 자는 원래부터 수 천리나 펼쳐져 있어 너무나 아름답다. (方批云, 三四形容廣大, 其語卽無雕刻, 而「窓中」「林外」四字, 一了數千里, 佳甚.)

기윤

5구와 6구는 상(象)을 일으키고 있는 것이 깊고도 미묘하다. 특히나 정교하면서 절묘하다. 또 비평하여 이르길, '평(平)'은 다른 한 판본에는 '명(明)'으로 되어 있다. '명(明)'은 '승(勝)'과 비교된다. (紀批云, 五六句興象深微, 特爲精妙. 又批云, 平一作明, 明較勝.)

이정직

살펴보건대 '평(平)'자는 기상이 원대하고 '명(明)'자는 울묭함이 넘치니 독자가 깊이 생각할 만하다. (按, 平字氣象遠, 明字精彩溢, 讀者可深思.)

융공의 난야에서 제하다 [맹호]
孟襄陽[37] 題融公蘭若[38]

절을 돈으로 매입해 열었는데
샘물이 흘러 섬돌을 부딪치며 휘도는 곳이라.
마름과 연꽃이 강의하는 자리에 향기를 풍기고
송백이 향대를 덮어 가렸구나.
법우가 개이니 날아가 사라지고
천화를 그리니 아래로 떨어지도다.
오묘하고 특별한 이야기가 끝나지 않았지만
석양(夕陽)이 말 타고 돌아갈 것을 재촉하노라.

精舍買金開, 流泉邊砌迴. 芰荷薰講席, 松柏映[39]香臺.
法雨[40]晴飛去, 天花[41]畫下來. 談玄殊未已, 歸騎夕陽催.

---

37 맹양양(孟襄陽, 689~740) : 자(字)는 호연(浩然), 호(號)는 맹산인(孟山人)이다. 양주(襄州) 양양(襄陽) 사람으로 또 맹양양(孟襄陽)으로 일컫는다. 성당시인(盛唐詩人)으로 자연주의파에 속했다. 그는 녹문산(鹿門山)에 의거하여 후세 사람들이 맹녹문(孟鹿門), 녹문처사(鹿門處士)라고 칭하기도 한다. 또 왕유(王維)와 함께 왕맹(王孟)으로 병칭되고 있다.
38 난야(蘭若) : 한적한 수행처라는 뜻으로, 절, 암자 따위를 이르는 말이다.
39 영(映) : '가려 덮다.'라는 뜻이다.
40 법우(法雨) : 중생을 교화하여 덕화를 입히는 불법을 내리는 비에 비유하여 이르는 말이다.
41 천화(天花) : 불교에서는 천상계(天上界)에 피는 영묘한 꽃을 이른다.

기윤

시어는 비록 평범함에 가까울지라도 방향 면에서는 초당의 의미가 들어있다. (紀批云, 語雖平近, 向有初唐意味.)

이정직

살펴보건대, 5구와 6구는 풍류와 운치가 매우 빼어나며 자연스러운 뜻을 잃지 않았다. 이 때문에 양양이 남을 뛰어넘는 자리에 있는 것이다. (按, 五六風韻高逸, 而不失自然之意. 故是襄陽過人處.)

배적이 신진사에 올라 왕시랑에게 부친 시에 화답하다 [두보]
老杜 和裴迪⁴²登新津寺⁴³寄王侍郎

어떤 한이 있기에 산자락 나무에 의지해서
가을 잎새 누럴 때 시를 읊는가.
매미 소리 오래된 절에 요란하고
새 그림자 차가운 연못을 건넌다.
가을 경치에 나그네는 서글퍼서
절에 다다라 왕시랑을 생각하나니.
늙은 이 몸 부처 뵙는 날을 탐해
마음 내키는 대로 승방에서 묵는다오.

何恨依山木, 吟詩秋葉黃. 蟬聲集古寺, 鳥影度寒塘.
風物悲游子, 登臨憶侍郎[44]. 老夫貪佛日, 隨意宿僧房.

---

42 배적(裴迪, 716~?)의 자(字)와 호(號)는 불명하다. 관중 사람으로, 당대의 시인이다. 배적은 왕유의 절친한 친구로, 왕유와 함께 10여 년 동안 망천에서 은거하였다. 왕유는 이때 그를 위해《보리사에 배적을 금하다(菩提寺禁裴迪)》,《술과 배적과 함께 술을 따르다(酌酒與裴迪)》,《배적에게 주다(贈裴迪)》등의 시를 써 주었다.
43 신진사(新津寺) : 촉주(蜀州) 신진현(新津縣)에 있는 절로 관음사(觀音寺)를 가리킨다.
44 시랑(侍郎) : 왕유(王維)를 가리킨다. 중서시랑(中書侍郎)을 지냈다.

기윤

3구와 4구는 왕유와 맹호연보다 나쁘지 않다. 두보는 이 때문에 시작(詩作)하는데 재능이 있지 않은 바가 없다고 한 것이다. 6구는 궁구하는데, 마침내 큰 바탕이 되었고, 7구 '탐불일(貪佛日)' 3자는 능히 속세에서 벗어나질 못했다. (紀批云, 三四不減王孟, 杜故無所不有. 六句究竟太質, 七句「貪佛日」三字未能免俗.)

초은사에서 제하다 [유우석]
劉賓客 題招隱寺[45]

은사의 자취가 남아 있는 곳에
고승께서 절집을 열었구나.
지형은 물가에 다다라 끊기고
강물의 기세는 산에 부딪히며 휘돈다.
초나라 들녘에 핀 꽃이 자주 그립고
남쪽에서 들리는 새 울음소리, 늘 슬프더라.
남몰래 향수를 달래고자 가장 높은 곳에 올라
한가로이 고향 집을 향하여 바라본다.

隱士遺塵在[46], 高僧精舍開. 地形臨渚斷, 江勢觸山迴.
楚野花多思, 南禽聲例哀. 慇懃[47]最高頂, 閒卽望鄕家.

---

45 초은사(招隱寺) : 원가(元嘉) 15년(438)에 담온(曇溫), 혜광(慧光) 등이 여산(廬山)의 남령(南嶺)에 세운 절이다.
46 은사유진재(隱士遺塵在) : 여산(廬山)은 중국에서 은자가 가장 많았던 곳이다. 이곳은 천고(千古)의 명산이 있기 때문인데, 도연명(陶淵明), 육수정(陸修靜), 주돈이(周敦頤)와 같은 대문학가도 이곳에서 머물렀다고 한다.
47 은근(慇懃) : 겉으로 드러내지 않고 속으로 생각하는 깊은 정이다.

■
방회

유몽득의 시는 원숙하고 발랄하나 화장하여 아름답게 꾸민 것은 아울러 볼 수 없다. (方批云, 劉夢得詩老辣[48], 不可以粧點幷觀.)

기윤

후반부의 앞은 혼자 말로 중얼거리듯 한 것이 좋다. '사(寺)'자에 천박하게 구애받는 모습이 보이지 않으면서, 7구가 또 '사(寺)'자에서 벗어나지 않아서 여러모로 따지고 생각해 보아도 대단히 좋다. 또 비평하여 이르길, 5구와 6구는 침착하다. 다만 '예(例)'자는 먹물이 묻은 자국으로 생각되어 너무 무겁게 느껴진다. (紀批云, 後半首好在自說自話, 不規規[49]於「寺」字, 而七句又不脫「寺」, 運意絶佳. 又批云, 五六沉着, 只「例」字墨痕太重.)

---

48 노랄(老辣) : 노련하고 발랄함을 이른다.
49 규규(規規) : 천박하게 구애받는 모양을 일컫는다.

봄날 유평사와 옛 증상인의 절을 지나가다 [양거원]

楊景山(楊巨源)⁵⁰ 春日與劉評事⁵¹過故證 一作「澄」上人院

일찍이 유평사와 의견을 논의하니
동시에 도림의 일을 말하더라.
그대와 함께 와 눈물을 감추고 보니
나그네로 찾았을 때 이 심정을 알겠더라고.
섬돌에 내리는 눈, 봄을 능멸하듯 쌓이고
종소리와 연기, 저녁을 향해 짙어지는데.
전과 다름없이 옛 동자가
꽃핀 나무 그늘에서 나와 전송해 주더라.

曾共劉諮議, 同時事道林. 與君方掩淚, 來客是知心.
堦雪凌春積, 鐘煙向夕深. 依然舊童子, 相送出花陰.

기윤

뒤의 네 구는 말을 하지 않아도 모두 좋고, 6구는 더욱 좋다. (紀批云, 後四句不說盡好, 六句尤佳.)

50 양경산(楊景山, ?~?) : 이름은 거원(巨源), 경산은 그의 자(字)이다. 후에 개명하여 가제(巨濟)가 되었으며, 하중(河中) 사람이다.
51 유평사(劉評事) : 그에 대해서는 구체적으로 알려진 바가 없다.

무가스님을 보내다 [가도]
賈司戶 送無可上人[52]

규봉의 맑게 개어 산 경치 새로울 때
이 초당에서 스님을 보내드렸지.
주미꼬리 부채와 함께 절을 떠나니
귀뚜라미도 울며 스님과 이별하는데.
그림자는 못 바닥으로 홀로 가고
몸은 나무에 기대어 자주 쉬네.
늘 안개와 노을 사이에서 살자던 약속 있어
천태산과 가까운 이웃이 되었다네.

圭峯[53]霽色新, 送此草堂[54]人. 麈尾[55]同離寺, 蛩鳴暫別親.
獨行潭底影, 數息樹邊身. 終有煙霞約, 天台[56]作近隣.

---

52 무가상인(無可上人) : 스님이다. 속명이 가범양(賈范陽)으로 가도(賈島)의 종제이다.
53 규봉(圭峯) : 섬서성(陝西省) 남악현(南鄂縣) 동남쪽에 위치하고 있다.
54 초당(草堂) : 초당사이며 규봉 아래에 있다.
55 주미(麈尾) : 큰 사슴의 꼬리털로 만든 부채를 말한다. 청담가(淸談家)들이 항상 손에 들고 다녔던 일종으로 자신의 신분을 은근히 알리는 도구였다. 『삼국지연의』에서 말꼬리 털이나 먼지떨이로 말하고 있는데, 이는 잘못 이해하고 있는 것이다.
56 천태(天台) : 절강성(浙江省) 천태현(天台縣) 북쪽에 위치하고 있다.

방회

5구와 6구는 아주 뛰어나게 잘 지은 시구이다. (方批云, 五六絶唱.)

기윤

제4구는 너무 이해하기가 어렵다. 또 비평하여 이르길, 낭선(浪仙)은 5구와 6구 아래에 스스로 1절을 기록하여 말하기를 "두 구의 뜻을 3년 만에 얻어서 한 번 읊조리니 두 눈에서 눈물이 흘렀다. 친구도 만약 완상하지 못했다면 고향으로 돌아와 한가로이 지내면서 가을을 느껴봐라."라고 했다. 대개 평생에 뜻을 얻을 만한 말이다. 처음 읽으면 솔직하고 소탈하여 까다로운 데가 없는 듯하나, 자세하게 이를 완상하면 과연 그윽한 정취가 있다. (紀批云, 第四句太費解. 又批云, 浪仙[57]於五六句下 自誌一絶曰, 「二句三年得, 一吟雙淚流. 知音如不賞, 歸臥[58]故山秋」蓋生平得意之語. 初讀似率易, 細玩之, 果有幽趣.)

---

57 낭선(浪仙) : 가도(賈島)의 자(字)이다.
58 귀와(歸臥) : 돌아가 눕는다는 뜻으로, 벼슬을 내놓고 고향으로 돌아가 한가로이 지냄을 이르는 말이다.

백암선사 묘에서 곡하다 [가도]
哭柏巖禪師

이끼가 석상을 덮어 새로우니
선사를 만난 지 몇 해나 되었을까.
도를 행하는 그림자를 그려 머물게 하고
좌선하던 몸을 불사르며 물러났네.
탑원은 송설에 막혀 있고
경방은 틈새를 나는 먼지에 잠겨 있네.
스스로 언짢아 두 눈에서 눈물만 흘러내릴 뿐이니
이분이 공(空)을 터득한 것이 아니겠는가.

苔覆石牀[59]新, 師會占幾春. 寫留行道影, 焚却坐禪身.
塔院關松雪, 經房鎖隙塵[60]. 自嫌雙淚下, 不是解空[61]人.

방회
구양공이 '제4구는 불타 죽었다가 살아난 화상과 같다.'라고 일렀다. (方批

---

59 석상(石牀) : 묘지 앞에 제물을 차려 놓을 수 있게 돌로 만든 상을 말한다.
60 극진(隙塵) : 틈새를 통해 빛줄기에서 헤엄치는 먼지를 말한다.
61 해공(解空) : 공(空)을 터득한다는 뜻이다. 공이란 불교에 있어 매우 중요한 사상으로써 공성(空性)의 뜻으로 일정한 형태의 존재이거나 공간적으로 비어있는 상태가 아니라 불변하는 실체가 없다는 뜻이다.

云, 歐陽公[62]謂第四句似燒殺活和尙.)

기윤

결구에서 유의(有意)함을 얻었다. (紀批云, 結得有意.)

---

62 구양공(歐陽公) : 구양수(歐陽修)이다.

호구동사에서 제하다 [장우]
張丹陽[63] 題虎邱東寺[64]

구름에 서린 나무, 돌 박힌 산을 끌어안은 듯
깊은 행실이 속세의 일과는 다르구나.
절은 산 밖에서 들어오고
석벽은 땅 가운데로 통하는데.
섬돌에서 굽어보니 못 빛이 동요하고
누각에 올라 보니 바다 기운이 몰려온다.
마음에서 만년의 뜻이 상하니
금옥을 식은 재에 묻는 격이라.

雲樹擁崔嵬[65], 深行異俗埃[66]. 寺門山外入, 石壁地中開.
俯砌池光動, 登樓海氣來. 傷心萬年意, 金玉葬寒灰.

---

63 장단양(張丹陽, 785~854) : 당대 시인으로 이름은 우(祜)이며, 자(字)는 승길(承吉), 어릴 때는 동과(冬瓜)라고 불렸다. 그는 만년에 회남(淮南)의 단양(丹陽)에서 거주하다 죽었기 때문에 여기에서 단양으로 거명한 것이다. 패주(貝州) 무성현(武城縣) 사람이다.
64 호구동사(虎邱東寺) :《고승전(高僧傳)》권5에 동진(東晉) 시기 고승 축도일(竺道壹)이 동쪽의 호구산으로 돌아가 절에서 거주했다는 내용이 있어, 그곳에 호구동사와 호구서사가 있었을 것으로 추정된다.
65 운수옹최외(雲樹擁崔嵬) : '운수(雲樹)'는 나무가 구름에 어려 있는 모양이다. '최외(崔嵬)'는 바위가 듬성듬성 박힌 흙산을 말한다. 몽환적인 분위기를 가리킨다.
66 속애(俗埃) : 속세의 티끌이라는 뜻으로 세상의 여러 가지 번잡한 일을 이르는 말이다.

방회

이 시는 친히 호구사에 이르러서 쓴 것이 아니니 제4구의 공교로운 모습은 알지 못했을 것이다. (方批云, 此詩非親到虎邱寺, 不知第四句之工.)

기윤

시의 격식은 일이 진행되어 가는 과정에 역점을 두어, 말련(末聯) 또한 적합하고 궁핍하지 않다. 다만 차구는 졸렬하다. (紀批云, 格力道上, 末亦切合不泛. 惟次句拙.)

파산사에서 제하다 [상건]
常旴胎(常建)⁶⁷ 題破山寺⁶⁸

맑은 새벽녘에 오래된 절에 찾아드니
아침에 막 떠오른 해가 울창한 숲을 비춘다.
대숲 길은 그윽한 곳으로 통하고
선방에는 꽃과 나무가 무성하다.
산빛이 새들의 마음을 즐겁게 하고
연못에 비친 그림자 사람 마음을 비우게 한다.
삼라만상의 이 모두가 고요한데
다만 풍경소리만 들릴 뿐이다.

淸晨入古寺, 初日照高林. 竹徑通幽處, 禪房花木深.
山光悅鳥性, 潭影空人心. 萬籟⁶⁹此俱寂, 惟聞鍾磬⁷⁰音.

67 상우이(常旴胎, ?~?) : 이름은 건(建)으로 대력 연간에 우이위(旴胎尉)에 임명되어 이름 대신으로 상우이로도 불려졌다. 그는 오언시에 뛰어났고, 전원과 자연을 주로 읊어 시의 풍격이 왕매시파와 비슷했다.
68 파산사(破山寺) : 지금의 강소성(江蘇省) 상숙현(常熟縣) 우산(虞山)에 있는 흥복사(興福寺)를 말한다.
69 만뢰(萬籟) : 자연 속에서 만물이 내는 온갖 소리를 말한다.
70 종경(鍾磬) : 종과 경쇠를 뜻하지만 여기서는 절의 추녀 끝에 달린 풍경(風磬)을 말한다.

방회

구양공이 이 시를 좋아했다. 3구와 4구가 반드시 대우가 되는 것은 아니지만 이로부터 일체가 된다. (方批云, 歐公喜此詩. 三四不必偶, 自是一體.)

기윤

시가 경지에 이르러서 깊으며 미묘하다. 붓마다 고결하며 아름답고 즐거우니 이것을 '신이 와서 염탐했다.'라고 하는 것이다. (紀批云, 興象深微, 筆筆超妙, 此爲神來之候.)

무너진 보경사를 지나다 [사공서]
司空虞部(司空曙)[71] 經廢寶慶寺[72]

전 왕조가 세운 절에 낙엽이 누런데
중은 없고 전각문만 열려 쓸쓸하네.
못 맑으니 자라들 나와 햇볕 쬐고
솔숲 저무니 백학이 날아 배회하네.
옛 섬돌과 비석엔 잡초가 엉겨 있고
그늘진 회랑과 화각(畫閣)엔 이끼들이 뒤섞였네.
절간마저도 쇠락하였으니
어수선한 세상, 그 애처로움을 견뎌낼는지.

黃葉前朝寺, 無僧寒殿開. 池晴龜出曝, 松暝鶴飛回.
古砌碑橫草, 陰廊畫雜苔. 禪宮亦銷歇[73], 塵世轉堪哀.

71 사공우부(司空虞部, 720~790) : 당대 시인으로 이름은 서(曙)이며 자(字)는 문명(文明) 또는 문초(文初)이다. 광평 사람으로 우부낭중(虞部郎中)을 지냈다.
72 보경사(寶慶寺) : 지금의 섬서성(陝西省) 서안부(西安府) 함령현에 위치하고 있다. 이 절이 창건된 후 여러차례 중수하며 오늘에 이르렀다. 여기에는 보탑과 불상이 유명하다. 보탑에는 중요문화재인 부조석상 34존을 소장하고 있고, 불상은 당무후(唐武后)인 장안(長安) 3년(703)에 광택사 경내의 칠보화대(七寶花臺)를 장식하기 위해 사용한 것인데, 중국 불상 조각의 대표작이라고 할 수 있다.
73 소헐(銷歇) : 쇠락해서 사라짐을 이른다.

방회
구마다 공교롭다. 마지막 구는 더욱더 본심을 드러내지 않고 있다. (方批云, 句句工, 尾句尤不露.)

기윤
6구는 그림 같고 결구는 개척한 것이라 좋다. (紀批云, 六句如畫. 結拓開, 好.)

공적사 탁원대사 [전기]

錢考功(錢仲文)[74] 空寂寺悼元上人[75]

사라쌍수 아래에서 슬퍼하다가
혜원스님 방에서 눈물 흘리네.
등불은 생전의 불빛을 잇는 듯하고
화로는 떠나신 뒤 향을 더하네.
그늘진 섬돌 눈이 쌓여 형체가 나타나고
겨울날 대숲 소리 빈 회랑을 울리는데.
열반에 드시니 응당 좋은 일이지만
속세에 더럽혀진 몸이라 한갓 슬퍼할 따름이라.

凄然雙樹[76]下, 垂淚遠公[77]房. 燈續生前火, 爐添沒後香.
陰階明片雪, 寒竹響空廊. 寂滅[78]應爲樂, 塵心[79]徒自傷.

---

74 전고공(錢考功, 722~780) : 이름은 기(起), 자는 중문(仲文)이고 오흥(吳興) 사람이다. 고공낭중(考功郎中)을 지냈다. 시재가 참신하고 오언시가 빼어나 대력십재자(大曆十才子)에 꼽힐 정도였으며, 자칭 '오언장성(五言長城)'이라고도 하였다.
75 공적사도원상인(空寂寺悼元上人) : 다른 판본에는 '곡공적사현상인(哭空寂寺玄上人)'으로 되어 있다.
76 쌍수(雙樹) : 석가모니 부처님께서 열반에 드신 사라쌍수를 가리킨다.
77 원공(遠公) : 진(晉)나라 때의 고승 혜원(慧遠)을 가리킨다. 여산(廬山) 동림사(東林寺)에 머물러 있었는데, 그를 사람들이 '원공(遠公)'이라고 불렀다고 한다.
78 적멸(寂滅) : 생사(生死)를 초탈한 이상적인 세계, 즉 열반사덕(涅槃四德)인 상락아정(常樂我淨)의 세계로 들어가는 것을 의미한다.
79 진심(塵心) : 속세에 더럽혀진 마음, 즉 속세에서 살고 있는 일반인을 가리킨다.

기윤

필경 청아하고 온화하다. (紀批云, 畢竟淸穩.)

장산 개선사에 오르다 [최동]
崔拾遺(崔峒)[80] 登蔣山[81]開善寺[82]

가을날 운무 속, 절간이 숨은 곳
향연이 푸른 산에 희미하게 피어오른다.
나그네는 아침 풍경소리에 찾아와 식사하고
스님은 석양을 뒤로 하고 돌아온다.
아래 세계에 수많은 집, 아련히 보이고
전 조정에 온갖 일, 관심 밖의 일이다.
마음을 일으켜 내 눈길을 보내니
갈대 싹 저물녘에 가냘프게 한들거린다.

山殿秋雲裏, 香煙出翠微. 客尋朝磬食[83], 僧背夕陽歸.
下界千門見, 前朝萬事非[84]. 看心[85]余送目, 葭英[86]暮依依.

---

80 최습유(崔拾遺, ?~?) : 당대 시인으로 이름은 동(峒, 다른 한 판본에는 '洞'으로 되어 있다.)이다. 자호(字號) 모두 상세하지 못하다. 대력(大曆) 연간에 '습유(拾遺)'를 지내서 최습유로도 불린다.

81 장산(蔣山) : 지금의 강소성(江蘇省) 남경(南京) 자금산(紫金山)이다. 전한말 말릉위(秣陵尉) 장자문(蔣子文)을 이곳에서 장례를 치르고 산신으로 간주했다. 이 때문에 '장산(蔣山)'이라고 칭했다.

82 개선사(開善寺) : 자금산(紫金山) 동남쪽 고개 아래에 위치한다. 천감(天監) 13년(514)에 처음 세웠다. 남조(南朝)의 양무제 때, 보지선사(寶志禪師)를 기념하기 위해 개선정사를 짓고 개선사로 이름하였다. 명조 때 주원장이 친히 '영곡선사(靈谷禪寺)'라는 이름을 내림으로써 현재 영곡사로 불리고 있다.

83 식(食) : 다른 판본에는 '지(至)'로 되어 있다.

84 전조만사비(前朝萬事非) : 청정한 절에서 지내고 있어 전조의 모든 시비사에 대해

방회

3구와 4구는 이미 아름답다. 5구와 6구는 더욱 아름다운데, 제6구가 예측하지 못한 데에서 나왔기 때문이다. (方批云, 三四已佳, 五六尤佳, 以第六句出於不測也.)

서 뒷전이라는 뜻을 함유하고 있다.
85 간심(看心) : 마음을 조용히 살피는 것을 말한다.
86 영(英) : 다른 판본에는 '담(燄)'으로 되어 있다.

봉선사에 거주하다 [나은]
羅司勳(昭諫)[87] 封禪寺[88]居

성대한 의식을 어떤 이유로 보는가?
훌륭한 이름 때문에 짝하여 얹혀사누나.
주남에서 태사는 눈물을 흘렸고
남쪽 변새에서 장경은 책을 읽었다지.
섬돌 가의 대나무 바람에 동요하나 곧고
정원의 꽃은 이슬에 눈물 흘리나 성글다.
누가 부(賦)를 지어 가을 흥취를 일으키랴?
우리 집과는 천리나 되는 거리인데.

盛禮何由覿, 嘉名偶寄居. 周南太史[89]淚, 蠻徼[90]長卿書[91].

87 나사훈(羅司勳, 833~910) : 당말 5대 10국 때의 문학가이다. 이름은 은(隱), 자(字)는 소간(昭諫), 호(號)는 강동생(江東生)으로 여항(余杭) 사람이다.
88 봉선사(封禪寺) : 하남성(河南省) 낙양(洛陽)에 위치하고 있다. 원래는 후한(後漢) 때는 창원(倉垣) 수남사(水南寺)로 불리다가 당나라 때 개명하여 지금에 이르렀다.
89 주남태사(周南太史) : 주남에 유체(留滯)했던 사마담(司馬談)을 이른다. 주남은 낙양의 땅으로 태사가 이곳에 머물러 있었던 까닭으로 황제를 수행하지 못해서 분기(憤氣)하여 죽었다고 한다.
90 만요(蠻徼) : 남방의 변새를 말한다.
91 장경서(長卿書) : 사마상여는 자(字)가 장경이고 촉군(蜀郡) 사람이다. 그는 그곳에서 책을 읽으며 성장했고, 전한의 효경제 때 벼슬하다 병을 핑계로 그만두었으며, 무릉(茂陵)에 살았는데, 천자께서 말하길 "사마상여가 병이 심해 관직을 그만두었으니, 그의 책을 모두 가지고 와야 할 것이다. 만약 그러하지 않으면 후에 망실될 것이다."라고 했다. 이윽고 사마상여가 죽자 그의 집안엔 책이 없었다. 왜 그런가를

砌竹搖風直, 庭花泣露疎. 誰能賦秋興, 千里隔吾廬.

방회

소간은 난세에 살았다. 이 때문에 기구에서 '성례하유도(盛禮何由覩)'라고 말한 것이다. (方批云, 昭諫居亂世, 故起句曰「盛禮何由覩」.)

기윤

봉선으로 인하여 생각이 장경에게 미치고, 장경으로 인한 생각이 파촉을 논하는 데까지 미쳐, 능히 파(巴)를 통해 사랑하게 되고 또 봉선의식의 근거될 수 있었다. 우여곡절을 겪으면서도 모두가 쇠락하는 세상에 살며 태평성대를 생각하고 있다. (紀批云, 因封禪而思及長卿, 因長卿而思及論巴蜀, 而能通巴愛, 又是能封禪之根. 紆紆曲曲, 總是居衰世而思太平之盛.)

이정직

살펴보건대 이것은 양을 보고 꿈을 꾸는 것인데, 대개의 경지로 선하게 쓰려는 마음이고, 현묘함에 들어가는 것을 본뜨면서 불선하게 쓴다면 신

그의 처에게 물으니, 대답하기를 "장경은 진실로 책이 없습니다. 때때로 책을 짓지만 사람들이 또 취해가니 곧 집에 책이 없어집니다. 장경이 죽지 않았을 때 한 권의 책을 짓고 말하기를 사자가 와서 책을 찾거든 이 책을 천자에게 바치라고 했습니다. 다른 책은 없습니다."라고 했다. 그가 남긴 찰서(札書)는 봉선하는 일을 말한 것으로 소충에게 바쳤다. 소충이 바치자 천자는 매우 경이롭게 여겼다. 이처럼 책을 지으면 책이 남아나지 않을 정도로 사람들이 좋아했다. 그러나 그가 남쪽 변새 [촉군]에서 있을 때에는 책을 읽은 것으로 되어 있어, '장경서(長卿書)'를 장경이 책을 읽었다로 풀이했다.

을 신고 발바닥을 긁는 격이리라. (按, 此是見羊夢, 盖之境善用之意, 象入玄不善用之, 則屬靴吧痒.)

구산을 회고하며 [교연스님]
僧皎然[92] 懷舊[93]

서림사에서 한자리에 앉아
여태 하산하지 못했네.
장자가 찾아와도 연연(連延)하지 않고
사람이 이르러도 일삼음이 없지.
간밤의 비 그리워 나그네가 되고
만추의 꽃 미소에 돌아가지 못하겠다.
쓸쓸하던 구산이 달을 품으니
경문 외던 동자도 한가롭다네.

一坐西林寺[94], 從來未下山. 不因尋長者[95], 無事到人間.
宿雨[96]愁爲客, 寒花[97]笑未還. 空懷舊山月, 童子念經閒.

---

92 승교연(僧皎然, 730~799) : 당대 시인. 속성은 사(謝)이고 자(字)는 청주(淸晝)이다. 다승(茶僧)으로 유명하며 사영운(謝靈運)의 10세손이다. 호주(湖州) 사람이다. 그의 시 470수가 현존한다.
93 구(舊) : 다른 판본에는 '구산(舊山)'으로 되어 있다.
94 서림사(西林寺) : 강서성(江西省) 구강시(九江市) 여산(廬山) 서쪽 기슭에 위치하고 있다. 동진(東晉)태화(太和) 2년(367)에 세워진 절이다.
95 장자(長者) : 큰 부자를 높여 이르는 말이다.
96 숙우(宿雨) : 간밤에 내린 비를 이른다.
97 한화(寒花) : 늦가을이나 초겨울에 피는 꽃이다.

방회

저산 교연의 시로 구율에서 뜻함이 평범하고 담백하다. (方批云, 杼山[98]皎然詩, 意句律平淡.)

기윤

시를 토해 내는 것이 청아하고 온화해서 우아한 소리를 잃지 않았다. (紀批云, 吐屬淸穩, 不失雅音.)

---

98 저산(杼山) : 교연스님이 중년 이후에 고향인 호주(湖州) 저산 묘희사(妙喜寺)에서 불법(佛法)을 수행했다. 그의 저서 《저산집(杼山集)》이 있어, 그래서 저산으로도 호칭했다.

혜숭대사의 방에서 쓰다 [희주스님]
僧希晝[99] 書惠崇師[100]房

시의 제목이 사방에 있는데
홀로 방문을 열고 여기에 의탁해 본다.
고역에서 차가운 파도가 거칠고
춘성에서 밤에 꿈꾼 지 오래인데.
새소리 먼 나무에서 침울하게 들려오고
꽃 그림자 회랑을 동요시키누나.
몇몇 객과 시제를 나누기로 했으니
정중하고 겸손하게 석상을 쓸어본다.

詩名在四方, 獨此寄開房. 故域寒濤闊, 春城夜夢長.
禽聲沉遠木, 花影動回廊. 幾爲分題客, 慇懃[101]掃石床.

99　승희주(僧希晝, ?~?) : 송나라 초기 시인, 검남(劍南)사람이다. 구승(九僧) 중의 하나이다. 구승은 송나라 초기의 시승(詩僧) 아홉 사람을 가리키는데, 희주(希晝), 보섬(保暹), 문조(文兆), 행조(行肇), 간장(簡長), 유봉(惟鳳), 우소(宇昭), 회고(懷古), 혜숭(惠崇)이다.
100　혜숭사(惠崇師) : 송나라 구승(九僧) 중의 한 사람이다.
101　은근(慇懃) : 행동 따위가 드러나지 않고 은밀히 함을 이른다.

방회

회주는 구승(九僧) 중의 하나이다. (方批云, 希晝, 九僧之一.)

기윤

중간의 네 구는 도리어 시어가 단련되어 매우 좋다. (紀批云, 中四句却煉得好.)

이른 봄, 궐 아래에서 관공에게 부치다 [희주스님]
早春闕下寄觀公

객의 오랜 생각 마음속에 숨겼는데
조만간에 서신으로 초대하려네.
달 뜨기 전 보려 하니 기약하기 어렵고
산의 고요함을 논하다 보니 만나기가 더뎌지네.
희미한 햇살이 먼 길을 비추고
쇠잔한 눈발이 한밤중에 떨어지네.
앉아서 청문의 버드나무를 바라보니
바람결에 가지끼리 사귀는 듯 한들거리네.

客心長念隱, 早晚得書招. 看月前期阻, 論山靜會遙.
微陽生遠道, 殘雪下中宵. 坐看靑門柳, 依依又結條.

■

기윤

이 시 또한 수주보다 못하지는 않으나 무공의 무리가 함께 논할 수 있는 바는 아니다. 또 비평하여 이르길, 구승(九僧)의 시는 많이 가차해서 서로 비슷하고 변화가 적을 뿐이며, 그 느껴지는 생동감이 만당시의 위에서 나왔으니, 4령으로 대우하지 않았을 뿐, 한두 수를 살펴보면 좋다고 말하지 않을 수 없다. (紀批云, 此首亦不減隨州[102], 非武功[103]輩所可幷論. 又批云, 九僧詩大段相似少變化耳, 其氣韻實出晚唐之上, 不但四靈[104]偶樀, 一兩

首觀之, 不能不謂之佳.)

---

102 수주(隨州) : 중당시인 유장경(劉長卿)을 가리키는 것으로 추측한다.
103 무공(武功) : 구승(九僧)을 가리키는 것으로 추측한다.
104 사령(四靈) : 전설상의 네 가지 신령한 동물, 즉 기린, 용, 봉황, 거북을 말한다.

우소대사 방에서 묵다 [보섬스님]
僧保暹[105] 宿宇昭[106]師房

나와 함께 오래도록 잊기 어려워
오랜 기간을 이 방에서 묵었노라.
구름에 누워 돌아오지 못하고
고요한 밤에 이야기만 공연히 길었었지.
풀 사이로 반딧불이 그림자가 잠기고
장삼의 서편을 달빛이 비춰준다.
날이 밝도록 함께 잠 못 이루는데
남으로 물만 아득히 흘러가는구나.

與我難忘久, 多期宿此房. 臥雲歸未得, 靜夜話空長.
草際沉螢影, 衫西露月光. 天明共無寐, 南去水茫茫.

방회
보섬은 구승(九僧) 중의 두 번째이다. (方批云, 保暹, 九僧之二.)

---

105 보섬(保暹) : 송대(宋代)의 9명의 승려 시인 중 두 번째이다.
106 우소(宇昭, ?~?) : 북송 초기 강남의 시승으로 구승(九僧) 중의 하나로 강소성(江蘇省) 남부지구 사람이다.

기윤

5구와 6구는 스스로 뜻을 새기고 만들어 내서 미묘함이 지극히 자연스럽다. 위는 '정야(靜夜)'가 이어주고 아래는 '천명(天明)'이 이어주고 있어, 또한 지극히 치밀하다. 먼저 양구(兩句)를 얻은 것에서 경이롭고, 수(首)와 미(尾) 사이에 깊은 골짜기가 느껴진다. (紀批云, 五六自是刻意做出, 而妙極自然. 上接「靜夜」, 下接「天明」, 亦極細緻. 異乎先得兩句, 而首尾生嵌[107].)

---

107 감(嵌) : 깊은 골짜기를 말한다.

이른 가을날 한가로워 우소에게 부치다 [보섬스님]
早秋閒寄宇昭

빈 창으로 베개와 자리에 햇살 밝게 비추지만
아침의 쌀쌀함이 어렴풋이 느껴지네.
숲 깊은 절엔 사람 소리 들을 수 없고
낙락장송으로 떨어지는 빗방울 소리 뿐.
시는 선(禪) 밖에서 와 얻어지고
근심은 고요함의 안으로 들어가 평안해지네.
서림사 아래에서 원대할 것을 생각해 보니
서로의 생각이 위로와 정으로 융합되네.

窓虛枕簟明, 微覺早涼生. 深院無人語, 長松滴雨聲.
詩來禪外得, 愁入靜中平. 遠念西林下, 相思合慰情.

기윤
3구와 4구는 왕유, 맹호연보다 나쁘지 않고, 6구는 좋다. (紀批云, 三四不減王孟, 六句佳.)

서산정사에서 묵다 [문조스님]
僧文兆[108] 宿西山精舍

홍이 나서 서산정사에서 묵지만
고요함에 적적한 마음 달래며 지어보네.
한 소로(小路) 가에 전나무와 소나무가 늙었고
한밤중에 눈비가 거칠게 흩날리네.
초당에는 중들 이야기가 멈춰지고
운각에서 들려오던 풍경소리마저 잠기는데.
오랫동안 이곳에 머물지 못하지만
내일 새벽 찾을 쌍봉을 기대해 본다.

西山[109]乘興宿, 靜稱寂寥心. 一徑杉松老, 三更雨雪深.
草堂僧語息, 雲閣[110]磬聲沉. 未遂長栖此, 雙峯曉待尋.

108 승문조(僧文兆, ?~?) : 송대 시인으로 구승(九僧) 중의 하나이며, 민(閩 - 지금의 복건성)이다. 《상산야록(湘山野錄)》에 시 14수가 기록되어 있다.
109 서산(西山) : '서암산(西岩山)'으로 현재의 복건성(福建省)인 포성현(浦城縣) 서쪽에 자리 잡고 있으며, 서산정사는 그 위에 있다.
110 운각(雲閣) : 누각명으로 《문선(文選)》, 〈장형(張衡)〉에 "진나라 2세 호해(胡亥)가 건축했다."라고 했다.

방회

문조는 구승 중 세 번째이다. 무릇 이 아홉 사람의 시는 모두 가도와 주하에게 배워서 청빈하면서도 기교가 정밀하다. 경련은 사람마다 '마음에 와 닿는다.'라고 했다. (方批云, 文兆, 九僧之三. 凡此九人詩, 皆學賈島周賀, 淸苦工密. 景聯, 人人着意.)

기윤

3구와 4구는 이미 아름다운데, 5구와 6구가 3구와 4구를 따라 출생해서 다시 그윽한 정취를 만들고 있다. 전체가 또한 느껴지는 생동감과 멋이 사물에 얽매이지 않은 모습으로, 획을 긋는데 악착같은 버릇이 없다. 또 이르길, 구승시의 원류는 중당에서 나왔으나 곧 '열자[十子]'의 남은 음향이 가도와 주하와 함께 서로 일치하지는 않는다. (紀批云, 三四已佳. 五六從三四生出, 更爲幽致. 通體亦氣韻脩然, 無刻畫醒齷之習. 又批云, 九僧詩源出自中唐, 乃「十子」之餘響, 與賈周南轅北轍.[111])

---

111 남원북철(南轅北轍) : 수레의 끌채는 남쪽을 향하고 바퀴는 북쪽으로 간다는 뜻으로, 마음과 행동이 일치하지 않음을 이르는 말이다.

몽진상인의 시를 받고 답하다 [행조스님]
僧行肇[112] 酬贈夢眞上人

선사로 시를 읊조리며 가
날개일 때 와서 밤새며 수행하네.
봄날 느지막이 삼경을 통하는데
고향은 구강에서 멀리 떨어졌네.
둥지가 두터우니 새가 비로소 머물고
창이 밝으니 잎사귀 바람에 돌며 흔드네.
머물 기간 응당 정해 있지 않으나
사수께서 시의 초대가 있을 것이네.

禪舍因吟往, 晴來坐徹宵[113]. 春通三徑[114]晚, 家別九江遙.
巢重[115]禽初宿, 窓明葉旋飄. 住期應未定, 謝守[116]有詩招.

---

112 승행조(僧行肇, ?~?) : 송나라 초기 시인으로 구승(九僧) 중의 한 사람이다.
113 철소(徹宵) : 통소(通宵)와 같다. 밤을 지새운다는 뜻이다.
114 삼경(三徑) : 은사(隱士)의 거처를 말한다. 한(漢)나라 애제(哀帝) 때, 왕망이 거섭(居攝)하자 장후(蔣詡)가 사직하여 벼슬길에 나가지 않고 두릉에서 은거하며 문을 닫고 나가지 않았다. 장후가 집 밖에 대숲 아래에 좁은 세 길을 개척하고 다만 친구와 교유했는데, 양중(羊仲)과 구중(求仲)이 있어 그들만 출입했다는 고사에서 나온 말이다.
115 중(重) : 후(厚 - 두텁다)와 같다.
116 사수(謝守) : 문재(文才)가 있는 고을의 수령을 이른다. 사영운(謝靈運)이 영가 태수를 지냈으므로 사수(謝守)는 그의 고칭(古稱)이라고 주장하는 이도 있다.

청사릉에서 그대에게 시를 가지고 오도록 하는 것으로 초대되었다.
青社[117]凌使君以詩見招

방회

행조는 구승(九僧) 중 네 번째이다. 또 비평하여 이르길, 5구와 6구는 어떠한 경계를 가지고 고요함의 지극한 맛을 보고 있다. (方批云, 行肇九僧之四. 又批云, 五六何以圈, 見靜極之味也.)

기윤

5구와 6구는 또한 난해하고 읽기 어렵지만 저절로 풍격 있는 문장이 되었다. 그래서 미묘하면서도 자질구레하거나 번거롭지 않다. (紀批云, 五六亦是澁體[118], 而妙不瑣屑.[119])

117　청사(青社)：관중(關中)에서 동쪽에 위치한 땅을 일컫는다.
118　삽체(澁體)：난해하고 읽기가 어렵지만 저절로 풍격 있는 문체가 되었음을 이른다.
119　쇄설(瑣屑)：자질구레하거나 번거로운 것을 가리킨다.

남쪽으로 돌아가는 스님을 전송하다 [간장스님]
僧簡長[120] 送僧南歸

점점 늙을수록 고향을 생각하게 하니
먼저 홀로 돌아가는 그대 부럽기만 하다.
오(吳) 땅의 산은 모두 한(漢) 땅과 접해 있고
강가의 나무 중 반은 구름에 숨어 있네.
지팡이를 흔들면 숲속 안개 끊어지고
발우로 물을 뜨면 계곡물에 비친 달이 쪼개지네.
다시 절 방에 붙어 사는데
외로운 원숭이 울음소리 설중(雪中)에 들려오네.

漸老念鄕國, 先歸獨羨君. 吳[121]山全接漢[122], 江樹半藏雲.
振錫[123]林煙斷, 添甁[124]澗月分. 重栖上方[125]定, 孤猨雪中聞.

---

120 승간장(僧簡長, ?~?) : 구승(九僧) 중의 하나로 옥주(沃州) 사람이다. 《청파잡지(淸波雜誌)》에 그의 19수가 기록되어 있다.
121 오(吳) : 남쪽으로 돌아가는 스님의 고향이다.
122 한(漢) : 한 땅을 가리킨다. 이곳은 간장(簡長)이 기거하는 사원이 있는 곳이다.
123 석(錫) : 석장(錫杖), 즉 주석으로 만든 지팡이를 말한다.
124 병(甁) : 승간장(僧簡長)이 사용하던 식기인 발우(鉢盂)를 가리킨다.
125 상방(上方) : 지세가 높은 곳, 즉 절의 위치를 가리킨다.

방회

간장(簡長)은 구승(九僧) 중의 다섯 번째이다. 제6구가 절묘하다. (方批云, 簡長, 九僧之五. 第六句絶妙.)

기윤

중간 네 구는 비록 조탁하였지만, 기운이 한곳으로 흘러나와서 한곳에 모인 흔적이 보이지 않는다. (紀批云, 中四句雖琱琢, 而一氣流出, 不見湊合之迹.)

행조대사와 노산 서현사에서 묵다 [유봉스님]
僧惟鳳[126] 與行肇師宿廬山栖賢寺[127]

빙폭의 찬 기운이 집안에 엄습하니
화로 주위에 모여 조용한 대화 길어지누나.
시 짓고 싶은 마음에 온통 대아(大雅)를 노래하고
부처님의 뜻에 모든 천상계가 모여든다.
풍경소리 끊기니 높고 큰 전나무 위에 달뜨고
등불이 쇠잔해지니 고탑(古塔)에 서리가 내린다.
잠 없이 온 밤을 대하다가
또 형양으로 갈 것을 약속하누나.

氷瀑[128]寒侵室, 圍爐靜話長. 詩心全大雅[129], 祖意會諸方[130].
磬斷危[131]杉月, 燈殘古塔霜. 無眠向遙夕[132], 又約去衡陽[133].

126 승유봉(僧惟鳳, ?~?) : 호는 지정(持正), 구승(九僧) 중의 하나이며 청성(靑城) 사람이다. 《청파잡지(淸波雜誌)》에 시 15수가 기록되어 있다.
127 여산서현사(廬山栖賢寺) 여산(廬山)은 강서(江西) 구강시(九江市) 남쪽과 남동쪽의 파양호(鄱陽湖)에 인접해 있다. 서현사(棲賢寺)는 관음동(觀音洞)이라고도 칭하는데, 남산사(南山寺) 북쪽의 서현골 어귀에 위치하고 있다.
128 빙폭(氷瀑) : 고드름을 의미한다.
129 대아(大雅) : 주나라 왕실의 행사나 의식에 쓰이는 노래이다. 왕실의 흥패를 논한 노래인데, 총 31편이 있다. 제후, 신하, 서민의 의식에 쓰인 것을 소아(小雅)라고 한다.
130 제방(諸方) : 제천(諸天), 즉 천상계를 가리킨다. 불가에서는 3계를 이르는데, 욕계(欲界), 색계(色界), 무색계(無色界)를 말하는데, 모두 32천(天)이 있다.
131 위(危) : 높고 크다는 뜻이다.

방회

유봉은 구승(九僧) 중 여섯 번째이다. (方批云, 惟鳳, 九僧之六.)

기윤

5구와 6구는 좋은 구(句)이다. (紀批云, 五六佳句.)

132　요석(遙夕) : 온 밤의 뜻이다.
133　형양(衡陽) : 호남성(湖南省) 남부에 있다. 이곳은 형양에 남악의 형산을 가리키는데, 형산은 오악 중의 하나이다. 또한 종교의 성지로 산중에 불사(佛寺)의 도관(道觀)이 많다.

회수 가에 양운경의 농막을 방문하다 [혜숭스님]
僧惠崇[134] 訪楊雲卿淮[135]上別墅[136]

그곳이 가까우니 자주 이르러
서로 손 잡고 들녘 정자로 향하네.
강으로 나눈 언덕에 지세는 끊겨 있고
봄 들어 불태운 흔적은 푸르러졌네.
오래도록 바라보니 어떤 사람은 낚싯대를 거두고
여유롭게 시를 읊으니 학도 날개 짓을 하네.
시름없이 돌아오는 늦은 길에
밝은 달이 강물 가에 떠오르네.

地近得頻到, 相携向野亭. 河分岡勢斷, 春入燒痕靑.
望久人收釣, 吟餘鶴振翎. 不愁歸路晚, 明月上前汀.

■

방회
구승 중 일곱 번째인데, 혜숭이 가장 고상한 자이다. 3구와 4구는 비록 전 사람의 두 구를 취한 것이지만, 이 연(聯)을 합성한 것이라고 남에게

---

134 승혜숭(僧惠崇, 965~1017) : 혜숭(慧崇)이라고도 한다. 송초 구승 중의 한 사람으로 시에도 능했고, 그림에도 능했다. 복건성(福建省) 건양(建陽) 사람이다.
135 회(淮) : 회수(淮水)를 말한다.
136 별서(別墅) : 농막. 농장이나 들녘에 한적하게 지은 집을 말한다.

꾸짖음을 당한다. 그러나 좋은 시는 능히 두 사람의 시구를 합쳐 일련
(一聯)을 만든 것이라도 또한 가(可)하다. (方批云, 九僧之七 惠崇 最爲
高者. 三四雖取前人二句合成此聯, 爲人所訑. 然善詩者能合二人之句爲一
聯, 亦可也.)

기윤

육방옹의 7율 중에 두보의 시에서 연이나 구를 모아서 지은 것이 있는데,
대개가 이 예에 준하여 한 것이다. (紀批云, 放翁[137]七律集杜[138]聯句, 蓋準
此例.)

---

137 방옹(放翁) : 육방옹(陸放翁)을 가리킨다. 이름은 유(游), 자는 긍관(務觀)으로
시풍에 있어서 그의 시는 꿈이나 환상적인 부분에서 '소이백(小李白)'으로 불릴
만큼 칭찬을 받았으나 두보를 존경하여 그의 시에서 두보의 침울하고 쓸쓸한 일면
을 찾을 수 있고 집두(集杜)한 시도 보인다.
138 집두(集杜) : 두보의 시구를 모아 시의 연(聯)을 구성함을 말한다.

보섬대사에게 부치다 [우소스님]

僧宇昭 寄保暹師

시를 읊조리다 가을의 기대를 저버리고
황량한 산에 병들어 누워 있을 때라.
나그네의 턱수염 일찌감치 희었으나
숲을 이룬 나무 느지막이 푸르르네.
목마르니 갈대 샘을 엿보고 싶고
그늘지니 벌레들이 국화의 울타리 차지하네.
돌아가고 싶은 마음인데 어찌해야 만나리
동지의 찬 달이 하늘 끝으로 떨어지네.

吟會失秋期, 荒山寄病時. 客髭生白早, 叢木[139]落靑遲.
渴欲窺莎井, 陰蟲占菊籬. 歸心何以見, 霜月[140]下天涯.

■

방회
우소는 구승 중 여덟 번째이다. (方批云, 宇昭, 九僧之八.)

---

139 총림(叢林) : 선종에서는 승려가 좌선 수행하는 도량을 가리키는데, 나무들이 숲을 이루고 있는 곳이기 때문이다.
140 상월(霜月) : 서리가 내리는 밤의 달, 즉 동짓달(11월)을 이른다.

기윤

5구와 6구는 마음에 떠오른 생각을 각화했다. 그러나 상하의 문장을 꿰지는 못했다. (紀批云, 五六着意刻畫, 然上下文不貫.)

깊은 곳에 살면서 즉흥적으로 읊다 [우소스님]
幽居卽事[141]

사람의 자취 없는 곳에서 이끼를 쓸며
점점 늙어감에 깊숙이 숨는 것이 좋아진다.
후미진 길 한가롭게 멀리 가고
맑게 갠 봄날 낮잠이 길구나.
지다 남은 꽃은 저문 나비를 붙들고
그윽한 풀은 해 질 녘 더 무성하다.
온종일 텅 빈 숲 아래에서
홀로 좌선하니 석상스님이 생각난다.

掃苔人迹外[142], 漸老喜深藏[143]. 路僻閒行遠, 春晴晝睡長.
餘花留暮蝶, 幽草[144]懸殘陽. 盡日空林下, 孤禪念石霜[145].

기윤

5구와 6구는 특별히 그윽한 운치가 있다. (紀批云, 五六殊有幽致.)

---

141 즉사(卽事) : 즉흥적을 시를 읊는다. 또는 쓴다는 뜻이다.
142 인적외(人迹外) : 사람들의 자취가 이르지 않은 매우 편벽한 곳을 이른다.
143 심장(深藏) : 문을 닫아걸어 객과 만남을 사양하고 홀로 은거하며 수양함을 이른다.
144 유초(幽草) : 조용하고 눈에 띄지 않는 풀을 가리킨다.
145 석상(石霜, 807~888) : 당대(唐代)의 고승이다. 법명은 경제(慶諸) 속성(俗姓)은 진(陳)으로 여릉(廬陵) 신감(新淦) 사람이다. 담주(潭州) 석상산(石霜山)에 거주했으므로 석상이 호가 되었다. 사후에 '보회대사(普會大師)'로 칙시(敕諡)했다.

절에 기거하는 간장에게 부치다 [회고스님]
僧懷古[146] 寺居寄簡長

설원 동산사는
산이 깊어 사람의 왕래가 드문 곳이라.
속세의 번화한 생각 꿈속에도 없으니
한낮이 저절로 한가로워진다.
지팡이 짚고 이끼를 밟으며 오르니
향등에 비친 나무 그림자 한가로운데.
어찌 다시 순유하며 참배할까?
돌아가 옥주산중에 은거하리라.

雪苑東山寺[147], 山深少往還. 紅塵[148]無夢想, 白日自安閒.
杖履苔痕上, 香燈樹影閒. 何須更飛錫[149], 歸隱沃洲山[150].

---

146 승회고(僧懷古, ?~?) : 북송초기의 시승(詩僧), 구승 중의 한 사람이다. 생졸연대 및 평생이력은 자세하지 않다. 사천(四川) 아미(峨眉) 사람이다.
147 설원동산사(雪苑東山寺) : 설원(雪苑)의 동쪽 기슭에 있는 산사(山寺)를 가리킨다.
148 홍진(紅塵) : 번거롭고 어지러운 속된 세상을 비유적으로 이르는 말이다.
149 비석(飛錫) : 승려나 도사가 종교적으로 의미 있는 곳을 찾아 참배하기 위해 순유한다는 말이다.
150 옥주산(沃洲山) : 지금의 절강성(浙江省) 신창현(新昌縣) 동쪽에 있으며 북으로는 사명산(四明山)과 마주하고 있다. 도가(道家)에서는 열두 번째의 복지(福地)라고 한다.

방회

회고는 구승 중의 아홉 번째이다. 사람들이 '구승'의 시를 만나면 혹자는 쉽다고 하지만 그 시가 얼마를 단련시키고 얼마를 다듬어 고쳐 이루었는지 알지 못해서이다. 1구 1연이라도 가히 소홀하게 다루지 않았다. (方批云, 懷古, 九僧之九. 人見「九僧」之詩, 或易之, 不知其幾鍛鍊幾敲推乃成, 一句一聯不可忽也.)

기윤

이 시는 몹시 순조로우며 숙련되어 있으나 상투적인 격식으로 구성하고 있다. (紀批云, 此太平熟[151], 便成窠臼.[152])

---

151 평숙(平熟) : 평순(平順)하고 숙련되어 있음을 말한다.
152 과구(窠臼) : 문장이나 예술 작품 따위에서 상투적인 형식으로 쓰였음을 말한다.

허팔을 통해 강녕의 민상인에게 올린다 [두보]
老杜 因許八[153]奉寄江寧旻上人[154]

민공을 뵙지 못한 지 30년 만에
편지 올리면서 하염없는 눈물을 흘리오.
지난날 재(齋) 열던 일, 지금도 할 수 있을지
늙어가며 새로 지은 시를 누구에게 전하리까?
그윽한 대숲 속 계곡을 따라 바둑을 두었고
가사 입고 호수에 배 띄워 놀던 일 생각나오.
그대에게 내 얘길 묻거든 벼슬살이는 하는데
흰머리에 멍한 정신으로 술 취해 잠만 잘 뿐이라 말해주시오.

不見旻公三十年, 封書寄與淚潺湲[155].
舊來好事[156]今能否[157], 老去新詩誰與傳.
棋局動隨幽澗竹, 袈裟[158]憶上泛湖船.

153 허팔(許八) : 두보가 좌습유(左拾遺)로 있을 때 함께 벼슬하던 사람이다. 자세한 내용은 알지 못한다.
154 민상인(旻上人) : 두보가 20세부터 수년 동안 오월(吳越) 땅을 유람했는데, 제1구로 보았을 때, 이때 민상인과 교유했다고 짐작할 수 있다. 민상인의 출신 및 이력은 자세하지 않다.
155 누잔원(淚潺湲) : 눈물이 줄줄 흐르는 모양을 나타낸다.
156 호사(好事) : 중 또는 종교인을 불러 재계(齋戒)하고 재(齋)를 열게 하는 것이다.
157 능부(能否) : '할 수 있는지, 할 수 없는지'의 뜻으로 '부(否)'는 불능(不能)과 같으며, 의문의 문형으로 나타난다.
158 가사(袈裟) : 승려가 입는 법의이다.

聞君話我爲官在, 頭白昏昏只醉眠.

기운

하나의 기운이 단독으로 행하고 맑으면서도 약하지 않다. 이 시는 후산 제자들의 가사와 바리때로 두보의 적파가 된다. 그리하여 두보가 없는 곳이 없으니 이 시는 그 하나의 몸체일 뿐이다. 또 비평하여 이르길, 방회가 이 시를 비평하였는데, 만당시를 장식하는 것에 대해 말하고 '보는 것이 없고서는 짓지 못한다.'라고 했다. 그러나 시인의 묘한 것은 정서와 경치가 한데 어우러져야 하는데, 반드시 경(景)이 없는데도 정(情)을 말하려 하고 또 거듭 형태에 집중하려고만 한다. (紀批云, 一氣單行, 淸而不弱. 此后山諸人之衣鉢, 爲少陵嫡派者也. 然少陵無所不有, 此其一體耳. 又批云, 虛谷此評, 對晚唐裝點[159]言之, 不爲無見. 然詩家之妙, 情景交融. 必欲無景言情, 又是一重滯相.)

이정직

살펴보건대 시는 정(情)과 경(景)이 있는데, 그 원류가 시 삼백 편으로부터 시작된다. 비록 역대 누차에 걸쳐 변천하지 못했다고 하더라도 중요한 것은 그 밖의 부(賦)에서 나타나는 흥취을 비교할 수 없는데, 어찌 그 하나라도 버릴 수 있겠는가? 혹 경(景) 속에 정(情)이 의지하고, 혹 정 속에 경이 의지하며 혹 단독으로 경을 취해서 감흥하고 혹 단독으로 정을 취해

---

159 장점(裝點) : 장식하다. 꾸미다의 뜻이다.

서 늘어놓고, 모두 진실하게 해서 '노두는 무엇이든지 다 있다.'라고 한 것과 같은 것이 이것이다. 그 일편만 주관한다는 주장은 통론이 아니다. (按, 詩之有情景, 溯其源自詩三百篇[160]. 而未雖歷代屢變, 而要不能出於其外 賦比興, 惡得廢其一哉. 或景中寄情, 或情中寄景, 或單就景而興感, 或單就情 而賦陳, 皆所固然如老杜之無所不有是也. 其主持一偏者非通論也.)

---

160 시삼백편(詩三百篇) : 시경(詩經)을 일컫는다. 시경은 공자가 주나라 초기부터 춘추시대 중기까지의 시가(詩歌) 305편을 모아 책으로 만들었다.

광선스님이 지나다가 자주 나를 찾다 [한유]
韓昌黎[161] 廣宣上人頻(見)過

삼백육십일 내내 어수선하지만
비바람 맞지 않으면 먼지투성이라.
조정의 신하로 비보함도 없이 오래 지냈고
고승의 잦은 왕래를 부질없이 부끄러워했다.
도 배우고 소를 수고롭게 하여 무엇을 얻었는가?
시 읊으며 날을 마쳐도 돌아올 수 없는 것을.
날 추운 옛 절에 유람하는 사람 적을 텐데
창문 앞 단풍잎 얼마나 쌓였을까.

三百六旬[162]長擾擾, 不衝風雨卽塵埃.
久爲朝士無裨補[163], 空愧高僧數往來.
學道窮牛[164]何所得, 吟詩竟日不能迴.

---

161 한창려(韓昌黎, 768~824) : 당대(唐代) 문인이자 정치가. 이름은 유(愈), 자는 퇴지(退之), 시호는 문공(文公)이다. 본관이 창려(昌黎)이었기 때문에 스스로 군망창려(郡望昌黎)라 했고 지인들도 한창려 혹은 창려 선생이라 불렀다. 그는 변려문(駢儷文)을 비판하고 고문(古文)으로 문체개혁에 앞장섰다. 이에 당송8대가 중에서도 으뜸으로 꼽힌다.
162 삼백육순(三百六旬) : 360일, 즉 1년을 가리킨다.
163 비보(裨補) : 도와서 보충한다는 뜻이다. 풍수지리에서는 지기가 쇠하거나 역지(逆地)인 곳에 기운을 채워서 보완해 주는 것을 말한다.
164 학도궁우(學道窮牛) : 유학(儒學)을 공부하고 소를 부려 농사지으며 생활하고 있음을 말한다.

天寒古寺遊人少, 紅葉窓前有幾堆.

방회

제(濟), 양(梁), 진(陳), 수(隋)나라 이래로부터 바람, 꽃, 눈, 달, 풀, 나무, 날짐승, 물고기에 전념해서 조직적으로 그려서 한 구도 우아하거나 담백함이 없었지만, 당나라에 이를 때까지 여전히 개혁하는데 미진했다. 그러나 만당(晩唐)에서는 거문고, 바둑, 스님, 학, 차, 술, 대나무, 석 등의 사물이 시료가 되어 한 편이라도 침범하지 않는 것이 없었다. 한창려가 붓으로 큰 솜씨를 부렸다는 것은 이 시의 중간 네 구가 도리어 단지 이와 같이 고고(枯槁)하거나 평이하게 하면서도 용사하지 않고 경치를 형상화하지 않으며 사물을 진흙탕에 빠뜨리지 않아서다. 이것이 시가 헤아린 것이 아니라고 할 수 있겠는가? 또 비평하여 이르길, 시제의 뜻을 살펴보면 이 스님이 자주 왕래하는 것을 싫어하여, 곧 홍루원에서 응당 시승을 제재해야 한다고할 것 같다. (方批云, 自濟梁陳隋以來, 專於風花雪月, 草木禽魚, 組織繪畫, 無一句雅淡, 至唐猶未盡革. 而晩唐詩料, 於琴棋僧鶴, 茶酒竹石等物, 無一篇不犯. 昌黎大手筆也, 此詩中四句却只如此枯槁平易, 不用事, 不狀景, 不泥物, 是可以非詩訾之乎. 又批云, 觀題意, 似惡此僧往來太頻, 卽紅樓院[165]應制詩僧也.)

---

165 홍루원(紅樓院) : 궁중에 있는 불교의 도량을 말한다.

기윤

한창려가 이와 같은 것을 다하지 않고 붓으로 큰 솜씨를 부리는 것 또한 이와 같은 것을 다하지 않은 것이다. 이러한 논쟁은 고상한 것 같으나 사리에 어긋난다. 이것을 따라서 가면, 위의 것은 고고(枯槁)하고 담백한 문장 때문에 공허하고, 아래의 것은 방언이나 속된 말과 익살스러운 농담이 시에 들어가지 않는 것이 없으니, 재능이 높은 자는 뛰어난 것이라도 상스럽게 되고, 재능이 약한 자는 유행하는 것이라도 비게 되니, 배우는 자들은 이를 분별하지 않을 수 없다. (紀批云, 昌黎不盡如是, 大手筆亦不盡如是也. 此論似高而謬. 循此以往, 上者以枯淡文空疎, 下者方言俚語揷科打諢[166], 無不入詩, 才高者軼爲野調, 才弱者流爲空腔. 學者不可不辨之.)

---

166 삽과타원(揷科打諢) : 연극에서 우스운 연기나 대사를 넣어 관객을 웃기는 것으로 익살스러운 농담을 가리킨다.

봄날 선지사를 유람하다 [나은]
羅司勳[167] 春日遊禪智寺[168]

먼 나무 하늘을 이었고 물줄기도 허공에 닿은 곳
몇 년이나 옛 수나라 궁전에서 즐겼는가?
꽃피고 지는 모습 오래도록 여전하지만
사람 가고 오는 동안 자연스레 변하였다.
초봉의 가락 높은데 어디에서 술을 즐기랴
오우의 발굽 세우고 가득 실은 수레를 바람처럼 달려보자.
서로 모여 술에 취해 새가 나는 모습을 그리워했는데
돈모아 평생을 베풀겠다는 생각, 모두가 꿈속이었다.

遠樹連天水接空, 幾年行樂舊隋宮.
花開花謝長如此, 人去人來自不同.
楚鳳[169]調高何處酒, 吳牛[170]蹄健滿車風.

---

167 나사훈(羅司勳, 833~909) : 당대 시인으로 이름은 은(隱), 자(字)는 소간(昭諫), 신성(新城) 사람이다. 사훈랑(司勳郎)의 벼슬을 역임했다.
168 선지사(禪智寺) : 상방사(上方寺), 죽서사(竹西寺)라고도 하며, 양주(揚州)의 사절아문(使節衙門) 동쪽 3리에 있다. 원래 수(隋)나라 양제(楊帝)의 고궁(故宮)이었다가 후에 절을 짓었는데, 높은 곳에서 내려다보는 풍경이 빼어나 명승지로 꼽힌다. 이 시 수련(首聯)에서 잘 표현하고 있다.
169 초봉(楚鳳) :《윤문자(尹文子)》〈대도상(大道上)〉에, 초나라의 어떤 사람이 산꿩을 봉황으로 여겨 거금을 주고 사서 초왕에게 바치려 하였는데, 밤을 지내다 새가 죽었다. 나라 사람들이 진짜 봉황으로 전해져 초왕에게 알려지게 되었다. 왕은 자기에게 바치려고 했다는 것에 감사하며 불러서 후사하였는데, 새를 산 값에 천 배를 주었다. 후에 이로 인하여 '초봉(楚鳳)'을 모조품이라고 칭하였다고 한다.

思量只合騰騰醉, 煮海[171]平陳盡夢中.

▪

방회

감개함이 무척 깊다. (方批云, 感慨甚深.)

기윤

소간은 풍격와 골격을 자연스럽게 나누었는데. 3구와 4구는 고정된 틀에 매여져 있다. 또 비평하여 이르길, '평조'는 '수궁'에 통지하고, '자해'는 유비가 주산자해(鑄山煮海) 한 일이다. 덧붙였으나 뿌리가 없음을 면치 못했다. (紀批云, 昭諫風骨自別, 三四未免落套. 又批云,「平陳」關照「隋宮」,「煮海」乃劉濞之事, 未免添出無根.)

또 전해오는 봉가(鳳歌)가 있다. 참고하면 초나라 미치광이 접여(接輿)가 공자의 곁을 지나가며 노래를 불렀다. "봉(鳳)이여, 봉이여, 덕이 어찌 이리도 쇠했는가. 지나간 것은 다시 말할 수 없고. 앞으로 올 것만 좇을 수 있도다. 그만두어라. 그만두어. 지금 정치를 좇음은 위태롭나니"라고 한《논어(論語)》,〈미자(微子)〉에 난세에 굳이 정치를 펼치려고 하는 공자를 풍자한 노래이다.

170 오우(吳牛) : 오우천월(吳牛喘月)을 말한다. 오나라 소가 더위에 지쳐 밤에 달이 뜨는 것을 보고도 해인가 하고 헐떡거린다는 뜻으로, 겁이 많아 공연한 일에 미리 두려워하며 허둥거리는 사람을 놀림조로 이르는 말로 쓰인다. 즉, 5구 초봉(楚鳳)과 6구 오우(吳牛)의 허황된 생각을 말련(末聯)에서 깨닫고 있다.

171 자해(煮海) : 주산자해(鑄山煮海)의 준말이다. 산의 구리를 캐어 돈을 주조하고 바닷물을 끓여 소금을 만든다는 뜻으로 자연 자원을 잘 개발해 돈을 많이 모음을 비유한다.

동기지와 금산을 지나다가 누군가에게 시를 주고 겸해서 중정원팔처사(中呈元八處士) 도잠에게 부치다 [왕안국]
王校理[172] 同器之[173]過金山[174]奉寄[175]兼呈潛道[176]

지둔과 산 깊은 곳에서 묵은 것을 추억하며
평생 장대하게 바라보는 마음을 저버리지 않으리라.
북고산을 가로지른 장강은 다 삼초(三楚)로 따라들고
중령수는 깊숙이 구강으로 흘러간다.
어수선하게 지는 달빛이 창 그림자 흔들고
아득하게 돌아가는 배에 독경소리 보내준다.
동으로 가서 언제 납극(蠟屐)을 신고 돌아올까?
하늘 가에서 상쾌한 기분으로 꿈을 서로 찾아야지.

憶同支遁[177]宿嵌岑, 不負平生壯觀心.

---

172 왕교리(王校理, 1028~1074) : 왕안국(王安國)을 가리킨다. 자(字)는 평보(平甫), 임천(臨川) 사람으로 왕안석(王安石)의 아우이며 비각교리(秘閣校理)를 지냈다.
173 동기지(同器之) : 이름은 상세하지 못하다. 이 시의 작자 왕안국의 친구이다.
174 금산(金山) : 부옥산(浮玉山)을 가리킨다. 강소진(江蘇鎭)의 강서(江西)의 북쪽 장강 안에 있다.
175 봉기(奉寄) : 이 시를 누군가에게 줌을 이른다.
176 잠도(潛道) : 즉 도잠(道潛)을 가리킨다. 시승(詩僧)으로 작자와 함께 교분이 두터웠다.
177 지둔(支遁, 314~366) : 자는 도림(道林)은 중국 위진남북조시대 동진의 고승이다. 하내(河內) 임려(林慮) 출신이다. 젊어서부터 떠돌아다니며 수양을 했는데, 인품과 덕망이 높았다. 왕희지는 그를 '마음과 몸가짐이 밝고 맑으며, 정신과 기품

北固山[178]隨三楚[179]盡, 中泠水[180]入九江[181]深.
紛紛落月搖窓影, 杳杳歸舟送梵音.
東去何時來蠟屐[182], 天邊爽氣[183]夢相尋.

방회

3구와 4구는 매우 웅장하고 뛰어나 시격에 합당하다. 5구와 6구 또한 좋다. (方批云, 三四壯絶, 合詩格. 五六亦佳.)

기윤

시의 제목에서 탈자와 오자가 있는 것 같다. 다시 교열하라. 비록 깊은 맛은 없으나 시의 풍격은 잃지 않았다. 또 비평하여 이르길, '월(月)'에

이 준수하고 산뜻하다'라고 평했다.
178 북고산(北固山) : 명승지 중의 하나로, 장강의 남쪽 언덕에 있다. 큰 강을 가로지르며, 돌벽이 높고, 산세가 험준하여, 북고라는 이름이 붙었다고 한다.
179 삼초(三楚) : 서초, 동초, 남초로 나누어지는 삼초는 진한(秦漢) 사이에 옛 지명이다. 삼초는 원래 초나라의 강성기 때의 지리적 범위를 가리키다가 후에 초문화의 개념으로 동한시대까지 사용되었다. 지금의 호남·호북 일대이다.
180 중령수(中泠水) : 《금산지(金山志)》에 의거하면 "중령천(中泠泉)은 금산(金山)의 서쪽 석탄산(石彈山) 아래 파도가 가장 심한 곳에 있다."라고 기록하고 있다. 지금의 강소성(江蘇省) 진강시(鎭江市) 서북쪽 금산(金山) 아래 양자강(揚子江) 중간쯤 위치하고 있다.
181 구강(九江) : 장강 중 하류지구에 있다.
182 납극(蠟屐) : 밀랍을 발라 매끈매끈하게 만든 나막신을 말하는데, 여행을 의미하는 이 말 속에 포함하고 있다.
183 천변상기(天邊爽氣) : 하늘에서 내려오는 맑은 기운, 즉 아름답고 좋은 경치를 비유한다.

'분분(紛紛)' 두 자는 본래 두공(杜公)의 '양월백분분(涼月白紛紛)'이란 구에서 용사한 것이다. 그러나 두공은 이 두 글자에 대해 앞서 '좋지 못하다.'라고 평했다. (紀批云, 題似有脫誤, 再校. 雖無深味, 而不失風格. 又批云, 「月」用「紛紛」二字 本杜公「涼月白紛紛」[184]句, 然杜此二字先不佳.)

---

184 양월백분분(涼月白紛紛) : 두보의 오언율시 '〈유별가엄이각노양원보궐(留別賈嚴二閣老兩院補闕)〉 가지와 엄무 두 분 사인과 양원의 보궐과 유별하다.'의 마지막 구절이다.

승 개연에게 주다 [장뢰]
張宛丘[185] 贈僧介然[186]

차가운 창가에서 벽운편을 얻어 베끼는데
객이 이르러 덖은 차를 손수 끓여주네.
유(儒)와 불(佛)은 오래전에 도를 같이 했고
시(詩)와 서(書)는 본래부터 선(禪)을 방해하지 않았지.
낙낙장송 천척(千尺) 위, 구름에서 날던 학이 둥지를 틀고
차가운 산속 한밤중 달빛 아래에서 원숭이 우네.
청컨대 이 편장(編章)을 불사(佛事)로 삼아
반게를 들으며 천상계로 달려가는 사람을 보시라.

寒窓[187]寫就碧雲篇[188], 客至研茶手自煎.
儒佛故應同是道, 詩書本自不妨禪.
長松千尺巢雲鶴, 寒嶠三更嘯月猿.

---

185 장완구(張宛丘, 1054~1114) : 북송 시인으로 이름은 뢰(耒), 자(字)는 문잠(文潛)이고 호(號)는 가산(柯山)이다. 원적은 호주(亳州) 초현(譙縣)이나 초주(楚州) 회음(淮陰)에서 살았다. 당시 사람들은 그를 완구(宛丘) 선생으로 불렀다.
186 승개연(僧介然) : 송나라 신종(神宗)의 원풍(元丰) 연간(1078~1085)에 관종사(觀宗寺 - 절강성 저파시 홍저교 부근)의 동북쪽에 60여 채의 집을 짓고 보각(寶閣)을 중건하고 보각(寶閣) 사방에 16실을 지었다는 기록이 보인다.
187 한창(寒窓) : 힘든 학업 생활을 하고 있음을 뜻한다.
188 벽운편(碧雲篇) : 《강문통집(江文通集)》권4, 〈휴상인원별시(休上人怨別詩)〉의 "저물녘 푸른 구름 뭉쳐 있는데, 아름다운 사람 오지 않네〔日暮碧雲合 佳人殊未來〕."에 나오는 말로, 멀리 헤어져 있는 정겨운 사람을 그리는 뜻으로 지은 글이다.

請以篇章爲佛事, 要看半偈[189]走人天[190].

■

기윤

시어마다 노련하고 꿋꿋하다. (紀批云, 語語老健.)

---

189 반게(半偈) : 게송(偈頌)의 절반, 특히 운산게(雲山偈)의 후반부 생멸멸이(生滅滅已), 적멸위락(寂滅爲樂)을 말한다. 석가모니가 설산에서 수행 중, 신명(身命)을 던져버릴 것을 약속하고 비로소 나찰(羅刹[사천왕에 딸린 여덟 귀신 중 하나])로부터 듣는 것을 얻었다고 한다. 여기서는 벽운편의 두 구절을 말한다.
190 천(天) : 천상계(天上界)를 의미한다.

서계 무상사에서 [장선]
張子野[191] 西溪無相院[192]

물이 차올라 허공을 적시니 위아래가 맑은데
몇 집 대문 고요하나 언덕까지 평평했던 흔적이라.
부평초 바람에 넘어간 자리, 산 그림자 보이고
작은 배 돌아오는 때, 노 젓는 소리 들린다.
성곽으로 들어온 스님은 홍진 속을 찾아 사라지고
다리를 건너는 사람은 명경 속으로 걸어 들어가는 듯하다.
얼마 지나 잠시 비라도 내린다면 가을빛이 더하리니
수림에 달이 뜨거든 달 보는 것을 방해하지 마시라.

積水涵虛上下淸, 幾家門靜岸痕平[193].
浮萍破處[194]見山影, 小艇歸時聞棹聲.
入郭僧尋塵裡去, 過橋人似鑑中行.

---

191 장자야(張子野, 990~1078) : 북송시인으로 이름은 선(先), 자야는 그의 자(字)이다. 오정(烏程) 사람이다.
192 서계무상원(西溪無相院) : 서계(西溪)는 시인의 고향 절강성(浙江省) 호주(湖州)에 있는데, 일명 초수(苕水), 초계(苕溪)라고도 한다. 무상원(無相院)은 곧 무상사(無相寺)이다. 호주성(湖州城) 서남쪽에 있다. 오월(吳越)의 전씨(錢氏)가 건립했다.
193 안흔평(岸痕平) : 언덕까지 평평할 정도로 물이 찼던 흔적을 가리킨다.
194 부평파처(浮萍破處) : 부평초가 바람 불어 넘어간 자리를 말한다. 즉 부평초는 물에 떠다니므로 바람이 불면 부평초가 한쪽으로 몰려 빈 곳이 생기는데 파처(破處)는 이를 이르는 것이다.

已¹⁹⁵憑暫雨添秋色, 莫放修林礙月生.

기윤

3구와 4구는 운치가 있어 마땅히 소동파로 여길 정도로 칭하게 되었으나, 기질이 담대하지 못하므로 자못 시여(詩餘)에 가깝다. 5구는 지은 뜻이 서투르다. (紀批云, 三四有致, 宜爲東坡所稱, 然氣象未大, 頗近詩餘[196]. 五句作意而笨.)

---

195 이(已) : 이윽고, 얼마 지나.
196 시여(詩餘) : 중국 고전 운문(韻文)의 한 형식을 말한다.

여름날 용정의 일을 쓰다 [도잠스님] 시 4수 중 1수에 이르기를
僧道潛[197] 夏日龍井書事 四首詩 其一云

푸른 나무 높이 탄 담쟁이가 어우러져 낮 그늘을 이루니
뙤약볕이 없는 곳으로 내 몸을 다그치네.
바위 벼랑으로 떨어지는 홍천의 물소리 희미하게 들리고
숲속의 과일나무에서 새 푸른 능금 비로소 맛보네.
세속을 털어내 이윽고 혜원을 쫓으며 기뻐하고
경을 이야기하다가 끝내 유민을 잃고 한스러워하네.
어느 때 잠시라도 나막신을 신고서 산에 올라
이 언덕에 와서 오사모를 쓰고 술을 거를까.

翠樹高蘿[198]結晝陰, 驕陽無地迫吾身.
石崖細聽紅泉落, 林菓初嘗碧柰新.
揮塵已欣從惠遠[199], 談經終恨少遺民[200].

---

197 승도잠(僧道潛) : 송대 시인으로 본명은 담잠(曇潛), 호(號)는 참요자(參寥子)이며 사호(賜號)는 묘총대사(妙總大師)이다. 《속위피설(續渭皮說)》에는 속성(俗姓)은 왕(王)이고 전당(錢塘) 사람으로 기록하였으나 일설에는 성(姓)은 하(何), 어담(於潛) 사람이라고 전한다.
198 라(蘿) : 송라(松蘿)를 가리킨다. 즉 소나무를 타고 올라 기생하는 담쟁이이다.
199 혜원(惠遠, 334~416) : 동진 때 고승으로 속성은 가(賈)이고 정토종(淨土宗)의 시조(始祖)이다. 그는 젊었을 때, 유학과 노장사상을 통달하고, 태행산에 가서 도안스님의 '반야경' 강의를 듣고 참뜻을 깨달아 속세를 버리고 출가했다.
200 유민(遺民, 352~410) : 유유민(劉遺民)이다. 유유민은 혜원과 함께 여산(廬山)에 거주하며 함께 정토(淨土)의 세상을 꿈꿨던 인물이다.

何時暫着登山屐, 來岸烏紗[201]漉酒巾[202].

방회

원래의 주(註)에는 법사가 겸하여 오흥의 소태수에게 진나라에서 젊었을 때 함께 유희했던 것을 시로 부쳤는데, 분명하게 판단하고 분별하는 재주를 드러냈다. 또 비평하여 '이 사람 호는 참요자다.'라고 이른 것이 있다. (方批云, 元註呈辨才[203], 法師兼寄吳興蘇太守, 并秦少遊, 又批有云, 此參寥子.)

기윤

음절은 고상하나 악착같고 슬퍼하며 탐내는 기운이 없다. 또 비평하여 이르길, 차구(次句)는 졸렬함이 심하고 뒤의 네 구는 필력을 개척했다. (紀批云, 音節高爽, 無齷齪酸餡之氣. 又批云, 次句拙甚, 後四句, 筆力開拓.)

---

201 오사(烏紗) : 오사모(烏紗帽), 즉 관모(官帽)를 일컫는다.
202 녹주건(漉酒巾) : 술을 거르는 헝겊을 말한다.
203 변재(辨才) : 이치를 분명하게 판단하여 분별하는 재주를 말한다.

선일 仙逸

남산 [허선평]
許宜平[1] 南山

은거한 지 30년 만에
남산 고갯마루에 집을 지었네.
고요한 밤에 밝은 달을 즐기고
한가로운 아침에 벽천을 마신다.
초부는 언덕에서 노래하고
골짜기에 사는 새 바위 앞에서 희롱하는데.
즐겁도다. 늙어가는 줄 모르니
한갓 갑자년마저 잊는구나.

隱居三十載, 築室南山巓. 靜夜翫明月, 閒朝飮碧泉.
樵人歌隴上, 谷鳥戱巖前. 樂矣不知老, 都忘甲子年.

[1] 허의평(許宜平, ?~?) : 당대(唐代)의 도사로 신안군(新安郡) 흡현(歙縣) 사람이다.

방회

선평은 흡현의 성양산과 일남산에서 은거하며 이 시를 지었다. 시제 중 '장안객사'라고 한 것이 있는데, 이태백이 보고 신선으로 여겼다. 흡현에 이르러 그를 방문했으나 만나주지 않았다. 선평이 또 시를 지어 말하기를 "장작을 지고 아침에 나와서 팔고 술을 사서 해질녘 돌아가네. 집이 어디냐고 물으니 구름을 뚫고 산허리로 들어가네."라고 했다. 그 말을 가지고 풍미하니 도를 찾아 얻은 자이다. (方批云, 宣平, 隱居歙之城陽山日南山, 賦此詩. 有題之長安傳舍者, 李太白見之, 以爲仙也. 至歙訪之, 不値. 宣平又有詩曰, 「負薪朝出賣, 沽酒日西歸. 借問家何在, 穿雲入翠微[2]」以其辭味 之, 查得道者.)

기윤

은자의 말에서 스스로 고요한 뜻이 있다. 그러나 시로써 논한다면 앞의 네 구는 높은 운치가 있지만 뒤의 네 구는 허약하다. 태백이 유별난 것을 좋아했기 때문에 그를 방문한 것이지 그의 능한 시 때문에 방문한 것은 아니다. (紀批云, 隱者之言, 自有靜意. 然以詩論之, 則前四句有高韻, 而後四句弱. 太白好奇, 故訪之, 非以其能詩訪之也.)

---

2 취미(翠微) : 산의 중 허리를 말한다.

도자를 방문했으나 만나지 못하고 [두순학]
杜翰林(彦之)³ 訪道者不遇

고요하고 적막한 백운문에서
진인(眞人)을 찾았으나 만나지 못하네.
편안한 것은 응당 소나무 위의 학이요
휴식하는 것은 마을 안 사람이라.
약포엔 꽃향기가 다르고
모래 샘엔 사슴의 발자국이 새롭다.
시를 쓰면 성명이 남으니
훗날 이 사람과 서로 친밀하게 지내야지.

寂寂白雲門, 尋眞⁴不遇眞. 祇應松上鶴, 便是洞中人.
藥圃花香異, 沙泉鹿跡新. 題詩留姓字, 他日此相親.

기운

3구와 4구는 운치를 생각하게 하고, 짜임새가 있지 않음에도 절묘함이 있다. (紀批云, 三四有思致, 妙於不織.)

---

3 두한림(杜翰林, 846~906) : 이름은 순학(荀鶴) 자(字)는 언지(彦之), 자호(自號)는 구화산인(九華山人)이며 지주(池州) 석태(石埭) 사람이다.
4 진(眞) : 도자(道者) 또는 진인(眞人)을 말한다. 참된 도(道)를 깨달은 사람. 특히 도교(道敎)의 깊은 진리(眞理)를 깨달은 사람을 이르고, 불가에서의 '아라한(阿羅漢)' 또는 '부처'와 같다.

진치처사를 보내며 [유봉스님]
僧惟鳳[5] 送陳豸處士

풀이 무성하니 관로(關路)가 어렴풋하여
잡된 생각을 하다가 다시 이별을 아쉬워하네.
집이 멀어서 거문고 소리와 어울려 지내고
시대가 평온하나 검을 사 돌아오는데.
외로운 성 짧은 모퉁이를 돌아서니
홀로 선 나무 석양을 가려주네.
따로 이웃 어부와 약속이 있어
서로 만나 고기 낚을 낚시터를 쓰는 중일세.

草長關路微, 雜[6]思更依依. 家遠知琴在, 時淸買劍歸[7].
孤城回短角, 獨樹隔殘暉. 別有隣漁約, 相迎掃釣磯.

---

5 승유봉(僧惟鳳) : 호(號)는 지정(持正)으로 구승(九僧) 중의 하나로 청성(靑城) 사람이다. 저서로 《풍아습취도(風雅拾翠圖)》가 있었으나 망실되었다. 지금은 시 15수가 기록되어 있다.

6 잡(雜) : 다른 한 판본에는 '이(離)'로 된 곳도 있다.

7 시청매검귀(時淸買劍歸) : '시청(時淸)'은 시세(時世)가 맑고 평온하다는 뜻이다. 따라서 '매(買)'에 관한 논란이 생긴다. '검(劍)'이란 자신의 신변을 지켜주는 도구이기 때문이다.

기윤

구승의 시 중에 느껴지는 생동감이 최고이다. (紀批云, 九僧詩氣韻終高.)

악록궁 도방에서 쓰다 [옹권]

翁靈舒 書嶽麓宮[8]道房

지금 가는 곳을 그에게 물으니
신선이 모인 몇 번째 집이라고.
날 개인 처마엔 눈 녹은 물방울 떨어지고
허당(虛堂)의 섬돌엔 매화 그림자 어른거리는데.
향을 피워야 하나 어느 때 향백송(香柏松)이 될까?
여린 잎 덖는다고 사전차(社前茶)가 되지는 않는 법.
도인 서너 무리가
서로서로 장자(莊子)를 암송하고 있더라.

借問今行處, 羣仙第幾[9]家. 晴簷鳴雪滴, 虛砌影梅花.
香燕[10]何年柏[11], 芽煎未社茶[12]. 道人三四輩, 相對誦南華[13].

---

8 악록궁(嶽麓宮) : 장사(長沙)의 악록산 운록궁(雲麓宮)을 말한다. 도교의 성지이다.
9 기(幾) : 다른 판본에 '기(几)'으로 되어 있는 곳도 있다.
10 향(香) : 다른 판본에 '열(熱)'로 되어 있는 곳도 있다.
11 백(柏) : 향백송[향나무]을 가리킨다.
12 사차(社茶) : 사전차(社前茶)를 말한다. 곡우 전에 찻잎을 따서 덖은 차이다.
13 남화(南華) : 《장자(莊子)》를 가리킨다.

기윤

시격이 능히 높지는 않으나 맑고 가지런함을 잃지 않았고, 일체 조금의 비속함도 추악한 모습도 없다. (紀批云, 格不能高, 而不失淸整, 無一切纖俚 惡狀.)

모산 이존사의 산거에서 제하다 [진계]
秦系(公緒)¹⁴ 題茅山¹⁵李尊師¹⁶山居

천사께선 백 세에도 젊기가 어린아이와 같은데
산중으로 오지 않으면 끝내 만날 수 없지.
약초를 씻으러 매번 새로운 마음으로 폭포수에 가고
허공을 걷듯 날아 수시로 최고봉에 오르네.
오월에도 울타리 사이마다 잔설이 남아 있고
오른편엔 천년의 노송이 그늘을 지어주는데.
지금 이곳에서 인간계로 가려면 얼마나 멀까
고개를 돌려 보니 구름 낀 골짜기가 첩첩이로다.

天師百歲少如童, 不到山中竟不逢.
洗藥每臨新瀑水, 步虛¹⁷時上最高峯.
籬間五月留殘雪, 座右千年蔭老松.
此去人寰¹⁸知遠近, 回看雲壑一重重.

---

14 진계(秦系, 724~810) : 자(字)는 공서(公緒), 자호(自號)는 동해조객(東海釣客)이고, 계(系)가 이름이다. 월주(越州) 회계(會稽) 사람으로, 후에 천주(泉州) 남안(南安)에 살면서 구일산(九日山)에 집을 짓고 자호를 남안거사(南安居士)도라고 했다.
15 모산(茅山) : 강소성(江蘇省) 동남쪽에 위치한다.
16 존사(尊師) : 도사에 대한 존칭이다.
17 보허(步虛) : 도교에서 수행한 결과의 하나로 허공을 걷듯 나는 행보를 말한다.
18 인환(人寰) : 사람이 살고 있는 세계를 말한다.

방회

장사업 또한 이른 것이 있는데, "약초 찾다 먼 곳에서 내려와 새로 익은 술 구해서, 산을 쳐다보며 가장 높은 누각에 오르네"라는 이 시와 은밀히 화합된다. 제5구와 6구는 또한 이를 일컫는 것이다. (方批云, 張司業亦有云,「下藥遠求新熟酒, 看山時上最高樓.」與此暗合. 第五句六句亦稱之.)

기윤

6구는 5구에 미치지 못한다. 또 비평하여 이르길, 아름답지 않은 곳이 없고, 또한 아름다운 곳이 없기도 하다. (紀批云, 六句不及五句. 又批云, 無不佳處, 亦無佳處.)

이정직

살펴보건대 대중의 정취에서 말할 만한 흥이 없다. 이 때문에 아름다운 곳이 없다고 했다. 시풍과 골격에서도 스스로 평범하지 못한 까닭으로, 그래서 또한 이를 말할 수 없을 만큼 아름답지 않다고 한 것이다. (按, 無興衆情趣之可言. 故無佳處. 風骨故自不凡, 故亦不得謂之不佳也.)

입도하는 궁인을 보내다 [장소원]
張蕭遠[19] 送宮人入道

총애를 포기하고 신선을 구도함에 기색이 수척한데
천하를 사양하듯 화장 끼 없는 얼굴로 대궐에 섰네.
금단은 천년의 모습으로 머무르게 하고
보배로운 거울은 팔자미와 나란히 하지 않는 것이라.
승려가 장식한 구슬과 함께 푸르게 한 후라야
군왕이 뿔로 만든 관을 바라보는 때라.
종래에 궁녀들이 모두 서로 질투하다가
요대를 향하여 모두 눈물짓는 울음소리 들린다.

捨寵求仙畏色衰, 辭天素面立天墀[20].
金丹[21]擬住千年貌, 寶鏡休勻八字眉[22].
師主與裝珠翠後, 君王看戴角冠時.
從來宮女皆相妬, 聞向瑤臺[23]總淚垂.

---

19 장소원(張蕭遠, ?~?) : 당대 시인으로 소주 사람이다. 후에 화주(和州) 오강(烏江)으로 옮겨와 살았다. 장적(張籍)의 아우이다.
20 천지(天墀) : 천자(天子)의 궁사(宮舍)를 가리킨다.
21 금단(金丹) : 신선이 만든다는 장생불사의 환약을 말한다.
22 팔자미(八字眉) : 몹시 성내어 얼굴을 일그러뜨렸을 때의 눈썹을 이르는 말이다.
23 요대(瑤臺) : 신선이 사는 곳을 말한다.

방회

이 시가 위응물(韋應物)의 문집에 들어 있는 것은 잘못이다. 영화가 장소원의 시라고 했기 때문이다. 또 위응물의 문집에서 '사주(師主)'를 '공주(公主)'라고 한 것도 오류이다. (方批云, 此詩誤入韋應物集. 英華以爲張蕭遠詩. 且應物集誤以「師主」爲「公主」.)

기윤

당인들은 이것을 제목으로 하는 시가 가장 많다. 그러나 대저 평범함에 가깝고 제(題)가 본래 어렵다. 또 비평하여 이르길, 결구는 운치가 있다. (紀批云, 唐人此題最多, 然大抵凡近, 題本難也. 又批云, 結句有致.)

어떤 도사를 보내다 [가도]
賈司戶 送胡道士

짧은 갈옷을 입고 서덜길에 꽉 찬 이끼 헤치며
영계의 깊은 곳 문이 열렸는지를 살펴보네.
문득 성안에서 거문고를 가지고 갔다가
산 중에 이르러 약초를 부탁하고 오네.
강에 다다르니 오래된 단에 올린 가을 제사 파하고
삼나무 숲에 머무르니 그윽한 새 밤에 날아 돌아오네.
진인을 쫓아 붉은 계단에 오르기를 원하지만
해는 저무는데, 돌아갈 마음 백발이 재촉하네.

短褐身披滿磧²⁴苔, 靈溪深處觀門開.
却從城裏携琴去, 許到山中寄藥來.
臨水古壇秋醮罷, 宿杉幽鳥夜飛迴.
丹梯²⁵願逐眞人上, 日夕歸心白髮催.

방회

3구와 4구는 하나로 꿰뚫어서 평이하다. 낭선의 시에서 이와 같은 것이

---

24 적(磧) : 서덜지대를 말한다. 즉 강가 등에 돌이 많이 쌓인 곳이다.
25 단제(丹梯) : 붉은 계단, 즉 신선을 만나기 위해 찾아가는 길을 의미한다.

적다. (方批云, 三四一穿而平易. 浪仙[26]詩似此者少.)

기윤

평이하게 조절해서 풍격을 잃지 않았다. (紀批云, 平調而不失風格.)

---

26 낭선(浪仙) : 가도(賈島)의 자(字)이다.

은사에게 주다 [한유]

韓鄧州 贈隱逸

은처가 고요하면 모름지기 은자가 찾게 된다는데
청광은 왜 산의 북쪽에 있을까.
벌이 창호지를 두드리니 먼지가 벼루에 엄습하고
새가 정원의 꽃을 흔드니 이슬이 거문고를 적시노라.
어수선한 난리에 인수를 풀었다고 비웃지 말고
걸려 넘어지더라도 비녀를 뽑지 말고 견디어라.
금대를 지어주고 꾀어도 명사를 구하기 어려울진대
하물며 사람도 없는 데다 금대를 허무는 데 있어서랴.

靜隱須敎隱者尋, 淸狂[27]何必在山陰.
蜂彈[28]窓紙塵侵硯, 鳥關[29]庭花露滴琴.
莫笑亂離方解印[30], 猶勝顚蹶未抽簪[31].
築金[32]誘得非名士, 況是無人解築金.

---

27 청광(淸狂) : 마음이 깨끗하여 청아한 맛이 있으면서도 그 하는 짓이 상규에 어긋나는 경우를 말한다.
28 탄(彈) : 두드린다의 뜻이다.
29 관(關) : 가둔다는 뜻이다.
30 해인(解印) : 인끈을 풀다. 즉 관직을 내려놓거나 사양함을 비유하는 말이다.
31 추잠(抽簪) : 벼슬아치의 장신구[비녀]를 뽑아버린다. 즉 벼슬을 버리고 은둔하는 것을 비유한다.
32 축금(築金) : 금대를 짓다. 연나라 소왕이 황금대를 짓고 현인을 초대한 일을 가리킨다. 그래서 현인을 좋아하거나 현인을 구하는 것에 비유한다.

방회

3구와 4구는 공교롭고, 5구와 6구는 의론할 만한 것이 있다. 미구는 하나로 뒤섞어놓았다. 연소왕이 지은 금대 때문에 이르게 되는 것이지, 곧 명사를 구하기 때문이 아니니, 하물며 연소왕의 사람됨이 없음에 있어서랴. 그 말이 더욱 고상하도다. (方批云, 三四工, 五六有議論. 尾句一緻, 爲燕昭王金臺所致, 便非名士, 況又無燕昭王之爲人者乎? 其說尤高矣.)

기윤

뒤의 네 구는 필장이 침착하고 만당의 요소가 적다. 또 비평하여 이르길, 시체(詩體)가 무공에 가깝기 때문에 허곡이 취하는 바가 되었으나 실지로 시격이 높은 것은 아니다. (紀批云, 後四句筆仗[33]沉着, 晩唐所少. 又批云, 體近武功, 故爲虛谷所取, 實非高格.)

---

33 필장(筆杖) : 발표된 글에 대하여 남들과 서로 변론하는 일을 가리킨다.

도류에게 주다 [육유]
陸放翁 贈道流

연기구름 깊은 곳에서 평생을 살았는데
고개 돌리니 인생의 세월이 지나갔구나.
붉은 얼굴 녹주(綠酒)에 의지해 머물렀고
백발은 단사(丹砂)에 힘입어 쓸어내렸다.
칠현금은 손 아래에서 울려 퍼진 지 오래고
양 소매 바람에 펄럭이며 비껴 있구나.
훗날 서로 모르는 곳을 찾다가
만난다면 어부로부터 복사꽃을 물으리.

煙雲深處作生涯, 回首人間歲月除.
留得朱顔憑綠酒[34], 掃空白髮賴丹砂[35].
七絃指下冷冷[36]久, 雙袖風中獵獵[37]斜.
他日相尋不知處, 會從漁父問桃花[38].

---

34 녹주(綠酒) : 녹색의 맛좋은 술을 가리킨다.
35 단사(丹砂) : 주사(朱砂), 또는 진사(辰砂)라고도 하는데, 신선술을 닦는데 중요한 약재로 쓰인다.
36 냉냉(冷冷) : 소리이 널리 풍부하게 넘치는 모양을 말한다.
37 엽렵(獵獵) : 깃발 따위가 바람에 나부끼는 소리를 말한다.
38 종어부문도화(從漁父問桃花) : 도연명(陶淵明)의 《도화원기(桃花源記)》에 나오는 가상의 선경(仙境)을 빗댄 것이다. 호남성(湖南省)의 한 어부가 발견하였다는, 복숭아꽃이 만발한 낙원인데, '별천지(別天地)'나 '이상향(理想鄕)'을 비유하는 말로 쓰인다.

기윤

맑고 가지런히 정리했다. (紀批云, 淸整.)

월 月

초생달 [두보]
老杜 初月

가는 빛 초승달이 막 떠오르자
그림자 수레에 비껴 있어 편치 못하네.
옛 요새 밖에서 희미하게 떠올라
벌써 저문 구름 끝에 숨어 버렸다.
은하수는 빛깔이 변함이 없는데
관산은 텅 비어 절로 을씨년스럽네.
마당 앞에 찬 이슬
어두워서 내려 국화에 가득 차네.

光細弦初[1]上, 影斜輪未安. 微升古塞外, 已隱暮雲端.
河漢不改色, 關山空自寒. 庭前有白露, 暗滿菊花團.

---

[1] 현초(弦初) : 초생달은 시 전편에 걸쳐서 형태와 빛을 묘사하고 있다. 일설에는 어두운 초승달로 숙종의 총명하지 못함을 비유한다고 한다.

방회

시화에는 이 시가 숙종이 처음 즉위했을 때를 비유한 것이라고 말했는데, 또한 옳다. (方批云, 詩話謂此詩喩肅宗初立[2], 亦是.)

기윤

원래는 천착을 벗어나지 못했다는 평이었다. 오랜 세대에 걸쳐 지어진 이하로 사적(史籍)의 한 자, 한 구절을 가지고 당시의 시에 비교하여 부치면서 최고로 고지식하다고 하게 된 것이다. 이에 소릉〔두보(杜甫)〕과 의산〔이상은(李商隱)〕이 함께 이 병폐에 저촉되어 진 것이라고 주를 달았다. (紀批云, 原評未免穿鑿. 立乎百世以下, 而執史籍之一字一句, 以當時之詩比附之, 最爲拘滯. 注少陵及義山同犯此病.)

---

2 숙종초립(肅宗初立) : 서기 756년이다.

배적의 서재에서 달을 바라보며 [전기] 시의 제3연에 이르기를
錢考功 裴迪³書齋望月 詩 第三聯云

밤에 와서 주흥으로 시를 읊는데
달빛이 찾아와 사공루를 꽉 채우네.
중문을 닫아건 모습에 고요하고
외로운 나무에서 나는 한기에 가을을 느끼네.
까치는 놀라 낙엽 따라 흩어지고
반딧불이는 멀리 안개에 빠져 흘러간다.
오늘 저녁 하늘 끝에서 소요하는데
맑은 달빛 어느 곳을 그리워할지.

夜來詩酒興, 月滿謝公樓⁴. 影閉重門靜, 寒生獨樹秋.
鵲驚隨葉散, 螢遠入烟流. 今夕遙天末, 淸光幾處愁.

기윤
6구는 미묘하고 빼어난 구이다. 일찍이 다산이 〈팔월 십오일 달밤에〉 시에 운운했다. (紀批云, 六句微妙, 勝出句. 曾茶山, 八月十五日月夜 詩云云.)

---

3 배적(裴迪) : 전기(錢起)와 왕유(王維)의 친구이다.
4 사공루(謝公樓) : 사공은 송대의 시인 사영운(謝靈運)을 가리키고, 사공루는 배적의 주거지이다.

기윤

좋다고 들려왔고, 당운도 함께 거두었다. (紀批云, 佳麻, 唐韻幷收.)

한적 閒適

이감의 원거를 방문하다 [가도]
賈司戶 訪李甘[1]原居

원래 서쪽의 살던 곳 고요한데
문이 곡강을 마주하고 열렸구나.
바위틈새엔 마른 풀 머금었고
산사의 뿌리엔 오래된 이끼가 스미었다.
산허리엔 밤중에 샘물이 떨어지고
자관의 누각엔 새가 때맞춰 날아온다.
기안을 찾았던 때를 추억하며
함께 고비 꺾으러 갔다가 돌아오는구나.

原西居處靜, 門對曲江[2]開. 石縫[3]銜枯草, 楂[4]根漬古苔.

---

1 이감(李甘, ?~?) : 자(字)는 화정(和鼎), 두목(杜牧)의 좋은 벗이 된다.
2 곡강(曲江) : 섬서성(陝西省) 서안시(西安市) 동남부에 위치하고 있다.
3 석봉(石縫) : 암석봉중(巖石縫中), 즉 바위를 꿰매놓은 듯한 모습의 미세한 틈을 말한다. 《전등록(傳燈錄)》, 〈한산자(寒山子)〉편에 "여구가 또 한암(寒巖)에 이르러 예로 배알(拜謁)하고 의복과 약물을 보내자, 이사(二士)가 큰 소리로 꾸짖으며 말하기를 '도적아, 도적아.' 하니 바로 몸을 움츠리고 암석(巖石)의 봉중(縫中: 꿰맨

翠微⁵泉夜落, 紫閣⁶鳥時來. 仍憶尋淇岸⁷, 同行採蕨廻.

방회

두 시(詩) - 한 시 〈이의(李疑)의 그윽한 거처에서 제하다.〉의 제1구에 이르길 '한가로이 사니 함께 하는 이웃도 적다.'라고 했고, 미구(尾句)에 이르길 '은밀한 기약, 그 말을 저버리지 못한다.'라고 했다. - 모두 평성으로 구를 시작했으나 구를 끝마치는 데서 평성이 바뀌었다. 《노두집(老杜集)》에 '새벽에 산은 달을 토하다.'란 구절이 있는데, 이처럼 평성으로 시작해서 평성이 바뀌는 경우는 매우 적다. 만당시는 반드시 이처럼 하고 싶었겠으나 그 끝 구 앞의 여섯 구를 내던져서 돌아보지 않고 별도로 하나의 뜻으로 얽어서 나타냈으니, 이 시의 2구도 하나의 격식이라 하겠다. 노두의 '두 자루 붓을 분배받아야 마땅하련만, 여전히 한 무더기 날리는 쑥같이 되었구려.'처럼 자연스럽게 얽은 것에 대하여 좋게 느껴지는 것은 곧 만당시가 할 수 없는 것이기 때문이다. (方批云, 二詩⁸ 一詩題李疑幽居 其第一句云(閒)居少隣並尾句云幽期不負言 皆以平聲起句, 而末句平倒. 在

틈 속)으로 들어가 버렸다. 오직 말하기를 '너희에게 알리니 각각 노력하라.' 하니 그 석봉(石縫)이 갑자기 합쳐졌다〔閭丘又至寒巖禮謁 送衣服藥物 二士高聲喝之曰 賊賊 便縮身入巖石縫中 唯曰 報汝諸人各各努力 其石縫忽然而合〕."라고 했다.

4 사(樝) : 장미과 사과속의 낙엽교목이다. 즉 산사나무를 가리킨다.
5 취미(翠微) : 활처럼 휘어지고 평평하지 못한 산허리를 가리킨다.
6 자관(紫關) : 신선 또는 은사가 거처하는 곳을 가리킨다.
7 기안(淇岸) : 기수의 물막이 제방을 말한다.
8 이시(二詩) : 〈방이감원거(訪李甘原居)〉와 〈제이의유거(題李疑幽居)〉, 두 시를 말한다.

老杜集,「四更山吐月」, 平起平倒者甚少. 晚唐必欲如此, 而其終擲前六句不顧, 別出一意緻. 此二句亦一格也. 如老杜「合分雙賜筆, 猶作一飄蓬」, 以自然對緻佳, 則晚唐所不能矣.)

기윤

3구와 4구의 '형(衡)'자와 '지(漬)'자는 뜻을 새기고 단련시켜 나타냈는데, 이것을 허곡은 '구안자'라고 일렀다. 옛사람들은 원래 이러한 시법이 있었으나, 다만 이 시에서 생활을 글로 짓는 데 온전하게 의지하지 못했을 뿐이다. 또 비평하여 이르길, '평기(平起)와 평도(平倒)에 관해 이 시는 공교롭거나 졸렬함과는 무관하고 다생을 분별하는 데에서 벗어나지 못했다.'라고 일렀다. (紀批云, 三四「衡」字「漬」字, 刻意煉出, 此虛谷所謂句眼[9]者也. 古人原有此法, 但不全靠此作生活耳. 又批, 平起平倒云, 此無關於工拙, 未免多生[10]分別.)

이정직

살펴보건대 노두의 5언은 평기하여 평도하는 경우가 적지 않았다. 대개는 평기하면 저절로 평도로 바뀌는데, 이것은 효람이 이르는 바의 다생분별이다. 그러나 평성이 많으면 그 음(音)이 경박해지고, 측성이 많으면 그 소리가 장렬해진다. 노두의 시는 입성에서 힘을 얻는 것이 많으니 자세하게 이를 읽는다면 진실로 저절로 분별함이 있게 될 것이다. 허곡은 나타나

---

9 구안(句眼) : 시(詩), 사(詞), 곡(曲), 부(賦) 중에서 가장 정교하고 화룡점정의 구(句)나 글자를 말한다.
10 다생(多生) : 불교에서는 윤회(輪回)의 고통을 받으면서 생사를 이어가는 것을 말한다.

는 것이 없어 하지 못함을 논한 것이지 단지 평기평도만을 가지고 그것을 예로 들며 만당의 시법을 말한 것은 아니다. 만약 다시 측성이 많은 것으로써 고집하여 장렬하다고 말하고, 이를 운용함에 그 미묘함을 얻지 못한다면, 반드시 굼떠 넘어가는 소리만 있을 것이다. 대개 강서시파(江西詩派)의 조잡한 병폐는 미상불 여기에 말미암아 더욱 분별함이 없을 수가 없다. (按, 老杜五言, 平起平倒者不少, 盖平起則自易平倒, 此曉嵐所云多生分別也. 然平聲多則其音輕揚 仄聲多則其音壯烈. 老杜之詩多於入聲得力, 細讀之, 固自有分別. 虛谷所論, 不爲無見, 但以平起平倒例之, 謂晚唐之法則非也. 若復以仄聲多者執謂壯烈, 而用之不得其妙, 則必有塞涉之音. 盖江西詩苦硬之病未常不[11]由於此尤不可無辨.)

---

11 미상불(未常不) : '아닌게 아니라 과연'의 의미를 가지고 있다.

즉흥시를 짓다 [진부량] 시의 제2연에 이르기를
陳止齋(傅良)¹² 卽事 詩 第二聯云

아무리 가난해도 늘그막에 절개를 지켜야 하고
병약해지더라도 초심을 잃지 말아야지.

最¹³貧看晚節¹⁴, 多病得初心.

기윤

침착해서 깊이가 지극한 말이다. 옛사람을 따르지 않고 곧바로 옛사람을 핍박하고 있다. 또 비평하여 이르길, 재능이 높은 사람은 남은 힘을 가지고 시를 지어도 또한 스스로 남보다 뛰어나다. 그러나 필경 깊고 세세할 수는 없다. 창려의 시도 또한 그러하다. 지재 뿐만이 아니다. (紀批云, 沉着深至語. 不襲古人, 而直逼古人. 又批云, 才高人以餘力爲詩, 亦自勝人, 然畢竟不能深細. 昌黎¹⁵之詩亦然, 不但止齋也.)

---

12 진지재(陳止齋, 1137~1203) : 이름은 부량(傅良)이며 자(字)는 군거(君擧)이고, 온주(溫州) 서안(瑞安) 사람이다. 일찍이 정백웅(鄭伯熊)과 설계선(薛季宣)에게 사사받아 영가학파(永嘉學派)의 거벽(巨擘)이 되었다.
13 최(最) : 한 판본에는 '재(再)'로 되어 있다.
14 만절(晚節) : 노년의 절개.
15 창려(昌黎) : 한유(韓愈)를 가리킨다. 자는 퇴지(退之)이고 창려는 그의 호이다.

기윤

'농가(儂家)' 두 자가 짧은 시에 들어간다면 오히려 들어가 칠율시가 될 만하지만, 들어가도 정서와 회포를 푸는 시는 될 수 없고, 가히 정자를 제하는 시에 들어간다 해도 더욱 마땅치 않다. (紀批云, 儂家[16]二字入小詩, 猶可入七律, 不可入風懷詩, 猶可入題亭詩, 尤不宜.)

---

16 농가(儂家) : 1인칭 대명사로 쓰인다.

송별 送別

사명으로 돌아가는 하지장을 보내다 [당 명종 이단] 시의 제2연
에 이르기를
唐明皇¹ 送賀知章²歸四明³ 詩 第二聯云

어찌 현달한 이 아끼지 않으련만
그대의 고상한 마음 때문에 어찌할까?

豈不惜賢達, 其如高尙⁴何.

1 당명황(唐明皇皇, 867~933) : 당나라 명종 이단(李亶)으로 초명이 사원(嗣源), 소명(小名)이 막길렬(邈佶烈)이다. 응주(應州) 금성현(金城縣) 사람이다.
2 하지장(賀知章, 659~744) : 당나라의 시인으로 자는 계진(季眞)·유마(維摩), 호는 사명광객(四明狂客)이다. 음중팔선(飮中八仙) 중 한 사람으로 월주(越州) 영흥(永興)사람이다.
3 사명(四明) : 산명(山名)으로 절강성(浙江省) 저파시(宁波市) 남서쪽에 위치한다. 천태산(天台山)에서 발원하여 봉화(奉化), 자계(慈溪), 여요(余姚), 상우(上虞), 승현(嵊縣) 등의 현에 연이어 있다.
4 고상(高尙) : 고상한 마음, 즉 은거하려는 마음을 가리킨다.

방회

회계에는 석각이 있다. 주문공이 창사가 되었을 때, 그것을 읽었는데, 기구가 웅건함에 가장 기뻐서 우연히 뒤의 여섯 구 적는 것을 잊었다. (方批云, 會稽⁵有石刻, 朱文公⁶爲倉使時讀之, 最喜起句雄健, 偶忘記後六句.)

기윤

이것은 아마 잘못된 기록일 것이다. (紀批云, 此恐誤記.)

---

5 회계(會稽) : 양주에 속하며 14개 현을 다스렸다. 치소는 산음(山陰)이며, 그 성터가 지금의 절강성(浙江省) 소흥(紹興)에 있다.
6 주문공(朱文公) : 주희(朱熹)를 가리킨다.

'쇠 저울'을 차용해 시를 지어 맹유경을 전송하다 [포하]
包幼嗣(何)[7] 賦得[8]金秤送孟孺卿

'쇠저울 추'를 가지고 시 짓기 원했는데
이별하며 그대에게 증시(贈詩)하네.
새로 뜬 달, 갈고리 모양으로 걸려 있고
뭇별 따라 저울대처럼 들려 있네.
손바닥으로 잡을 땐 수평으로 잡고
조금의 오차도 줄이려면 전부 잘 알아야지.
저울이 생긴 유래로 의기투합해 살폈으니
권력을 희롱하는 데로 따라가지 말지어다.

願以金秤錘, 因君贈別離. 鉤懸新月吐, 衡擧衆星隨.
掌握須平執, 錙銖[9]必盡知. 由來投分[10]審, 莫放弄權移.

7　포유사(包幼嗣, ?~?) : 이름은 하(何), 유사(幼嗣)가 그의 자(字)이다. 윤주(潤州) 연릉(延陵) 사람이다. 포융(包融)의 아들로 그의 아우 포힐(包佶)과 함께 시로 이름을 얻어 당시 '이포(二包)'로 통했다.

8　부득(賦得) : 기존의 시 제목이나 시 구절을 제목으로 차용하여 짓는 것을 뜻한다. 과거(科擧)나 응제(應制), 또는 시회(詩會) 등에서 제목을 미리 정하여 시를 짓는 방식으로, 후대에는 하나의 시체가 되기도 하였다.

9　치수(錙銖) : 아주 가벼운 무게를 이르는 말로 조금의 오차도 없어야 함을 이르는 말이다.

10　투분(投分) : 의기투합한다는 뜻이다.

방회

3구와 4구는 매우 절묘하다. (方批云, 三四甚妙.)

기윤

서로 끌어당겨 화합하는 정이 없다. 시제와 이미 문맥이 통하지 않는데, 시가 어찌 정이 통하고 이치에 맞도록 만족시킬 수 있겠는가? 이 때문에 구마다 관폐(關閉)되어 극진히 뜻을 쓴다고 해도 끝내 옹졸한 모양으로 돌아온다. (紀批云, 無情牽合. 題已欠通[11], 詩安得情通理愜? 故句句關合, 極用意而終歸小樣.)

이정직

살펴보건대 보잘것없는 제목, 옹졸한 모양으로 미흡하고 제(題)한 것도 합치되지 않는다. (按, 小題小樣未爲不合題.)

---

11 흠통(欠通) : 문맥이 통하지 않음을 이르는 말이다.

허당을 전송하다 [장교] 시의 제2연에 이르기를
張喬(進士)[12] 送許棠[13] 詩 第二聯云

산 위의 무성한 곳에 밤 불빛이 보이고
강 안에 나무 끝의 배 봄강 안에 있구나.

夜火山頭市, 春江樹杪船.

기윤
대단히 좋다. 경치를 묘사하는데, 문구도 정련되고 함축적이다. (紀批云, 絶佳, 寫景警策[14].)

---

12 장교(張喬, ?~?) : 지금의 안휘성(安徽省) 귀지(貴池) 사람이다. 의종함통중년(懿宗鹹通中年)에 진사(進士)였는데, 당시 허당(許棠), 정곡(鄭谷), 장실(張賓), 등을 동남재자(東南才子)라고 했고 '함통십철(鹹通十哲)'이라고 칭했다.
13 허당(許棠, ?~?) : 당대 시인. 자(字)는 문화(文化), 선주(宣州) 경현(涇縣) 사람이다.
14 경책(警策) : 문구가 정련되고 함축적이며 사람의 눈길을 끈다는 말이다.

과거에 낙제한 왕평보에게 보내다 [구수] 시의 제3연에 이르기를
歐陽六一[15] 送王平甫[16]下第 詩 第三聯云

손을 잡고 모름지기 취하여 이별하고
집으로 돌아와 어찌하여 위로하며 기뻐하는가?

執手聊須爲醉別, 還家何以慰親懽.

기윤
5구와 6구는 진지하고 절실하게 사람을 감동시킨다. (紀批云, 五六眞切感人.)

방회
황진시(黃陳詩)는 40자가 있지만 한 자도 경물을 띠고 있는 것이 없는데,

---

15 구양육일(歐陽六一) : 이름은 수(脩), 자는 영숙(永叔)이며 취옹(醉翁), 육일거사(六一居士)는 그의 호이다.
16 왕평보(王平甫, 1028~1074) : 왕안국(王安國)을 가리킨다. 평보(平甫)는 그의 자(字)이다. 그가 황진시(黃陳詩)와 관계를 알 수 있는 것이 그의 《왕평보문집》의 서문과 후서에 보인다. 서문은 진사도(陳師道)의 스승인 증공(曾鞏)이 썼는데, 진사도가 그 내용을 보고 덧붙여 〈왕평보문집후서〉를 썼다. 증공이 서문에서 그의 학식과 시문을 높이 평가한 것을 진사도가 그를 세상에 알리고 싶어 서문을 근거로 그 내용을 추가한 것이다. 구양수, 왕안국이 강서시파가 아님에도 이 시에 거의 경물이 배제되어 있어, 이 때문에 방회와 기윤이 이처럼 평설(評說)한 것으로 여겨진다.

후학 중 이를 참고하는 자가 몇 사람이나 되겠는가? (方批云, 黃陳[17]詩有四十字, 無一字帶景者, 後學能叅此者幾人矣.)

기윤
또한 반드시 정해진 것은 아니나 이같이 경물을 말하지 않았으니 결국 한 부분을 나타내 보여주는 것이리라. (紀批云, 亦不必定, 不言景此等, 總是方隅之見.)

기윤
만당시에서 경물이 촘촘하거나 넘치는 것은 진실로 조악한 시격으로 경물이 착 달라붙지 않고 멀게만 느껴지게 된다. 그래서 또한 한쪽으로 지나칠 정도로 기울어지는 것과 같다. (紀批云, 晚唐詩, 數衍景物, 固是陋格, 如以不粘景物爲高. 亦是僻見[18].)

---

17 황진(黃陳) : 황정견(黃庭堅)과 진사도(陳師道)를 가리킨다. 그들은 강서시파(江西詩派)를 대표하는 시인이다.
18 벽견(僻見) : 어느 한 편으로 지나치게 치우친 의견을 말한다.

요자 拗字

새벽의 정취 [장완]
張宛丘 曉意

성 어귀에서 청각이 세 번 연주 되었고
나무 사이에서 우는 비둘기, 한결같구나.
바람과 이슬로 쌀쌀하니 기러기는 남쪽으로 향하고
은하수 가로로 빗기니 하늘이 왼쪽으로 기우는 듯.
창을 베고 아침을 기다리나 원한 갖은 원수는 없고
아침에 좋은 옷을 입고자 하나 벼슬아치가 아니니라.
장삼 입고 몽두 쓴 것처럼 잠을 잘 수 없어
바로 동창으로 나아가니 바다에서 해가 뜨는구나.

城頭淸角[1]已三奏, 樹間鳴鳩方一鳴.
風霜淒緊雁南向, 星河[2]橫斜天左傾.
待旦枕戈[3]無怨敵, 將朝盛服非公卿.

---

1 청각(淸角) : 사광(師曠)이 연주하던 거문고 곡명이다. 《한비자(韓非子)》, 〈십과(十過)〉에는 '덕을 베풀지 않아 귀신들을 복종시키지 못하는 군주가 들으면 세상의 모든 귀신들이 달려든다.'라고 하였다.
2 성하(星河) : 은하수를 가리킨다.

不如衲被蒙頭⁴睡, 直至東窓海日生.

기윤

이 편의 후반부는 좋지 못하다. 또 비평하여 이르길, 전반부는 순조롭지 못하나 후반부가 순조로운 것은 또한 고법(古法)이다. 전반부는 순조롭지만, 후반부가 순조롭지 않다면, 시법(詩法)이 아니다. (紀批云, 此篇後半不佳. 又批云, 前拗後諧, 亦是古法. 前諧後拗, 則非法.)

3 대단침과(待旦枕戈) : 전투태세를 철저히 갖춘 군인의 자세를 이르는 말. 중국 진(晉)나라의 장수 유곤이 매일 창을 베개 삼아 잠을 자고 아침을 기다리면서 적을 물리칠 태세를 준비했다는 데서 유래한다. 침과대단(枕戈待旦)과 같다.
4 몽두(蒙頭) : 얼굴까지 가릴 수 있는 모자를 말한다.

한식 [장뢰]
寒食[5]

별 없는 컴컴한 하늘, 구름이 옻칠한 듯한데
고을에 야인이 서리 밟고 오니 개만 짖을 뿐.
해 저문 나절 바람에 낙엽이 지고
밤이라 어찌할까? 북두성 강에 잠겨 있으니.
처마 밑 땅을 헤집던 닭들 바로 고요해지고
산골 마을에선 요란하도록 북을 둥둥거리네.
노인 얼굴 쓰다듬어도 횃불이 일어날듯
봄빛이 드리워진 상머리엔 술 항아리 가득하다네.

暗空無星雲抹漆, 邑犬吠野人履霜.
歲云暮矣風落木, 夜何如其斗[6]揷江.
屋頭眼雞正寂寂, 野縣嚴鼓[7]先逢逢.
摩挲[8]老面起篝火, 春色牀頭酒滿缸.

5 한식(寒食) : 동지로부터 105일째 되는 날로 4대 명절 중 하나이다. 산에 올라가 불에 타 죽었던 중국 개자추의 전설에서 비롯된 명절로, 한식에는 조상께 성묘하고, 불을 쓰지 않고 찬 음식을 먹는 풍속이 있다.
6 두(斗) : 북두성을 가리키다.
7 엄고(嚴鼓) : 요란하게 북을 울리는 모양을 가리킨다.
8 마사(摩挲) : 가볍게 문지름을 이르는 말이다.

방회

장완구의 '오체(吳體)' 2수는 모두 좌절감을 맛보는 풍미가 있다. (方批云, 宛邱「吳體」⁹二首, 皆頓挫有味.)

기윤

필체가 힘이 있고 웅혼해서 강서시파와는 거칠고 조잡함에서 같지 않다. (紀批云, 峭拔而雄渾, 與「江西」野調¹⁰不同.)

이정직

살펴보건대, 3구, 4구는 거칠고 조잡함을 벗어나지 못했으나 다만 음절이 우람하고 힘차다. (按, 三四未脫野調, 只是音節雄拔.)

---

9 오체(吳體) : 시체(詩體) 가운데 하나로 통속적인 언어를 사용하며 알기 쉽게 비유를 해 강남지방 민가의 풍미가 느껴지는 시를 말한다.
10 야조(野調) : 거칠고 조잡하다는 뜻이다.

서사천이 경사로부터 예장으로 돌아갔다는 소식을 듣고 [사일]
謝無逸[11] 聞徐師川自京師歸豫章[12]

사통팔달 먼지 속에서 움직임을 멈추지 않으나
그대 누추한 거리에서 유람하는 것을 보지 못했군.
불량소년이 포성에서 주살로 오리와 기러기를 잡는데
친구는 얼굴을 보고 싶어도 너무나 멀리 떨어져 있지.
이별 후 밤중에 쓸쓸한 등불 앞에서 졸며 꿈을 꾸다가
돌아와 가을의 냉냉한 강호에 줄지어 나는 기러기를 봄세.
늙은 준마는 많이 먹어도 배부르지 않다고 하나니
일어나 온 세상을 살피다가 황모를 끌어다 씻겨주게나.

九衢[13]塵裡無停轉, 君居陋巷不出遊.
蒲城惡少弋鳧雁[14], 對面故人風馬牛[15].
別後夢寒燈火夜, 歸來雁冷江湖秋.
馮驥老[16]大食不飽, 起視八荒提刷[17]滌.

---

11 사무일(謝無逸, 1068~1112) : 송대(宋代)의 시인, 이름은 일(逸), 무일(無逸)은 그의 자(字)이다. 호(號)는 계당(溪堂)으로 임천현(臨川縣) 성남(城南) 사람이다.
12 예장(豫章) : 지금의 강서성(江西省) 길안(吉安)의 이북지역에 해당되는 곳이다.
13 구구(九衢) : 사통팔달(四通八達)을 이른다.
14 악소(惡少) : 불량소년, 비행소년을 가리킨다.
15 풍마우(風馬牛) : 암내난 말과 소의 암컷이 수컷을 찾아도 만날 수 없다는 말로 멀리 떨어져 있어 서로 상관이 없어졌음을 이르는 말이다.
16 풍기로(馮驥老) : 늙은 천리마를 가리킨다.

방회

이 시는 '오체(吳體)'이다. (方批云, 此「吳體」.)

기윤

'악소(惡少)'는 다른 한 판본에 '소년(少年)'으로 되어 있다. 또 비평하여 이르길, 결구는 창망하다. 또 비평하여 이르길, 이 시는 요율(拗律)이지 오체(吳體)가 아니다. (紀批云, 惡少一作少年. 又批云, 結句蒼莽. 又批云, 此拗律, 非「吳體」.)

17 괴(蒯) : 황모로 만든 새끼줄을 말한다.

변체 變體

방회

노두의 구일시(九日詩)에 이르길, "죽엽주는 국화와 대구가 되니 이는 진짜 대 가짜가 된다."라고 했다. (方批, 老杜九日詩云, 竹葉酒也, 以對菊花, 是爲眞對假.)

착제 着題

표범나비 [즘궤]
曾茶山¹ 蛺蝶²

봄바람 부는 대로 쫓지 않으니
당연히 여름은 길어지겠지.
한 쌍이 날아가서 한쪽만 돌아오고
흰색이 되었다가 혹은 홍색이 되었다가.
그립고 그리워서 그만두지 못하고
훨훨 날다가 부질없이 스스로 허둥대는데.
공(功)만 헤아리다 돌아와서 실제를 보고
끝내 스스로 벌집에서 부끄러워하누나.

不逐春風去, 仍當夏日長. 一雙還一隻, 能白或能紅.
戀戀³不能已, 翩翩⁴空自狂. 計功歸實用, 終自愧蜂房.

---

1 증다산(曾茶山, 1084~1166) : 남송시인으로 이름은 궤(几) 자(字)는 길보(吉甫) 또는 지보(志甫)이며, 자호(自號)가 다산거사(茶山居士), 시호(諡號)가 문청(文淸)이다. 한주(贛州) 사람이다.
2 협접(蛺蝶) : 표범나비를 이른다.
3 연연(戀戀) : 그립고 그리운 모양.

기윤

너무 빠른 것과 같다. 이 시의 시제를 〈성속염(成俗艶)〉으로 바꿔야 한다. 이 시가 파리하고 야위었다는 느낌이다. (紀批云, 似太快[5]. 此題易成俗艶[6], 此詩淸瘦[7].)

---

4 편편(翩翩) : 새가 훨훨 나는 모양.
5 태쾌(太快) : 너무 빠르다는 뜻이다.
6 속염(俗艶) : 색채가 아름답지만, 저속하다는 뜻이다.
7 청수(淸瘦) : 야위어 파리하다는 뜻이다.

능묘 陵廟

장릉 [당언겸] 시의 제3연에 이르기를
唐茂葉(彦謙)¹ 長陵² 詩 第三聯云

개국 군주 유방은 무공으로 천하를 얻었다 들었고
어리석은 백성은 도굴하다 무덤으로 가는 것도 보았네.

耳聞明主³提三尺⁴, 眼看愚民盜一抔⁵.

---

1 당무섭(唐茂葉, 848~915) : 이름은 언겸(彦謙), 자(字)는 무업(茂業)이며 호(號)는 녹문(鹿門)선생이다. 경조부(京兆府) 만년현(万年縣) 사람이다. 자(字)인 무업을 무섭(茂葉)으로 오기(誤記)한 것 같다.

2 장릉(長陵) : 섬서성(陝西省) 함양시(鹹陽市) 요점진(窯店鎭) 삼의촌(三義村) 북쪽에 있는데, 일명 '장산(長山)'이라고도 한다. 한나라 고조(高祖) 유방(劉邦)의 릉이다.

3 명주(明主) : 나라를 개국한 임금을 말한다.

4 삼척(三尺) : 삼척이나 되는 검(劍)이다. 즉 천하를 얻은 무기를 나타낸다.

5 일부(一抔) : 무덤을 말한다. 즉 '죽음을 당한다'라는 의미가 있다.

방회

'이문(耳聞)'과 '안간(眼看)'은 혹 병폐로 여겨진다. 그러나 '제삼척(提三尺)'과 '도일부(盜一桮)'는 대우에 속해서 친절한 느낌을 준다. (方批云,「耳聞」「眼看」, 或以爲病, 然「提三尺」「盜一桮」屬對親切.)

여황 旅況

이른 봄 낙양에서 [고황] 시의 제2연에서 이르기를
顧逋翁(況)¹ 洛陽早春 詩 第二聯云

집이 천리 밖인데
때까치가 새벽녘에 우는구나.

一家千里外, 百舌²五更頭.

▪ 방회
3구와 4구는 돌계단을 잘 꾸민 것처럼 매우 아름답다. 배회하고 있는 모습을 깨닫지 못할 정도이다. (方批云, 三四粧砌甚佳, 不覺爲俳.)

---

1 고포옹(顧逋翁, ?~814) : 당대 시인으로 이름은 황(況), 포옹(逋翁)이 그의 자(字)이다 호(號)는 화양진일(華陽眞逸) 또는 화양산인(華陽山人)이며, 만년에는 비옹(悲翁)이라고도 했다. 소주(蘇州) 해염현(海鹽縣) 긍산(恆山) 사람이다.
2 백설(百舌) : 때까치를 가리킨다.

기윤

우연히 한데로 모여져서 뜻을 새긴 대로 그것을 나타낼 수는 없다. (紀批 云, 偶然湊泊, 不可刻意效之.)

벗이 남쪽으로 유람가서 돌아오지 않는다 [우업] 시의 제3연
에서 이르기를
于武陵[3] 友人南遊不回 詩 第三聯云

계수나무꽃엔 바람에 반쯤 떨어지고
안개 서린 풀엔 나비가 쌍으로 난다.

桂花風半落, 烟草蝶雙飛.

기윤
6구는 얼굴을 맞대고 낙필(落筆)했으니, 흥이 남을 이르는 것이다. (紀批
云, 六句對面落筆[4], 所謂興也.)

3 우무릉(于武陵, ?~?) : 당대 시인으로 이름은 업(鄴), 무릉(武陵)은 그의 자(字)
   이다. 사곡(杜曲) 사람이다.
4 낙필(落筆) : 붓을 들어 그림이나 글씨를 쓴다는 말이다.

객을 전송하다 [강위] 시의 제2연에서 이르기를
江瑋 送客 詩 第二聯云

하늘이 수향(水鄕)을 둘러싼 곳
가을 색이 인가에서 드러나네.

天形圍澤國[5], 秋色露人家.

기윤
큰 소리로 노래하는 것이다. (紀批云, 高唱.)

---

[5] 택국(澤國) : 수향(水鄕)을 말한다.

입추 날 밤, 임리항에 가서 머무르다 [장뢰] 시의 제2연에서 이르기를
張宛丘 立秋夜行泊林里港[6] 詩 第二聯云

봉창으로 한 마리의 바딧불이 날아가고
갈대 언덕에서 여러 마리의 귀뚜라미 우네.

蓬窓[7]一螢過, 葦岸數蛩鳴.

기윤
천연적으로 맑고 아득하다. (紀批云, 天然淸遠.)

---

6 임리항(林里港) : 다른 판본에는 '리(里)'가 '황(皇)'으로 되어 있다.
7 봉창(蓬窓) : 쑥대로 얽은 창이란 뜻으로 허술한 집을 가리킨다.

진회에서 밤에 머물다 [하주] 시 앞의 네 구에서 이르기를
賀方回[8] 秦淮夜泊 詩 前四句云

큰 길가의 버들, 움튼 가지 하늘거리고
진회에는 저문 조수 일렁인다.
누대에선 초승달이 보이고
등불 가에는 쌍교가 놓여 있다.

官柳[9]動春條, 秦淮[10]生暮潮.
樓臺見新月, 燈火上雙橋.

기윤
생동감 있게 묘사했고, 자연스럽게 수려하며 우아하게 진회(秦淮)를 표현했다. (紀批云, 寫得生動, 自然秀麗, 雅稱秦淮.)

8 하방회(賀方回, 1052~1125) : 북송 때의 사인(詞人)으로 이름은 주(鑄)이며, 또 이름을 삼수(三愁)라고도 했으며 방회(方回)가 그의 자(字)이다. 자호는 경호유노(慶湖遺老)인데, 당시 사람들은 그를 하매자(賀梅子)라고 불렀다. 출생지는 위주(衛州)이다.
9 관류(官柳) : 관청에서 심고 관리하는 큰 길가의 버드나무를 이른다.
10 진회(秦淮) : 하명(河名)으로 남경(南京)을 거쳐 흐른다. 남경에 명승지 중의 한 곳이다.

민월에서 가을을 생각하다 [옹권] 시의 제3연에서 이르기를
翁靈舒 閩中[11]秋思 詩 第三聯云

바다에 어린 안개 만수를 적시고
가을비는 장기 꽃을 피게 하네.

海烟蠻樹[12]濕, 秋雨瘴花[13]開.

방회
장사업〔장적(張籍)〕과 시풍이 같다. (方批云, 似張司業.)

---

11 민중(閩中) : 중국의 남부지역 민월(閩越)의 땅에서 있음을 말하는 것이다.
12 만수(蠻樹) : 오랑캐 땅에서 자라는 나무, 만(蠻)은 남방의 미개한 민족을 가리킨다.
13 장화(瘴花) : 주화(酒花)를 말한다. 주화는 곧 술을 만드는 재료인 홉이나 홉의 이삭을 가리킨다.

변새 邊塞

변방 밖의 일을 쓰다 [허당] 시의 제3연에서 이르기를
許宇文(棠) 塞外書事 詩 第三聯云

해 질 녘, 수리가 변방 밖에서 잠들고
정처 없이 떠도는데, 말이 내 앞에 이르네.

殘日沉鵰外, 驚蓬[1]到馬前.

기윤
5구와 6구는 웅장한 누각이지만 만당시와 같은 유형이 아니다. (紀批云, 五六雄閣, 不類晚唐[2].)

---

1 경봉(驚蓬) : 정처 없이 떠돌아다니는 것을 비유한다. '단경부평(斷梗浮萍)', '단경표봉(斷梗飄蓬)'과 같다.
2 만당(晚唐) : 만당시를 말한다. 만당시는 초기엔 유미주의적인 시풍으로 아름다운 시어를 사용하여 의 짜임이 섬세했으나, 혼란한 시기인 후기로 가서는 어두운 시대의 시대 상황, 현실에 대한 비판과 우려를 표현하고 있다. 그래서 기윤은 만당시의 부류와 거리가 멀다고 한 것이다.

무성에서 봄이 저물 때 우문판관 서사가 돌아가 이미 진창에 이르렀다는 소리를 듣고 [잠삼] 시 앞의 네 구에서 이르기를
岑嘉州³ 武城⁴春暮聞宇文判官西使還已到晉昌⁵ 詩 前四句云

조각비가 내리며 성어귀를 지나는데
누런 꾀꼬리 수루(戍樓)에 올라가 있네.
요새에 핀 꽃으로 나그네의 눈물이 날아가고
변방의 버들가지에 향수(鄕愁)가 걸려 있네.

片雨⁶過城頭, 黃鸝上戍樓⁷. 塞花飄客淚, 邊柳掛鄕愁.

기운
깨끗이 씻고 온 듯, 시어가 지극히 새롭고 부드럽다. (紀批云, 灑然而來, 語極新脆.)

---

3 잠가주(岑嘉州, 715~770) : 이름은 삼(參)으로 고괄(高适)과 함께 고잠(高岑)으로 병칭된다. 남양(南陽)의 극양(棘陽) 사람이다. 당대의 변새(邊塞)의 시인 중 가장 대표하는 사람이다.
4 무성(武城) : 양주(涼州)를 가리킨다. 다른 판본에는 '무위(武威)'로 되어 있다.
5 진창(晉昌) : 당나라 때 설치한 현으로 지금의 감숙성(甘肅省) 경계에 있다.
6 편우(片雨) : 특정한 지역에만 내리면서 지나가는 비를 말한다. 다른 판본에는 '안우(岸雨)'로 되어 있다.
7 성루(戍樓) : 수루(戍樓)를 가리킨다.

정주로 부임하는 이장군을 전송하다 [낭사원] 시의 제2연에서 이르기를

郞郢州(郞士元)⁸ 送李將軍赴定州⁹ 詩 第二聯云

봄빛은 변방에 다다라 다해 가는데
황운이 요새에서 나와 모여드네.

春色臨邊盡, 黃雲出塞多.

기윤
생동감 있는 시구이다. (紀批云, 警策¹⁰.)

기윤
무릇 시를 단지 의미만을 논하는데, 어떻게 깊고 얕음을 말할 수 있겠는가. 모두 그 외모만을 기특하게 여기는 것이리라. 만약 땅이 치우쳐 있어 평평하고 얇게 편다면 밖으로는 강하지만 안으로는 건조하게 되니 또한 거짓 시체(詩體)와 서곤체의 폐단 등을 이루게 된다. (紀批云, 凡詩只論意味,

---

8 랑영주(郞郢州, ?~?) : 당대 시인으로 이름은 사원(士元), 자(字)는 군주(君冑)이다. 중산(中山)사람으로 영주자사(郢州刺史)를 지냈다. 당시 전기(錢起)와 더불어 명성이 있어 세칭 '전랑(錢郞)'이라고 했다.
9 정주(定州) : 지금의 하북성(河北省) 정현(定縣)이다.
10 경책(警策) : 전편(全篇)을 생동감 있게 하는 중요한 시구이다.

如何濃淡乎. 奇皆其外貌. 若偏土平淡, 則外强內乾, 亦成僞體與西崑[11]樊等.)

이정직

살펴보건대 의미는 바탕과 같고, 외모는 무늬와 같으니, 모름지기 무늬〔文〕와 바탕〔質〕을 서로 일컬으면서, 마땅히 한쪽으로 치우치는 것에 빠지지 않는 것이 중요하다. (按, 意味猶質也外貌猶文也, 須要文質[12]相稱, 不宜墮於一偏也.)

---

11 서곤(西崑) : 서곤체를 말한다. 서곤체는 송나라 초기에 일부 시인에게서 유행한 한시체로 만당의 유미주의를 이어받아 미문조(美文調)의 시(詩)이다.
12 문질(文質) : 무늬와 바탕을 말한다. 논어의 옹야(雍也)편에 "본바탕이 외관을 지나치면 촌스럽고, 외관이 본바탕을 앞서면 겉치레만 잘한 것이니, 외관과 본바탕이 잘 조화된 뒤에야 군자라 하겠다."라는 말이 있다.

천천 川泉

회수를 건너다가 [백거이]
白香山¹ 渡淮

회수의 동남쪽 넓은 곳
바람이 없어 건너기 또한 어려워라.
홀로 일어난 안개, 돌연히 곧게 하늘로 향하고
아득히 바라보이는 나무숲, 둥근 무리 짓고 있네.
봄의 물결에 노 젓는 소리 급하고
석양볕에 닻 그림자 희미하구나.
의당 물에 비친 달빛 맑게 흘러가리니
오늘 밤 거듭해서 시를 읊조려 본다.

淮水²東南地, 無風渡亦難. 孤烟生乍直, 遠樹望多團.

---

1 백향산(白香山, 772~846) : 당대 문학가로 중당의 가장 대표적인 시인 중 1인이다. 이름은 거이(居易)이고 자(字)는 낙천(樂天), 향산거사(香山居士)와 취음선생(醉吟先生)은 그의 만호(晩號)이다.
2 회수(淮水) : 회하(淮河)이다. 옛날에는 회수(淮水)라고 불렸으며 중국 동부에 위치한 강으로 하남성에서 발원한다. 장강, 황하, 제수와 함께 '사독(四瀆)'이라 불리며 현재 중국 7대 강 중 하나이다.

春浪棹聲急, 夕陽帆影殘. 清流宜映月, 今夜重吟看.

방회
3구와 4구는 날카롭고 새롭다. (方批云, 三四尖新.)

기윤
제3구는 본래 우승상의 '대막고연직(大漠孤烟直〔큰 사막에서 홀로 연기가 일어나 곧게 하늘로 올라감.〕)'이란 구이고, 4구도 곧 뜻을 새기고 만들어서 세상에 내놓은 것이다. 이런 종류는 우연히 하나로 지어졌으니 오로지 뜻대로 본받는다면 경릉과 공안 땅의 귀취(鬼趣)에 떨어져 들어가는 것이다. (紀批云, 第三句本右丞³「大漠孤烟直」句, 四句乃是刻意造出, 此種偶一爲之, 專意效之則墜入竟陵公安鬼趣⁴.)

3 우승(右丞) : 왕유(王維)를 가리킨다.
4 귀취(鬼趣) : 구담지교(瞿曇之敎)에서 중생이 윤회전생(輪廻轉生)하게 되는 여섯 가지 세계 중의 하나인 아귀도(餓鬼道)에 있는 자이며, 아귀(餓鬼)라고도 한다. 구담(瞿曇)은 석가모니(釋迦牟尼)가 출가하기 이전의 성(姓)이다.

충분 忠憤

병란을 겪은 후에 [여본중]
呂居仁[1] 兵亂後雜詩[2]

늙어서 전쟁을 만나
곳곳에서 모병을 하는 시대라.
뒤에 죽게 됨이 도리어 누(累)가 되고
구차한 삶이라 기약도 없네.
근심이 쌓여 잠은 잘 자지 못하고
겁탈을 당하고 오래도록 굶주렸지.
범자의 무리를 따라서
동맹을 맺고 의병을 일으키려 하네.

晩逢戎馬[3]際, 處處聚兵時. 後死翻爲累, 偸生未有期.
積憂至少睡, 經劫抱長飢. 欲逐范仔[4]輩, 同盟起義師.

1 여거인(呂居仁, 1084~1145) : 도학자(道學者)이며 송대(宋代) 시인으로 이름은 본중(本中), 초명(初名)은 대중(大中)이며 거인(居仁)이 그의 자(字)이다. 호는 자미(紫微)이며 동래(東萊) 수주(壽州) 사람이어서 세칭 동래선생으로도 불리었다.
2 잡시(雜詩) : 일정하게 정해진 형식에 구애받지 않고 지은 시를 말한다.
3 융마(戎馬) : 전란을 비유하는 말이다.

■
기윤

시의 전막(全幕)에 두보가 등장한다고 할 만큼 모습은 대략 비슷하나 정신적, 신체적으로는 끝내 미치지 못했다. 또 비평하여 이르길, 3구와 4구는 좋다. 결구는 두보가 되고 싶은 욕망에 자기의 생각을 잃어 버렸다. (紀批云, 全幕老杜, 形模略似之, 而神采終不及也. 又批云, 三四好, 結句 欲爲老杜 而失之者.)

---

4 범자(范仔) : 이 시를 지은 여본중(呂本中)이 주(註)를 단 것에 의거하면 "하북성에서 포의(布衣)인 범자가 의병을 일으켰다는 소문을 들었다."라고 했다.

왕도제가 적에게 궁지에 빠져있다는 소식을 듣다 [진여의]
시의 제3연에서 이르기를

陳簡齋[5] 聞王道濟陷虜[6] 詩 第三聯云

헛된 세상에 사는 몸, 예측하기 어렵고
위험한 길로 가는 계획, 실패하기 쉬우리.

浮世身難料, 危途計易非.

기운

좋은 친구 간으로 서로 바른 생각으로써 기약한 것이다. (紀批云, 良友相期以正之意.)

---

5 진간재(陳簡齋, 1090~1138) : 송대의 시인으로 이름은 여의(與義)이고 자는 거비(去非), 간재(簡齋)는 그의 호이다. 그 선조는 경조(京兆)에 살다가 증조 진희량(陳希亮)이 낙양(洛陽)으로 이주하여 하남성(河南省) 낙양(洛陽) 사람이 되었다.
6 함로(陷虜) : 오랑캐와의 싸움에서 궁지에 빠져있다는 뜻이다. 시의 2구에 '如今在賊圍[지금 적에게 포위되어 있는 것 같다.]'라고 말하고 있듯, 적에게 포위당하고 있는 것으로 여기고 있다.

윤잠의 감회를 차운하여 [진여의]
次韻尹潛[7]感懷

올봄 오랑캐가 또 회수 변으로 침범하니
탄식하나 여전히 어찌할 도리가 있을까?
황제께서 취화기를 세우고 도처를 주유토록 하나
누가 백우선을 잡고 풍진 세상을 진정시키지?
5년 동안 천지를 전전함은 무궁한 사변 때문이고
만리의 강호를 떠돎은 내 자신의 처지에 있었다.
모두가 금릉에 용호의 기운이 있다고 말하는데
쫓겨난 신하의 미로, 연진 때문으로 의심하는 것이라.

胡兒[8]又看邊淮春, 歎息猶爲國有人[9].
可使翠華[10]周寓縣, 誰持白扇[11]靜風塵[12].
五年[13]天地無窮事, 萬里江湖見在身.

---

7 윤잠(尹潛, ?~?) : 이름은 주신(周莘)이고, 윤잠은 그의 자(字)이다. 진여의(陳與義)의 시우(詩友)이며, 그 시 또한 두보(杜甫)의 시풍을 본받았다.
8 호아(胡兒) : 금나라 병사를 말한다.
9 위국유인(爲國有人) : '나라를 위해 싸울 백성이 있을까?'라는 뜻이다. 기윤도 '호(乎)'자가 축약되었다고 했다.
10 취화(翠華) : 옛날, 천자가 출행(出行)할 때 쓰던, 물총새의 깃으로 장식한 깃발을 말한다.
11 백선(白扇) : 옛날 백우선(白羽扇)을 가리킨다. 삼국시대 제갈량이 갈건(葛巾)을 쓰고, 백우선을 쥐고 3군을 지휘한 것을 이른다.
12 풍진(風塵) : 세상의 어지러운 일을 비유적으로 이르는 말이다.
13 오년(五年) : 정강 원년(1126)부터 건염 4년(1130)까지이다. 진여의가 오랑캐(금

共說金陵[14]龍虎氣[15], 放臣迷路惑烟津[16].

■

기윤

다음 둘째 구는 하나의 '호(乎)'자를 축소시켰다. 송나라 사람 간에는 이러한 구법(句法)이 있다. 또 비평하여 이르길, 5구와 6구는 놀라 동요하는 것이다. (紀批云, 次句縮一「乎」字, 宋人有此句法. 又批云, 五六警動.)

나라 군사)가 남하한 이래 병부원외랑(兵部員外郎)으로 소집당하기 전까지이다.
14 금릉(金陵) : 춘추 전국 시대의 초나라의 읍으로 지금의 남경(南京)을 가리킨다.
15 용호기(龍虎氣) : 황제의 기운을 말한다. 한고조 유방에게서 용호의 기운이 배어 나왔다는 고사에서 비롯되었다.
16 연진(烟津) : 안개가 자욱한 나루터이다.

천천 川泉

늦겨울 벗과 함께 소상에 배를 띄우다 [두순학]
杜翰林[1] 冬末同友人泛瀟湘

배에서 사 먹는 고기 맛도 별미인데
눈을 밟고 가서 사온 술은 향기가 곱절이구나.

就能買得魚偏美[2], 踏雪沽來酒倍香.

방회
'매득(買得)', '고래(沽來)' 등의 말은 만당시에서는 비속하고 또 비속하다.
(方批云, 買得沽來等語晚唐詩卑之又卑者.)

---

1 두한림(杜翰林, 846~904?) : 당대 후기의 시인 두순학(杜荀鶴)을 기리킨다. 자는 언지(彦之)로 구화산인(九華山人)이라고도 했다. 두목(杜牧)의 막내아들로 열다섯 번째의 아들이라는 의미의 두십오(杜十五)로도 불렸다. 특히 신라에서 온 최치원과도 친분이 돈독해 이와 관련한 시가 있다. 말년에 한림학사(翰林學士)를 지냈다.
2 취능매득어편미(就能買得魚偏美) : 다른 판본에는 '취선매득어편미(就船買得魚偏美)'로 되어 있다.

기윤

연장체의 시는 모름지기 구도가 있다. (紀批云, 連章[3]詩須有章法.)

---

3 연장(連章) : 연장체(聯章體)를 말한다. 병렬로 내용을 확장하는 시의 형식이다.

원외 遠外

신라국 책립사로 충원된 원중승을 전송하다 [유우석]
劉賓客 送源中丞充新羅國冊立¹使

재상 가문의 청년, 화잠으로 일컬었는데
부절을 가지고 동으로 황제의 조서를 받들고 간다네.
궁궐을 떠나면 얼굴엔 서릿발 같은 위엄을 띠고
계림에 이르면 입으로 천자의 말씀을 전하리.
안개가 걷히니 자라 등은 푸르름이 천 길이고
해가 잠기니 고래의 파도는 금빛이 만이랑이라.
해 뜨는 곳에서 은혜받은 후를 상상해 보니
일시에 서쪽을 향해 온 마음 기우려 절하는 것을.

相門才子²稱華簪³, 持節東行捧德音⁴.

---

1 책립(冊立) : 황제의 명으로 황태자, 왕 등을 봉하여 세우는 일을 말한다. 이 일로 황제의 칙서를 받들고 가게 되었음을 알 수 있다.
2 상문재자(相門才子) : 재상 가문의 젊은 사람. 즉 여기서는 원중승(源中丞)을 가리키는데, 그의 조부가 현종 때의 재상 원건요(源乾曜)이다.
3 화잠(華簪) : 고관대작을 가리키는 말이다.
4 덕언(德言) : 덕담(德談)을 말한다.

面帶霜威辭鳳闕, 口傳天語到雞林.
煙開鰲背千尋碧, 日落鯨波萬頃金.
想見扶桑[5]受恩後, 一時西拜盡傾心.

■

기윤

기맥이 웅장하다. 또 비평하여 이르길, '면대(面帶)'는 시구를 궁구해보니 매우 우아하지 못하다는 뜻이다. (紀批云, 氣脉雄大. 又批,「面帶」句究不甚雅.)

---

5 부상(扶桑) : 중국의 전설에서, 동쪽 바다의 해가 뜨는 곳에 있다는 신성한 나무를 가리킨다.

소견 消遣

밤에 술을 마시다 [이상은] 시의 제3연에서 이르기를
李玉溪[1] 夜飮 詩 第三聯云

강호를 3년 동안 나그네로 떠도는데
천지는 온갖 전쟁의 장으로 변했구려.

江海三年客, 乾坤百戰場.

기윤
왕형공은 '두보에 가깝다.'라고 일렀는데, 정말로 그러하다. (紀批云, 王荊公[2]謂近杜, 良然.)

방회
성당시인의 기혼은 광대하고 만당시인의 시공부는 섬세하여, 학문을 좋아

---

1 이옥계(李玉溪) : 이상은(李商隱)을 가리킨다. 그의 호가 옥계생(玉溪生)이다.
2 왕형공(王荊公) : 왕안석(王安石)을 이른다.

하는 자가 능히 양쪽을 쓰지만 하나가 나오면 하나가 들어가게 되니, 곧 더하여도 미칠 수 없을 것이다. (方批云, 盛唐人氣魄³廣大, 晩唐人詩工夫纖細, 善學者能兩用之一出一入則不可及矣.)

---

3 기백(氣魄) : 진취적이며 씩씩하고 굳센 기상을 지닌 정신을 말한다.

기증 寄贈

장남사를 전송하다 [낭사원] 시의 제2연에서 이르기를
郎邳州 送張南史 詩 第二聯云

지체 높은 이에게 비록 따돌림을 받지만
꾀꼬리와 꽃은 가난하다고 나를 싫어하지 않네.

車馬¹雖嫌僻, 鶯花不厭貧.

기윤
3구와 4구는 큰 소리로 노래부르는 듯하다. (紀批云, 三四高唱.)

---

1 거마(車馬) : 질주하며 유희를 즐기는 것을 이른다. 즉 지체가 높거나 부유한 자들을 상징하는 말로도 쓰인다.

유부에게 주다 [방간]
方雄飛² 贈喩鳧³

얻어들은 것이 대중의 말이 아니니
대중이 어찌 알 수 있으랴.
겨우 오언구를 읊었을 뿐인데
또 콧수염이 몇 개인지 아뢰네.
누각에 기대어 잠든 밤에 달빛 비치고
서헌에 바로 앉아 있을 때 서리 내리는데.
생각에 잠기니 마음은 다시 괴로워서
두사(頭絲)로 꽉 채워질까 두려워하네.

所得非衆語, 衆人那得知. 纔吟五字句, 又白幾莖髭.
月閣欹⁴眠夜, 霜軒正坐時. 沈思心更苦, 恐作滿頭絲⁵.

2 방웅비(方雄飛, 809~886) : 당대 시인으로 이름은 간(干), 또는 건(乾)이라고도 하며, 웅비가 그의 자(字)이고, 호는 현영(玄英)이다. 목주(睦州) 청계(青溪) 사람이다.
3 유부(喩鳧, ?~?) : 당대 시인으로 비릉(毗陵) 사람이다.
4 의(欹) : '빗기다', '비스듬히 기대다'의 뜻이다.
5 두사(頭絲) : 연체동물 굴족류(掘足類, 뿔조개류)의 두부(頭部) 좌우에 있는 엽상부(葉狀部), 즉 촉수엽의 가장자리에 생기는 다수의 가는 실모양의 기관이다.

기윤

좋은 말로 교정하는 고고한 기풍은 중당부터 시작하여 만당에 이르기까지 번성했다. 한(漢)과 위(魏)에서 유래되었지만, 성당에 미쳐서 이러한 습관이 없어졌다. 대개 세상이 그릇되어 어지러워지니 재주는 더욱 박약해져서 내면이 부족한 자는 부득불 그 외형만 오만하고 떠들썩하게 과장한다. (紀批云, 矯語孤高之派, 始自中唐, 而盛於晩唐. 由漢魏以逮盛唐, 無此習氣. 蓋世降而才愈薄, 內不足者, 不得不嚻張⁶其外.)

방회

이허이는 처음으로 증치요와 더불어 창화하였는데, 치요가 이르길, "그대의 시는 공교롭도다. 그러나 그 소리는 벙어리와 같다." 허이가 망연하여 물러서며 깊이 생각하고는 심휴문의 평성과 측성의 설을 얻어 마침내 다시 여러 편을 묶어서 증치요에게 보이니 증치요가 곧 매우 놀라는 모습으로 탄식하며 말하기를 "그것을 얻었도다."라고 했다. 내가 이르길 "이러한 두어 말은 시인의 큰 생각이다. 공교롭되 벙어리라고 하는 것은 반드시 공교로우면서도 소리가 없는 것만 못하기 때문이다."라고 했다. 반빈로는 "구 중의 '안(眼)'으로써 '향(響)'를 만들어야 한다."라고 하니 여거인이 또 "'글자마다 내는 소리'와 '시구마다 내는 소리'의 이야기가 있어야 한다."라고 했다. 주문공은 또 "두 사람이 만년에 쓴 시는 모두 '향(響)'의 잘못됨을 꾸짖거나 이를 준비하지 않았기 때문이다. 학자는 마땅히 먼저 그 '아(啞)'를 버리는 것이 옳다. 또한 억양이 돈좌하는 사이에 있어서 생각을 읊는

---

6 효장(嚻張): '떠들썩하게 과장하다' 또는 '오만방자하게 굴다'의 의미를 가지고 있다.

것으로 삼고 시격을 뼈대로 삼고 글자를 '안(眼)'으로 삼는다면 이를 다 갖출 것이다."라고 했다. (方批云, 李虛已[7] 初與曾致堯[8]倡和[9], 致堯謂「子之詩工矣, 而其音猶啞」虛已惘然, 退而精思, 得沈休文[10]浮聲切響[11]之說, 遂再綴數篇示曾, 曾乃駭然歎曰「得之矣」予謂此數語詩家大機括也. 工而啞, 不如不必工而響. 潘邠老[12]以句中眼爲響字, 呂居仁[13]又有字字響句句響之說, 朱文公[14]又以二人晩年詩不皆響責備焉. 學者當先去其啞可也. 亦在乎抑揚頓挫[15]之間, 以意爲脉, 以格爲骨, 以字爲眼, 則盡之.)

7 이허이(李虛已, ?~?) : 자(字)는 공수(公受), 건안(建安) 사람으로《아정집(雅正集)》20권이 있다. 李虛已의 '이(已)'는 그의 이름이 나오는 문헌에서 '기(己)'로 쓰여진 곳이 있다.

8 증치요(曾致堯, 947~1012) : 자(字)는 정신(正臣)으로 무주(撫州) 남풍(南豐) 사람이다. 저서로《선부우익(仙鳧羽翼)》30권 등이 있다.

9 창화(倡和) : 한쪽이 먼저 시가(詩歌)를 만들면, 다른 쪽이 거기에 응하여 시가(詩歌)를 만드는 것이다.

10 심휴문(沈休文, 441~513) : 남조시대 양나라의 문학가로 이름은 약(約), 휴문은 그의 자(字)이다. 오흥(吳興) 무강(武康) 사람이다. 시가의 성률론을 제창하고, 사조(謝朓) 등과 함께 '영명체(永明體)'를 창시해, 후대 율시의 형성과 변려문의 발전에 중요한 영향을 끼쳤다. 저서로《심은후집(沈隱侯集)》이 있다.

11 부성절향(浮聲切響) : 부성(浮聲)은 평성이고 절향(切響)은 상성(上聲), 거성(去聲), 입성(入聲)을 말하는 것으로 즉 측성이다.

12 반빈로(潘邠老, ?~?) : 북송 시인으로, 이름은 대림(大臨), 자(字)는 군부(君孚)이며, 또 빈로(邠老)라고도 했다. 황주(黃州) 인안진(吝安鎭) 사람이다.

13 여거인(呂居仁, 1084~1145) : 도학자(道學者)로, 이름은 본중(本中)인데 초명(初名)은 대중(大中)이다. 거인(居仁)이 그의 자이며, 호(號)는 자미(紫微)이다. 동래(東萊) 수주(壽州) 사람이다. 학자들은 그를 '동래선생'으로 불렀다.

14 주문공(朱文公, 1130~1200) : 남송 때 철학, 사상, 정치, 교육가이며, 시인으로, 이름은 희(熹)이며, 자(字)는 원회(元晦), 또는 중회(仲晦)이다. 호는 회암(晦庵), 또는 자양(紫陽), 시호는 문공으로, 지금도 세상에서는 회암선생으로 불린다. 남검주(南劍州), 우계(尤溪)에서 태어났다. 특히 주자학(朱子學)을 집대성하여 중국 사상계에 가장 큰 영향을 미쳤다.

15 억양돈좌(抑揚頓挫) : 소리의 고저·기복과 휴지(休止)·곡절(曲折)의 상태를 이

기윤

방허곡이 '향(響)'을 주(主)로 삼는 설은 일찍이 옳지 않은 것이 없었으나 궁구해보니 말로에 공부하는 것이다. 술을 빚는데 맛이 깊고 두터우며 성정이 진실로 이르러서 상(象)이 홍하고 아름답게 빛나면 자연스럽게 용출되어서 '향(響)'을 구하지 않아도 저절로 '향(響)'이 있게 된다. 또 그것을 낭랑하게 외워 맛보기를 마치고서 남은 운치가 없는데도 만약 아름다운 것은 칠자(七子)가 성당에서 배워 융성하게 된 것이라고 한다면 그 평폐는 다시 '향(響)'을 지니지 않은 것보다 심한 것이고, 또한 몰라서 그런 것이라고 할 수 없을 것이다. (紀批云, 虛谷主響之說, 未嘗不是, 然究是末路工夫. 醞釀深厚, 而性情眞至, 興象玲瓏, 則自然湧出, 有不求響而自響者. 又有誦之琅琅, 味之了無餘致, 如嘉隆「七子」之學盛唐, 其病更甚於不響, 亦不可不知.)

이정직

살펴보건대 언어의 공교로움과 사구(詞句)의 정밀함은 후인들이 반드시 고인과 같지 못해서가 아니다. 다만 성음이 더디고 빠르며 기상이 넓고 좁은 것은 옛날이나 지금이나 원래부터 같지 않았으니, 고인을 배우려고 와 이곳 바깥에 있으면서 이 두 가지에 이를 수 있다면 수레를 끌고 말이 나는 것처럼 가히 한 구(句)라도 빠뜨리지 않고 갖출 수 있을 것이다. 그리고 스스로 부성과 절향의 병폐가 없어지며, 만약 식견이 좁더라도 글자 '안(眼)'에서 '향(響)'을 찾는다면 마무리로는 그만일 것이다. (按, 言語之工, 詞句之精, 後人未必不如古人. 但聲音之緩促, 氣象之濶狹, 古今元自不

른다.

同, 欲學古人來有外此, 而能至此二者, 如車輪馬翅, 不可闕一句能備矣. 自無浮響之病, 若規規求響於字眼, 則末也已.)

방회

만당시는 용사(用事)하는 것을 꺼린다. 그러나 선배 중 좋은 시를 짓는 자는 반드시 용사하는 것을 좋아했다. (方批云, 晚唐詩諱用事[16], 然前輩善作詩者, 必善於用事.)

---

16 용사(用事) : 한시(漢詩)를 지을 때, 전고(典故)나 사실을 인용하여 쓰는 것이다.

천적 遷謫

무산현에서 두보의 운자를 차용하여 재미로 짓다 [황정견]
구가 있어 이르기를
黃山谷 戲題巫山縣用杜子美韻 有句云

함께 이 말을 하기 어렵다는 것을 바로 알게 되니
그래서 피차간 말이 서로 다르지 않은 것이라.

直知難共語, 不是故相違.

■
방회

무릇 시를 지음에, 5자와 7자를 모두 실자(實字)로 어렵게 짓지 아니하고 전체적으로도 반드시 실자(實字)로만 짓지는 않으며, 허자(虛字)를 유력하게 하여 어렵게 짓기도 한다. 만당의 시인은 매구(每句) 중 아래의 한 곳를 공교로운 글자로 배치하는 것을 지극히 여기는데, 시 전체가 무미하다고 느껴지는 것은 시인이 허자를 공교롭게 여기기 때문이다. 후산이 말하기를 "천하의 일을 홀로 행하려 한다면〔欲行天下獨〕 진실로 속세 간 의심이 있을 것이다〔信有俗間疑〕."라고 하였는데, '욕행(欲行)', '신유(信

有)' 4자가 공교로운 곳이다. 다른 것도 모두 이렇게 짓는다. (方批云, 凡篇詩, 非五字七字皆實之爲難, 全不必實, 而虛字[1]有力之爲難. 晩唐詩家, 每句中下一工字, 以爲至矣, 而詩全無味. 所以詩家 以虛字爲工, 后山[2]曰, 「欲行天下獨, 信有俗間疑」, 「欲行」「信有」四字是工處. 他皆做此.)

기윤

방허곡은 평생의 견해가 이 단계에서 다하고 평생의 편벽됨이 또한 이 단계에서 다한다. (紀批云, 虛谷平生見解盡於此段, 平生偏僻亦盡於此段.)

이정직

살펴보건대, 허자(虛字)는 실자(實字)가 잘되도록 도와 줄 수 있으니, 무릇 문(文) 외에 사표(詞表)에도 완곡하게 이르고, 글을 짜는 뜻도 여기에서 유래하는 경우가 많다. 허곡의 특징은 이를 거론하여 표시하는 것이다. 그러나 자신이 표시한 예에 미쳐서는 곧 표면상 같은 자를 가지고 본보기로 삼는 것, 그것이 옳다고 알고 있지만 옳게 여기는 까닭을 상세하게 말할 수 없었으니, 이것이 효람에게 비웃음을 산 까닭이다. (按, 虛字能幹旋實字, 凡文外曲致詞表, 織旨多由於是. 虛谷之特爲標擧是矣. 而及其示例, 乃以貌似者, 爲準知其爲是, 而不能詳其所以爲是, 此所以來曉嵐之譏也.)

---

1 허자(虛字): 한자에서, 사물의 상태나 동작을 나타내는 글자이다.
2 후산(后山): 송대의 시인 진사도(陳師道)를 가리킨다.

담주로 좌천된 왕소부와 협중으로 좌천된 이소부를 전송하다 [고적]
高達夫 送王李二少府³貶潭峽⁴

아, 그대들은 이 이별하는 마음, 어떠하신지
말에 재갈 물려 세우고 잔 들어 귀양처를 물어보네.
무협의 원숭이 울음소리에 몇 줄기 눈물 흘리면서
형양의 돌아가는 기러기 편에 몇 통의 편지 부치리까?
청풍 강변의 가을 하늘 아득히 멀고
백제성 가의 고목은 성글어지는데.
지금은 태평성대라 황제의 은택 많아
잠깐 동안의 이별이니 주저하지 말게.

嗟君此別意何如, 駐馬銜杯問謫居.
巫峽啼猿⁵數行淚, 衡陽歸雁⁶幾封書.
靑楓江⁷上秋天遠, 白帝城⁸邊古木疎.

3 소부(少府) : 현위(縣尉)를 말한다.
4 담협(潭峽) : 장사(長沙)의 담주(潭州)와 사천성(泗川省) 기주(夔州) 부근의 협중(峽中)이다.
5 무협제원(巫峽啼猿) : 무협은 장강 삼협(三峽) 중 하나. 지금의 사천성 무산(巫山) 현성 동쪽에 있으며, 호북성 파동(巴東)과 접해 있다. 무산(巫山) 때문에 얻은 이름인데, 〈여아가(女兒歌)〉의 "파동의 삼협, 원숭이 울음소리 슬프네."라는 말이 있어 원숭이가 많았음을 짐작하게 한다.
6 형양귀안(衡陽歸雁) : 형양은 장사 남쪽의 도읍으로 여기에 회안봉(回雁峰)이 있는데, 이곳에서 기러기가 돌려 북쪽으로 날아간다고 함.

聖代只今多雨露, 暫時分手莫躊躇.

방회

말구는 길이 열려서 일찍 돌아올 것이라고 했다. 이 또한 시의 한 체이다. (方批云, 末句開以早還. 亦一體也.)

기윤

시체(詩體)가 통하여 맑고 익숙하다. 결구는 다시 화평하자고 다그치지 않았다. 또 비평하여 이르길, 체(體)란 법식을 말한다. 성조도 법식이 있어 바꿀 수 없다. 글의 짜임새와 격식에도 법식이 있는데, 이미 사람에 따라서 변화하여 만들어진다. 마치 시가 뜻하는 것이면 오로지 사람 스스로 운용한 것이니, 어찌 법식이 있다고 해서 구애할 수 있겠는가. (紀批云, 通體淸老, 結更和平不逼. 又批云, 體者, 例之謂也. 聲調有例, 不可易也. 格局有例, 已隨人變化矣. 若詩意則惟人自運, 豈有例可拘哉.)

---

7 청풍강(靑楓江) : 장사(長沙) 부근에 흐르는 강이다.
8 백제성(白帝城) : 사천성(泗川省) 기주부(夔州府) 절현(節縣) 동쪽에 있는 城으로 후한(後漢) 광무제(光武帝) 때 공손술(公孫述)이 쌓았다고 한다.

질병 疾病

병이 나서 돌아갈 것을 생각하다 [왕우칭] 시에 구가 있어 이르기를
王元之¹ 病起思歸 詩有句云

광명시대 주인을 만나니 누가 퇴진을 달가워할까?
백발로 남을 침노했으니 스스로 죽어 마땅하리.

明時²遇主誰甘退, 白髮侵人自合休³.

기윤
3구와 4구는 깊고 평온한 것으로 보아 시인이 쓴 것이다. (紀批云, 三四深穩, 詩人之筆.)

---

1 왕원지(王元之, 954~1001) : 북송의 문학가로 이름은 우칭(禹偁)이고 그의 자(字)가 원지(元之)이다. 제주(濟州) 거야(鉅野) 사람이다.
2 명시(明時) : 문명이 발달하여 평화로운 세상, 즉 광명시대를 말한다.
3 합휴(合休) : 죽어 마땅함을 이른다.

감구 感舊

눈 내리는 밤에 옛일을 생각하다 [육유]
陸放翁 雪夜感舊

강월정 앞 화촉이 향기롭고
용문각 옆에는 짐 실은 나귀 소리 끊이지 않네.
난산(亂山) 속 옛 역, 세 번 꺾어 지나서
작은 도시의 외로운 성, 양당에서 숙박하네.
늙어서도 말 타고 오랑캐와 싸울 일을 생각하니
당시 왜 늙어서 밭 갈고 뽕나무를 기르려 하였나?
녹음이 짙은데 자물쇠와 갑옷엔 먼지만 쌓이고
눈보라 치는 밤, 찬 등 아래서 눈물만 줄줄 흘리네.

江月亭前樺燭香[1], 龍門閣[2]上馱聲長.
亂山古驛經三折[3], 小市孤城宿兩當[4].

---

1 강월정전화촉향(江月亭前樺燭香) : 정자 명으로 사천성(泗川省) 광원시(廣元市)에 위치하고 있다. 화촉(樺燭)은 화수나무의 껍질을 사용하여 만든 초이다.
2 용문각(龍門閣) : 광원시의 북쪽에 위치하고 있다.
3 삼절(三折) : 곧 세 번 꺾였다가 세 번 펴진 길을 말한다. 기주(夔州)에서 양산(梁山)에 이르는 도중(道中)에 있다.

晚歲惟思事鞍馬, 當時那信老耕桑[5].
綠沉金鎖[6]俱塵委, 雪洒寒燈淚數行.

기윤

뒤의 네 구는 침착하면서도 비분강개하다. 6구는 붓을 거꾸로 하고 만지작거리는 듯 하나 힘이 있다. '저신(那信)' 2자는 더욱 아름답다. 만약 '수료(誰料)'라고 지었다면 곧 미치지 못했을 것이다. 또 비평하여 이르길, '양당(兩當)'은 지명인데, 이를 빌려 '삼절(三折)'과 대우했다. (紀批云, 後四句沉着慷慨. 六句逆挽有力,「那信」二字尤佳, 若作「誰料」便不及. 又批云,「兩當」, 地名, 借對「三折」.)

4 양당(兩當) : 지금의 감숙성(甘肅省)에 있는 양당현(兩當縣)을 가리킨다.
5 경상(耕桑) : 밭 갈고 뽕나무를 기르는 생활, 즉 전원에 살며 한가롭게 사는 것을 말한다.
6 녹침금쇄(綠沉金鎖) : 군인들이 쓰는 녹침창과 황금 자물쇠와 갑옷을 가리킨다. 군을 따라 지낸 생애를 강조한 것이다.

질병 疾病

안질 [진여의]
陳簡齋 眼疾

하느님의 원망으로 내 눈은 늘 침침한데
눈동자 안에 흰 꽃이 피어있기 때문이라.
전쟁에 참군하여 눈먼 말을 타고 가도 괴이하지 않으나
중간에서 흩뜨려 날려 보낸 기러기에 방해만 될 뿐이라.
오자(惡者)에게 울타리를 치게 한들 누구와 마주할 수 있으며
특출난 이에게 독서량을 줄이게 한들 무슨 공적이 있을까.
아홉 가지의 괴로움, 부처가 되려는 종자를 따라서 온다는데
때마침 아나율을 사귀어서 그 율법을 증명할 수 있었다오.

天公[1]嗔我眼常白, 故着昏花阿堵[2]中.
不怪參軍騎瞎馬, 但妨中散送飛鴻.
著籬令惡誰能對, 損讀方奇定有功.

---

1 천공(天公) : 조물주, 즉 우주 만물의 주재자를 가리킨다.
2 혼화아도(昏花阿堵) : 혼화(昏花)는 눈에 흰 꽃이 핀 듯 뿌옇게 보이는 현상. 아도(阿堵)는 눈동자를 가리킨다.

九惱³從來是佛種, 會知那律⁴證圓通.

방회
이 시는 여덟 구에 오자칠사(惡者七事)를 쓰면서도 시는 용사(用事)함에 있지 않다고 한 것은 거의 가슴안에서 쓴 것이 없음을 이를 뿐이다. (方批云, 此詩八句而用七事⁵, 謂詩不在用事者, 殆胸中無書耳.)

기윤
순수하게 머리로 쓴 시이니, 또 자연히 한 종류이다. 그러나 우아함을 심하게 훼손하지 않아 시의 격과 운을 견주어보니 수준이 높은 편이다. (紀批云, 純是宋調⁶, 又自一種, 然不甚傷雅, 格韻較高也.)

---

3 구뇌(九惱) : 불교에서 도를 이룬 후에 인과응보(因果應報)의 아홉가지 재난을 받는 것을 이른다. 구액(九厄), 구횡(九橫), 구난(九難), 구죄보(九罪報)라고도 한다.

4 나율(那律) : 석가모니의 사촌 동생이며 부처님의 십대제자(十大弟子) 중 한 명으로 천안(天眼) 제일이라고 불린 아나율(阿那律)이다.

5 칠사(七事) : 오자칠사(惡者七事)를 말한다. 일곱 가지 미워하는 것(사람)이라는 뜻으로, 군자(지식인)가 싫어하는 일곱 가지를 말하는데,《논어(論語)》,〈양화(陽貨)〉에 나온다. 방회는 5구의 '오자(惡者)'와 호응하는 구뇌(九惱)는 칠사(七事)를 말한 것이다. 오자칠사(惡者七事)는 남의 잘못에 대해 떠들어대는 사람(稱人之惡者), 아래에 있으면서 윗사람을 헐뜯는 자(居下流而訕上者), 용감하지만 무례한 자(勇而無禮者), 과감하나 앞뒤가 꽉 막힌 자(果敢而窒者), 남의 말을 가로채 알고 있던 것처럼 하는 자(以爲知者), 불손한 것을 용맹으로 여기는 자(不孫以爲勇者), 남의 잘못 들추는 것을 정직하다고 생각하는 자(訐以爲直者)를 가리킨다.

6 송조(宋調) : 가슴으로 쓴 시를 당음(唐音)이라 했고, 머리로 쓴 시를 송조(宋調)라 했다.

기윤

역대의 제공(諸公)은 각각 하나의 가법이 많긴 하나 오직 두보는 없는 것이 없으니 그래서 '대가'라고 한다. (紀批云, 歷代諸公, 多各是一家法, 惟杜無所不有, 故曰大家.)

석범 釋梵

우두사에 오르다 [두보] 시의 제3연에서 이르기를
老杜 上牛頭寺 詩 第三聯云

꽃이 짙으니 봄 절은 고요하고
대가 여리니 들 방죽은 그윽하구나.

花濃春寺靜, 竹細野池幽.

기윤
'화농(花濃)' 구(句)는 신묘한 경지에 들어서 대구[竹細]가 미치지 못했다.
(紀批云,「花濃」句入神, 對句不及.)

봄이 쌀쌀하다 [선진스님] 시의 제2연에서 이르기를

僧善珍 春寒 詩 第二聯云

눈이 와 어두우니 돌아가는 학은 길을 헤매고
봄이 쌀쌀하니 일찍 핀 꽃은 추위 떨고 있네.

雪暝迷歸鶴, 春寒誤早花.

방회

'춘한오조화(春寒誤早花)', 이 구절은 지극히 아름답다. (方批云,「春寒誤早花」, 此句極佳.)

기윤

오로지 이 같은 구절 때문에 끝내《시전(詩傳)》의 〈풍(風)〉과 〈아(雅)〉의 본질에 이르지 못한다. (紀批云, 專以此等句, 終不到風雅[1]本原.)

---

1 풍아(風雅) :《시전(詩傳)》의 〈풍(風)〉과 〈아(雅)〉를 가리킨다.

얼마 전 용정에 갔다가 한 구절을 얻었는데, 왕백제와 아이들과 함께 어울리다가 구절을 완성하다 [누약] 시구에서 이르기를
樓攻媿² 頃遊龍井得一聯王伯齊同兒輩遊因足成之 有句云

물이 진실로 잠을 이룰 수 없을 정도로 푸르고 맑아
물고기가 마치 의지할 곳 없는 허공을 나는 듯하다.

水眞綠淨不可睡, 魚若空行無所依.

기윤

'녹정불가수(綠淨不可睡[푸르고 맑아 잠을 이룰 수 없고])'는 창려[한유(韓愈)]의 말이고, '유어약재천제(遊魚若在天際[유영하는 고기 하늘 끝에 있는 것 같네.])'는 역도원의 말이다. (紀批云,「綠淨不可睡」, 昌黎語,「遊魚若在天際」, 酈道元³語也.)

---

2 누공괴(樓攻媿, 1137~1213) : 남송 때의 문학가로, 이름은 약(鑰)이고 자(字)는 대방(大防)이며, 공괴주인(攻媿主人)이 그의 호이다. 명주(明州) 은현(鄞縣) 사람이다.
3 역도원(酈道元, 466~527) : 자(字)가 선장(善長), 범양(范陽) 탁록(涿鹿) 사람이다. 중국 최초의 지리학자로 《수경주(水經注)》를 편찬했다.

상도 傷悼

온공을 애도하다 [진사도] 시의 제2연에서 이르기를
陳后山 挽溫公 詩 第二聯云

세상은 바야흐로 해의 변화를 따르고
자신은 이미 남의 도움을 기다린다.

世方隨日化, 身已要人扶.

방회
산곡은 일찍이 이 연을 읊조리면서 지금의 시인들 중 진무기보다 나은 자가 없다고 여겼다. (方批云, 山谷[1] 嘗誦此聯, 以爲今之詩人無出陳無已[2] 右者.)

---

1 황정견(黃庭堅, 1045~1105) 송대 시인으로 그의 자(字)는 노직(魯直), 그의 호가 산곡(山谷)도인이다.
2 진무기(陳無己) : 진사도(陳師道)의 자(字)이다.

석범 釋梵

여름날 서선사에서 묵다 [반랑] 시의 제2연에서 이르기를
潘逍遙[1] 夏日宿西禪[2] 詩 第二聯云

밤이 쌀쌀하니 비가 내릴 듯하고
절간이 고요하니 중이 없는 듯하다.

夜涼如有雨, 院靜若無僧.

방회
소동파가 어렸을 때 전사의 벽 사이에 이 구절이 쓰인 것을 보고 기뻐했다고 한다. (方批云, 東坡少年見傳舍[3]壁間題此句而喜之.)

1 반소요(潘逍遙, ?~1009) : 북송의 시인으로 이름은 랑(閬), 소요(逍遙)가 그의 자이다. 또 자호를 소요자(逍遙子)라고 했고, 대명(大名)사람인데 일설에는 광릉(廣陵)이라고도 한다.
2 서선(西禪) : 서선사를 가리킨다. 하문(廈門)의 복주(福州)에 있다.
3 전사(傳舍) : 사신이나 전령들이 머무는 숙소를 말한다.

이은정에서 무당군수에게 제하여 부치다 [희주스님] 시에 구가 있어 이르기를

僧希晝 寄題武當郡⁴守吏隱亭 詩有句云

차 연기가 깎아지른 바위에 서리고
바둑알 소리 깊숙이 꽃밭으로 스며드는 곳이라.

茶烟逢石斷, 棋響入花深.

기윤

6구는 자연스럽게 출구(出句)보다 낫고, 엄숙한 소리에 화원은 고요해서 성스러움이 드러나는 명구(名句)이다. '입(入)'자와 '심(深)'자는 침착하고 특별한 정취가 있어 그대로 본받아 이어 나가더라도 싫다고 여겨지지 않는다. (紀批云, 六句自然勝出句, 恭聲花院靜, 表聖名句也. 着入字深字, 便別有意境, 不以蹈襲⁵爲嫌.)

---

4 무당군(武當郡) : 지금의 남양군(南陽郡) 무당현(武當縣)이다.
5 도습(蹈襲) : 이전의 정책, 방식, 수법 따위를 그대로 본받아 따르거나 이어 나감을 이른다.

춘일 春日

저물녘 봄산에서 시골집을 가다가 말과 잠시 쉬다 [이정]
李楚望[1] 暮春山行田家歇馬

비에 젖은 부들, 비낀 해에 밝게 빛나고
띠풀 집 부엌에서 고치 삶는데 수레 소리가 나네.
대나무를 감고 오르는 청사는 한 색깔이고
시내 건너 누런 나비는 무한 정을 느끼게 하네.
어디에서 은거할까? 장차 먼 길 잠시 마다하고
고향의 전답을 죄다 봄이 되면 갈아야겠지.
일천 봉우리에 구름 끼어 빗물이 뚝뚝 떨어지는데
야윈 말을 타고 이 와중에 시름하며 홀로 가누나.

雨濕菰蒲斜日明, 茅廚煮繭掉車聲.
靑蛇上竹一種色, 黃蝶隔溪無限情.
何處漁樵[2]將遠餉, 故園田土億[3]春耕.

---

1 이초망(李楚望) : 당대 시인으로 이름은 정(郢)이고, 초망(楚望)이 그의 자(字)이다.
2 어초(漁樵) : 은거하는 것을 가리킨다.
3 억(億) : 다, 모두의 뜻이다.

千峯靄靄水滴滴[4], 羸馬此中愁獨行.

기윤

제3구는 도리어 매우 좋지 못하나 다만 오체에는 방해가 되지 않는다.
(紀批云, 第三句却不甚佳, 以在吳體不妨耳.)

4 천봉애애수적적(千峯靄靄水滴滴) : '애애(靄靄)'는 구름이 많이 끼어 있음을 말하고, '적적(滴滴)'은 물방울이 뚝뚝 떨어지는 모양이다.

기예 技藝

대략 나와 같은 갑자인 동도인에게 주다 [육유]
陸放翁 贈童道人蓋與予同甲子

을사년에 태어난 나와의 동년배
달인의 쓸쓸함은 함께 어깨를 겨룰 만하다.
퇴사(退仕)는 명아주와 콩잎만 일생을 먹고
산인(散人)은 강호만리, 자연과 함께 한다는데.
가난을 참고 변함없이 내 힘으로 내 일하며
꾀부려 스스로 경작하는데, 그대는 어떠한가?
한 가지 일도 오히려 계책을 짜는데 번거로우니
어느 때 낚시와 배를 갖추고 고기 잡을까?

吾儕之生乙巳年, 達者寥寥同比肩.
退士一生藜藿食[1], 散人[2]萬里江湖[3]天.

---

1 퇴사일생려곽식(退士一生藜藿食) : '퇴사(退士)'는 관직에서 물러나 은거하는 사람을 말하고, '여곽(藜藿)'은 명아주와 콩잎을 뜻한다.
2 산인(散人) : 산속에 사는 도사를 가리킨다. 도교에서는 신선이 되지 못한 수행자로 도를 아는 사람을 말하는 것이다.
3 만리강호(萬里江湖) : 강호만리(江湖萬里), 즉 난세에 화를 피해 멀리 숨어 살려는

忍貧不變我自許[4], 挾術自營君豈然.
一事尙須煩布策[5], 幾時能具釣魚船.

기윤

오체로 지었는데, 역시 약함에서 벗어나지 못했다. 그러나 자연스럽게 분산되어 운치가 있다. (紀批云, 作「吳體」, 亦不免弱, 然自疏散[6]有致.)

뜻을 말한다.
4 자허(自許) : 자기 힘으로 넉넉히 할 만한 일이라고 여긴다는 뜻이다.
5 포책(布策) : 계책을 설계하고 방법을 생각해 보는 것이다.
6 소산(疏散) : 분산시킨다는 말이다.

저자 이정직(李定稷, 1841~1910)

조선말기부터 근대계몽기에 활동한 문인이자 실학자. 자는 형오(馨五), 호는 석정(石亭), 본관은 신평(新平), 김제(金堤) 출생. 20대 중반인 고종 1년(1864)에 중국 연경(燕京)을 다녀왔다. 우리나라 최초로 칸트와 베이컨의 서양철학을 소개하였다. 저서로는 『연석산방미정고(燕石山房未定藁)』를 비롯하여 『시경일과(詩經日課)』·『소시주선(蘇詩註選)』·『척독이지(尺牘易知)』·『산학전수(算學傳授)』·『시학증해(詩學證解)』 등이 있다. 『간오정선(刊誤精選)』도 그것의 하나이다.

역자 구사회(具仕會)

동국대학교 국어국문학과, 동 대학원 졸업. 문학박사.
선문대학교 국어국문학과 명예교수.
주요 논저 : 『근대계몽기 석정 이정직의 문예이론 연구』(태학사, 2012), 『송만재의 관우희 연구』(공저, 보고사, 2013), 『한국 고전시가의 작품 발굴과 문중 교육』(보고사, 2021), 『한국 고전문학의 세계 인식과 전승 맥락』(보고사, 2022), 『해학 이기의 한시』(공역, 보고사, 2023) 외 다수.

역자 송기섭(宋基燮)

청주대학교 한문교육학과, 선문대학교 대학원 졸업. 문학박사.
선문대학교, 남서울대학교 외래교수 역임. 한가람역사문화연구소 연구위원.
주요 논저 : 『돋보기 맛보기 고사성어』(자유문고, 1996), 『성학십도와 동국18성현』(공저, 자유문고, 1997), 『신주사기』 총 40권(공역저, 한가람역사문화연구소, 2023), 『만전당 홍가신의 삶과 철학』(공저, 보고사, 2023) 등.

역자 이수진(李秀珍)

선문대학교 국어국문학과, 동 대학원 졸업. 문학박사.
선문대학교 국어국문학과 부교수.
주요 논저 : 『대한제국기 프랑스 공사 김만수의 세계여행기』(공역, 보고사, 2018), 『조선후기 무명 유생 가집, 직암영언』(공저, 보고사, 2024), 『현대가사의 작품 발굴과 분석』(공저, 보고사, 2024), 「추재 조수삼의 〈차경직도운〉시 연구」 외 다수.

역자 장안영(張安榮)

선문대학교 대학원 졸업. 문학박사.
선문대학교 교양학부 외래교수.
주요 논저: 「17세기 명(明) 사신의 해로사행 체험 – 강왈광(姜曰廣)의 『유헌기사(輶軒紀事)』를 중심으로」(2021), 「제주 조선인의 안남 표류 기록과 서술적 특징」(2022), 「직암 조태환의 새로운 가사 작품과 문예적 검토 – 〈죽계별곡〉과 〈연산별곡〉를 중심으로 – 」(2023) 외 다수.

역주 간오정선 하

2025년 9월 30일 초판 1쇄 펴냄

저 자 이정직
역 자 구사회·송기섭·이수진·장안영
발행인 김흥국
발행처 보고사

등록 1990년 12월 13일 제6-0429호
주소 경기도 파주시 회동길 337-15
전화 031-955-9797
팩스 02-922-6990
메일 bogosabooks@naver.com
http://www.bogosabooks.co.kr

ISBN 979-11-6587-912-9   94810
          979-11-6587-910-5   (세트)
ⓒ구사회·송기섭·이수진·장안영, 2025

정가 36,000원
사전 동의 없는 무단 전재 및 복제를 금합니다.
잘못 만들어진 책은 바꾸어 드립니다.